中国文化的历史基因

关于读书
关于读书那些事
网络文艺
关于电影
关于曲艺
关于歌
关于绘画
关于电视、电视文化
关于文艺和中国人的关系
看电影那些事
关于文学
关于戏剧
关于雕塑
关于电视剧
2000年的文艺形态
歌星和"走穴"
海子的诗
九十年代的文学
各种文学观念
歌曲与乐器
音乐与歌曲
美术界的情况
新时期的诗歌
文学的繁荣
北影厂的筒子楼
复旦毕业到北影厂
我入学了
爱国生产运动
保护妇女运动
爱国卫生运动
文艺蓄势待发
"扫盲"运动
中华人民共和国成立了
1949年至1956年
文以载道
世界地将这样划分
民国时期
说说大清
"半部《道德经》"
"抵过古帝王不读书"

梁晓声 著

中国出版集团　现代出版社

目 录

总　绪　　　　　　　　　　　　　　　　　　001

第一章
中国历史的文化特质

一句"民为贵"抵过半部《道德经》　　　　　006
自古帝王不读书　　　　　　　　　　　　　　012
说说大清　　　　　　　　　　　　　　　　　020
民国时期　　　　　　　　　　　　　　　　　026
世界也将这样划分　　　　　　　　　　　　　044
文以载道　　　　　　　　　　　　　　　　　054

第二章
抗战时期

抗战时期之文化自觉　　　　　　　　　　　　079
抗战时期之文化形态　　　　　　　　　　　　083

第三章
1949 年至 1956 年

中华人民共和国成立了 093
"扫盲"运动 101
保护妇女运动 103
爱国卫生运动 104
爱国生产运动 105
文艺蓄势待发 105

第四章
1957 年至 1966 年

我入学了 107
关于 1965 年前后的中国电影 131

第五章
1966 年至 1976 年

1966 年至 1974 年 138
1974 年至 1976 年 168

第六章
1977 年至 1990 年

复旦毕业到北影厂	182
北影厂的筒子楼	190
文学的繁荣	192
新时期的诗歌	200
美术界的情况	209
音乐与歌曲	219
歌曲与乐器	227
各种文学观念	233

第七章
九十年代

歌星和"走穴"	239
海子的诗	248
关于电视剧	251
九十年代的文学	255
2000 年的文艺形态	259

第八章
2002 年以后中国文化的基因

关于歌	280

关于书法	290
关于雕塑	300
关于绘画	308
关于曲艺	323
关于戏剧	325
关于电视、电视文化	333
关于电视剧	339
关于电影	345
看电影那些事	348
关于文学	353
网络文艺	360
关于读书那些事	363
关于读书	371
关于文艺和中国人的关系	373

附 录

我的北语故事：校庆寄语	376
我的中国感受	387
我的中国梦	393

总　绪

中华民族，历史悠久。依我看来，至1912年清朝皇室发布逊位诏书前，史况本质上是一样的——国乃皇家"天下"，人乃皇权统治下的"子民"，百姓创造之财富任由皇家收缴、支配甚至穷奢极欲地挥霍。区别在于，仅仅在于，若子民幸运，生逢好皇帝亦即所谓"仁君"在位的年代，且无外患，无内乱，朝廷由贤臣良将组阁顶层领导班子，再加上少有大的自然灾害发生；那么，百姓得以休养生息，百工得以蓬勃发展，士人安分，商贾活跃——便会被史家说成是"盛世"了。

古代的史家与近代的史家很不同的一点在于——前者对"仁君""明主"一向歌功颂德；后者则大不以为然，再三指出皇帝就是皇帝，都是封建统治集团的头子、"总舵把子"，所谓"仁"与"明"，不过是统治术玩得高超。归根结底，是为了家天下能"千秋万代"罢了。而所谓贤臣良将，也不过是皇家的优种鹰犬。如此看来，"仁君"与暴君、庸君，贤臣良将与奸相恶臣就没区别了。

我年轻时是很接受后一种史观的，奉为圭臬，以为是与封建思想做了一切斩断的决裂。后来读的史书多了点儿，领会的史观丰富了些，看法有所改变。

这我真的要感激胡适。

他那句"立论总要公允"的话对我影响很大，很深。他似乎在此话之前或之后还加了"要厚道"三字。他的话并非针对历史研究，而是指人与人辩论甚至论战时的态度。他们是对个人修养有很高自我要求的人，认为旨在以文字为武器一心"击毙"论敌的粗暴辩论态度是不可取的，属于江湖上的暴力崇拜行径。

智哉斯言，君子者胡适！

窃以为，对待历史，尤当立论公允；厚道的眼光，反而会更接近史实一点儿。

比如武王创周后的执政表现，确比他号召诸侯所推翻的商纣王的统治人性化得多。而商纣王，则十足是变态的恶魔式的暴君。孔子以"克己复礼"为己任，对弟子们反复强调"悠悠万事，唯此为大"，是可以厚道地理解的。

而刘邦立汉做了"天子"后，也确实与秦二世的暴戾昏聩有别。

包公、海瑞、杨家将、岳家军等被后世人一再以戏剧、评书的形式歌颂，不能仅以民智愚昧而论。

即使那些治国表现总体上与"仁"不沾边的皇帝及其大小官员，只要在某事上表现了对民的一次一点善举，使民间疾苦从而减轻了些，使社会制度从而人性化了些，也当予以承认、肯定。此种对历史人物的公允、厚道的态度的养成，有益于当代人对当代事之立场的客观。

举例来说，自启夏以降，奴婢现象便存在矣。当时女奴并不叫婢，叫婢是后来之事。至先秦两汉，户籍制度逐渐形成，至魏晋时，已较定型。至唐宋，更加成为国法之一项内容。

那种国法规定，户籍分为皇族、贵族、军籍、民籍、贱籍——分类造册登记。

贵族虽贵，因与皇族并无血统关系，与皇族在法办方面还是有区别的。陈世美只能算是"国戚"，不能与血统上的皇亲混为一谈。若他是皇帝的亲兄弟、亲子侄或叔伯之亲，包文正能否真的铡得了他，或还敢不敢铡，也许将是另一回事了。封建之所以谓封建，血统是至上的。至上到什么程度？老婆那边的亲戚，该杀那也是按倒了就杀的。理论上国丈杀得，皇帝他爸的毫毛是没人敢碰一下的——除非得到皇帝的授意。皇后的三亲六戚若犯了法，该怎么处置，全看皇帝对皇后的宠爱程度。

再说古代的户籍——士农工商皆属民籍。农业之国，国税主要依赖农民缴纳，故农民的重要性排在工商前边。士人中出"干部"，出皇家倚重的栋梁之材，兹事体大，虽同在民籍，地位突出。而所谓贱籍，从唐宋至元、明、清，成分越来越芜杂。到明晚期，已细分为官户、杂户、乐户、疍户及堕民等种类了。

官户并非指官员的户籍，而是指户籍虽直隶"农司"，但身在官府，听命行差于大小官员的下等民，多为战俘后代；地位比奴婢略高，却也高不到哪儿去。他们只能在相互之间婚配，不得娶嫁"良人"亦即士农工商，违者杖百。没有武松那等抗击打的功夫，不被活活打死才怪了。

杂户乃指被判以"谋反""降判"等"政治"罪名的人的后代；后代的后代亦在其列。

北周建德六年（577）曾颁诏书，谓"一从罪配，百世不免，罚既无穷，刑何以措。道有沿革，宜从宽典。凡诸杂户，悉放为民，配杂之科，当永削之"。

"革"自然就是改革。这"道统"的改革自然是进步。我们今人偏不以为然的话，那么今人又成了什么人？

北周的"天子"以为仁心一发，天下"自此无杂户"矣。哪里有他想的那么简单！到了唐朝，"道统"又复原了，依然规定"杂户不得与良人为婚，违者杖一百"。并更严了，"良人娶官户女者"，亦受严惩。却也留了一线希望，若有忠义表现，侥幸获得赦免，可跻身平民行列。

此外还有驿户——因亲属犯罪逃亡而被发配到偏远驿站的服役者。

营户——被强迫迁徙并从事营造苦役者。

乐户——罪犯亲属中有姿色和艺术细胞者，被选中为官为军从事声乐服务的男女，女性自然也得奉献身体。乐户之地位与官户同等，也只能在同类中自相偶配。

疍户与九姓渔户，唐宋以后从四川、云南迁徙到两广及福建的草民，无土地，世代居水上，以船为家，善潜海取蚌采珠，主要以打鱼市鱼为生。他们中每有途穷路末，自卖为奴者。

从事优伶、舆夫、吹鼓手、剃头、抬轿子、演戏、说书等职业者，都被认为是沦落之人，户籍与丐户归于一档。元、明两朝，男不许入塾读书，女不许缠足（反而是幸事），自相婚配，不得与良民通婚姻。"即积镪过万，禁不得纳赀为官吏"——这种情况，延至清代；出身铁定，绝不可变。

清朝出于满人自身的尊卑观点，对以上等级制度又有添加，连衙役皂卒也归入了贱民之列，严格禁止他们的子孙参加一切仕考。所谓皂卒，穿黑衣的使唤人也。衙役的后代即使已被过继给良人为子，仍不准应试。而良民一旦被招募为衙役，其身份也便由良而贱。

清代刑律规定，奴婢伤害平民从重处罚——奴婢殴良人者，比凡人罪加一等，"至疾者，绞；死者，斩"。如奴婢殴"家长"，属弥天重罪——不论有伤，无伤，不分首从，"皆斩"。

清代依然禁止"良贱通婚"。

康熙二十四年（1685），朝廷就八旗内部放奴为民颁发条令：凡八旗户下人家，倘若出于自愿，可以"恩准"奴仆还自由之身。随后，又将此条例推及汉官。且明文规定，获释奴仆"准与平民一例出仕"。

康熙不愧为英明统治者，他此决定，为清朝的统治赢得了好口碑。

雍正五年（1727），朝廷又下诏，允许部分表现有功义的贱民脱籍归良。诏曰："朕以移风易俗为中心，凡习俗相沿不能振拔者，咸与以自新之路，免至污贱终身，累及后裔。"

乾隆三十六年（1771），续颁"新法"——即使那些籍在疍户的和堕民，若经四代"清白自守"，亦可入平民籍。

于是，有助于我们明白，何以清灭明后，在不甚长的时期内就基本稳定了统治局面——靠的不仅仅是镇压。而元灭宋后，对汉人全无德政可言。故，清比元的统治期长久得多。镇压与怀柔并举，努尔哈赤的后代们，在此点上比成吉思汗的后代们略胜一筹。

为什么要回溯这些史事呢？

盖因与中华民族的阶层谱系有关耳。

古今中外，所谓文化，确乎从来都打上阶层的烙印。而社会进步的一个标志乃是——阶层文化的烙印越来越式微，文化品质的一致性越来越成为大方向。进言之，即社会地位不同的人们，经济基础不同的人们，在文化方面却越来越难以分出趣味之高低；所谓"上等人士"未必同时便是文化优上者，所谓"下里巴人"未必不是"腹有诗书气自华"者。而大多数人，只要愿意，不但是文化受众，还完全可以是好文化之提供者、传播者。

知识分子间有一种观点认为，文化总体而言都是文化，并无好与不好之分，所谓好坏，无非是一部分人为了实行对另一部分人的文化操控而鼓吹与推行的利己标准。君不见某一历史时期的好标准，斗转星移，"道"变人变之后，于是被证明为不好，甚至被证明是很坏的文化了吗？

此种现象确乎不乏其例。

但本人认为，不能就此便得出文化本无好坏之分的结论。

人是感受系统丰富的动物。连细菌对人亦有好坏之分，何况与人的思想、精神和心理关系密切的文化呢？

某种文化彼时代被奉为好文化，此时刻被质疑、否定、颠覆，归于不可取一类——为什么会这样呢？还不是因为人们的文化评价水平提高了，能够以好的文化标准来衡量了吗？人类已经与自身所创造的文化密不可分地"相处"了几千年了，若在文化品质上至今仍不能区别好与不好，人类岂不是太可悲了吗？

第一章

中国历史的文化特质

一句"民为贵"抵过半部《道德经》

1912年2月12日，清皇室发布了逊位诏书，声明"特率皇帝将统治权公诸全国，定为立宪共和国体，近慰海内厌乱望治之心，远协古圣天下为公之义"。"亲见郅治之告成，岂不懿欤。"

诏书是"大内"一等笔杆子所作，文采俊隽，有一吟三叹之韵，含催人泪下之情，端的属于极品美文，可与诸葛亮的前后《出师表》有一比。仿佛彼们自打入主汉家，朝朝暮暮与普天之下的子民心往一处想，劲往一处使，不但同舟共济，而且亲如鱼水一般。似乎彼们的弃权，是一百二十分对不起老百姓的内疚之事。

清朝的完结，不但是古老的封建国体之崩溃，也是封建文化之文化中心地位的动摇和丧失过程。封建国体与封建文化，如蛤蜊的双壳，是缺一不可的"配套"。比作蛤蜊而非蚌，是因为壳内不易产生珍珠。

清朝在中国历史上并非罪孽深重的朝代，起码不比此前任何一个朝代罪孽更大。在中兴时期，励精图志的作为可圈可点。但是像此前任何一个朝代一样，根本无法克服专制和腐败两种遗传其身的"合并癌"。于是规律性地由迷恋专制而视进步为天敌，由腐败而腐朽终至晚衰、没落、不可救药。既迷恋专制又想不怎么腐败完全是异想天开。因为越企图持久地专权便越会使劲加码地专制,也就越会强调其特权的绝对性和全面性,于是特权渐趋无限大,而腐败也就似乎不算腐败,不足论道了,于是不可救药。

封建国体由于先天的"合并癌",其延续是一种向亡而存的存在。即使在其中兴阶段也是如此,好比带癌之人生命的某一时期显现红光满面精力充沛的假象。

而谈到封建文化,无论如何也是绕不开孔子的,并且一向会使后人联想到与他同时期的老子,以及后来的孟子与"诸子百家"。

我偶谈孔子时,头脑中同时会出现两种"标签"——伟大的思想家和伟大的封建时期思想家。正如一谈到孔雀和天鹅,美丽与优雅的形象和野禽的概念同时在头脑中出现。

研究孔子的学者和尊崇孔子的后人,似乎更喜欢说他是伟大的"古代"思想家。

但是没有什么历史人物能生活在非封建的古代国度。

而且人类社会的封建时期也并非一无是处,封建时期自有其封建文明——在中国的春秋时期能产生孔子、老子及文化思想方面的"诸子百家",本身便是封建文明的佐证;是意外产生的"珍珠"。

同理,封建思想并非一概一无是处。伟大的封建时期的思想家之所以伟大,乃在于其思想不但有益于促进当时之社会的和谐与进步,对于当代的人类社会仍部分地具有文化思想遗产的价值。

不能要求孔子当年具有现代民主思想,这样要求古人既不客观也不厚道。亦不能因为孔子当年并没宣讲过多少有点儿现代民主意识的思想而否定其伟大性,正如不能责怪古人仅仅发明了算盘而并没进一步研发出计算器而觉得算盘之发明不伟大。

孔子的思想是多方面的,对中国影响最悠久和深远的是"君子"文化。"君子"文化的核心是仁义礼智信。"智"非指心机能力,而是指理性。

那么,孔子实际上是希望通过传播好人文化而实现其对于好社会的理想。

我们当下中国人每每热议的话题是——好社会之实现,好制度的作用更大还是好人多起来的作用更大。

窃以为，二者是不该对立而谈的。若一种制度较开明，并且在向着更开明发展，那么当然好人越多，发展越顺利。反之，做好人难，几乎只有做顺民。但若想要将不好的制度朝好的方面改变，那就还是得靠人。不靠人，靠神吗？于是人的作用凸显了。

在此点上，一个有趣的现象是，鼓吹制度决定论的胡适，竟也同孔子一样，在民国时期将社会进步的希望一度寄托于所谓"好人政府"。

胡适心目中的好人，与孔子心目中的好人如出一辙，无非是君子式的肯为社会进步奉献能力的人。

孔子当年也是面临制度的作用更大，还是人的作用更大的自我叩问的。他倒没什么帝王崇拜，他内心里肯定是主张天下为公的；他将帝王也视为可以通过好思想化为"明君""仁主"的人——他认为如此一来，好制度自然会由"明君""仁主"来开创。在他所处的时代，"君"与"君"是不一样的，有的"君"确实想做"明君""仁主"；他以他的眼看从前，春秋前边的历史中，也确有所谓"明君""仁君"产生过。所以，便不能认为他那么思想简直是脑子进水了，完全违背社会良性发展之逻辑。

无独有偶，两千多年后，在日军大举侵华，中国军队节节败退之际，现代民主启蒙思想家胡适，向当局有关方面呈文，一反不染官职的清流之志，自荐要当"驻日大使"。

他意欲何为呢？

他要以和平之道，当面教导日本天皇改变支持军国主义的立场，带头反对日本军方的侵华行径。

孔子也罢，胡适也罢，不论对于古代列国诸王，还是对于现代日本天皇，所表现出的好愿望的颇为自信的一致性，证明的并非文化大师们的天真幼稚，而是古今中外文化正能量在特殊时期特殊情况下的应急反应。

孔子与胡适；古代与现代；封建与民主；儒家思想的鼻祖与新文化运动的宣言者之间；在主张和倡导君子人格以及与之相关的人格修养方面，穿越式地进行了复合。

一切古代的优秀思想的总和，乃是人类社会近当代优秀思想成果的母体——后者要么是对前者的继承和发扬，要么是在质疑、解构、修正、批判和颠覆前者的过程中才形成其自身价值的。即使是这一种情况，后者仍当感激前者，好比没有"面引子"，发不出好面蒸不出好馍来。

在公元前五百多年的时候，在孔子之前，世界上再无第二位孔子那样的诲人不倦的思想家——苏格拉底、柏拉图、亚里士多德三师生比孔子晚出现了一百多年；而中国诸子百家思想争鸣时期的文化景观，气象之大超过古希腊三哲的影响。

若以孔子与古希腊三哲相比较——孔子的思想早于后者一百多年，这是孔子的伟大之处；后者的思想具有体系化的特征，并且他们的国所具有的初级民主之端倪，为他们的"国是"思考提供了"超君"想象的客观空间——这与孔子所处的春秋时期大为不同，于是会对比出孔子之"国是"思想明显的历史局限性。

而在孔子与老子之间，我觉得孔子的全部思想更切实际一些。孔子的思想是语录式的，老子的思想是论文式的。前者是入世的，主张有能力的人应为国为民有所担当，体现出能力越大责任越大的精义。就此点而言，我甚至认为具有现代西方"个人主义"的某些色彩，因而于封建的底片上，隐含着现代的线条。老子的思想也是自成体系的，无须后人归纳分类。《道德经》的思想维度比孔子的思想维度大，思辨风格一目了然，修辞的逻辑特征甚强，具有纵横驳论之锋，故后人亦称他那一派人物为"纵横家"——可视为中国最早的辩证哲学。

近代有些研究者认为，孔子拜见过请教过问题的老子，未必便是《道德经》的作者，而《道德经》实际上产生于孔子死去很多年之后。既然老子乃是《道德经》的"经主"似乎早已成共识，我们也只有将老子与《道德经》相提并论。

《道德经》之"道"指自然规律与人为的事物规律；"德"指相对于两种规律的人的意识。依老子看来，凡人为之事与物，基本上全是违反自然规律的。人与自然的关系，以无为地生存于自然界中为最明智。果而如此，人类的进化反成自身罪孽了，像动物世界中的一个寻常物种那么听天由命，似乎才是正理。反之，最大之愚也。

在人为事物现象中，老子着力攻击的是所谓"圣人"们那套礼教之说和人类一切企图构建秩序的"妄想"——他主张人皆不应有为，是谓"道法自然"。反之，伪也。那么当然的，什么仁义礼智信，全都是谎言。

我觉得，《道德经》的锋芒所指，分明也是旨在批判"圣人"孔夫子的。大概孔子死后荣名加身，"老子们"是心有不快的。但问题是，其矛头一经对准孔子，本身固有的智慧之光于是暗淡了——因为孔子的某些思想，毕竟有益于人之心性的进化。

"是以圣人之志也，虚其心，实其腹，弱其志，强其骨，恒使民无知无欲也，使夫知不敢，弗为而已，则无不治矣。"

在老子的思想体系中，一而再、再而三地提醒、告诫作为统治者的"圣人"，"使民无知无欲也"的重要性。孔子以"复礼"为己任；老子以"愚民"为天职。孔子力图诲君王善为而为；老子则苦劝"圣人"谙不为之妙理。

关于《道德经》的"愚民"主张，实在是一个不争的事实。在此点上，我认为与孔子试图以仁义礼智信化民的主张相比，绝不是什么更高级的思想，而是横看竖看都属于糟粕。

冯友兰论及老子，认为他的思想成果是"对于思想的思想，所以是更高层次的思想"——仅就其形而上的、抽象的、思辨性精彩的部分而言，并不算是过分的美誉。但，那也不能因而根本无视其糟粕部分的存在。

中国之学界有种长久的通病，便是对所谓经典的一味赞美。尤其在成了靠宣讲经典吃饭的人以后，更是习惯于论瑕为美。仿佛不如此，所捧的饭碗就低等了似的。在此点上，不要说不及西人治学的客观了，就是连致力于传授的古人也不及的。后者对所谓经典也还是具有批判精神的，且能在批判中贡献新思想。而当代的靠宣讲经典吃饭的人，大抵本无独立见解，所以不敢批判，也就只有一味赞美。

依我看来，在"愚民"这一点上，《道德经》与柏拉图的《理想国》有共同之处。他们二人，当然是不可能进行过思想交流的。在所处时期接近的历史长河中，在都未至彼国的前提下，竟不约而同给人类的好社会之实践开出了愚民的药方，这倒是值得思索的。我们今人不因而否认柏拉图之古代大思想家的地位，当然也不应因而杯葛老子。打几分折扣的思想家那也是思想家，人类还没产生过不打折扣的思想成果，包括《圣经》。

至于孟子，比孔门的任何一名弟子对光大孔子的思想都功不可没。孟子在所有古代思想家中是最善用比喻的，还善于讲故事——起码在他生前是那样。

孟子诲人不倦的对象主要是君王——在此点上他比孔子幸运。孔子当年周游列国受待见之时少，列国的王们都是军事力量崇拜者，更需要的是防止政变的王位巩固之术和取胜避败的战术，对文化统治这种"软实力"相当漠然。到了孟子的时期，王们的存亡如上市公司，今朝这家上市了，明日那家崩盘了，退市了，都与彼们在本国的民心状况有一定关系。孔子的学说乃是引导彼们"团结"民心的，死后的"学术"影响大于生前。孟子继承了孔子衣钵，宣传且有发扬，于是王们都想听听他的高见了；反正听听对自己并无损失，最大损失无非就是浪费了点时间。故也可以说，孟子得以见到几位王，当面贡献自己的思想，是沾了孔子身后名的光。

孟子治国理念的核心是"仁政"，这种理念说多了，劝诲不免有了教诲的意味，王们其实是不爱听的。《孟子》七篇只记述其见了哪几位王，向彼们阐释"仁政"道理时打了什么比方，讲了什么故事，无一字记述王们采纳了没有，采纳后治国情况发生了什么变化，原因就在于他讲他的，王们有一搭无一搭地听着而已。好比当下的中国，商战之势汹汹，老总们都怕出局或急于上市，兼并别人；他那套"仁政"的理念只能被王们认为逻辑上成立，解决不了彼们的当务之急。这也难怪彼们，实际情况也是，往往还没能实践"仁政"呢，自己的国已被灭了。

孟子的专执一念，并不意味着他好为王师，他也并非想靠贡献思想混个一官半职。他肯定是有人文情怀的人，是真心恤民爱民的思想家。他心目中的民，比老子心目中的民地位高多了——坦率来讲，我认为老子的民思想是阴暗的，不光明。我想孟子的逻辑是这样的——使一王仁，于是"仁政"便得以在一国实践，于是百千万民便可享"仁政"之福泽；于是为别国的王树立了榜样，天下太平，诸国和睦的局面有望开创。

所以孟子比孔子还理想主义，他的理想太阳光了，几近于天真无邪。

孟子有句话说得很牛，即："民为贵，社稷次之，君为轻。"

此话是"天下为公"的最明确的注脚。

我每为孔子遗憾——若此话出现在孔子语录中，"五四"时打倒"孔家店"的口号估计喊不成响了，"文革"中的"批孔"运动也难推进了。

孟子死后，被尊为"亚圣"——不是王们、皇们、帝们封的，而是历代学人与民间百姓相当一致的加冕。

可以断定，与其"民为贵"之思想有很大关系。

我一向觉得，一句"民为贵"抵得过半部《道德经》。

自古帝王不读书

"自古帝王不读书。"

这话有点儿绝对，却有普遍性。与民间那句"慈不带兵"的话异曲同工。后四个字且不论了，成年人都懂的。前句话却须略说一说，与本书内容有关——世上本无帝王，想当帝王的人多了，就有了。帝王者，欲永据"天下"为家族"社稷"者也。中国之"家天下"，据说始于启。但关于夏朝的信史尚不确凿，所以今人也只能当作莫须有之事。

先是王们多了起来，便都盘算着称帝。于是你发兵灭我，我率军攻他。此王消灭彼王是辛苦又玩命的事，并且肯定要绑架众生，哪里有闲工夫读书呢？所谓圣贤书都是教诲人戒霸心的，戳他们的肺管子，当然更反感了。

"马上得江山"，说白了是指第一代帝王们的"事业"是靠双手沾满了鲜血才成功的。

但二世主、三世主……后数代乃至十几代的王位帝位继承者，都是必须读些书的。家天下仅靠自家兄弟的能力难以长久统治，何况自家兄弟之间也每因谁更有资格继位而白刀子进去，红刀子出来。于是借力势在必行。借什么人的力呢？当然是借众臣之力。众臣多是读书人。汉以后，科举制度更趋完善，为帝王效忠的众臣关于往圣之书的知识水平普遍高了，文韬武略一套套的，奸臣腐将也能那般——这种情况下，继位的帝王们不得不跟上形势与时俱进也多读些书了。否则，没法与众臣讨论国是了，那起码是面子问题。

帝王们的面子尤其是面子，不是闹着玩的。在他们小的时候，他们的父辈也很重视对他们的文化栽培，他们的老师都是当朝的学问家，德才兼备的人物。

所以，排除非正常接班的情况——多数正常接班亦即以成年之龄接班的帝王，文化水平是不成问题的，起码够用，说起话来不至于丢帝王的份儿。他们中有人还颇好文艺，甚至才情较高。比如宋徽宗，诗画皆佳。至于成了俘虏，失了半壁江山，原因很多，非一己之责。

在他们小的时候，国师不可能不授以孔孟之道。但讲到孟子时，国师们却都是有保留的。"民为贵，社稷次之，君为轻"一句，国师们都是绝口不提的——那不是成心找修理吗？

所以孟子也就一直是"亚圣"，"反动言论"、历史"污点"被遮掩了。孔子并非一直是各朝各代的文化偶像。大唐时的朝野并不多么地重视他，影响也很有限。唐代朝野更青睐的是佛教，以至某个时期，好逸恶劳的青壮年男子纷纷出家，社会生产力都下降了。这使唐武宗很光火，下旨拆了许多庙，赶跑了许多和尚，勒令还俗，逼他们能干什么营生干什么营生去。

宋朝也没太拿孔子当一回事儿。宋的朝野比较崇尚道教。南宋退据长江以南之后，有几年风调雨顺，国耻伤口渐愈，经济发展态势趋好，于是都热衷于及时行乐与养生之道。

却好景不长，还是亡了。南宋之亡，与从皇室到朝廷官员、从士林到庶民的颓废迷醉，纵娱恣乐的国风有关。岳飞死后，半个宋朝军心难振，士气沮丧，军队锐志不再，所以连梁红玉都得率女兵与金兵进行水上战斗了。李清照诗云：

生当作人杰，
死亦为鬼雄。
至今思项羽，
不肯过江东。

这可看作一个弱女子眼见半个宋朝多数男人不男的喟叹。确乎，南宋之男，除了韩世忠等少数将领，其余皆似被阉男也。南宋词风，也再没了北宋时边塞词的豪迈与骁勇气质。长江便是国边了，还边的什么塞呢？南宋的皇家有种幻想，以为长江未必不可做水的长城，金军插翅难逾天堑。而蒙古军团的强大悍猛，也是南宋必亡的客观原因。他们都横扫欧洲如卷席了，况乎小半个南宋？

元朝初定时期，镇压酷烈，杀性不减。先是，攻城略地，滥杀为习。每仅留工匠，以充军役。入主后，将汉民分北人、南人。北人者，已杀服之长江以北的汉民也；南人者，刚纳入统治地盘之汉民耳。对南人，起初无分官员、士子，杀戮甚于庶民。在他们的意识中，南宋官员、士子，乃首当灭除之不驯种子。故汉人经此一劫，大抵被杀怕了。亡国之官之士，多逃往深山老林或荒僻远域。此种情况，十余年后方止。他们沉浸于征服的骄暴，杀戮之快感，不知怎样才是不凶残。

元初之文官武将中的汉人，基本是北宋的降官降将。亡南宋时，彼们也曾出谋划策，效军前帐后之劳。元的中低级武官，不分蒙汉，基本是世袭制，父死子继。高级别的汉人中的文官武将死后，以其功之大小与忠诚的被认可度，决定对其子孙的任用等级。这就使它的"干部"队伍往往匮乏，后来不得已开始从南宋遗臣中招纳识时务且可用之人。

元九十八年的统治时期，科举是基本废掉了的。没法不废。若延续，考什么呢？还考四书五经？岂不等于替汉人招文化之魂吗？科举一废，"往圣"之学的继承，便从公开转入了"地下"，由塾授馆授转入了秘密的家传族授——而这是危险的，一旦有人告发，很可能被视为"怀复宋之心"，因而大祸临头。

在元九十八年的统治下，汉民族的传统文脉差不多是断了运象的。而元留存史上的文化成果，基本便是散曲、杂剧；关、马、白、郑而已。

散曲初现于唐。唐是多民族相融的朝代，散曲于是有别民族的语言风格。与唐诗乃文人雅士的事不同，散曲更属于底层人的最爱，风靡于瓦舍勾栏之间。至宋，词风甚盛，散曲之声寂焉。

元使汉民族文人士子的地位沦落，亦不再敢以诗词抒情明志，遂将被压制的文才转向了散曲。因这专业群体的参与，散曲也多了几分瑰丽旖旎。

但细论起来，散曲的严格定义，应是——元统治时期由汉民族发扬其魅力的文学现象。关、马、白、郑四大家，皆汉人也。

先是，蒙古军团灭金后，他们都不得已地成了长江以北的元朝人，否则死路一条。为了生存，亦不得不折腰服务于元。蒙古军团攻南宋时，关汉卿曾以医职服务之。而南宋即灭，七旬老翁关汉卿逝于江浙一带，比关汉卿年轻许多的马致远还在浙江一带做过元朝的小官。正所谓"国破山河在"，大家都得活。

关也罢，马也罢，他们的剧作，其实无敢以元为背景的，反倒都以宋为背景。若以元为背景，则肯定悲也是罪，讽也是罪，怎么着都肯定是罪。而以宋为背景，好写多了。一概宋背景下的悲欢离合，嬉笑怒骂，元统治者都当其是在反映"万恶的宋朝"。

白朴和郑光祖，也只能循此路数。

元统治者的眼，对他们这些汉裔文人，盯得很紧，身家性命不能轻，又哪里敢以剧作造次呢？

至于他们在散曲、杂剧方面的成就，后世好评多多，已获公认，不赘评。

单以马致远一首《拨不断·酒杯深》为例，其胸中纠缠郁闷，足见一斑：

酒杯深，故人心，相逢且莫推辞饮。君若歌时我慢斟，屈原清死由他恁。醉和醒争甚？

屈原坚持节操而死，由他死他的吧。谁醉谁醒，争个什么劲啊！

元的亡，亡于作为统治集团，自身文化积淀浅，又不善于取长补短，充分利用"汉家"文化之"先进"因素，整合人心，是以亡得较快。

明朝的朱元璋在此点上却是有着清醒认识的。他这位因人生潦倒而当过和尚，也当过起义军首领的皇帝，对孔孟之道还是略知一二的。初登基时，他向朝野一再表示，自己一定会行仁政，做个好皇帝。因为他有此种表态，当然便有各色人等向他宣扬孔孟之道的德行作用。也许正是在这种情境下，某个冒失鬼，哪壶不开提哪壶，顺嘴溜出了孟子那句"民为贵，社稷次之，君为轻"的"混账话"——对一切帝王，那话肯定是"混账透顶"且振聋发聩的。朱皇帝当时就火了，要传旨将孟子捉到砍了。这事正史上未提过，野史中传得很广，可信度不高。向来孔孟并提，凡是个汉人，谁人不知，哪个不晓？尽管在元朝被"冰冻"了98年，那也由地下的家学播在了一代代汉子孙心里呀。

虽不可信，但自明始，孔孟之道变成了孔子一人之道，这却是真的。结果"亚圣"被剥夺了"圣"名，连其塑在文庙中的像，也遭捣毁，当垃圾清出了文庙之门。

政治本不是谁都"玩"得的国之顶层大事，偏偏孟子尤爱议政。这一点上他就是不如孔子明白。人家孔子除了"克己复礼"，关于政治很少发议论。最有冒犯意味的话，不过就是"苛政猛于虎"。帝王皇上可当诤言来听，没有颠覆性。

朱皇帝之登基接近"顺承天意"，推翻元朝符合最广大汉人的心思——元的晚期，人口已近九千万，而土地越来越集中在达官显贵及地主阶级名下，实际上绝大多数农民几乎都变成了佃户。而且，元代加强了对最底层人的户籍管理，被划入另册将世代为奴做婢的人口尤多。他们除了造反，再无别种改变命运的可能。天灾战祸，亦使流离失所背井离乡的游民人口大增。元晚期的腐败加速了它的灭亡，可谓支撑乏术。

朱皇帝在文化上独树孔子之后，不久恢复了科举。这给元时"十儒九丐"的潦倒文人士子们打了一针强心剂，使他们的人生又有了希望，又有了奔头，都以亢奋之心跻身于科举"管道"，于是传授入仕经学的书院书馆及塾学堂，如雨后春笋。

实际上，元时以私人学名开馆授业的现象更司空见惯，最多时达四万几千处，而明中期才一万几千处。这是因为，元朝廷与军队逃离中土之际，不但带走了蒙古人，也卷挟走了不少汉人——至明中期，在籍人口方达到六千余万。而明的院、馆、塾，与元有本质不同。后者所教授，在废了科举的情况下，只能以艺技为主业，即谋生手段，如现在的"文艺培训班"；而前者，则又重新祭起了"修齐治平"的经世之道的旌幡。

唐诗、宋词、元曲的水平已各处巅峰，明的文人士子们皆知无望达及，于是他们之"文以载道"的能动性，逐渐转向了纵论时政方面。可以这样认为——明之文人士子，比起前人，是最"关心国家大事"的。这又因为，元是中国历史上异族统治汉人的朝代，以往一向是以汉人为中心的。所以明之灭元，意味着历史回到了"正轨"，是对全汉族的拯救。此时的朱皇帝功莫大焉，怎么重新将国体设计完美了至关重要——许多文人士子都希望能在这机遇与挑战并存的历史关头，贡献继往开来的思想。

然而朱氏另有想法，更相信自己的英明。他的设计是中央高度集权，连宰相也不任命，举凡一切政策法规，更喜欢产生于自己的头脑。

明是中国历史上由农民领导，靠农民起义所建立的朝代。所谓匹夫登基，草民称皇。这样的一个皇帝，治国理政的资质显然在各阶层内心里都是存疑的。尽管他在南京当皇帝当得挺有魄力，但那当的只不过是半片汉土的皇帝；如今当整片汉土的皇帝了，两码事。能力欠足，有待观察。此种情况下，若坐皇位的屁股尚没温乎，竟被杀了，且灭族了，历史结论很可能是——为国为民袪忧，除掉庸君；取而代之有理，另拥圣明也有理。而只要能顺利地将皇位传至三代以后，情况则不同了。那时社稷姓朱，便成共识。只要子孙当皇帝当得并不明显地昏聩无能，别人若起取代野心，顾虑将是很大的——历史结论将是"篡位""弑君"，都是大逆不道之罪名。此种事曹操生前都不敢做；刘邦生前最怕他的"战友"们做；后来的曾国藩避嫌唯恐不及，皆因害怕在历史上留下"窃国""乱臣贼子"的骂名。

朱氏深谙此点，故其集权、专制，是要为子孙后代夯实皇基。无论是确有人觊觎他的皇位，还是他自己疑心过重无事生非，总之他不久剪除起"战友"来，做法心狠手辣，莫须有之织罪，他运用起来也易如反掌。

而以上两点，当然违背他一定要做明君圣主的誓言。明不明圣不圣的，不在他考虑的范围。目的却达到了，命官们特别是些个自作多情的文人士子，于是都缄默其口了。他们终于明白，皇上尊崇孔子，其实只是要臣忠民良而已。至于他自己，根本不打算做孔子的好学生。

集权也罢，专制也罢，对一个朝代的初定而言，效果往往立竿见影。并且，他的某些国体设计和主见，在当时也算考虑独到，例如尽量避免战事发生，使民得以喘息繁衍；官吏俸禄标准亲定，以防滋生腐败；军费由国库直接拨给，以杜绝军方勒民现象；留在汉土的蒙古及其他少数民族，不得在本族间婚配，不论嫁娶，一方必得是汉人，以强迫方式，消弭民族仇隙；等等。

然而封建制度胚胎里带着的劣基因，是无论多么英明的皇帝都无可奈何的。

到了明中期，问题显现了——明初，内外官员两万四千余人，到成化年，增至十余万；嘉靖时，全国每年供给于京师的粮食四百万石，仅各王府禄米却已达到八百五十三万石。即使年光持续良好，风调雨顺，每年的贡米也不足京师所需之半。只得通过"加派"，增收赋税，民不聊生，怨载道矣。

不世袭，皇室及官僚大臣皆有意见，而世袭成律，必然失控，状况频出——晋王第三子庆成王，妻妾众多，生百子，俱长成。长子袭爵，余九十九子并封镇国将军——此明前朝代绝无之事。家世余荫，福泽无穷之代，且多为酒囊饭袋行尸走肉之辈。"出则车舆，入则扶持"，不能文，不能武，腹笥空空，不学无术。

世袭资格的巩固，须官场互相帮衬，攀权附势，结党营私之风于是盛行，潜规则遂成常态。而皇室的存在，却又不得不依赖此种常态的"忠心拥护"。

朝廷惯以门第用人，虽科举之制在焉，大批庶族出身的人才，很难通过那独木桥谋得一官半职。于是他们弃了儒家典籍，转而去向孟子、墨子、荀子的思想寻找慰藉，消解怨闷。

墨子曰："尚贤者，政之本也"；"官无常贵而民无终贱，有能则举之，无能则下之"。

荀子曰："虽王公士大夫之子孙也，不能属于礼义，则归之庶人；虽庶人之子孙也，积文学，正身行，能属于礼义，则归之卿相士大夫。"

明思想家黄宗羲著文痛批当时情况曰："以我之大私，为天下之大公。始而惭焉，久而安焉，视天下为莫大之产业，传之子孙，受享无穷"；"今也以君为主，天下为客"。——当然他的愤言是说在晚明，仅在小范围传播，否则性命难保了。

士林之"林"，原本统称。明中期开始分化，晚期显然——仕途顺达者，依然视儒家经典为真圣真贤之书；对科举心如死灰者，逐渐自成一林，如蜂族之分巢。那分出的一"林"，思想影响渐大，一言以蔽之，核心思想无非是孟子"民贵君轻"的思想。或许他们中不少人并非真的认为民应该多么的贵，与四百多年后蔡元培提出"劳工神圣"的口号，情怀未必相同。但他们表达不满，须有够高尚的理论支点，"民贵君轻""社稷共属"，合其用也。而墨子、荀子的思想，才是他们之矢的。

士林中还又分出了一"林"，将生命价值转向了小说——他们文化自信满满，能预见到自己所创作的小说，未必就不会成为传世经典，于是我们如今有幸读到"三言""二拍"《水浒传》《三国演义》《西游记》《封神演义》等名著。

明的文化形态，亦如元的文化形态一样，都经历了士人文化向庶民文化靠拢、转型的时期。元以曲为媒，明以小说为介。于文学，乃幸事；于哲学，是思想力的解构、消遣、娱乐化，且是落荒而走之事。

说到哲学，则不能不提王阳明的"心学"。我对所谓心学一向不持高蹈之评。在我看来，无非便是儒家思想糅合了些佛家思想元素而已——左不过劝官劝民对自身郁闷看透点儿，想开点儿，自我劝解地虚化了之。

倘言儒学的内容是人性人智之学，那么按古人"心主思"的逻辑，儒学当然也可以认为是"心学"。王阳明不过是将他所消化的儒学，换了一个概念，以佛学的方式细诠细释了而已。

心学对于明的统治是尽量不露企图的，甚为低调的帮忙之学。皇家的人明白，他自己也明白，彼此心照不宣。

孔子的思想，未必是起初便希望被当成治民工具的；王阳明的心学，未必不是起初便希望成为帮忙学的。

但，未必这样也罢，未必那样也罢，具体到对世道人心的作用，毕竟出发点都是阳光的、良好的，影响也肯定是正能量的。思想家生于封建时代，即使想帮哪一朝代减点压，何况是用贡献思想的方式，不能因而便视为统治集团的文化侍从。封建时期的文人士子，其思想能动性大抵体现于两方面——要么试图影响统治集团，要么试图影响世道人心。而影响前者，又往往比影响后者要难得多。在影响后者方面，因少或没有忌讳，亦往往能对人性做超阶级的分析与见解——正是这一部分见解，因超越了阶级，同时也便有可能超越历史局限性了，于是对今人仍有教益；故，他们就确乎当得起"思想家"三个字……

说说大清

现在，该谈谈清朝了。

清朝是离我们今人最近的古代；也是异族统治汉人的朝代；是先秦两汉以来，统治时期最长的一个朝代——后两点，信息量大焉。

在元之统治时期，汉人被外族所统治的屈辱心理几乎不曾减除。越到后期，越加积累。故明之灭元，对普遍的汉人实乃大快人心事。

而清之统治，居然比明还长。并且，到清中期，反清复明的举动虽仍有发生，却式微近绝矣。至清晚期，统治者的昏聩无能，官场的腐败疲软，朝廷的横征暴敛，民间的生存疾苦已是不争事实，但——不论汉人官员或城乡汉人富绅或社会最底层的汉人，似乎都早已习惯了自己是大清臣民这样一种归属感。前两类汉人，其归属感还伴有荣耀。即使后一类汉人，辛亥时期被割辫子时，也宛如将被去势般哀伤。而不论在自愿的情况下还是被迫的情况下成了海外华工，对辫子一如既往地在惜难舍。

可以这样认为——辫子不仅仅是国籍的象征，还是甘愿归属于"大清国"的证明。若满人时刻不忘自己同时是"清人"，自有顺理成章的解释；但汉人同时自认是"清人"的意识，何以也会根深蒂固向来如此似的呢？

或曰：被统治久了，当然如此。

但，又何以偏偏清朝这一外族，对占一国人口绝大多数的汉人的统治反而最为长久呢？

或曰：统治手段阴险毒辣，必然结果。但若细观以往历史，不难发现——元明统治，严酷程度超于唐宋；元明之间，其实难分一二。连朱元璋自己也承认，在用重典极刑一招上，与前朝相比，每有过之。

明之所以统治了二百七十七年，很主要的原因是沾了人口红利的光。明初的六千余万人口，至后期已逾两亿了。如此之多的人口，对经济基础起到不言而喻的支撑。而经济基础"造血"功能的殚精竭虑，使上层建筑的大厦得以较长期摇而不倒。如大船，哪漏补哪，延缓倾覆。

清不但使明原有的版图又扩大了，也使人口又增加了许多。而且，长城内外，皆为"大清"一统天下矣，烽火久熄，战事基本停止，仅西部时有军事冲突。于是，剧增的人口，更加得以从容繁衍。至嘉庆年，人口过四亿矣。

人口如此众多的国家，在当时的全世界已绝无仅有。内外相对安定的统治时期，自然也促进了农工商的全面发展。可以这样说，"大清"依赖人口红利而统治长久的甜头，是当时世界上任何别国的统治者不曾尝到的。

排除人口红利这一决定性因素，清统治者善用文化整合人心的统治之术，也确乎可圈可点。

客观原因是——清灭明后，面对南北统一的偌大国家，仅凭满人官员控制局面，委实力不从心。以汉治汉，确为上策。自汉朝董仲舒提倡废禁百家独尊孔学后，孔子大受敬仰的地位，其实自清始稳。唐宋元明四个朝代，或无暇顾及，或并不真的重视，总之皆不及也。清也没有掺和汉知识分子间历来的学术纷争，门派歧见，取一视同仁，统统为我所用的明智态度。"四书"仍恢复为"四书"，《孟子》又被解冻了。

　　结果是——明朝官员及文人士子，不但心稍安矣，且意渐顺矣。
　　康熙的方法，其诚几分？其术几分？纠缠此点，钻牛角也。
　　只能以结果论其方法的得失。
　　那么，他基本达到目的了。
　　继而，众所周知，在他的统治时期，开始了编纂《古今图书集成》与《全唐诗》两项浩大的文化工程。
　　此事也有极耐人寻思之点。首先，传达出这样的善意——那可本该是由你们汉人来通力完成的大事功，现在朕来了，咱们满汉一家了，你们珍惜的朕也自当珍惜，"好东西"都是"咱家"的了嘛，岂可不加珍惜？其次，要完成那大事功，我们满人外行，你们汉人才内行，当然应由内行来完成；朕做你们的"推手"就是，要钱给钱，要人给人，要权给权——这种绝对放手，绝对倚重的态度，不但为他自己树立了开明有胸怀的形象，而且为"大清"后来的统治也传下了一以贯之的方针性"遗产"——只要继续做着此事，满汉在文化上已成一家，便几成无可争议的定论矣。文化上已成一家了，那么"大清"再也难分究竟属汉还是属满了。
　　相关联的情况是，斯后，一批满腹经纶的汉人文史学者，每以进士学位，加入了浩瀚的文化工程，钻进文山，潜入史海，皓首穷经，无怨无悔，且引为无尚之荣幸。因为，给待遇，给尊重。无缘跻身此列者，有抱憾终生之感。
　　如果做一份表格，以对比之法呈现直观效果的话，定会使我们今人诧然愕然——表格将显示，正是在同一历史时期，西方诸国不但在科技研发方面硕果累累，在文化特别是在社会学进步方面，也可形容为思想的火花四射。宛如吾国春秋时代的"百家争鸣"；思想先进的步伐却远远超越，不可相提并论也。
　　而反观吾国，表格之上，除了《四库全书》《全唐诗》及几位清代书画名家还有《红楼梦》《聊斋志异》《儒林外史》等小说外，留白令人汗颜。

文人士子的文化思想能动性，经元之镇压，明之打击，清之诱导，差不多等于被完全阉割了，奴化得软塌塌的了。

若据此断定清比以往朝代都特别来劲的尊孔倡儒，根本上是一大统治阴谋，却又未免过于阴谋论了。

窃以为，与历朝汉家"天子"相比，清皇帝的大多数，对儒家学说尤其是孔子思想的尊崇，或许确实真诚度多一些。这乃因为，孔子者，汉人也。经历朝历代之灌输，从士人到民间，未免有"噎食"反应矣。而对于满人皇室，却如同一片新的文化天地。最深以为然者，恰是汉人已倒胃口的"君君臣臣，父父子子"之诲。

先是，努尔哈赤在北方建立政权后，为政权巩固计，忍痛幽死乃弟，处死亲子。且历睹草原各族王骨肉血亲之间，因争夺领导权，父疑子，子恨父，叔侄兄弟互相戕害，频生感慨。对于汉人这边改朝换代的血溅宫闱、手刃亲人现象，亦闻之不少，却只能徒唤奈何而已。他身边的汉人近臣，遂向其陈儒家思想片段，谨供参考。实际上，清灭明前，其皇族子弟中有望继位者，已对孔子略知一二了。这并不影响他们灭明的野心，反而有助于他们灭明前的文化思想准备。所谓彼一时，此一时，取所有用，弃所不用，活学活用。

凡皇帝者，无须孔子教导，"君君臣臣，父父子子"的伦理意识全都非常明确——君君之释，即我怎么当皇帝我百分百做主，毋庸任何人置喙；你们怎么为臣，也由我来定条款，都识相点；朕即为朕，父子之间，亦君臣也，故朕又是父皇，非一般百姓人家那种父；君臣之间，亦父子也。故为臣者，不论岁数多大，在朕面前，那也是子……

没有一个皇帝，不是如此这般来理解的。至于什么仁义礼智信，那是对百姓的教化，若也用来要求朕，简直就是"反教"了，大逆不道，罪该万死。

自康熙始，清皇室对子弟们的学业抓得紧，如同当今望子成龙望女成凤的家长；而皇室子弟们的学业亦重，殊少玩乐时间，亦如当今高考前的学生，却没人替他们呼吁减压。直至十八岁成人后，才终于从学业压力之下解脱，于是有那天生难成才者，纵情声色犬马，不求上进也。而成为皇位继承候选人的，仍需继续深造，如当今之学子读研读博，导师是不可少的人物。

皇家子弟的学业内容多门多类，不但要学满文，还要学汉文、蒙文；满史汉史，并教并学；"四书五经"之类，亦必学课程，绝非选修课；还要学诗词歌赋，学满汉民俗朝仪、祭祀大典的步骤；骑射是他们的看家本领，弓马之技尤得过硬……

培养一位全面发展的贝勒是不容易的；造就一位能胜任天下的皇帝尤其不容易，故他们的蒙师曰国师。清的每一位皇帝的背后，都曾有汉族国师的光辉身影，造就伟大皇帝的光荣，有汉人国师的一半。这使清朝的皇帝中，半数以上口才不错文才也在超凡一流。佼佼者，引汉家之经据汉家之典，亦善侃侃而谈。面试新科状元进士们，出题每刁妙，汉人才子不敢轻视也。

在清早期，汉人子弟即使成功入仕，往往也仅能任文官，难掌军权。朝廷要职，还是基本控制在满官手中。满汉官员之间，即使职位同品，也互不通婚。足见他们对于皇室与贵族血统的纯正，是十分在乎的。同为贵族，满贵族在心理上也常觉高于汉贵族。

"君君臣臣，父父子子"，其实并不能解决好清皇室的内讧。姑且不论雍正继位之合法性的存疑，其登基后，另外几个兄弟千真万确是被他借由害死的。也许正因为这一与皇位有关的原罪，使他的儿子乾隆更频繁地驾幸孔府，有次还带着母亲在孔府小住。他对孔子的尊崇，超前胜后。在住期间所封孔府官员，最多时"局"以上者达七十余人——当然，人家孔府后人也争气，都考取了证书的。但同等学力而服不成官政的大有人在。这也是没奈何的事，谁叫"大清"已是全世界第一人口大国了呢。

虽然将科举之文门向汉人子弟敞开，屡考不中者还是大多数。在文学作品里，家境好的，如《红楼梦》中的贾宝玉；如《官场现形记》的某公子，仍可过锦衣玉食起码丰衣足食拥妻揽妾的好生活；而一般庶家儿郎，落魄士子，人生便很惨。能进入豪门充当儒仆，算是命运挺不错了。不少人羞于现身市井乡里，隐向山林，过起了有文化的半野人的生活。但这也不仅是清朝独存之现象，以前朝代，基本如此。这是教育失败的现象，科举害人的另面，社会进步停滞不前的佐证。

然而皇室后人却在文化方面大受裨益。仅看历代皇帝批奏的文存，圈点精恰，或准或驳，文字见童子功，辞藻丰富，条理明晰，亦庄亦谐，颇显个性。即使没理找理，也还是充满了道理自信。那都不会是别人代笔。在批奏方面，他们还是亲力亲为的。

说到文字，清的皇帝们形成了中国书法的帝王体，横平竖直，笔触浑厚，架构紧凑，庄严肃穆，气质难仿。即便慈禧，也端的能写一手地道的帝王体，不服不行。

而乾隆，可谓清帝中的"诗帝"，一生作诗四五万首。劣诗肯定多半，但较好的诗句也必有之。

我是知青时，听一位北京老高三吟曰："万里长江飘玉带，一轮明月滚金球。"——觉甚嘉，属工对，气象大，有画面感，也有动感。

问何人之句。

答曰："乾隆。"

后来得知，对方乃清皇族后裔。

而彼们中，善诗画者，不足为奇。

清的灭亡，内因外因，原因多多。腐朽了，落后于世界之林了，是谓主因。

但它怎么就腐朽了呢？

窃以为，规律使然。就是再英明的皇帝，有文武两班再忠诚能力再强的大臣辅佐，文人士子们再懂事、不添乱，庶民百姓们再顺良、顾大局识大体，而且，日本也不挑衅，西方列强也不仗军火优势相欺——那它也还是要亡的。

缘何？

寿限到了。

封建之国体，好比人有寿限。初定如少年；中兴如青壮年，大抵生气勃勃，仿佛前途无量；而没有谁的青壮年期是无限长的。中兴一过，似夕阳西下，晚衰开始了——也没有谁能长生不老。此自然规律，不以人之意志为转移。不可抗拒。

此是封建国体的"天谴"基因。

是身为皇权接班人者，命运难逃之悲也。

民国时期

1912年2月12日，清皇室发布逊位诏书：今全国人民心理，多倾向共和……人心所向，天命可知。予亦何忍以一姓之尊荣，拂兆民之好恶。是以外观大局，内审舆情，特率皇帝将统治权公诸全国，定为立宪共和国体，近慰海内厌乱望治之心，远协古圣天下为公之义……即由袁世凯以全权组织临时共和政府，与军民协商统一办法。总期人民安堵，海宇乂安，仍合满汉蒙回藏五族完全领土为一大中华民国……

此日，即为中国之民国时期的元年端日。

该诏书词语衷切、表意恳恳，文言白话搭配妥当、不卑不亢，可谓一篇公告式美文。

先是，袁氏已由资政选举为总理大臣，由其协调各方势力，亦顺理成章。

当时之中国，又有哪几方势力呢？

其实，坚决要以军事行动推翻满清王朝的核心力量，无非以孙中山、黄兴为一、二号领袖人物的革命党同盟会。同盟会中的著名人物首推蔡元培、章太炎。阎锡山亦是坚定分子，曾倡议培训一支"铁血丈夫团"，深获孙中山支持与信赖，并受孙之命潜回山西发展"同志"相机起义。同盟会已在南方各地起义数次，皆以失败告终，牺牲惨重，如广州七十二烈士，如浙江徐锡麟、秋瑾之英勇就义。故革命军与清廷不共戴天，不达目的，誓不罢休。武昌首义成功，各地义军，纷纷响应。后初立中华民国临时政府，而或能担起保卫清廷重任的，唯袁世凯的北洋军而已。其他封疆大吏，皆按兵不动，对清廷既不再效忠，也不雪上加霜。对"革命军"既不相助，也不阻挡。坐山观虎斗，心机一样，都企图割据"自治"，无非都企图像战国时期那般自立为王。

第一章　中国历史的文化特质

袁世凯也并不真心保皇，不愿在与革命军的殊死较量中拼光了军队，因而丧失政治资本，自忖那样的下场最为不好。故入朝禀报战局时，当皇后问何以能使她及少皇溥仪生命无虑时，他毫不迟疑干干脆脆地回答：唯有退位。

时人评曰：革命军之前仆后继，不抵袁项城寥寥数语。

此评未免夸张——没有革命军之前仆后继，袁项城又何出斯言？

但，袁的作用，确乎意味着逼宫迫退。双方千万军士，当时可延一死也。客观言之，此亦大德——尽管他有自己的算盘。流血的时代激变关头，拥兵十几万者，站队的抉择，联系着身家性命，不为自己考虑的人，毕竟是少数。

而那时的青年陈独秀著文厉语曰：1912 年前所生之国人当死！1912 年后之国人初生！他的话的意思是，每一个国人，都应自觉地在人的进步方面，与清王朝一刀两断。

往后的事，不必细述。知者已知，不知者不知也罢。

下边所议，主要也是扼要地归纳文化思想力对那三千年来未有之变局的影响作用。

梁启超自言读龚自珍诗文时，有"如受电击"之感。而历朝历代之文官、文人士子中忧国忧民者，其振聋发聩之声，辄几能真被皇帝们郑重对待过呢？所以他们诗文中的慷慨悲歌，往往也成为一个朝代行将灭亡的挽歌。大抵如此。区别仅仅在于——或者那挽歌"唱"得略早一些，或者边"唱"边见其大势已去，瓦解在即，不可救药了。

梁启超追随康有为疾呼改良迫在旦夕之时，大清运象更加衰朽，亡兆显明矣。

然慈禧统治集团对此点是否也看得分明呢？有时清醒，有时昏聩。利用义和团要给西方列强颜色看看，这是昏聩之策；未达目的，反成尸曝京城的惨剧，于是宣战，是昏聩的继续。《宣战诏书》曰："与其苟且图存，贻羞万古；孰若大张挞伐，一决雌雄。"哀壮倒是哀壮，但问题是——若放手任光绪实行改良，局面也许不至那样，或可为中华民族赢得缓息定喘，再图振兴的时间。难怪当时的两广总督李鸿章发给盛宣怀、张之洞和刘坤一等重臣大吏的电报明确表示："粤断不奉,所谓乱命也。"

"一决雌雄"的结果自然是又一次"贻羞万古",也就不得不又一次发布"罪己诏",其诏对列强的"宽大"感恩戴德:"今兹议约,不侵我主权,不割我土地,念列邦之见谅,疾愚暴之无知,事后追思,惭愤交集。""量中华之物力,结与国之欢心"一句,尤见其昏。她似乎拿"人口红利"当成取不尽用不完的金银宝盆了,仿佛可自然补损。

但肯下"罪己诏",此举本身清醒也。

她恨议康有为:"他们要改良,为什么不来找我?"——这话也有几分清醒,起码证明她自己也意识到了——不改良不行了。

接受建议,派大臣出国考察宪政情况——不管几分真心几分假意,毕竟属明智之举。

在七十大寿庆典前夕,下旨开赦"戊戌"事件在押犯,亦算明智;"唯康梁孙文三逆不赦",实乃清醒、昏聩、任性与无奈交织的纠结心态。

清醒也罢,昏聩也罢,任性与无奈的纠结也罢,究其根由,缘自"一姓之尊荣"与"兆民之好恶"的关系在她那儿难以摆正。

她对"一姓之尊荣"负有"天定"使命,若"远协古圣天下为公之义",则必觉"负九罪于列祖列宗",而这对于她是比一再"贻羞万古"更死有余辜,愧对天地的事。

一个女人,不得不与历史潮势对抗,想来谈何容易,亦可怜也。

而隆裕太后又为什么似乎"深明大义"了呢?

皇子尚未成人,众臣抱臂旁观,派兵无兵,点将无将,孤儿寡母,不逊位又待怎么着呢?"予与皇帝得以退处宽闲,优游岁月,长受国民之优礼,亲见郅治之告成,岂不懿欤。"——这绝对是想开了看透了的心态。却未免太迟了。但——若中国在最佳时机便实行了"君主立宪",比如在乾隆年间吧,其后所历肯定会是康庄大道吗?绝不会又退回到战国时期或"五代十国"之战乱难息的局面吗?民国后的中国实况,恐怕会使谁都不敢给出肯定不会的答案。或许只能说,历史的发展,有自身的时刻表。哪一时期或进或退,或退一步进两步，或小步退大步进，亦有自身因循之"道"律。从1912年至1937年抗日战争在中国境内全面爆发，其间不过短短二十五年。

该二十五年中，中国之况悲欣交集，劫幸重叠，似乎道不尽说不完，似乎常道常新，常新常异——然窃以为，下面几方面事，不论何时，都必将能以正能量担得起"三千年未有之变局"的历史定论。

第一，文字应用功能的改良。

这当然要归功于胡适与陈独秀。胡适首开风气，独秀保驾护航。二人的关系，好比孙文与黄兴——"三民主义"革命之初，二者不可或缺。而"文学改良"运动之初，胡、陈实为一人的两种表情——"胡表情"的善意温和，有利于团结一切可以团结的人；"陈面目"的凛凛正气怒目如炬，每令攻讦者有所顾忌。

"文学改良"之"文学"，远非小说诗歌之狭义，实际上使汉文字的功能与社会发展进步的关系突变，产生了也可以说是三千年未有的飞跃。

它使汉字在识听读（包括说）写四个基本方面，能较容易地普及底层民众——文言文时期，不识字的底层民众的文化悲哀在于，连掌控他们命运的官员及文人们的话语也听不明白。若两个官员当着一个底层人的面以文言合计是否要结果后者性命，后者完全可能像听外国语一样不知所云。而一个底层人即使穿上华裳丽服，只要一开口说话，立刻会暴露了没文化的短板。至于官方公文、布告，即使有人读给底层人听，倘无人讲解，大多数底层人也只能明白个大概意思。

就说清朝那逊位诏书吧——因是向全国全世界发布的公告，考虑到最广大的中国人能明白到什么程度以及各国翻译的效果怎样，已是自行采取了最白话的表达，但"商辍于途"之"辍"、"海宇乂安"之"乂"、"郅治"、"懿钦"之类字词，没有文言基础的人，不听别人讲解估计就不太明白了。尤其"拂兆民之好恶"一句，其"拂"虽用得妥帖，尊严有在，但"兆民"二字，委实含糊，绝不抵"四亿多人民"之具体的数字概念更触及人心。在此点上，文言的叙事弊端确乎在焉；每以形容代替数字的说服力——如"罄竹难书""血可漂杵""杀人如麻""汗牛充栋"之类成语可见一斑。

而白话文运动，实际上首先是在提倡政府、官员、知识分子，当以说最广大的民众听得懂的话为荣，而不是反过来以卖弄文字，使最广大的民众听不懂为能事，扬扬自得。即使著文，也主张以前一种态度可取。果而如此，知识分子与最广大之民众的文化距离易缩短矣；知识分子团结最广大之民众推动社会进步非一厢情愿矣；官僚阶层世代凭借"先天"般文化优势蔑视广大民众的统治"天理"，在文盲依然众多的时期，亦可被"白话"潮流的进步之道所抗衡、对冲，发生最初的文化总格局的嬗变——"想怎么说，便怎么说"，"怎么说话，就怎么写"——胡适之此言，含意深也。

它使汉字漫长的文言过程对文人士子造成的一种思维积习得以克服——那积习每体现于辞藻堆砌，用典成癖，非诗非词非赋非联，虽只不过是文章，亦求对仗，合辙押韵，字词鲜见，显示才学。其表意陈情，往往寓象高蹈，矫揉造作，华而不实，不接地气。此类文章写多了，久了，连人也华而不实了——白话文恰可医此症。

白话文运动之深刻、广泛、久远的社会进步推动作用，亦其功大焉地影响了中国的近当代教育方向——当时持教育救国思想的人们，借力于白话文运动，使他们的实践在中国大地上四处开花结果。首先，以白话文编辑的课本，使从小学到高中的学子，接受起各科知识来印象明晰。特别是物理、化学、生物等课，是无法以文言编得概念昭然、易教宜学的。即使语文一科，白话文的教与学，也为孩子们呈现了一片汉文字魅力依旧的新天地。那时有幸入学的孩子，不仅可以领略白话文课本与文言课本迥然不同的新内容，接受课本所传播的新思想、新道德与情操的熏陶，还有白话诗文可欣赏，白话歌曲可共唱。课文不必再要摇头晃脑前仰后合地背了——从前某些不敬业的先生，只管督促着背，字性词义往往是懒得讲的，理由曰背得滚瓜烂熟了，年龄大了几岁，查查字典，自己就懂了。

有一例可证明此非编派——1952年，湖南大学评最高等级教授，资深教授杨树达与另外两位教授荣登其榜；杨树达甚觉羞辱，议二者之一曰："他连《中苏条约》极浅之文字都理解不透，何以竟与予同级？"

1926年蒋介石在北伐誓师大会上宣读的誓师词，因求格式之工，每句四字，反而使豪情受拘。

誓师词曰："国民痛苦，水深火热；土匪军阀，为虎作伥；帝国主义，以枭以张……吊民伐罪，迁厥凶酋……实行主义，牺牲个人……丹心碧血，革命精神……"

1937年，其动员抗日之演讲，则又是一番意志的体现："我们已快要临到这人世悲惨之境地，在这世界上，稍有人格的民族，都无法忍受的。我们不能不应战，至于战争既开之后，则因为我们是弱国，再没有妥协机会，如果放弃尺寸土地与主权，便是中华民族的千古罪人……战端一开，那就是地无分南北，人无分老幼，无论何人，皆有守土抗战之责任，皆应抱定牺牲一切之决心。"

因为做到了想怎么说就怎么说，可谓直抒胸臆，其演讲反而句句铿锵，掷地有声。少了陈词，多了真情。

从1926年到1937年，蒋介石在汉文字的应用方面也与时俱进矣。

总而言之，白话文之教与学，使中国的公学与私学教育，一并呈现前所未有之朝气，如霞光初灿。

第二，谈教育，绕不过蔡元培。

蔡元培任教育总长时，拒不执行袁世凯要求从小学到中学高中大学皆须置孔子像，纳"四书五经"内容为教材的指示，宣传应以美育阻止所谓"儒教"的推行。被免职后，便继续办私学，并著书阐述自己的教育主张。

若言蔡元培是中国近代"新式教育"的总设计师，大约异议有也不多吧？而他任北大校长后，因北大之教育一向处于风口浪尖，其作用或可形容为北大之"伟大的纤夫"。

他关于"超轶乎政治之教育""技能教育""公民道德教育""身体素质教育""美感教育""普及教育"等现代教育的基本思想，不但在当时深受中国教育界认同，中华人民共和国成立后乃至今天，"德智体美"全面发展，也仍是教育要求，并仍符合世界进步教育的理念。

为倡导公民道德教育，他还亲著了《中国人的修养》一书——

即使当时，被公认配写那种书的中国知识分子也寥寥无几。

"世界上的大学校长，在某学科的建设卓有贡献的不乏其人，而能领导一所大学对全民族全社会的进步产生巨大影响的，迄今为止，除了蔡元培再无第二人。"

杜威当时对他的评价，可谓客观准确。

其可贵处还在于，身为国民党元老，却坚决禁止本党分子发展党员的行径活动于北大。不论教师学生，皆不网开一面。而对于学生中的涉共活动，虽心有不悦，然学生一旦因而被捕，却又积极营救。

一方面，当学生罢课分明将有大的政治举动时，他劝止无效，竟声色俱厉曰："我要与你们决斗！"

另一方面，当学生果而入狱，却多方奔走，积极串联对当局的抗议。一俟营救成功，且自掏腰包，向学生供餐压惊。

其不但称得上是中国当时的教育之父、北大之父，亦可称为北大当时学子之父也。

关于蔡元培对中国近现代教育的贡献，各种评价都不言过其实。却有以下两件事，值得赘议。

其一，反对确立什么孔教以及禁止在校园促推孔子崇拜，无疑符合教育总长正当职责；但"四书五经"，毕竟属于学生亦应有所了解的传统文化知识，也严禁讲学，不似其兼容并包的襟怀。

窃以为，其意气用事，或许主要缘于对袁世凯的反感吧？袁氏乃火中取栗，窃国民革命成果者，作为身心投入地参加国民革命的同盟会元老，对袁氏的蔑视当属情理中事。而袁氏一死，他任北大校长不久，便诚聘辜鸿铭、刘师培、黄侃、陈汉章、梁漱溟等以尊孔为己任的"旧派"人物入北大任教，讲授国学——这便又自行地矫了"过正"之"过"了。

其二，蔡元培一生光明磊落，坦荡无私，身后名清白无诟病，纵腹诽者亦不敢贸然成文字。迄今为止，仅留一个谜团，即——最后一次辞校长职的简短声明中，除言极疲惫，竟引一典是"杀君马者道旁儿也"。此典甚陌，知之者无多，坊间一时议论纷纷，不知"马"喻何人，"道旁儿"辈又指谁等——此惑一朝有解，对于研究他当际心境，必大有帮助耳。

与大学教育景象相对应，陶行知尽毕生精力于乡村小学教育的实践，亦值得今人心怀大的敬意。其所面对之生源，绝非乡绅富户子弟，大抵清贫人家少年，甚至收纳流浪儿童。这使他的办学，具有了显明的慈善色彩。

教育是强国的根本，小学是教育的基础——他的教育理念，完全符合教育的体系规律，也是对梁启超"少年强则国强"之思想的行动化。

在到处兵荒马乱、农事难为、民不聊生的岁月，他的努力谈何容易，每为经费所愁切。尽管他和学生们开荒种地，自足菜薯，仍经常共同挨饿。好在学生虽然多为少年，但出身贫苦，对农事并不外行，能给予他坚守的欣慰。间或有捐助接济，然非定项支持，时有时无。

较之于蔡元培任北大校长，陶行知的坚守可谓筚路蓝缕，躬奋行之；然其属于越挫越奋人也。比蔡元培省心的是，他的学生因年龄稍小，不会卷入学潮；不如蔡元培洒脱的是，孑民先生动辄辞职，十年间辞职七次之多，且次次是被恭请才归的。陶行知是自己在办学，若辞职，他的学生们也就不再是学生了，甚或又成了流浪儿。

故只有坚守。英年早逝，实因多年操劳所致。

陶行知——他可以说是一位被中国近现代乡村民办小学累死的人；一位甘愿以一己之努力，为中国草根阶级的孩子们在知识化的坎坷路上提灯照明的教育殉道者。

吾国吾民，实不应仅仰蔡元培，仅知梁启超那句"少年强则国强"的名言，却淡忘了陶行知其人。果而如此，负国义民义也。

黄炎培曾经蔡元培介绍加入过同盟会。蔡元培于清末辞官办学时，黄炎培也曾求学其名下，故二人有师生谊，亦师亦友关系。黄炎培得以考中清朝最后一批举人，显然受益于恩师的国学功底。而他后来一度致力于兴办中等"技能学校"，也显然是为了推行恩师"技能教育"的主张。

黄炎培运气好于陶行知，他回家乡办学时，受到一位石匠出身的富户的鼎力相助。对方的发达过程，类似现在农民出身的包工头的发家史。黄一公布消息，对方立即奉上了九万多银圆，那在当时是一大笔钱。并且，对方还命自己的儿子成为"技能学校"的第一届学生。自然，黄的两个儿子，也为其父起带头作用。那由石匠而成了富人的人死前，将家产整合，除了留一小部分供后人度日，竟凑齐二十万两白银捐给黄炎培，以作办学固定基金——可谓厚资，保证了黄炎培的办学事业较为顺遂。

　　细析之，不论办私学公学，办学人的知识出身，实为要点之一，办"新学"也不例外。甚或正因为办"新学"，尤其重要。虽然"旧学"模式已江河日下，旧"学位"的含金量，还是被坊间民间所极看重的。进士出身的前清翰林且任过教育总长的蔡元培为弟子黄炎培出任校董，且黄本人亦是往后不可再生的举人，这些非同一般的前提，不是任何办私学的人所能相提并论的。

　　蔡元培之于黄炎培，恩师之扶持影响力的确在焉。

　　与资助黄炎培办学的"义石匠"相比，南洋华商富贾陈嘉庚对家乡教育事业的慷慨资助，使他成为当之无愧的爱国华侨楷模与领袖。1913年1月，清廷逊位的第二年，他便全资在家乡办起了小学。之后，接连办成了幼稚园、中学、师范、水产及航海专科学校，并为各学校设立了图书馆、科学馆、体育馆、美术馆、音乐馆、礼堂、医院、银行等，形成了当时国内规模最大的院校村，也可以说是国内独一无二的教育基地。

　　清廷最后一位学部侍郎严修及最后一位状元张謇，在中国近现代教育事业进程中的作用，也都举足轻重，南北互映，世人公认，史不能阉。众所周知，张同时又是当时举措风生水起的实业家，而严为南开大学创史人张伯苓的知遇贵人。借力于民族资本主义笋芽迅长、青竹勃生的优势，中国近现代教育之图景轮廓渐明。"一时多少豪杰"六字，用以形容彼时局面，不算妄论。"豪杰"者，不仅指达人名士，当然还包括百千万孜孜办学的无名而有迹的人。若谁遍觅从前的县志、乡志，定可惊讶地发现，几乎县县必有那样的人，半数以上的乡存在过他们办的私学。许多人正是"新学"毕业的学子，办学既是个人谋生方式，客观上也繁荣了中国近现代教育。只要是一所有规模的学校，便有权自编教材，自立章程，自定检验教学质量的标准。

第三，新文化运动，也推动了中国近现代报刊业的发展。

报章和书籍内容通俗易懂了，识字且关注国家之事的人多了，报刊的受众自然多了。仅当年的北大学子，胡适的学生傅斯年与同窗们编的一份学刊，经年便发行到一万余份。此事亦足见蔡元培身为校长的爱才眼光，他热忱支持，拨发可观经费以促其成。

报业尤其兴旺的上海，当年某条街上，即有报馆多家，牌匾接目呈现。一方面解决了文科学子的就业问题，另一方面使舆论监督有了可以形成合力的新闻与评论平台。"使乱臣贼子惧"——孔子修《春秋》的初衷，在后来的当时，几成中国气候。并且，由而产生了一批著名的职业记者与报业家。连瞿秋白任中共领导人前，也曾以记者闻名。其他报刊与出版业重量级人物，有历史常识的人皆知晓，举不胜举，略过可矣，不赘述。

第四，新文化运动，进一步促进了中国女性的知识化、社会化、人格及精神之独立意识。

实际情况是，在新文化运动前，早有女性先驱们为此努力了——1898年，谭嗣同之妻便与康广仁（康有为一弟）之妻合办了《女学报》，于是产生了中国近代第一份女报，由三十多位女性担纲主笔，影响逾国。此外，出现了《女子世界》《神州女报》等女性办女性撰文面向女性的报刊。到1907年，仅天津一市，女子学堂已多达一百二十余所。论新文化运动的潮流，不可不提女性先驱们的首勋。因白话文的易懂便写，使中国妇女解放运动"好风凭借力"，也是事实。除女性报刊的增多，面向儿童少年的报刊也出现了深受他们喜爱的新种类，如《小朋友》《儿童时代》《少年时代》。

第五，最为"好风凭借力"的，当然更是文学。

白话小说、散文、诗与杂文、时评政论、小品文、读书随笔、文学艺术评论，争奇斗艳，你花开后我花发。报刊与文学互利双赢，确可以"繁荣"二字形容。自然，文字交锋鏖战与"口水仗"此起彼伏，民主与民生言论层出，文化与文明主张常见，各种主义之宣言激荡、冲突、共存，比春秋时期还要芜杂多元，像极了西方的文化启蒙世纪。白话文也使中译外、外译中变得较为得心应手，促进了中外之文学的、文化的、自然科学和社会科学的互相了解、介绍、欣赏、借鉴——总体来说，因为中国落后的方面多，西方现代文明的方面显然，西风东渐远超过于本土文明与文化成果的输出——在后一点上，最有资本一傲的倒是保皇心至死不泯的辜鸿铭，因为他用英文翻译的古典诗词与古文化经典最早最多……

综上所述，民国时期似乎便是近代中国之一个最好的时期了？

实则不然，以上只是文化及思想景象单方面状态，或曰仅是近代以来知识分子特别是文化知识分子单方面的感觉。但一个国家，一个时期，好与不好的史论，也要看最广大的人民大众的感觉如何。

从史中难以觅见他们直接留下的记忆。

幸而有人可以替他们间接留下印象——便是民国之父孙中山。

辛亥之后，孙中山曾悲言："夫吾党革命之初心，本以救国救种为志，欲出斯民于水火之中，而登衽席之上也，今乃转生出无数强暴之专制，其为毒之烈，较前尤甚。反令民之陷水益深，蹈火益热，与革命初衷大相违背……"

这乃因为——袁世凯死后，民国政府班子更乏实际权力可言。清廷时的封疆大吏，曾因其逊位，一度摇身一变成为民国之地方长官。他们碍于袁氏毕竟是逊位诏书中指定的组阁人，并且自己成了大总统，虽皆心有不服，却也都不便公开竖起反旗。但袁世凯一死，群龙无首，中国再度陷于"领导班子"半虚空的局面。新军阀们其实都乐见此局面呈现——或企图据省独立，拥兵为王；或生更大野心，觊觎大总统宝座。一时间，所谓"自治"舆论，再次甚嚣尘上。而军阀麾下，经常发生哗变、分裂、叛离的情况。于是如鸡生蛋，蛋生鸡般，衍化出众多小军阀，也割据一方土地，占领一座或几座城市，过诸侯王之瘾。鲁迅诗"梦里依稀慈母泪，城头变换大王旗"两句，正是当时国家局面的逼真写照。军阀们之间互不安生，你欲吞并我，我欲消灭他。军阀战争，遂成民生大患，土匪趁隙滋生，更使黎民深受其害。军阀欲剿收土匪，以充兵源。土匪也袭击军阀部队，抢军火，掠给养，以壮大自己。是故，使黎民苦不堪言之事，兵灾第一，匪祸第二，自然灾害第三。

自然灾害不可避免。但若天灾人祸并加于民间，民间苦难重矣。

从晚清到民国，民间历经惨乱，又遭八国联军攻占北京之烧杀，继而历经北伐及后来的军阀混战，已可谓千疮百孔、哀鸿遍野了。清末时期，背井离乡之民多时已达千几百万，至民国，近两千万矣。初是逃灾避难的流民，渐变为有家难归的游民。游民所到之处，居无定所，生无稳业，有堕为盗者，有沦入帮门者——于是帮会发展有声有色。

凡帮会，或易进严出，或严进严出；总之一旦进了，出来就不由自己了——凡此类帮会，性质上其实便是黑社会。

东西南北中各路游民，隐裹着形形色色的帮会组织，所到之处，不论城乡，都使民间太平日子更加稀少。士农工商，皆难避兵、匪、帮会三害叠加之苦。

前所述民国之种种曙光般的新现象，如币之一面；而另一面，如人间炼狱也。新现象在大都市，炼狱似的一面，在民间的最底层。

蒋兆和的《流民图》，是当时画家用画笔留下的在现场性的历史画像；而鲁迅的小说《肥皂》，也对人口买卖给出了证言。

至于文化，在民间的最底层中，传统的已然瓦解，现代的尚未成形。

再至于文艺，实际上接近是没有了——乡村的普通农家的孩子，不复再能像鲁迅小时候那般看到社戏了；小镇的劳动大众，也很少有幸在菜馆听段评书了；二三级城市的中产人家，家里能订份报看连载市民小说的，就算是少有的文艺欣赏与享受了。

民国的另一面，在《阿Q正传》《祝福》《孔乙己》《茶馆》《春蚕》《包身工》《为奴隶的母亲》《月牙》《骆驼祥子》中……

难怪乎孙中山出那种悲怆之言；

难怪乎蒋介石对军阀笼络与憎恨交织；

难怪乎底层常有人叹曰：还不如大清朝年光好的时候！

中国之文化启蒙，实际上，"五四"之前已成景象。严复所译之《天演论》，未尝不可以视为第一次文化启蒙的"破冰事件"，其影响远超过其他翻译书籍或文章。由是，乘风者众，或出于开启民智、易变民习的真诚，或只不过为了成名获利。

梁启超斯时著文，认为"欲新一国之民，不可不先新一国之小说；欲新宗教，必新小说；欲新政治，必新小说；欲新风俗，必新小说；欲新学艺，必新小说；乃至欲新人心，欲新人格，必新小说。何以故？小说有不可思议之力支配人道故"。

梁氏文风特点之一，便是每将观点推向极端。其所言"人道"，亦非仅指人道主义，而是包括人道主义在内的全部做人准则——那些准则，《三字经》《千字文》《弟子规》等蒙学读本中不是一再宣扬了吗？孔子思想、《朱子家训》、经史子集里，不是也一再强调了吗？

然而梁氏看出了问题——只教诲得了学子，难以深入民间。

应该说他看得还是比较准的，但问题的另一面是——小说足以救国乎？若国还是老样子的国，民又怎么能靠新小说而如其所愿成为新民呢？

有怎样之国，亦有怎样之民——他回避了这样一个辩证关系。

他所言的新小说，是相对于《三国演义》《隋唐演义》《水浒传》《七侠五义》《封神演义》《西游记》《聊斋志异》《红楼梦》等古典小说以及与之相关的评书、戏剧的一种概念。

附和其观点的有两种声音。

一种予以发挥，以法国为例，认为"今日法人之安享共和政体之福，皆小说诸家之所畀"。

这种附和，强调文化启蒙促进了法国大革命的功绩；与梁氏貌合，其"道"相左。

一种予以深究，认为如上小说、评书、戏剧，皆毒化民心之根源，"其文采愈足以自饰，则其流毒愈深极远"。——于是自成小说害民亡国论。这不是梁氏本意。梁氏虽鼓吹所谓新小说足可新民，但还不至于"极左"到认为旧小说、评书、戏剧都该一扫而光的程度。

反对梁氏的声音也是有的，同样从国与民的逻辑关系上表达质疑。

一个事实确乎是，在关于小说的大讨论时期，新小说如雨后春笋般多起来，从政治小说、侦探小说到冒险小说、言情小说、苦命小说、复仇小说等，种类极为繁多。因广受欢迎，报刊每登广告以高酬求稿。而最为盛行的，乃翻译小说。因为是西方国家的现代小说，对于中国人，似乎最符合新的概念。

二十世纪二十年代时，某些风华正茂的革命家也曾是文学青年，瞿秋白发表过很"布尔乔亚"的抒情诗；方志敏发表过小说；张闻天的诗作和散文频频见报，并且翻译了不少外国文学作品。今人对陈毅的律诗已不陌生，而他当年发表过多首特抒情的白话诗。

那时，有三座城市，最能从政治、经济、文化三方面折射出时局动荡、民心涣散、四分五裂、难以整合的中国形态。

北京朝野内外，仍在为中国的体制问题而各派角力，明争暗斗，每每刀兵相向。致使古都上空，经常乌云密布，官民各界，每每人心恓惶。

广州人则有两类——一类一门心思将革命进行到底；一类趁乱捞钱，官倒民倒齐踊跃，猪往前拱，鸡往后刨，不但贩货，而且贩人。

上海因为租界甚多，占足开化风气之先势，遂成新文化丛生之地，书肆林立，皆以专出新小说为招牌。翻译小说的广告最为抢眼，读者最多，销量最畅，读新小说几成一切识字之人的时髦追求。这一种态势，迅速扩大向江苏、安徽、浙江周边三省。新戏剧也如火如荼，良莠参半。

后来，生理卫生书籍大行其道，尤是《保精大论》《男女交合新论》之类"性爱宝典"成为许多识字青年的枕畔书。

而于这等出版业的发达盛况中，"哲学"一词也进入了中国文化知识分子们的视野——黑格尔、叔本华、卢梭、孟德斯鸠、伏尔泰、尼采等名字，频频现于学理报刊，致使章太炎、梁启超、王国维等学界"大腕"，一再著文予以阐释、批判，每起论战。他们还要抽出精力来，关注市民阶级的读书倾向，指出哪些书是出版界哗众取宠，只为赚钱而出的"垃圾书"，而哪些书才真有科学知识普及、人文启蒙的价值，以肩"文化导师"的使命。结果常引火烧身，树敌成靶。总之，都够忙的，够累的，够操心的，够忧虑的——大约，也觉活得够充实的。

想象一下当时上海的情况，那种文化热的局面，似不逊于二十世纪八十年代以降的"新文学时期";与后来中国网络时代的"自媒体"情况可有一比。那似乎是一个没人管的文化时期;也分明是一个人人言论权利平等的时期。什么名流、前辈、师长、同窗、新交旧好,理论起来,没大没小。总体上,就事论事言理的多,损辱人格的现象少。

对于清末的上海本地人,所谓"政局"似乎是这样的——清朝廷虽然尚在,但与"阿拉"何干?它派驻留辫子戴顶子穿袍子的官员吏役,实际上对本地的管辖权非常小。"犯法"二字,在上海有两重意思:一指犯清朝的法,二指犯租界的法。犯清朝的法可逃入租界暂避一时,若租界洋警局不配合,清朝的捕头们干没辙。若犯了租界的法,那在上海就无处可逃了,清朝的上海官想不管都不可以,洋警局绝不会答应。是故,情况变成了这样——上海虽是中国之城,但上海地方官在当地是低于洋官员的二等官;清朝的法是低于租界法的二等法;清朝的执法者是低于洋警察的二等执法者。"大清"的官员以及法和执法者,在自己国家的城市沦为二等了,也就难怪上海人不怎么拿"大清"当回子事了。在上海人看来,所谓"大清",只不过剩下了个空架子而已。若革命党真能将它的命给"革"了,上海人像大多数汉族人一样是乐见其成的。若一时还做不到,上海人也不是多么的急。十八年都等了,再等十八天还是有那耐心的。因得开化风气之先,上海几无心有保皇情结的人。也因得开化风气之先,上海之多数人,不分阶级的,对"大清"的腻歪远胜别省市的人,对自己那种腻歪的忍性,也远高于别省市的人——毕竟,"大清"的腐朽气、没落气和焦虑烦躁的晦气,离他们较远,对他们的辐射已微乎其微。

前边所谈的文学现象、理论现象、出版现象——广而言之,文化现象,形成于上海,如形成于香港一样自然。实际上那现象比香港还生动、活跃、色彩斑斓,因为香港当年不曾云集了那么多的文化知识分子,仿佛全中国的老中青文化知识分子多数集中到上海了。

后来相对于"京派文化"的"海派文化"之说,细思忖之,其基本特征,或曰与"京派文化"的最大区别,似可概括为"自如"二字。此特征,即使在论争最严肃并且似乎特重大的问题时,也给人以"举重若轻"之感,而不会出现什么黑云压城,更不会出现什么剑拔弩张的局面。

似乎也可以说,在辛亥革命之前,在上海,"大清"已名存实亡了。

抚去文化的文艺的现象看旧上海,其当年的全貌像当年的旧中国一样,也分分明明地呈现着撕裂状态。

英国作家阿尔多斯·哈克里斯曾这样评说上海:"没什么地方有比那里更刺激的生活可以想象了。"

二十世纪二十年代时,上海已近三百万人口。

它有众多的企业家、成长中的中产阶级、具有各种主义和思想的青年、大学生。

作家、画家、音乐家和电影制作人估计并不少于纽约、巴黎。

八十年代,外国电影史学者看了三四十年代的上海电影,惊叹水平之高完全可与当时的国际水平相提并论。

当年,全中国一半以上的公交车、私家车在上海。

它是经营着全中国一半以上对外贸易的巨大港口,有中国最大的船坞;

它是中国最主要的工业与金融中心;

它拥有中国一半左右的工厂,四万多名工人;

外国在华投资的三分之一融入上海经济链条。

上海发电厂是旧上海活力的象征,茅盾的小说《子夜》描写过其厂房顶上的霓虹灯光,火红与荧绿色闪烁着几个英文大字——"光明、热情、权力"。

它是大量小商人、小店主和代理商的温床。外国商业大亨和形形色色冒险家的涌现,使上海在资本主义商业化的光环之外,又佩戴着殖民地现代化的徽章,而租界是那种徽章的城市造型。仅法租界就五十万人之多,但法国人只不过一千四百多人,外国人总数不超过两万——这从一个侧面可见上海当年的富人之多。

但当年上海的穷人更多,成千上万人租住在污秽不堪的河流上的小船舱中;工人们往往三代居住在小巷口的旧危房中,露宿街头的乞丐比比皆是。他们像牛马一样劳动,挣少得可怜的钱,完全没有尊严和生命保证可言。纱厂里的女童工们经常被热水烫伤。一位外国记者在报道中这么写——看到有起码一百个婴儿在弥漫的水汽中躺在长凳上，而他们年轻的母亲是贿赂了工头才将他们偷偷带入车间的，她们没办法。

穷工人的出路几乎只有两条——要么加入黑帮寻求庇护，要么暗中接近共产党发誓改变社会。

那名外国记者引用外国谚语说："上海是由一层厚厚的地狱和一层薄薄的天堂组成的。"

如果说上海发电厂当年由霓虹灯组成的"光明、热情、权力"象征着一座城市的貌相，那么，它只实现着极少数人的梦想，与众多中国人的梦想是无关的。

全中国的人都没想到，辛亥革命会结出袁世凯称帝的劣果。牺牲了那么多仁人志士的性命，流了那么多好男儿的血，用民间的话说："不承想弄出了个这！"

严复对"大清"的感情并不比王国维浅；他是连君主立宪都不赞成的人；他当清朝的官当得很有感觉，也很尽职；他主张改良，而改良是为了"大清"能重新强大起来；他认为比起元、明两个朝代，清朝的总体表现是不错的，二百六十多年的统治并非暴政凌民的一贯统治；他为"大清"的灭亡扼腕叹息。在写给朋友的信中，诅咒梁启超这个君主立宪主义者罪该万死——"小说救国论"实际上起到的是使"大清"速亡的"坏"作用。

梁启超得知后反唇相讥：是他翻译《天演论》先带了个坏头！

而在王国维看来，他俩是一路货色，都是唯恐天下不乱的人。

而在北伐革命将士看来，大时代的潮流当前，文化只分三类——革命的、不革命的或反革命的；而三人都介于不革命和反革命之间。

后话是——王国维的死，与自己心谙此点不无关系；傅斯年主持民国政府中研院，为梁启超之子梁思永向财政部打申请补助的报告时，还不忘在文中加了一句："人家的父亲虽是我们的敌人，但其在文化传承方面毕竟多所作为。'逻辑'一词是其发明，仅此一点，即可谓贡献……"

"敌人"二字，意味着在国民党核心人士那里，前账是无法忘记的。但傅氏毕竟非是彻底的政治动物；相反，是骨子里的知识动物、文化动物，故其看人，首先还是着眼于知识与文化方面怎样，不能不令人觉得可爱。

而国民党元老蔡元培任北大校长期间，不但连自己明知是共产党人的陈独秀、李大钊也聘用，连死不悔改的保皇人士辜鸿铭也"收编"了过去，其为民国所做之"文化统战"工作，真是堪称卓越。

如果说袁世凯称帝开了中国人一次冷玩笑；如果说北伐又使国人看到了国家翻开历史新篇章的希望；那么发生在上海的"四一二"事变，则一下子使中国跌入了"革命"后的恐怖深渊。上海曾经"自如"发展的文化局面，从此戛然而止。"海派文化"也随之面目全非，仅成历史话题矣。

连当时主张"为文学而文学"的"新感觉派"的主力作家们，都因那"恐怖"的气氛而离开上海，各奔一方了，足见那事件对于文化人是多么巨大的刺激。

是故——被国民党人视为"敌人"的梁启超们也罢；被共产党人视为"敌人"的胡适们也罢；先被国民党视为"敌人"后来又被共产党视为"敌人"的许多文学的文化的人士也罢——说到底，其实都不具备成为任何政治集团的敌人的能量。

单靠文学、文化肯定是强不了国的。

若一种政权瓦解了，如清朝、如民国，也不可能仅仅因为文学、文化起了破坏作用；一定有其自身不可救药的原因。

举凡革命，则必号召暴烈的行动，否则无法制胜；而举凡文学，大抵遵循人性立场，违背则遭谴责——此二者之核心主张的根本区别。

举凡革命，皆需昭示理想，于是必维护高尚激情；而举凡文学，总是面向民间，于是每见现实之常态——此二者之"规定行为"的不同。

即使拥护革命如雨果、高尔基者，后来都与革命发生意见分歧，正是由于以上两种原因。"存在的即合理的。"——此言不但适用于解释革命，也同样适用于解释文学、文化。二十一世纪的中国，若能以超乎以往任何时代的包容性看待文学与文化，则新时期之新又加分也。

世界也将这样划分

世界各国曾被从制度上划分；后来被从经济发展水平划分。

是否也可以从文化方面划分呢？

我觉得也可以。并且确实被这么划分过。制度不同，文化自然打上制度的烙印。从前我们说别国的文化是资本主义文化，修正主义文化；说一切古代文化是封建主义文化，都应被抵制，态度坚定决绝。

俱往矣。

二十世纪八十年代不但是中国改革开放的初始，也是世界开始变"平"的初年。世界不是一下子变"平"的，也不仅仅是靠电脑和手机变"平"的。自从人类开始懂得在文化方面应该互相尊重的道理，世界就逐渐在往"平"了变了。中国从八十年代在此点上表现主动，中国又是人口大国，故可以说——中国对促进世界变"平"是有贡献的。

八十年代的时候，多部美国电视剧在中国播放过，其中一部是政治片，黑色幽默风格，讽刺政客的。台词中，有两个词每被说到——一曰"微速发"，一曰"微次发"，每被是议员的男主角在不该说错的场合说错，于是引出一连串"黑色"情节——前者指经济快速发展的小国，后者指经济发展水平很低的小国。那位议员一向主张的外交政策明显地嫌贫爱富，遭到女儿一针见血的批判。

地球村的国家现象太特别了——十万人口以下的小国有数个，人口最少的小国才一两万人。大抵是岛国。多在美洲、非洲，欧洲也有。人口百万左右的国家则多了。若在古代，这样一些小国是难以存在的，要么被吞并了，要么会干脆被灭。它们在当代世界的安然存在，证明人类的确进步了。

在二十世纪八十年代，百万人口左右的国家，不论经济发展水平良好、较好还是不好，在文化形态方面都有一个共同的特点——所持基本都是"文化自然主义"发展观，这很符合中国古代哲人特别是老庄们"顺乎时宜"的思想。

"时宜"者——当下只能做到什么程度，所以应该怎么做的主张。也不仅是国家主张，还是人民的态度。

在那些百万人口左右的国家，宗教向来是核心文化。文艺是文化外延。有的国家并无本国文字，新闻出版业非文化主体，文艺之"文"成就有限，但是它们却能将"艺"的功能最大化地予以利用。如果不是与旅游发生关系，世界很少报道它们的情况。如今旅游已成人类爱好的潮流，故二十世纪八十年代至今，它们的旅游业收入逐年增加，国计民生都在不同程度地向好。有的国家还被大国人视为"世外桃源""人间福地"。

在它们那里，从不讨论更不争论什么是文化，什么是文艺，文艺能不能代表文化；在它们那里，文化广泛体现于民俗风习、节庆活动，而此两方面，又相当情愿地继承了传统；有特色的歌舞表演、俗习呈现，以其精彩而可持续地吸引外国游客。

它们因为小，在一切方面从不参与世界性的竞争。"争"在它们从国到民的字典中仿佛不存在似的。它们只是切实地做，从容不迫地做，一如既往地做，于是越做越好，越有特色。由于不争，反倒每给别国人一种自信的印象。别国人特别是大国人到它们那里，几乎都会有种不同寻常的感觉，便是少浮躁焦虑之气。

它们与传统的关系是那么的亲，继承愉悦，绝非被迫。它们与现代的关系也是那么的紧密，一切现代的益处，都尽可能地被接受和享受了。

我很欣赏它们的"文化自然主义"发展观，很尊敬它们循着符合各自国情的文化发展道路的从容而明智的选择。

从长远看，它们的文化发展道路，必将熏陶出一小部分不同于当代大部分人类的新人种——即不争而自适的人类；此新人类不同于安贫乐道、故步自封的人类，乃是既能与时俱进又能进取有度的人类——相对于全世界国与国之间愈演愈烈的方方面面的竞争，它们的存在似乎具有置之度外的超前智慧性——人类的生存形态在许多方面日新月异地变了，唯独在国与国争、人与人争一点上，从没变过，离"天下大同"的理想还很遥远。

当然，并非所有小国都已是理想国；半数那样。它们的人民，多半之生活幸福感，绝不低于经济大国的人民。

世界上还有些国家，人口在五百万或一千万左右。其中某几个国家，却能在各方面令世界仰慕。用时下中国年轻人的话说，那些国家很"厉害"——它们的"厉害"也充分体现在文化、文艺方面。

在它们那儿，文化是文化，是以文字成果为概念，以思想比重为前提的；而文艺是文艺，是文化的演变现象。这两者它们一向分得较清，从不混为一谈，也绝不会本末倒置，错乱关系。在它们那儿，不但没有"文化产业化"的提法，即使对文艺也不倡导"产业化"。也许，它们认为，"产业化"是背离文艺本质属性的吧？谁知道呢。它们从没发表过任何文化宣言，世界对它们的文化主张知之甚少，只能以它们的文化现象就事论事。

比如奥地利——面积八万多平方公里，人口八百余万，才是北京现有人口的三分之一。

奥地利是德语国家、天主教国家，罗马天主教为国教；同时也是工业经济发达的国家。

奥地利人崇尚文学、音乐、绘画、雕塑、建筑艺术。他们曾经产生过的文学流派很多，绘画与雕塑艺术的流派颇多，在造型艺术方面达到过令世界公认的高峰。读书、听音乐、看歌剧是他们主要的爱好，首都维也纳有"音乐之都"的美誉，多位世界级的音乐大师在那里度过创作和演出时光。维也纳新年音乐会久已蜚声全球，每年都有近十亿人收看电视直播。

普遍的奥地利人对文艺的选择态度都近乎严苛，他们的标准一向是欣赏价值而非娱乐口味。这使任何旨在以娱乐性高而大赚其钱的文艺，面向奥国都根本打不开市场。倘以国家为集体在全世界选"雅人"，奥国人的排名肯定靠前。其八百余万人中，至今已有十八人获得诺贝尔科技成果奖。解剖学、神经外科学、矫型学、心理学等多种学科的先驱人物都是该国人。第一位奥地利人获诺奖距今已九十年，那时奥地利才五百万人口左右。

"一战"和"二战"，也使奥地利国民经受了严重的创伤。

他们后来究竟是怎么做到的？

第一章 中国历史的文化特质

我试图给自己一个明白已经很久,却一直想不大明白,只能从逻辑上并非多么自信地推断——某类宗教之传教场所,方式具有显然的诗性和既肃穆又愉悦心灵的文艺性,如优美的管风琴声、童声唱经班、民间自发组织的诵经活动、友善互助的教义要求,长期地影响一代代人,使人们自然而然地形成了亲近优质文艺的共同习性。此种共同习性,进一步决定了其文艺的优质性,遂成基因,生而有之。这种对优质文艺的共同的亲近,使劣质文艺在本国没有自生环境,由外来也会遭到共同排斥,于是造就了一部分文艺爱好方面具有典雅倾向的人类。这部分人类的共同特点是——对文艺的欣赏愿望远大于娱乐愿望,并且喜欢与家人、恋人、朋友共同欣赏;独处之时喜欢读书,对书的选择也像对文艺的选择一样排斥劣质。他们远行时总是会带着书籍,在周围皆"手机控"的情况之下,一点儿也不会因为只有自己一个人在读书而不自在。他们在别国观光时,身处喧闹之境,眼见刺激场面,自己也大抵不至于因之表现亢奋,只不过会情不自禁地镇定地拍照——这样的一些人类,依我们大多数中国人看来,未免太过古板。实际上他们一点都不古板,比我们更是感性的人。但促使他们激动的事,与促使我们激动的事往往不一样。所以他们的国家人口虽少,人口素质明显的高,可被集体视为地球村的优秀公民。

世界上类似的国家很有一些,如丹麦、瑞典、瑞士、芬兰、挪威、爱尔兰、匈牙利等。这些国家的人在性格上并不都像奥地利人那么具有"文艺贵族"般的气质,但他们对于优质文艺的偏好,对于庸俗无聊的文艺现象近乎本能地排斥,与奥地利人却是一样的。

这不表明他们是拒绝欢乐的人类。

也不意味着他们在文艺接受心理方面有什么洁癖。

他们只不过是一些欣赏愿望远远大于娱乐愿望,并且欣赏水平已无法再降低下来,使自己成为庸俗无聊的文艺受众的——人类。

即使同样是欧洲国家,同样是以天主教为主要信仰的国家,民风民俗以及所养成的民族性格也会大不相同。如比利时,并未定天主教为国教,但一千余万人口中,90%信奉天主教。与绅士做派十足的奥地利人相比,他们显得喜欢热闹。比利时三五日就会有一次集市、节日或嘉年会。五花八门,内容都少不了文艺表演。比利时的民间文艺社团是世界上最多的,仅首都布鲁塞尔就五百多,以合唱团、乐团、剧团、绘画与雕塑爱好者为主。简直可以说,比利时是世界上将文艺与民间生活结合得最密切的国家——但该国并无什么文艺的产业链,人们也不考虑文艺产业化的问题。他们喜爱文艺,是相当纯粹的喜爱,与商业目的关系不大。至于吸引了更多的外国旅游者,那是客观结果,非主观的目的。在旅游淡季,他们该热闹也热闹——因为那是为自己快乐,非是为了快乐给别人看。

他们为什么会那样呢?因为是世界上人口密度最高的国家之一吗?谁知道呢?果而如此的话,那么似乎可以推导出一个规律,即——人口密度越高,人对娱乐的心理需求越大;倘普遍生活还算不错的话。

与奥地利人倾向于欣赏高雅艺术这一点相比,比利时人对文艺的态度是雅俗并包,一视同仁。但所谓"俗文艺",在他们那里是指民俗色彩浓郁,欢乐指数较高。像奥地利人一样,他们难以容忍庸俗无聊。化装成马戏团小丑的杂技表演是兼容并包的底线。我曾问过来自比利时的友人,他们是否喜欢英国"憨豆先生"的滑稽小品表演?

不料他们都说不喜欢,因为没有文艺含量。

他们又补充说但喜欢"憨豆先生"主演的几部电影,因为有文艺含量。

文艺终究要有些"艺"的含量,并且终究要恪守"文"的底线——比利时人对此点特坚持。

若将国家人口扩大到一亿及一亿以上,那么巴西人的文艺观是不能不说一下的。

巴西的国土面积比中国少一百多万平方公里,但人口比中国少十二亿多。他们对足球运动的热爱举世闻名,对歌舞的喜欢也发乎性情。他们的节假日也很多,在一年一度的狂欢节上,装饰有彩色大羽毛的巴西女郎们风姿绰约,美艳四射,永远吸引旅游者们的眼球。

这样一些寻欢作乐起来仿佛个个都是酒神儿女的人类,在日常接人待物方面，却又都是那么的彬彬有礼，极其注重言行及一举一动的得体。除了与人约见时可能会迟到，别国人很难再挑出他们在社交方面的不得体来。

巴西人又没从小都学过《弟子规》——他们为什么会表现得都像按《弟子规》教导出来的人一样？

娱乐氛围浓重的社会习俗，为什么不但没有消弭掉这个国家的人们工作和学习的上进心，反而极其显然地有益于他们的大多数在现实生活中不畏困难，自强不息；并且大多数以人助人为乐，遵守公德为习？

如果我们将目光投向澳大利亚、加拿大，则会发现当代人类与文艺的另一种关系——去除低俗之后全面接受的关系。这两个国家由于地广人稀，文艺现象难以形成欣欣向荣的局面，主要集中于首都，而且并不活跃，这使它们对文艺最能持一种寻常看待的心理，从不会因为自己国家的文艺不够繁荣而自卑，也不会因为本国人对任何外国文艺的喜闻乐见而忧心忡忡、焦虑不安。他们的文艺理念特别豁达，对一切国家的文艺出现在本国都持欢迎态度，但绝不会为此买单，也绝不会为了任何目的发出主动邀请。两国人到外国旅游，经常带回外国文艺的音像制品和书籍，以便日后仍能经常欣赏。年轻人之间，也互赠音像制品作为示好礼物。许多家庭都有专门保存外国优秀文艺音像制品的橱柜，每向客人展示。两国人民都十分热爱自己的传统文艺，也十分重视传统节日。在传统节日里，各自的传统文艺表演声色并隆，带给本国人民极大娱乐——这里不得不谈一下人类对娱乐的需求指数的不同——有的国家的人民表现得十分强烈，有的国家的人民，欣赏需求远远大于娱乐需求，从不会以花钱买笑为人生必需。不但澳、加两国人如此，英国、法国、德国、意大利、俄罗斯、荷兰、匈牙利、挪威、智利、波兰，还有其他许多国家的人都是这样。他们的生活并未因此而少乐趣，他们通过别样的爱好使自己的生活更加丰富。如澳国人对体育的热爱；加拿大人对冰雪雕塑艺术的情有独钟；荷兰人对花和园艺的热爱；俄罗斯、波兰、匈牙利、挪威、智利人与文学和书籍的亲密关系——在后几个国家，别国人很快就会找到文学知音，于是融入某个民间的文学爱好者群体。

  以上国家的人们，对文艺之事，也基本上持"自然发展主义"的理念。细审之，全世界绝大多数国家的人们之文艺理念，基本如斯。而且，都能在文艺自给自足方面做得令本国人满意。他们从无文艺自卑，也从无文艺自负。

  日本在成为亚洲经济腾飞"四小龙"之一的年代，文艺"走出去"的劲头特足，韩国紧追其后，也极欲在"软实力"方面吸引全世界眼球。今天看来，韩国当年真使别国眼前一亮过的，只有电影。日本除了电影，还有文学争光过。如今，这两个国家的文艺，也皈依了"自然发展主义"的理念——这进一步验证了老子"夫唯不居，是以不去"的观点有一定道理。归根结底，文艺虽可为"术"，不可"唯为术"。文艺的生命力首先体现于各国民间——民之所好低，使高之；既高，使恒之。并且只有在此前提下，才有益于达到人类文艺"各美其美，美美与共"的大和谐局面。

  美国是一个坚持文艺强力输入主义的国家吗？

  定睛细看，除了电影，美国其他文艺并没有一概成为世界主体现象。即使他们真有此心，也根本不可能如愿以偿。

  但美国人对文艺的需求量确乎是全世界最大的。在欣赏和娱乐两方面往往都表现得分外热切，所以美国文艺的繁荣或衰退，首先是自给自足的情况所决定的。

  美国总喜欢向别国推行的更是它的政治文化。某些美国电影中确有此元素，但目前看，这样的美国电影实际上越来越少了；美国电影总体已在娱乐至上、票房为王的不归路上走了很久了，而这使它产生了不少垃圾片——许多连美国人自己都既反感又无奈。

  电影不同于其他任何艺术，商业属性再明显不过，并且最容易被商业利益所牵引，形成所谓产业链条。

  美国电影如果再度衰败，对美国确实是个不小的事——一者会极沮丧；二者会导致产业链条断裂，使一部分人失业。但即使在美国，与电影界发生直接或间接职业关系的人，也毕竟是少数，不会使失业率有明显浮动。

  目前正是美国电影的"维稳"时期。

美国电影会衰退吗？

盛极必衰，肯定会的。

估计，最早在2020年底，便会衰兆显然。

而美国电影衰落之际，将是别国电影振兴之时。在美国商业大片的冲击之下，世界别国电影的优点，的确已被遮蔽得太久了——到了该让人类看到不同类型不同风格不同内容而又同样好的电影的时候了。

我盼着这一天的到来。

即使这一天真的到来了，我也还是要向美国电影业致敬，感激它曾经为世界奉献过许多好电影。

综上所述，我并不认为美国有什么企图以美国文艺俘虏并改变全世界人的文艺预谋。如果哪一国家的人们的文艺接受心理分明被改变了（即使这样了，也只不过是某一时期的现象），内因是主要的，外因绝对是次要的。

目前，中国电影也在邯郸学步，亦步亦趋地走在娱乐至上、票房第一的路径上。

但这几乎是难免的。

娱乐至上未必皆属烂片，成为经典的为数不少。若同时具有令人耳目一新的文艺性，票房表现肯定不俗。不得不承认，美国电影将两方面结合得特别老到，其歌舞片与喜剧片成就尤为突出，如《出水芙蓉》《红磨房》《一个美国人在巴黎》《家有仙妻》《拜见岳父大人》等。周星驰的《功夫》和《大话西游》之所以极受内地青年喜欢，也因片中糅入了另类文艺片元素。而实际上，某些电影很难以娱乐的或文艺的来界定，如《楚门的世界》《摇尾狗》《西蒙妮》等。正因为难以界定，美国将片种分得很细。尽管如此，还是难以界定，如《金刚》《阿凡达》。所以，具体来讨论一部电影究竟属于娱乐片还是文艺片并无必要，也没什么实际意义。

应该引起思考的是以下几点：

一、本国电影界是否存在着娱乐即意义，票房即"真理"的电影观？

二、是否由于观念的过于商业化，导致了电影的种类比出现娱乐片泛滥的单一局面，因而使电影院接近于是一个专门逗乐子的地方？

三、是否由于电影的商业目的过于明确、强烈，一个时期内的文艺片成凤毛麟角？

四、是否由于此种情况，致使受众特别是青少年受到不良的文艺影响，欣赏的品位由而下降？

客观而论，中国的文艺形态其实从没那么糟过。在从前，在某些国家，比如在二十世纪六十年代至八十年代的美国、日本、韩国，都曾出现过黄色表演泛滥，垃圾"文艺"几成公害的现象。但从九十年代起，全世界的垃圾"文艺"现象迅少。有各国管理措施所起的作用，也有人类文艺自觉所起的作用，甚至可以说后一种作用更大些。这乃因为，二十世纪九十年代以降，旅游业在全世界空前兴旺了；垃圾"文艺"现象，非但不能使一个国家的形象在旅游业的发展中得到提升，却足以使一个国家的形象在别国人心目中失格。旅游业也是国与国之间文艺现象的公展，人类的文艺自觉意识由而跨越式进步了。放眼世界，一个自身观看品位低俗的人，如今即使遍游各国，想要寻觅到垃圾"文艺"现象已非易事。

中国的文艺现象虽然从没那么糟过，但某一个时期确曾出现过令人堪忧的情况。

2016年以来，状态明显改变。先是电视中的"俗气"不见了，随之网络上的垃圾"文艺"少了。栏目还是从前的栏目，但风格变了，气质变了，思路变了。前几天我无意间看到了某电视台的一档节目——男女青年歌手拜小孩子们为师，向他们学京剧，学民歌，并由孩子们点评自己的跨界表演水平——觉得耳目一新；某台也有一档节目是《超凡魔术师》，吸引了中国海峡两岸暨港澳的一些青年魔术师比赛技能，娱乐性较强，却也不失可欣赏性，优雅的文艺气质在焉。

中国之民族多，人口多，青年多。中国当代青年中，有文艺细胞，热爱文艺，喜欢表演的青年层出不穷——中国之电视文艺现象，已经悄然发生了一种改变，肯于将更多的时段、平台，提供给层出不穷的文艺青年们了。所谓明星大腕占领电视文艺频道主体时段的局面，正在成为过去时——而这是我支持的改变，认为是好现象。

对于我们中国普通社会成员，特别是青年，又特别是来自各行各业劳动第一线的青年，通过各方面的平台展现文艺才情，或与青年文艺工作者同台展现，我都是抱着喜闻乐见的态度的——此种文艺现象，对中国广大青年培养起良好的文艺接受品位，具有功不可没的贡献。

八十几年前，以蔡元培先生为首的一些中国文化人士，提出了以"美育"育人的主张，并且竭力推行。那时这一主张不可能是面向全民族的主张，只能先从教育领域开始。以后的小学教育，有意识地加入了文艺学内容。以后的中学和大学，学子们组织文艺社团的热忱高涨。

但从前的中国，苦难接踵。他们的主张，难以全面实现。而我对于他们当年的主张，其实一直困惑不解，认为未免将文艺的作用一厢情愿地放大了。

后来，我对文艺与人类精神进化的关系思考得多了点儿，深入了点儿，才开始对他们的主张的初心有了进一步理解。

不仅蔡元培先生们那么主张过。

车尔尼雪夫斯基也为提升普遍的老俄罗斯人民的精神面貌提出过同样的主张。

而西方国家曾经发生过的文艺启蒙运动，说到底，一言以蔽之，也是为了提升人的精神面貌，使人在精神进化方面受益于优质的文艺。

而一个事实是，不论是那时的老俄罗斯还是西方国家，宗教文化的影响都很深远——这也间接证明，人类的精神进化问题，仅靠古老的宗教文化之影响是难以达成的。

另一个事实是，细看某些国家的人民在近当代的精神进化史，会获得一种非常可信的印象，那就是——优质文化的作用与经济发展成就、国家进步情况的作用三位一体，同等重要。

今日之中国，已非从前之中国。

今日之中国人的精神面貌，当与欣欣向荣的国家面貌相匹配。

奥地利等国的今天，不太可能是中国的明天。人口多寡悬殊，人与文艺的关系不必强求一致。

巴西、印度这样的国家，也不太可能是中国学得来的。民族性格差异显然，中国人没必要非变成那样。

但，如果在我们的同胞中，对文艺怀欣赏需求的人口越来越多了，仅仅渴望满足娱乐需求的人口少了一些，又少了一些，前者终于成为绝大多数的时候——那么，一个中国人从国外旅游回来，若谈到感受，也许就不再会说："他们的大人孩子，和我们的大人孩子太不一样了。"

而可能会这么说："城市不一样，农村不一样，至于人嘛，与咱们也没什么不一样的。"

绝大多数人满足于娱乐，极少数人有幸能亲近于欣赏——这是从前的人类与文艺的关系。

欣赏为主，娱乐为辅——这是现如今绝大多数人类与文艺的关系。人类的精神需求确实已经上升到了此种层面。

但这并不意味着文艺将越来越去娱乐化，只不过意味着娱乐的概念不同了——娱乐将永远在文艺中占有一席之地，并以新概念下的比以往更多的形式，融入更多种旨在满足欣赏的文艺中，使欣赏与娱乐在文艺中相映成趣。而国与国之间的文艺成果，将在欣赏与娱乐两者相结合方面，体现异彩纷呈的水平。

并且我预见，再过二三十年，人类与艺术的关系必将发生前所未有的改变——一部分新人类将成代地而不是凤毛麟角地产生——他们除了是脑力的或体力的劳动者，同时是能最大限度地文艺自给的人类——他们或喜欢读书、写作，发表文艺评论；或喜欢唱歌、表演，成为民间文艺团体的参加者；或喜欢绘画，制作各种各样的手工艺品；或喜欢服装设计、园艺；或更愿意在曾有过的种类文艺经典中消磨工作之余的闲适时光……

那时，包括电影及电视文艺在内，都将因人类自身的精神进化，而改变当下的存在方式。

文以载道

中国之蒙学现象，未尝不是文学现象。世界各国的古代都有蒙学教育实践，但能流传下蒙学读物的国家不多。中国自唐以降，蒙学逐渐发达。随着科举制度的完善和稳定，蒙学越来越受社会各阶层重视。

今天我们所能看到的，多是明、清蒙学读物。《幼学琼林》专设《科第》一章，有句如下：

> 其家初中，谓之破天荒；
> 士人超拔，谓之出头地。
> 中状元，曰独占鳌头；
> 中解元，曰名魁虎榜。
> ……
> 进士及第，谓之雁塔题名。
> ……

一旦荣登前甲，则可享受到皇帝"琼林赐宴""临轩问策"的最高规格礼遇——此乃蒙学受重视的首要原因，也是古代孩子们发愤图强的最大动力，无非是为了实现官服加身、光宗耀祖的人生价值。一概的蒙学，皆不讳言此点，一致正大光明地予以宣扬、激励，与今天家长老师激励孩子争当学霸，誓考重点大学没什么两样。世界在许多方面变了，在某些基本方面，其实一如既往。只不过，学成了精英，出人头地的选择比古代多了。

蒙学起初是家学。家学可能由父辈亲任导师，也可请有学问的名士任家庭教师。而能做到这两点的，其家定非一般家庭，不贵则富。古时的所谓"书香之家"，未经三代以上的公认，担不起那种雅谓的。往最起码了说，那也得是"耕读之家"。"耕读之家"的家长，必是乡绅，全家人自己是绝不耕也不种的。

鲁迅和蔡元培，他们的家都曾是晚清的官宦之家，故他们都有幸接受过家学熏陶和馆学教育。鲁迅的馆学老师是资深秀才；蔡元培的馆学老师是饱学的举人。至于康有为、梁启超，也都是"官二代"。

若受家学无望，入馆学无门，则只有"凿壁偷光""聚萤作囊""头悬梁，锥刺股"了。

王羲之的书法启蒙老师居然是一位皇族公主，这等家教大腕，天下有几人请得起呢？

科举从教育体系的指导思想上奠定了中国漫长的封建社会的"官本位"思想，使之根深蒂固，影响直到近当代；蒙学可谓"从娃娃抓起"，反过来使科举制度固若金汤——这是二者不好的方面。

但设身处地想一想，古代也不可能有比科举制度更公平的一种教育制度。并且，放眼世界来看，全世界的教育制度，在较公平地录取一点上，基本原则仍是科举原则。中国之科举制度，后来显然落后于别国的教育体系，不在于公平原则出了多大问题（客观论之，历朝历代在制裁教育腐败一点上，每是有腐必究的）——它的落后，主要在于教什么，怎样教；引导学生为什么学，怎样择优录取等方面出了严重问题。简言之，学科建设和评价体系长期落后。

以蒙学而论，虽然也涉及天文、地理、物性、农事、社会、历史，但只是兼顾而已，并不作为考和学的重点。并且，知识老化，每将科学与神话混为一谈，如《幼学琼林》之《天文》一章有言：

"气之轻清上浮者为天，气之重浊下凝者为地"；

"月里蟾蜍，是月魄之精光"；

"后羿妻，奔月宫而为嫦娥；傅说死，其精神托于箕尾"。

"箕"者，星也。后人也释指彗星之坠光。

总体而言，蒙学中"天文"之"文"、"地理"之"理"，与科学概念的"天文""地理"区别大矣，主要是告知了与天、地有关的文字现象，如：

"旋风名为羊角；闪电号曰雷鞭""列缺乃电之神；望舒是月之御""望切者，若云霓之望；恩深者，如雨露之恩"……

说来惭愧，读了《幼学琼林》，方悟近代"雨巷诗人"戴望舒，何以名为"望舒"——倘是自取,必读过《幼学琼林》;倘家长所取,其家必很重视传统蒙学。

传统蒙学虽存在知识内容的极大局限,但文学色彩却十分浓重,故完全可以视为古代文学现象的一种。在文、史、哲三方面的结合,也堪称包罗万象,触类旁通,极具通识色彩。简直可以这样说,若一个人十二三岁前将大多数蒙学读物的内容铭记得烂熟于胸,了如指掌,那么将来在文言的应用方面,肯定优于别人。

当然,传统蒙学中的史性知识,不能完全与近当代的历史知识同日而语;所谓"哲",也非是近当代的哲学概念,大抵是仁、义、礼、智、信、忠、孝、节、勇、和等关于人格养成的说教。

"忠"是从来争议极大的道德标准;历史上不乏昏君庸君暴君,而且文化上一向以"忠君"来阐释"忠"的定义,使"忠"的道德标准常受诟病。但如果细读蒙学读物,则会发现一个令人深思的现象——几乎没有关于"忠君"思想的宣扬。"忠"在蒙学中的定义,基本上是"精忠报国"的意思。所列举人物,也大抵是"苟利国家生死以,岂因祸福避趋之"一类典型。也就是说,蒙学读物中的"忠",是以爱国思想为根本的,与"忠君"没甚关系。

这证明,蒙学读物的作者们,本身谁都不愚,思想也特别与时俱进。他们明白,蒙学事关国家与民族的后代素质如何,绝不进行误人子弟的教诲。

所以我认为,他们都是极有文化责任也极可敬的先贤。

抛开"忠"不"忠"的问题不谈,其他一概道德标准,我这个当代人基本是愿意接受的。地球村任何一个人大抵做到了,便肯定是君子,是精神贵族,是人类楷模。一些人做到了,则我很替人类的社会感到庆幸。

问题是,仅仅是——若希望那些标准集于一人之身,实在是太高的要求了。中国古代对人的道德要求有两大弊端——既全也少。全则没了重点;少指仅针对少数读书人。这其实是帝王思想的反映。皇家设科举制,原本就是为自己的长期统治设"人才库",所以并不需要那么多。"人才"知史适用就好;而人才对于皇家和对于国家的意义,本质上并不一致。对于皇家,人才与执政幕僚没区别;对于国家,人才则必须是多方面的。至于对百姓,皇家的要求倒从来不全,顺即良民,重点突出。

而西方诸国,文化启蒙运动以降,连皇家也意识到——科技足以强国。国家强了,自己何愁没有幕僚,不必专门培养,更不必从娃娃抓起。故道德律令由全而简,由面对少数人而面对全社会——于是最终形成了自由、平等、博爱的极简化的道德体系。自由是国家道德理念;平等是法律道德理念;博爱是针对一切人的道德理念。国家、法律和个人违背之,皆属不道德。故所以然,他们的文艺后来的一个近于永恒的主题是善;我们的文艺几乎可以说至今还没找准究竟什么是值得反复表现的主题。

然而必须承认,老子和孔子们,对善是极为重视的——"上善若水""仁者爱人"的思想便是证明。《弟子规》中关于"礼"的教诲未免琐细,却也强调了"泛爱众"一点,非常值得肯定。另一个事实是,古代的官方也就是皇家,对善一向讳莫如深,恐怕真的成为道德核心,常被用以对照自家。

古代蒙学中关于"典"的知识,可谓洋洋大观。几百例中,我这种知陋闻寡的人,不看注解就明白其意的,仅百之一二而已。

科举之试,以用典之多之僻为优等文章。用典与引用名言佳句是不同的。前者是故事的高度概括,旨在间接论说;后者是道理的引用,旨在加深印象。

中国古文中的名言佳句却都是通晓易懂的,说理性强,解惑到位,如"学而不思则罔,思而不学则殆"——其"学"指背;其"思"指懒得读书的借口。

黄兴逝后,孙中山两作挽联——前者白话,哀思易懂;后者句长,上下联对仗用典,不知出处的人们,大抵就较难共情了。

清华初迁云南,众心唤出两首校歌。一为几名学生作词,文字现代,风格酣畅,流传过一个时期;二由老先生们执笔,虽也豪情饱满,伤感淋漓,但因古风昭昭,典入歌中,仅在操场上集体唱过一次,以后即束之高阁,如泥牛入海也。

胡适反对用典的态度十分强烈,每对学生耳提面命。他自有一定道理——古代传至近代的典词,林林总总,洋洋大观,某些不过是正野两史所记的边角内容，奇闻逸事，并无多大文化价值。但喜"掉书袋"者，每好用之，以炫经纶；胡适乃白话文运动之中坚人物，自然立场鲜明。

但他的反对也有偏执一面——许多典故，从古至今百千年应用下来，已是成语。并且，闪耀着汉语词汇的智慧之光，表意隽永精妙。细品赏之，几可以汉语瑰宝视之。非是一场运动席卷，便可使之通通消亡的。

却也应看到，由典而成语，大抵具有比喻性。而比喻性的形容，用以言人论事，往往刃刺明显，于是造成他人伤口。如"井底之蛙""黔驴技穷""口蜜腹剑""叶公好龙"之类，便不如视野要开阔些；能力须多样些；心口应该如一，言行应该一致的直白表述更容易使人接受。

胡适先生的文化思想大方向上肯定是正确的。他当年的种种偏颇应该获得今人谅解——饮水不忘挖井人；毕竟，我们今人正享受着白话文的成果。也毕竟，汉语在当代所达到的白话文水平，已至行云流水。否定古文不对，厚古薄今不好。

《声律启蒙》，实在是世界上关于文字诗性的最优美的蒙学读本；其优美唯有汉文字能够体现，译成任何别国文字，都将必然地优美顿减。有些句子，使人觉得其美不可译，或比唐诗宋词更难译——因为直接是典；而典非一般词句，乃故事的高度概括。不将故事交代明白，便会意思混乱；若将故事译全，则诗非诗，而是小说了。

全世界的翻译家一致认为，古汉语是最难译的语种之一，深奥如古梵文经意。难译不见得是优点，却极能证明古汉语的独特魅力。

将外国文字译为汉语，即使是音译，也有了诗意。如"枫丹白露""香榭丽舍""爱丽舍宫""莱茵河""富士山""雨果""海涅""雪莱""乔叟""拜伦""歌德""海明威""村上春树"——这乃因为，单独一个汉文字往往便有自身意境，两三个汉文字的组合往往便是意境的组合，遂使意境相当丰富，于是诗意盎然。而由字母组成的文字难以具有此点。

我第一次看《声律启蒙》，立刻被吸引住了。一看良久，不忍放下。

云对雨，雪对风，
晚照对晴空。

三尺剑，六钧弓，
岭北对江东。

春对夏，秋对冬，
暮鼓对晨钟。

明对暗，淡对浓，
上智对中庸。

这些是简单的声律样句，却多么有趣呀！正因为有趣，估计对古代的孩子们而言，熟背不至于感到特别厌烦吧？寓教于乐，我想古人确实做到了。

两鬓风霜，
途次早行之客；
一蓑烟雨，
溪边晚钓之翁。

秋雨潇潇，
漫烂黄花都满径；
春风袅袅，
扶疏绿竹正盈窗。

这样的句子，就并非简单的声律样句，而直是对仗甚工的诗行了。字字寻常，句句浅明，怎么一经如此组合，看也罢，读也罢，就其意也浓，其境也雅了呢？

阵上倒戈辛纣战，
道旁系剑子婴降。

出使振威冯奉世，
治民异等尹翁归。

一用典，就难译了。看着也没诗意，读着也不上口了。显然，是要在授以声律要点的同时，兼顾史中人、事的知识——前边说过，蒙学读本的一项宗旨，便是文史哲的融会贯通。用心是好的，效果却可能适得其反。

去妇因探邻台枣，
出妻为种后园葵。

以上两句，分别讲的是汉朝的事和春秋时期的事——一个男人仅仅因为妻子采摘了邻舍的一些红枣，便将她赶出了家门；另一个男人则因为妻子在后园种了葵菜，而干脆把她休了——这样的内容，属糟粕，绝无蒙学意义，倒是男尊女卑的思想分明。多大点儿事，至于吗？灌输给儿童，有害无益。

还是以下一类样句好：

笛韵和谐，
仙管恰从云里降；
橹声咿轧，
渔舟正向雪中移。

平展青茵，
野外茸茸软草；
高张翠幄，
庭前郁郁凉槐。

这类样句极有画面感，有声有色，有动有静，有形容有比喻，不但能使儿童少年感受到汉文字的美质，还有利于助他们启动想象的脑区。

由是想到，如今的家长们，比以前更加重视小儿女学前的智力启发了，若单论语文方面，我认为《声律启蒙》中的某些样句，值得陪伴孩子们背背，因为有趣，游戏性显然。若家长能与孩子互动，你背上句，我对下句，效果肯定尤佳。但一定要有选择，去其糟粕，剔除淫典，引用浅白易懂的。比背唐诗宋词好——在声律的美感方面，对仗的妙处方面，唐诗宋词亦不能及。

又想到，随着弘扬传统文化的热度升高，有些家长干脆将《三字经》《百家姓》《千字文》《弟子规》之类塞给孩子，迫使读之。牛不喝水强按头，肯定是不对的。先讲明以上蒙学读物的益处，使孩子在不反感的情况下读读，良好目的才能达到。《百家姓》是根本不必让孩子背的。为什么非要背它，完全没必要。但从中选出几个少见的姓告诉孩子，也不失为趣味性知识的给予。《三字经》读读前边有关常识的部分就可。比之于《三字经》，《千字文》编得并不算好，除了个别句子有助于好品行的养成，大多数句子在道理与知识两方面都算不得上乘。《弟子规》主体是好的，可去琐细之句。若不以挑剔之眼看待，《朱子家训》堪称优质读物，除有几句对女性的偏见之言，任何年龄的人读了都会受益匪浅，内容涉及日常生活，为人处世的方方面面，接地气，非高蹈教诲。

并且还由《声律启蒙》想到——古汉语中，之乎者也矣耶兮焉哉等助语单字的应用，在白话文运动中备受嘲讽，其实也是对汉字及汉语言特点的非客观看法。古汉语在应用中因为不用后来的标点符号，所以必须通过那些助语单字来烘托行文的情绪色彩。者、也、矣往往起的是"。"作用；乎、耶、焉往往起的是"？"作用，"焉"的问号作用起在前边——"焉能辨我是雄雌"便是一例；兮、哉二字，每具有感叹号的作用——"哉"用于后，而"兮"亦常用于句中，不用情绪色彩就不饱满。"之"在汉文字中的作用亦非同一般，是能使语感抑扬有致，切缓得当的一个字。如"关关雎鸠，在河之洲""参差荇菜，左右流之""桃之夭夭，灼灼其华""之子于归，宜其室家"……不用"之"，那样的一些诗句便不成诗了。好比歌——如果将某些歌中的"啊""那依呀""赫尼那""耶""喂"等拖音字去掉，那些歌也没法唱了。

马儿喂（uai），
你慢些走来慢些走……

二呀么二郎山，
高呀么高万丈……

《草原之夜》句尾的"嘿"字，被歌者拖得多么长——却也正是我们爱听的。

古代的诗，都是要能唱的。更有些诗，起初原本是歌，不用以上助语单字，古代的歌也没法唱了。

"彼采葛兮，一日不见，如三月兮。"
"坎坎伐檀兮，置之河之干兮，河水清且涟猗。"

从《诗经》中不难看出，凡是助语之字用得多的，必是先歌后诗，较为原汁原味来自民间的一类，文人加工的痕迹少。而凡是文人加工痕迹显然的，任意随心地唱就不那么容易。不信者，自己唱《载驰》，唱《氓》试试看！

文人总是喜欢将歌弄成诗；而民间却更希望将诗唱成歌。由于文人以后多了起来，从文艺的史来看，便诗多歌少了。因为科举考的是诗，内容以"官方"限定"教材"为主，文人都热衷于跻身仕途，肯收集和整理民间歌词者便鲜有矣。

对于古代民歌，幸还有《诗经》流传了下来。

惜乎！唯《诗经》耳。

任何一场运动，即使确实伟大，无论多么伟大，都是可以而且应该从是非两方面来评说的。

"五四"、新文化运动对传统文化一概否定，恨不能铁帚扫而光——其偏激也。

鲁迅言："汉字不灭，中国必亡。"——实属不该说的话啊！

盖中国之史学，始于《史记》。

后世修秦、汉史，无不以《史记》为据。

鲁迅曰《史记》乃"史家之绝唱，无韵之《离骚》"——于是自相矛盾显然。《史记》史乎？文学乎？若言《史记》是文学色彩一流的历史，问题仍在，因为"文学"之概念，不仅体现于辞藻应用水平，更体现于虚构能力；而"史"以掺杂虚构为大忌。

在鲁迅之前，尚无人用"文学"二字评价《史记》；对其评价，或也用到"文"字，但多是"文采""文风""文韵"之词；总之是修辞方面的欣赏，而这无关"史"之宗旨。

鲁迅一用"文学"二字，使原本"莫须有"之疑，成了挑明之惑——这是鲁迅没想到的。

偏偏，顾颉刚又发表了他的史论研究成果，认为中国之史，是"层累地造出的"——一个"造"字，史界为之大哗。这等于对《史记》也公开了自己的几分不以为然，致使对《史记》作出高度正面评价的鲁迅未免不快。

一曰"史家之绝唱"；一曰"造出的"——看法对立至极。

《史记》首先可视为史，这一点应予肯定。司马迁是严肃修史的史官，呕心沥血、索据煞费苦心，自己编造的成分几可说无。何况，老子曾任末周的朝廷"图书馆长"，周时的"官方"藏书虽遭春秋战国之兵燹，却有一部分流于民间，肯定被有心人所保存。周时既有官方图书馆，推断起来，当也必有记史制度，故民间史书资料在焉。后又经秦始皇所焚，但也只能尽量焚书，焚不掉的是民间及儒林代代相传的深刻记忆。司马氏之史，多方收集民间口口相传之前人往事，以所能拥有的典籍相对照，本着去伪求真的态度予以整理，估计大体如实。而且，要么没有《史记》，有便只能是那么产生的《史记》。

但关于黄帝、炎帝及尧、舜、禹三帝的部分，史家向来以民间传说界定。民间传说与神话有别——神话必有神的出现；若言黄帝大战炎帝有神话色彩，出现在《史记》中的尧、舜、禹三帝则基本上是去神话色彩，仿佛现实中人的帝形象。当然，民间关于他们的具有神话色彩的传说也不少，司马氏未记入史，证明他的修史观是没被误导的。

尧、舜、禹三帝究竟存在不存在呢？

我是宁肯信其有的。却也觉得，不同程度地被文学化了。如记舜帝之为人民服务的鞠躬尽瘁，言其"三绾湿发"而出门礼迎上访群众；言禹治水时，"三过家门而不入"，都使我有小说笔法之疑。"三"为实数，为什么不是一两次或四五次，而明确地记为"三"次呢？怎么就能证明肯定是"三"次呢？若仅记舜是一位平易近人的帝，禹是一位治水劳模，这我倒很愿意信。但他们的美德都与"三"发生了实数关系，便容易存疑于世了。

似乎是从《史记》之后，"三"成了中国的一种文字现象，如"三省吾身""三思而行""三缄其口""三长两短""三言两语""三姑六婆""三五成群""三天打鱼，两天晒网"……在这样一些词句中，"三"是虚指，是形容。而在另外一些词句中，"三"又是实数，如《三字经》"三皇五帝""三山五岳""三纲五常""三朝元老""三打祝家庄"。

一个具体而明确的数字，一种情况下是实数，一种情况下是形容，在阿拉伯数字的应用现象中是不会发生的——"3"就是"3"，不是"2.9"，也不是"3.1"。

这使我们不得不承认，同样是数字，阿拉伯数字的应用效果更精准。倘继续以中文数字"三"来应用，中国的数字科学是无法发展的。

再回到"3"，许多别国避讳"3"，主要是宗教影响的原因——宇宙分三界：天堂、人间、地狱。地狱在"3"级，自然与一切不好之事相关联。而中国人每以"三"来形容，乃因"三"在虚指时，不多不少，能给人以似乎较实的可信印象。还因为，"三"是平舌音的字，与其他字组合时，说起来顺口，符合声律的抑扬顿挫。古代的中国人，在修辞方面甚重视声律。有这些实际的考虑，则不避许多别国所避的"3"了。

而在《史记》中，关于舜与禹，一个"三绾湿发"，一个"三过家门而不入"——形容耶？确指耶？若是确指，"三绾湿发"殊不可信，古人头发再长，洗一次也不会太久，何至于接连三次绾起湿发急着出门迎接"上访群众"？又是何人见证，何人记录的呢？若是形容，则莫如"平易近人""密切联系群众"一类写法更使人不疑。"指鹿为马"也甚难令人相信——那得多二的皇帝，才有可能被忽悠成功呢？

"烽火戏诸侯"尤不可信——朝宫离烽火台不近，诸侯封地离烽火台更远，古代的急行军，不过是马上将军率领步行兵卒，再快也得小半天的时间啊，周幽王与褒姒，会在烽火台上待那么久吗？

最主要的是——商代是有考古之物可证的，而"夏"是一种怎样的社会形态，至今没有足可采信的考古发现作为佐证。"夏"肯定非是子虚乌有的，否则不会突兀地产生出一个商王朝来。但"夏"究竟是较庞大的部落联盟，还是一个较有规模的王朝，此点至今尚无定论。综上所述，像顾颉刚那种接受了西方现代的严谨的史学思想的人，以他的眼再来看中国的第一部经典史著，也就难免会发出"层累地造出"的不以为然的感慨了。

但我看《史记》，除了也有以上困惑和疑问，总体上是信其史实性的。我觉得，起码，"周"以后是相当可信的。特别是"世家""列传"部分，文学元素甚少，所以几乎没有硬性的理由不信。

而且我觉得，全世界各国的古代史，都或多或少会掺入传说的部分，都不同程度也是难免地会有文学色彩。七分可信，三分文学，几是共性。而且，便可视为好的史著作了。不这么看，许多国家都会对自己国家的历史陷于历史虚无主义的泥潭，自寻烦恼。

中国的史，一向分为"正""野"两类。正史为官方的，权威的。野史为民间的，由非史官的文人所著的。在民国前，任何一个朝代的官方史，都是绝不向民间公开的，也基本上是按皇家意思来记载的。某些关于古代史官违命秉笔直书的事迹，固然可敬，但属个例，绝非常规现象。而任何民间人物著野史，都是大罪。倘被举报，不但自己会掉脑袋，家族也将遭殃。

但文人们总是忍不住要给自己找件值得一做的事投入精力和心血。这种事一是编诗集文粹；二是编蒙学读物；三是修史。虽被视为"野史"，他们往往也是认认真真的。为了不罹大罪，采取本朝人修前朝史的策略。而前朝是本朝的历史敌人，记前朝的忠臣良将，本朝亦不限制——有如许多忠臣良将，还是被本朝所灭了，证明前朝的君主要么无能，要么是不折不扣的昏君暴主。而直接历数前朝的腐败、罪孽，则本朝乐见其成。故野史无一例外是记前朝的事，而且基本倾向是写前朝的该亡。不但史现象如此，文学戏剧现象亦然。如冯梦龙《醒世恒言》中，也收了一篇笔鞭金国天子海陵王渔色不止，鲜廉寡耻，践踏纲常的"纪实小说"——他是大明文人，那不犯法。

著野史的文人往往自谦其著为"史演义"，或"通俗史"——都是中国历史小说的前身。

如关于中国的"五代史"，文人所著就多之又多，因为"甚矣哉中国之乱，未有逾于五季者也！"有民国时的文人修《五代史演义》，在自序中"太息"而曰："天地闭，贤人隐，王者不作而乱贼盈天下，其狡且黠者，挟诈力以欺凌人世""元首如弈棋，国家若传舍，生民膏血涂野草，骸骼暴原隰，而私斗尚无已时，天欤人欤，何世变之亟，一至于此？"

身为民国文人而不虑前著甚多，其借古言今的动念，在自序中已表达得昭昭然。这样的书，对后人全面了解民国时期之国运，参考价值在焉。

以顾颉刚的眼来看，一概演义了的史，皆非真正的史著。但以更宽泛的文化视角来看，不唯《史记》，许多野史，未必不具有稗史的重要意义。

现如今之中国，史学发展成就巨大。分朝代的史，各方面的考证越来越翔实。顾氏那句"层累地造出"的名言，现在委实可以休矣。

胡适一度被视为"全盘西化者"，实在是被成心地"误会"了。

他在《先秦名学史》之"导论"中曾言："我们中国人如何能在这个骤看起来同我们的固有文化不大相同的世界里感到泰然自若？一个具有光荣历史以及自己创造了灿烂文化的民族，在一个新的文化中绝不会感到自在的。如果那新文化被看成是从外国输入的，并且因民族生存需要而被强加于它，那么这种不自在是完全自然的，也是合理的。如果对新文化的接受不是有组织地吸收的形式，而是采取突然替换的形式，因而引起文化的消亡，这确实是全人类的一个重大损失。因此，真正的问题可以这样说：我们怎样才能以最有效的方式吸收现代文化？使它能同我们的固有文化相一致、协调和继续发展？"

他当年的话包括如下重点：

一、我们中国是一个具有光荣历史以及自己创造了灿烂文化的民族。

二、世界已经变化巨大，由而产生了新文化。如果我们想与世界的巨变接轨，那么我们只能同时接受另一半世界所产生的新文化。这会使我们感到文化冲击，不自在。

三、但如果我们不认为那新文化是强加给我们的，而是"以最有效的方式吸收""使它能同我们的固有文化相一致、协调和继续发展"——我们就不必怀有排斥的、恐慌的心理，便能够保持文化自信，泰然自若。

四、如果采取突然替换的形式，因而引起本国传统文化的消亡，则会造成全人类的一个重大损失。

关于如何看待中国传统文化，如何看待当时的西方现代文化，如何在珍惜中国优秀传统文化的前提之下，理性地有步骤有效果地从西方现代文化中取长补短，胡适当年说得挺明白的。他对中国的历史，可是用了"光荣"两个字来说的！他对中国的文化，可是用了"灿烂"两个字来说的！在中国新文化运动的阵营中，如他那么高地评价中国以往历史和文化者，绝无仅有。

鲁迅通过《狂人日记》中的"我"得出一种结论——中国的文化完全是"瞒"和"骗"的文化；中国的历史一直是"吃人"的历史。

可鲁迅却一度被塑造成了中国近代的"文化尊神"。近代以前的中国历史文化人物都成了"瞒"和"骗"的"帮凶""帮闲"，那么中国古往今来的文化人物，也就没有人有资格存史了。

胡适一心想要促进中国传统文化与西方现代文化的融合，引导中国从西方现代文化中取长补短，却在很长的时期里被故意误解，仿佛民国以来中国文化方面的所有"坏事"都是胡适挑头干的，仿佛他是"帝国主义"的"文化间谍"——这被颠倒的历史，若不恢复原貌，一切中国人今日又有何颜面谈什么文化呢？

"这个为学术和文化的进步，为思想和言论的自由，为民族的尊荣，为人类的幸福而苦心焦思，敝精劳神以致身死的人，现在在这里安息了！……"

胡适的墓志铭对他的一生的评价，在我看来，未免过于"拔高"。但前三句话，他确实是担当得起的。

他是为中国文化的重新建构而生的一个人；他从来不是一个中国文化的全面破坏者……

二十世纪八十年代以降，中国学界探讨西方"贵族精神"者渐多。在西方，"贵族精神"是有专指性的——第一须是有贵族身份的人；第二在国家义务方面是恪守责无旁贷的人；第三在言行方面是能遵循贵族教养的人。

而在当时的中国，"贵族精神"每被反解为"精神贵族"；"精神贵族"又每被狭释为"文化贵族"，而一个被视为"文化贵族"的人，对于民间则必是一个不受欢迎的人，甚至会是一个讨厌的人。

在西方，贵族人物是否具有贵族精神，主要以第二条而论，第三条属于小节，并不求全责备。

在中国，被学界奉为"精神贵族"的古代人物，大抵是文人（严格地说是诗人），如李白、陶渊明、"竹林七贤"。

为什么会有这种差别呢？

乃因——在大多数封建历史时期，大多数的未入仕的文人，实际生活境遇并不太好。最低的时期，地位排在娼的后边，仅在丐的前边。所以，古代的中国文人从不曾有过什么贵族精神，想要为国效力，通常也不受待见，一厢情愿而已，便只能在文化上自标清流，在言行上特立独行，以证明精神上的高蹈。

李白是有点儿"文化贵族"范儿的，因为他一度曾像西方的贵族一样，获得着皇家的恩赐的"津贴"。

俄法战争中，两国都阵亡了许多贵族人物及其子弟；"一战"中，俄德两国的军中贵族子弟也牺牲多多；"二战"中，苏、英两国的前线指挥官中，贵族人物也不少。英军中多于苏军中。本应苏军中更多的，但战前被杀者众，剩下的反而少于英军了。

中国文人阶层，总体上缺少为国家出生入死的历练，阳刚之气只能体现于诗文，也就从基因上难有西方所言的"贵族精神"。

据史家言，春秋时，各国贵族阶级都以执戈披甲为荣，视冲锋陷阵为勇，尚勇成风。

那算不算"贵族精神"呢？

窃以为，即使算，也与西方的贵族精神不是一个概念。

在《战争与和平》中，安德列伯爵因战前患病，身体虚弱，本是有理由不上前线的，但他坚持带病参战——这是贵族精神的体现；他参加的不是征服战，而是国家自卫战。

彼埃尔男爵，因为近视，没被批准入伍。但他寻找到了一支枪，在法军进入莫斯科后，打算进行一个人的抵抗战争。他甚至有机会瞄准了拿破仑，可一枪毙其命。却没扣扳机，感到了暗杀者的羞耻——这也是贵族精神的体现。

法军大败，许多士兵在严寒之季逃陷于湖中，生不如死。拿破仑给库图索夫留下一信，信上有言："看上帝分上，怜悯我的士兵。"库图索夫对送信的法国下级军官说："请你们的皇帝放心，我一定照办。"遂下令，不许屠杀法军，对他们要尽量救助，放他们回国……

在美国进行独立战争时，年轻的法国侯爵拉法耶特不顾法国国王的禁令与英国的威胁，男扮女装，秘密赴美，以志愿者身份参战……

但中国文官阶层代代相传的"士大夫精神"，却是有几分像西方的"贵族精神"的。彼们的"贵族精神"其实是文化启蒙运动之后才较明确提出的精神概念，显示与时俱进的意味。中国的"士大夫精神"，那时作为一种阶级精神已存在两千多年了。

韩愈之《论佛骨表》，既是古代文官"谏"的精神的体现，亦是后来所谓"士大夫精神"的佐证——唐宪宗为迎佛指，举行隆重的礼佛仪式。上行下效，致使长安城内，王公士庶，争相破财，互竞信佛之诚。民间有废业当宅，烧顶灼臂而求佛保佑施福者。

身为刑部侍郎的韩愈，于是上表反对，要求中止，表中多有不中听的话——宪宗认为是那样，怒甚。若非大臣们相劝，几乎杀了韩愈——但这种"谏"的精神,说到底是"忠"的表现。

而西方之"贵族精神",骨子里是骑士精神的演变。它并不强调对君主的忠,只恪守对国家命运的责任。从社会伦理层面讲,则更强调正义感。若非以"忠"论,他们倒是常以忠于友谊,忠于所爱的女子为荣;两者内涵很不相同。

又,贵族在朝为官,自然也分文武。"下班"后,于私人关系中,则仅以志趣相投为交往准则。

而在中国的古代,贵族之间,往往文不习武,武不恋墨。

所以,西方的贵族若觉尊严受辱,动辄决斗。政府虽三令五申,却长期难禁。明知那么做犯法,也还要偷偷地那么做;宁肯那么做了以后逃避国外。

韩信甘受胯下之辱的行为,在西方贵族中是绝不会发生的。

中西文化所形成的人格表现的差异,由来久矣。

从唐至宋,"士大夫精神"非但没提升,反而在王权、皇权的高压之下越来越沦落,每每自甘委琐——孝武帝时,其宠妃亡,文臣纷作悲词哀诔,以证明自己心里疼着皇上的疼。皇上甚至当朝对某大臣说:"卿哭贵妃若悲,当加厚赏"——于是该臣"应声号恸",捶胸顿足,涕泗交流。又让一个大臣哭,其哭若丧考妣,极哀之状不让前者。更有文官中文名优上者,奉诏为皇上作缅妃文,以供皇上哀思时缓压。若在春秋时期,那等诗文显然会归于"颂"的范畴。

姑且不论西方诸国有无那样的皇帝;西方的历史中断无那等为臣的贵族,却基本上是事实——在中国的古代,所谓"士大夫精神",乃是皇帝、王室允许有才有,允许有多少才有多少,不允许有则完全不可能有的"精神"。

而在西方诸国的古代,"贵族精神"是不受王权左右,而受教皇支持并赞许的一种"精神",是较为独立的一种阶级思想——皇帝也不敢轻意亵渎。因为在教廷看来,皇帝也只不过是第一等级的贵族代表人物而已,也须以贵族原则律己。

中国的当代文化知识分子,其实不必学什么西方的"贵族精神",也不必学古代的"士大夫精神"——阶层属性不同,无的放矢。

若能将中国古代"士"的精神在当代发展几分，便很有理由自尊自慰了。

鲁迅曾言："先秦文章，几乎只有李斯的可读。"

此言基本符合事实。

"焚书坑儒"是秦始皇的指示，但主意是李斯给他出的。李斯只建议焚书，这建议遭到了群儒的一致抵制。秦始皇干脆一不做二不休，连"儒"们也一并"坑"掉。"儒"们并非皆孔子学说的传人、信徒，泛指宣扬各种"主义"的所有文人，包括反对儒家学说的文人。秦始皇之所以要全"焚"全"坑"，乃因不允许王道之外居然还存在任何"主义"。那一次蓄谋的杀害，若说身为宰相的李斯不知情是不可能的。肯定的，他不但知情，而且参与了蓄谋，使之更加周密。所以，李斯是"焚书坑儒"的同案犯、帮凶。

秦始皇和李斯君臣，采取的是"文化虚无主义"统治策略。他们将之前的文化全都"虚"掉了之后，却未提出更进步的文化主张来，所以秦朝只剩下了王道和李斯一个人所代表的"文化"——阐述王道有理的"李斯文"——又所以，鲁迅也只能从史籍中发现几篇"李斯文"——"只有李斯的文章可读。"不是说他的文章多么好，别人的文章都不好，而是说几乎没有别人的文章留存下来。

秦只统治了两代，李斯还被秦二世杀了——秦朝的短命，不见得就是由于"文化虚无主义"，也不见得就是由于二世祖的骄奢荒淫；历史上比秦朝更糟糕的朝代很多，却都能统治较长时期。比起来，秦朝并非最暴政的一个朝代。

秦的灭亡，说到底是因为修长城，干了一件超出经济实力的事。太过劳民伤财，将经济搞垮了。以权衡利弊来说，修长城与休养民生，孰急孰缓，孰轻孰重，没掂量对。"天"可视民为"刍狗"，皇不可。皇也视民为"刍狗"，亡得自然快。但，秦的速亡，确实也给人一种"文化报应"似的因果想象。

与秦相比，汉明智得多了。

汉的明智首先在于，意识到了农民生活的稳定对于长治久安的重要性。不但意识到了，还采取了一系列发展农业、减轻赋税、释放奴婢等良性的统治策略。

重视农民的生活改善就是重视人民生活。

发展农业就是大力发展国家基础经济。

并且,以董仲舒为代表的朝臣,提出了"独尊儒学"的文化主张。"独尊"固然有文化专制的意味,但比之于秦的"文化虚无"毕竟是种进步,何况孔子的思想主体是主张文明的。

由于出现了繁荣景象,乐府也就是乐歌中,出现了此前民歌中少有的欢悦气息。

汉赋中歌功颂德的作品,也有几分是由衷的。甚至,还出现了文学理论家——当时的理论,主要是对文人文学的灌输——"文人之笔,劝善惩恶""为世用者,百篇无害;不为用者,一章无补"。

"文以载道",由汉而大兴,继承的却是春秋诸子的文论思想。

汉的散文多是政论之文。大国崛起,希望以一己主张贡献长治久安思想的文人,自然不甘寂寞。

汉的辞赋,包括司马相如的作品在内,多是宫廷所好之题材,有修辞方面的魅力,无关注现实的佳篇。

总而言之,西汉也罢,东汉也罢,两汉合并论之,最有光彩的还是《史记》和乐府中所收集的民歌部分。

扫描汉时文学,最大之心得是,诚如胡适所言,那时的散文,包括某些辞赋中的语句,确实已很"白","白"得几近于现代文——这一真相,直至胡适道出才被许多国人不得已地承认,仿佛道破历史真相这等事,乃是由时代来选人的,或可曰人与时代的天缘。

魏晋南北朝时的文学,比之于汉朝,有了全面的大踏步的发展——汉时有了《孔雀东南飞》,魏时有了《木兰诗》这样的长篇叙事诗,同时民歌、民间故事发扬光大;阮籍、嵇康、左思、刘琨、陶渊明、刘勰们的出现,也使当时文学光彩有加。

没有汉民歌继春秋之后生命力的复兴,焉有后来唐诗的繁荣在焉?

没有汉民间故事的示范,焉有唐传奇小说之种乎?

没有阮籍、嵇康、陶渊明们,焉有李白、杜甫、孟浩然、韦应物、柳宗元们?

汉文学现象,意味着中国古代文学的诗性特征基因形成之现象。

而促进此种基因形成的主要条件,说到底是民歌。

民歌,民歌,它是全人类文学的母体!从中国文学史的发展经络看,这一规律尤其分明。

魏末以降,所谓"竹林七贤",每成历代文人之心结,近当代亦然。古时文人,近当代文化知识分子的延种也。规律乃是——倘世道开明,文化知识分子处境适焉,所议便少。反之,所议则频。禁议,心耿耿然。

"七贤"无非七位不愿入仕为官的文人而已。

"不愿"并不客观,主观上都是愿的。文人以文为特长,这特长古代无法养活自己,更遑论"齐家"了。所以古代的文人,若当不成官,也非富家子弟,娶媳妇都不容易。曹魏政权末年,天下有了两个"中心"。这肯定不会是常事,两个"中心"必有一个终将瓦解,于是文人都面临选边站队的局面。以当时情况看来,曹魏政权虽是正统"中心",但气数已颓不可撑。司马家族取而代之的野心昭然若揭,但行径上肯定属于篡位。

篡位者,古之首逆也。当时的文人如果选择效力于正统,下场肯定可悲,甚至会很惨。若预先投靠向司马集团,虽属识时务的决定,但又会背上无节的历史污点。

"节"与利不可得兼,于是"隐"成为明智之举,其实也是无奈选择。而所谓"林",并非真的深山老林,城乡接合部偏于乡的地方而已。对于文人,"节"关乎名誉。名誉非一己之事,影响着子孙后代的前途。说到底,不仅是德怎样的问题,也是眼前利和长远利的问题。

曹家篡位,结果也轮到了自己将被打翻在地。即使司马家族篡位成功,彼们的下场也难逃规律——看分明了此点,"隐"几乎也是自保的唯一策略。经济条件优渥的,过隐逸的生活,未尝不是另一种享受;缺乏经济保障的,只有自食其力,自给自足,那叫遁隐,主语是"遁",逃避行为。所幸当时的士人大抵因为当不成官就娶不起妻,没家庭拖累,所以隔三岔五凑个饭局还不是件难事。对于他们,饭局要求也不高,有酒就成。后世的画家,画到他们,或是一齐醉卧竹林,或是谈诗话文——即使后一种情况,画面上也少不了酒具。酒、诗和女人，是他们的生活常态。画"竹林七贤"的画中并未出现过女人，乃为贤者讳也。

嵇康是"七贤"之首。他本是曹氏王朝的贵婿，当过养闲处优的中散大夫；那时他还是美食家、养生学者，对诗文的爱好，反而在养生之下；对玄理的热衷，反而在事理之上。

司马昭杀嵇康，使嵇康垂名于史。

司马昭本有用康之念，若两相融意，司马昭在当时史上，留一段佳话耳。但于嵇康，名声就太不好了——人家灭了你丈祖的朝廷，杀了你妻的许多族人，你反倒去对方的新朝廷当官，太忘恩负义了吧？太不是东西了吧？

所以，嵇康的不能归顺，实在也是考虑到担骂名的严重后果。何况，以他的出身问题而论，当官也当不大，当了也仍存凶险。他便只能写不做麻烦制造者的保证书，没勇气写表忠信——那无疑也需大勇气。

嵇康也罢，陶渊明、李白也罢，都是当时后来文人们"层累地造出"的神话。文人阶层需要此种神话，如民间需要侠的传奇。

嵇康、陶渊明们的人生，从来不曾真的是古代文人的理想。恰恰相反，山涛与王戎的人生，才真的是古代文人们的夙愿。凡那作诗赋词撰文颂扬嵇康的文人，大抵是想入仕而久拂其愿的文人。一有机会，十之八九都想走山涛与王戎的路——这与文人们的普遍道德关系不大，实乃社会形态所决定。若古代文人可像近代的文人一样，当不成官还可当教授、作家、编辑家、出版家，所谓"竹林七贤"当时也就不存在了。即或存在，也不构成一个历史话题了——那还有什么值得论道的呢？

嵇康的死，只有一点仍具有现实社会启示性——一个好社会，应如尊重人的隐私一样，尊重人的立场选择。进言之，在中国，文化知识分子对嵇康们的同情文章少了些，肯定意味着政治开明了些；对李白的热捧文章少了些，意味着政治又开明了些；对杜甫的崇敬文章少了些，则不但意味着政治开明，而且意味着社会祥和了；而文化知识分子都带头学陶潜了，则不但意味着社会祥和了，还证明乡村生活比城市生活更美好了——斯时，中国梦大致成真也。

看《诗经》，估计大多数人会有这样的感觉——"国风"部分颇引人入胜；"大雅""小雅"也能助人对古代的种种祭祀活动多一些想象的依据；至于"颂"的部分，委实没甚意思，浏览几首，放书也罢。

全世界的古代，于诗歌中皆有"颂"的部分，古埃及、罗马、希腊在此点绝不逊于中国的古代。帝也罢，皇也罢，王也罢，只要他们有被"颂"的心思和要求，"颂"的文艺现象就会油然而生。

汉武帝要兴建天地祠，宠臣李延年便奉旨创作乐章，亲自演唱。仿佛颂天颂地，实则句句着意地颂武帝。武帝一高兴，又封了他一个新官职叫"协声律"，等于朝廷第一大音乐家，专抓全国"颂"的文艺的开展。

"颂"诗虽然没什么文学价值，但却有史学价值，可供当代人研究，古代是怎么实践礼乐制度、仪式的状态是怎样的。这种研究，不但可使古代文艺史更趋翔实，也有助于丰富今人对"封建"二字的全面了解。

对"颂"之文艺也要一分为二。有的皇帝极有自知之明，并不以为自己确是"真龙天子"，而且确使国泰民安成为一个时期的事实——如古罗马的一位皇帝奥勒留，不但是皇帝，还被视为柏拉图之后的心灵哲学家。曾子所言的"吾日三省吾身"，他几乎也是那么做的；如中国汉时的孝文皇帝，三拒登基，当了皇帝是不得已之事。既然当上了，于是鞠躬尽瘁；他亲自耕作，改革田赋，引导百姓振兴农业；他废除了以断人肢体、毁坏肌肤为惩罚手段的肉刑；他不仅自己衣着简朴，连对自己最爱的夫人也要求严格，不许她用带有绣花图案的布匹做帏帐……

偏偏像奥勒留和汉文帝这样的皇帝，特别反感对自己的歌功颂德。若民间产生对他们歌功颂德的文艺，肯定便是真情表达。奥勒留对人民的爱心对自己要求的从严是有证据的，古罗马史中有着较翔实的记载。汉文帝是否真的那样，无据可查，我们只有相信司马迁了——但愿他没骗我们。

胡适评《诗经》，对"国风"部分极为欣赏，对"颂"的部分十分轻蔑。

文艺之"颂",若产生于民间与产生于文人笔下,情况每每大不相同。产生于民间的,可曰之为"自然表达",产生于文人笔下的,多半是取悦创作。那样的文人,也多半是李延年之流。

《诗经》中体现家国情怀的,《载驰》最动我心。许穆夫人是卫宣公的女儿,许国国君穆公的妻子。北方游牧民族发兵进攻卫国,卫军全军覆没,卫国灭亡。许穆夫人听到这一噩耗,仅率小众随从,乘车风尘仆仆,日夜兼程赶往卫国。许穆公出于担心她的安危,派大夫们追赶,劝其勿往。而她意志决绝,一往无前,于是便有了《载驰》。

一般而言,男人只有一家一国。但女人不同,嫁入别国的女人,意味着有了两个家,两个国。任何一边国破家亡,都会使不冷血的女人肝肠寸断,正所谓手背手心都是肉。所以,《载驰》这种女性家国情怀的强烈表达,并且表达于马狂奔、车剧颠的途中,表达于被围阻力劝的情况之下,使文字具有跃然纸上的画面感、场面感和互不相让的对峙的冲突性。

"国风"部分收入了数篇女性题材的诗,证明《诗经》的编汇者们,在当时关注民生的眼是投向了女性的——这也可以说是古代的"文艺工作者"们的社会责任感,时代使命感;即文艺自觉,文艺本能。

还要提一下胡适,在其《白话文学史》中,古代的文艺自觉肯定不够。他的心思太集中于古代是否有白话文学现象这一点了,因为他的写作初心更在于此。并且,他点评到《诗经》中的底层民歌现象时,批判的是相对应的文人文学,士大夫文学;这种概念,也是不严谨的。文人不都是士大夫,文人和文人是不一样的——"国风"中的诗,不都是文人润色、整理、编汇的吗?不是他们当时那样做了,今人又依据什么说长论短呢?正所谓,传唱者唱的是情,编汇者有拳拳心。

《氓》反映的是底层妇女的一己命运,小家悲哀;《载驰》反映的是战乱时期一国之"第一夫人"的族间亲情,国家命运,亦所谓天火遍野,人皆生灵,人皆刍狗。此亦是情,彼也是情;小亦家也,大亦家也——超乎阶级的同情,乃博爱也。当时的"文艺工作者"

有此理念，一视同仁，难能可贵。

许多当代的《诗经》注释者认为——《载驰》的作者为许穆夫人自己。根据是，诗中频现"我"字。

窃以为，这是不对的。

该诗不可能作于许穆夫人出发之前，那与诗的内容不符；也不可能作于归来之后，时过境迁，情绪已变；更不可能作于被围阻的途中，哪来的作诗用具呢？须知当时还是竹简时代。是否是现场所唱呢？那也太秀了点，把内心想法直接说出来不是更符合常情吗？

卫国之亡，当时也算是"重大国际新闻"了，虽然传播方式落后，但因国与国间距离短，所以口口相传，也会很快成为"天下"尽知之事。而许穆夫人赴卫之举，肯定具有后续"新闻"性。也许，在其被围阻的途中，目睹了那情形的人便有一些，如脚夫饭妇、樵父猎户。那么，事情必然不胫而走。民间"文艺家"同情之，理解之，感动之，敬佩之，于是创作了《载驰》，以颂扬她的家国炽情——"明知征途有艰险，越是艰险越向前！"——此种勇往直前的气概体现于女性，是足以令一切人发自内心地叹服的，于是不会纠缠卫国的"窝里斗"是多么令人嫌恶，它的亡有几分是自酿的。生于春秋时代的人，对于各国的"窝里斗"现象，早已司空见惯，麻木了。

《载驰》是那麻木中冲击人心的女性行为，故也可以说是"国风"中的绝唱。

中国女性文学研究正在成为文学新景观——毫无疑问，其端点非"国风"莫属。

苍生之"离骚"，民间之"史记"——此乃"国风"的不朽价值。至于"雅""颂"的内容，完全留给专家学者去关注可也。

第二章

抗战时期

抗战时期之文化自觉

抗日战争时期的中国文化，仅就国家层面而言，当然会以并且应该以激励全国军民保家卫国、英勇抗日为主流文化——这符合文化在特定时期的文化自觉，甚至可以说是本能；反之倒是很不正常了。

抗战时期是国家生死攸关的时期，是特定得不能再特定的时期。

公而论之，蒋介石的号召宣言，不可谓不掷地有声，体现了破釜沉舟的国家意志。也正因为如此，后来日方提出的与国民政府"和谈"的前提之一，便是蒋介石必须下台——尽管蒋起初私心在焉，唯恐一旦全面开战，使忠于自己的军队伤亡惨重，由而丧失了对军阀们的军事控制能力，并使共产党的军队有机会发展壮大，从而威胁自己对整个国家的统治。

作为第一夫人的宋美龄，其首次访美，对美国参众两院的求援演讲，不仅是声情并茂、很有说服力的，而且是较为成功的。

她言："我们不要忘记在全面侵略最初的四年半中，中国孤立无援，抵抗日本军阀的淫虐狂暴……中国国民渴望并准备与你们及其他民族合作，不仅为我们自身，且为全人类以建设一合理而进步之世界社会，这就必须对日本之武力予以彻底摧毁，使其不能再作战，解除日本对于文明的威胁。"

顺带一笔，后来美国投向日本的两颗原子弹，确乎一下子使日本之武力被"彻底摧毁，使其不能再作战"——也算是宋美龄一语成谶吧。

国民政府的某些文僚，在贡献口号方面，亦有发挥一技之长的表现，如"一寸山河一寸血，十万青年十万军"，确曾深入人心。

还值得顺带一笔的是，"伟大的书生"胡适，千真万确地曾向当局递书，主动要求出任驻日大使。他的书生之见是，肯定会有机会亲晤天皇，便可以当面向天皇说明，日本对中国的侵略是何等罪过和愚顽。

书生到底是书生，然证明了他和追随他的那些书生，在国家危亡之际，毕竟还是都有中国心的。

"党国"控制下的报刊，在抗战宣传方面，也起到了职责性的作用——但中日军队装配差异悬殊，捷报少，退败频频，只能赖文字给力，用心良苦地将退败渲染得悲壮一些，以稳民心。

奇怪的是——党国党国，国民党乃执政之党，自然也领导着文化艺术之界，但在将口号转化为文艺形式方面，却似乎既乏人，也乏才，几无可圈可点之处。

倒是共产党的旗帜下显得人才济济，文艺功能发挥得淋漓尽致，激荡民族之心——《义勇军进行曲》《黄河大合唱》《游击队之歌》《大刀进行曲》《歌唱二小放牛郎》……不一而足。直唱得响彻大江南北、长城内外，真的起到了为抗战鼓劲的实际作用。连抗日名将张灵甫奋不顾身，率士兵英勇杀敌，负伤也不下火线的事迹，都是由共产党人编剧田汉在重庆搬上话剧舞台的。

假使我们不去打仗，
敌人用刺刀，
杀死了我们，
还要用手指着我们骨头说：
"看，这是奴隶！"

回去，告诉你的女人：
要大家来做鞋子。
像战士脚上穿的，
又大又结实。
好翻山呀，
好打仗呀。

以上是共产党员诗人田间的两首口号诗，或曰诗口号——能写这样诗的诗人，"党国"之文艺家名册上罕有。

一个事实确乎是——共产党领导的正规军及各地方游击队、敌后武工队，具有特殊的宣传能力和经验，善于边战斗、边宣传。

你可以不是战士，
但你绝不可以当汉奸！

抗战需要坚持，
坚持才能胜利！

你的亲人被鬼子杀害了，
我的亲人也被鬼子杀害了，
鬼子是我们共同的敌人！

只要你为抗战做了一件有益的事，
国家都会记着你，
子孙后代都会尊敬你！

在中国幅员辽阔的乡村和星罗棋布的小县镇，在日伪军占领的敌后战场，在土墙上乃至残垣断壁上，在凡是共产党的部队驻扎过、战斗过、与敌人周旋过的地方，到处留下了如上那类口号——血浓于水、骨肉相连的口号，谁敢说这是没有意义的呢？

《松花江上》这首歌有些例外——词曲乃由一爱好诗歌与音乐的

河北青年所作。他 1925 年入党，从没去过东北，但屡见东北流亡青年与民众的凄苦处境，每每潸然泪下，忽一夜情不自禁，于是秉烛，一挥而就成词，悲愤而歌唱成曲。

所谓家国情怀、文化自觉，此典型一例也。

抗战时期的另一种文化现象，便是报刊对抗战英烈的及时报道。"国军"高级将领和战斗英雄的事迹，大抵举行了隆重的表彰、嘉奖或追悼仪式。每每蒋介石与夫人亲自出席，发表讲话。那些讲话以及英烈们的誓言、访谈录或遗言、遗书，经由报刊和广播的宣传，直达民间，感动民众。

每每中共方面作出积极反应，在自己的报刊上发表唁电、悼文、挽联。

在此点上，中共比"党国"做得周到。

杨靖宇、赵尚志、李兆麟、赵一曼等东北抗联英雄的名字，当时在"党国"的报刊上似乎没出现过；"八女投江""狼牙山五壮士"视死如归，决不投降的悲壮事迹，"党国"报刊也未见宣传。

但民间在任何时期都是崇敬民族英烈的，英烈的党派色彩并不影响他们受崇敬的程度。不论何党何派，在民间的百姓眼中，首先都是民族英烈，崇敬之情即使无法诉诸文字，却会以心口相传之方式流传甚远，当然也就同样在民间影响甚深。

如"八女投江"、赵一曼、杨靖宇、赵尚志的事迹，在当时的东三省几近家喻户晓。李兆麟所作的抗战歌曲，虽从未见诸过任何报刊，却还是能在东三省进步青年中广泛传唱；其影响甚至跨山越水，在流亡各地的东北青年心底激发起爱国抗日的民族精神。

倘言扫盲教字也是文化现象，那么又不得不承认，中国共产党在此方面悟性甚高，有理念，有方法；并且方法良好，堪称宝贵经验。

在有的军队中，就整体文化知识水平而言，"国军"营以上干部的情况肯定高于"共军"。越到后来，差距越成事实。这乃因为，"四一二"反革命政变后，中共罹难者中，知识分子比例颇高——而后者恰是党组织的知识分子主体。"白色恐怖"升级的时期，中小知识分子的罹难之数，比例高过不识字却忠诚的工农骨干。这影响了后来部队的知识性成分结构，以至于毛泽东清醒地指出："没有文化的军队是愚蠢的军队。"

于是在有规模、成建制的军队中，大抵都有了文化教员，负责使文盲战士识字并能读会写。而在缺乏文艺生活的艰苦岁月，教字与学字，似乎也具有了文艺色彩。首长教警卫员、通讯员识字，成为军中司空见惯的事。即使在游击队、武工队中，识字者教文盲战友学字，亦似乎是责任。后来，许多人说——"我本大字不识一个，是部队使我成了有知识的人。"此种说法完全经得起历史的检验。而此军队特色，在相当长的时期内成为军队传统；中华人民共和国成立初期，依然如此。直至再后来有了各级军校，军中文化教员一职才算卸却历史使命。

当年的"国军"，重服从训导，轻文化引领。文化知识水平较高的军官与是文盲的士兵之间，基本没有文化关系，即使老兵也不太会对军队留下什么文化记忆。

在"国军"那里，兵只不过是兵；在"共军"那里，兵还同时是"阶级弟兄"——此种区别，当年肯定也是"国军"战斗力难抵"共军"的原因之一。举凡天下成败事，本无所谓定数。其成其败，每每于细节处伏因果。

却也不能说"国军"中完全没有文化现象。实际情况是，防守于某些大的战区的"国军"中，亦每配有文化教官，而且官阶大抵为"校"。他们对于自己特殊的军中文化使命，也是几乎以"天职"视之的。新兵同样多为农家子弟，往往连口令也听不明白，扫盲之事同样迫在眉睫。只不过，"国军"中的扫盲，并不进行到人民中去，仅是军内文化现象。

抗战时期之文化形态

抗战时期之文化形态，南北差异甚大，东三省最早为日军占领，且扶持了一个所谓的"满洲国"，在东三省的主要城市中"建立"了多所由日本人控制的小学、中学、中等专科学校、师范学校。实际上由他们自己破土动工而"建成"的学校极少；多数是霸占了原有学校，驱走彼们认为非"良民"之教师，重组彼们中意的教师队伍，推行去中国化、崇日亲日的奴化教育。在那样一些学校里，必悬天皇画像，伪满洲国国旗与日本旗并挂，独无中国国旗。日语是主课，有的学校甚至取消汉语课，仅教日语、满语。中国家长如若不愿让自己的儿女将来成为缺乏起码汉文化知识的人，只能背地里通过别的途径和方法使儿女学习。

主要城市中随处可见日、满旗帜；穿清服、和服的身影比比皆是；日本军人、宪兵、特务、汉奸时隐时现——绝大多数同胞生活于不安之中。

至于文艺，除了年节的民俗可以纯粹中国特色来体现，寻常之日难见纯粹中国特色的文艺演出——唯京剧与传统戏法例外。京剧是一般国人很难有机会看到的，几乎成为满洲皇室成员、王公大臣、日本军官与特务、汉奸的欣赏特权。传统戏法多是江湖艺人的衣钵，往往穿插舞枪弄棒的卖艺。他们若不能获得"良民证"，便极可能被拘审，故后来也少见了。

然而文学的种子却仍在恶劣凶险的环境中悄然生发。当年东北有一批青年作家，以诗和小说的形式，彰显汉文字的表达魅力，曲笔提醒人们不要忘记自己是中国人，不要忘记自己的文化之根。他们选择留在东北，乃因差不多皆与"抗联"有着秘密关系，在不同的层面为"抗联"发挥耳目作用。有人被捕过，有人被杀害了。在中国文学史上，后来定义为"东北进步作家群"。

而在农村，特别是较大的农村，私塾仍存，因日伪统治鞭长莫及，也仍能以教汉字汉文为宗旨，起到延续国文传承的作用。

二人转恰在抗战时期体现了更加活跃"皮实"的生命力——其表演天地基本是农村，其表演身影夏在地头，冬在炕边。也基本是两两来去，或夫妻，或兄妹，或父女。其产生年代，不像多数戏剧那般翔实可考。从男女对歌对舞特别是抛彩帕这一点，可往唐代那种性别观念开放的时期推测；且某些舞态，确实带有胡舞之姿。此种推测若不谬，那么二人转便是汉胡民间歌舞的早期结合。而其词风曲调，又具有鲜明的元代杂曲的特征。估计宋末元初，在汉域之北又经历了与北方少数民族娱乐形式的二次组合。倘以上臆想都成立,那么其史亦不短矣。有一点是肯定的,二人转盛于北方流民潮中,寄于流民团伙,既以慰藉草根阶层的生存苦情为能事,又受到团伙势力的罩护。

也正因为其对象具有草根性、以男性为主,色情成分甚重,每每对性事进行赤裸的极尽渲染的说唱——草根男性沦为流民者,最大苦情乃性苦闷,最欢迎的慰藉乃间接的性慰藉。故二人转一向朝两个方向演化,夫妻搭档的,以"荤"的内容为拿手;兄妹、姐弟或父女搭档的,以"素"段子悦人。其"素"段子多是说唱风花雪月、四季景色、历史典故——类似"舌尖上的中国""谁不夸俺家乡好",对于背井离乡的游民,这也是喜闻乐见的。

清末,北京及南方虽然雷鸣电掣、云涌星驰、局势激荡,但是北方反而相对平定。是故二人转的表演空间受限,绅门斥拒,誉村驱逐。倒是到了民国,天下大乱,流民人数剧增,二人转反而适逢"佳期",得到了空前盛行的发展机遇。在东北林区,煤、金矿区,二人转表演者甚至久住不跻,那些地方的苦工也极依恋他们,正应了民间一句话"两颗苦瓜一根藤"。

那时,在东北,二人转与评书,实为民间底层两大"支柱"文艺形式。

而在长城以南的大城市,文艺形态两相迥然。民国时期的北平,传统的各类戏剧、评弹评书、梆子大鼓乃至江南的丝竹之音、昆曲越调,皆有各自呈现空间、欣赏观众。文学人士在全国人数最多,并有另一种文化现象为全国所不能及,便是大学文化。大学文化的影响,绝非大学围墙可囿,每每与北平的政事军事相互交织、对冲,形成此进彼守、彼强此弱的态势。教师中,常发石破天惊之论;学生中,每每产生文史哲新秀或议政英才。

但日军一占领北平,北大、清华南迁,教授学子与文人名士大批南下,北平几成文化空虚之城矣。正所谓"昔人已乘文化去,此地空余文化城"。

众所周知,中国的大学名校都迁到了云南;中研院转移到了湖南的小山坳中;文人名士们集中到了上海——于是当时的上海得以成为文化中心、文艺续热之城。又于是,后来有了所谓"京派""海派"之论之争。

此前，各呈各的形态，本是互不贬损的。但习性相异的两类"文化动物"一朝关在了同一"城市笼子"里，几无间距可言，摩擦在所难免。

所谓"京派"，好比京剧，因带了一个"京"字，便沾了独大似的光。生旦净末丑，品相气质风格方面，墨线一向有在。在京剧中，丑行是主角的情况甚少；丑行是为衬托生旦净末而有意趣的。并且，京剧的内容，一向以"高大上"为正宗。

所谓"海派"，却好比音乐剧，洋范儿显明——歌星、影星、舞后、交际花、赌场阔少、吃香的买办……如此这般新式人物，在北平既难产生，产生了也难以进入文化人的追捧视野。而这些人物在上海，却每成小说戏剧中的主角。

中国第一部电影《定军山》虽然产生于北平，但至抗战前后，中国的电影公司却都在上海，这一点也可证明上海是多么的不同。

尽管战局于中国不利，但上海的"大世界"，几乎每晚演出好莱坞式的"大腿舞"，这在尚未被日军占领的北平是不太可能的。

民国时期的北平，像极了"一战"后的德国。仿佛文人学子，谁都有机会成为康德、尼采或歌德、席勒、海涅；而同时期的上海，像极了马克·吐温笔下的《镀金时代》，似乎谁都有机会成为"了不起的盖茨比"；但中产阶级家庭的少年，又很有可能一不小心就迷失了正道。

"海派"文化，特别是其文艺部分，总体上是商业化的、市民化的、小资化的、娱乐化的；"京派"文化则总体上仍遵循"经世致用"的理念。

顺带一笔，当年留下了一桩"公案"——关于"为大众的文艺"与"为国防的文艺"，主张"左联"应擎"为国防的文艺"为旗帜的"四条汉子"，与主张喊响"为大众的文艺"之口号的鲁迅，从而结下梗芥，并使周扬等四位中共地下文艺领导人物，在鲁迅死后也长期背负"反鲁迅"的政治罪名。

在特殊时期，文艺主张不同，成罪是很荒诞的文化现象。

这是无法辩白之罪。

依我看来，就当时情况而言，"为国防的文学"之口号，比"为大众的文学"之口号，更是迫切需要之口号；不明白鲁迅何以反之。

还要顺带一笔的是，在北平难保之时，日军入城前，下令将南开、清华、北大等重点大学迁往较能避开战火的云南，不失为明智的、负责任的决定。这使西南联大即使在抗战时期，也继续为国家培养了一批批栋梁之材，而他们在中华人民共和国成立以后，于各行各业发挥了被历史铭记的作用。

顺带此笔，并非刻意评功摆好，而是要指出——大学的有形概念并非一个国家最重要的财富，但大学师生肯定是一个国家不可不及时予以保护的珍贵"种子"，因为这与一个国家的未来怎样关系直接又密切。近代之所以为近代，此点也是国家共识。无此理念之国，尚没迈入近代门槛也。

当时之中国，毕竟已迈入了近代的门槛。

近三十年后，中苏关系剑拔弩张，一触即发之际，中国的重点大学，也与重点工业、军研科研单位一起，纷纷迁离或部分迁离了大都市，转移到中国的大后方去了。

三十年河东也罢，三十年河西也罢，关乎国家文化、科学人才种子，珍惜都是一样的；人类近代史前的国家，绝大多数无此意识——人类的进步，即使意识上进了一小步，对其后之影响也是巨大的。

总而言之，抗战时期之中国，文化基本上以五个板块存在并活跃着——"京派"与"海派"相混杂的上海文化现象；重庆的陪都文化现象；西南联大文化现象；中研院文化现象；延安红色文化现象。

当然并不能一言以蔽之曰另外的中国之地便绝无文化现象了。抗战时期的文化特点及活跃性，集中而主要地表现于以上五个方面。除中研院文化现象，其他四个板块的活跃程度不分轩轾。

中研院文化现象之所以例外，在于它的几个研究所并不集中于一地，而是分散于几地，尤以历史语言研究所和社会科学研究院所迁址"神秘"——于是四川南溪李庄镇属地的山坳里，出现了一些中国当时顶尖的学者的身影。国力薄弱，资金匮乏，立所维艰，生活清苦。但在那样的情况下，中国学者们不仅在甲骨文研究、考古发现、汉语源寻根、古史断代和实证方面卓有建树，而且还招收学生，为中国带出了一批日后的专家。当年体现于他们身上的中国文化现象，是寂寞的，甘贫的，无人喝彩的，呕心沥血"为道日损"的。

将此种文化现象置于全人类近代文化现象的流程中来看，也是值得起敬心的文化现象。他们那种甘当民族文化基石的精神，与当时活跃于延安，居窑洞中，以粗茶淡饭饱腹的另类文化知识分子，其实是一脉相承的，即国家兴亡，知识分子有责；是同根同种同目不同科——仅仅不同科而已的国家文化现象。

窃以为，举凡一切出发点益于国家民族之事，以及一切为此等事有所奉献、付出的人，都是国家与民族应予以公正的评价且不应忘记的。

而西南联大止跸于滇时，一首当时创作的清华校歌，不但很能体现"京派"文化的特点，也很能体现自民国以来至抗战时期的中国文化现象。

它是文言与白话的结合；是热血青年的心声与夫子型学者的情绪的结合；是汉语言文字两种表现力的结合——自"白话文运动"以后中国文化总体景象的缩影；文言与白话并存，用典与直抒胸臆的文采共舞。大趋势是，为最广大的青年所更愿接受的白话文，已渐成主流。

并且应该指出，胡适推行白话文自然其功大焉，中国人今日能使汉语言文字在"白话"方面魅力增色，确乎不应忘记他们那样一些人物的开山贡献；但其完全否定用典的辞藻美感，亦是"绝对思维"之一弊。

仅以孙中山悼战友联为例："作公民保障，谁非后死者；为宪法流血，公真第一人！"此悼宋教仁联也，白话简洁有力之美，跃然纸上。"常恨随陆无武，绛灌无文，纵九等论交到古人，此才不易；试问夷惠谁贤，彭殇谁寿，只十载同盟有今日，后死何堪？"此悼黄兴联也。其文也古，用典亦多，但谁都不得不承认，大悲大恸之大美感情，两联各有千秋。

从前是，文言夹杂少许白话，现象古已有之。胡适的《白话文学史》言之有理有据。

后来直至现在是，白话的字里行间偶用文言古字，亦成一种文体，鲁迅善此修辞之法，于是其文学语言特色自成一家。

即使当下，即使在某些流行歌曲中，我们仍能听到文言之句以及类似用典的比拟，有别具一格之美感。

便是"之乎者也矣焉哉"之类曾在"白话文运动"时期大受嘲讽的助语单字，实际上今天也仍在频用。用比不用还是要多些意味的。

一个国家的语言文字，不可能从某一时期画一条线——将从前皆视为垃圾或多余饰物，而其后从基因上来次根本改变。

一个国家的语言文字及其应用成果，古往今来与未来，如江河荡荡，水域此中有彼，彼中有此，非个人或任何运动所能截断——正如谁也不会指着任何一段江河之水说："看，此昨日之水！"

中国之汉语言文字及其应用成果，宛似装在巨大而敞口的袋子里的琥珀，数量令人叹为观止，姿质各美其美；不论存在于甲骨上的、陶片上的、竹简上的、绢绸还是各类纸上的，都具有琥珀的史美之感。因其敞口，便有近代的、当代的新语言新词汇纳入——汉译英的、汉译日的、汉译梵的以及最新的网络用语，使之更加丰富多彩；并且，又总是有好古之人，经常"钻入"其中，将某些遗忘可惜的字词，从"层叠"中发现、带出，使之古为今用，魅力重现。

汉语言文字的丰富性、浪漫性、古今融合性，使之在中译外方面，无论意译还是音译，甚能体现中国文化的奥妙与唯美色彩，如——枫丹白露、香榭丽舍、莱茵河、逻辑、幽默、唯物主义、唯心主义、辩证法等。

世界上只有中国汉文字衍生出了书法艺术，这是世界上任何别国文字所未有之现象——别国只有美术字。

由书法与中国画，又衍生出了任何别国所没有的宣纸、毛笔、墨和砚。

所以，我们今人在驾轻就熟地应用现代汉文字并对"白话文运动"充分肯定时，也该对文言文保持一份温情的敬意才对。

每一个民族每一个国家的语言文字,皆体现其最主要也是最重要的情商基因。

在中国的干部履历表中,最常见的是"抗战时期"与"解放时期"两类——首先是时间划分,以区别参加革命的年代;同时,自然而然便意味着资格的不同。

"解放战争"是一个主观概念。此概念的实质是"内战时期"。

内战亦非自日本投降后的1945年始,此前国民党各路大军对红军所进行的必欲全歼而后安而后快的多次"围剿",对延安所进行的"斩首"式军事大动作,不能不说是内战。

只不过,后一次内战,在非红色的历史中,被写为"全面内战时期"。

"全面"有三个含义——一是不存在日伪军第三方的介入了;二是局面发生变化了,国共双方军力接近势均力敌了;三是战争主动权发生了逆转,曾被反复"围剿"的一方,战斗力空前强大了,由被动地防守转为主动地攻占了。

被"围剿"时期的红军,联合抗战时期的八路军、新四军,在解放战争初期的番号一向是几"野"军团,后来曰"解放军"了。

经年局面初见端倪——一方兵败如山倒,每战则丢城失地,溃不成军;一方似风卷残云,愈战愈勇,并以大批缴获武器补充装备,遂使兵强马壮。

毛泽东当时戏称蒋介石是"运输大队长"。

在如上背景下,全中国的文化及文艺形态可想而知——抗日战争刚刚结束,民间深重的伤痕犹在,疼痛未止;广大的农村已几无文化与文艺现象可言;县镇早已不再是孕育文化与文艺人才的"最初的摇篮"。

"几无"不等于根本没有。

还是有种特殊的文化与文艺现象,存在于是"老根据地"的农村和一切"解放大军"所到之处,或可曰之为助长"解放大军"军威士气的文化与文艺形态。

某一面墙上,"打倒日本帝国主义!"之白灰标语犹在;另一面墙上,"推翻蒋家王朝!""打倒国民党反动派!"一类新口号赫然相对——在被占领地,"解放之歌"到处传唱:"解放区的天是明朗的天,解放区的人民好喜欢,民主政府爱人民呀,共产党的恩情说不完。呀呼嗨嗨一个呀嗨……"

秧歌在那些地方最为盛行。还有口号诗、快板、街头及麦场表演……

中国共产党的军队中,有太多太多极善于利用文艺形式进行宣传鼓励的宣传员,大抵是文艺青年——中年都很少,他们另有使命,往往办刊办报,写影响更大的文章去了。正是那样一些文化程度并不高却具有文艺才华的青年,在曾经的"国统区"找不到文化工作的青年,将共产党解放有理、理直气壮的宣传攻势营造得有声有色、如火如荼。他们使底层人民尤其是广大贫苦农民确信——这是最后的战争,打完这一仗天下就可以长久太平了;他们盼望过好日子的前提当然是天下太平,下一代的父兄子弟再也不必为战争出生入死了。而尽早结束战争,他们只有站在共产党一边,协助共产党;因为共产党一向倚重他们,经常与他们苦难同担,长期形成了一种唇亡齿寒、骨伤肉疼的关系。而国民党憎恨此点,视他们为共产党的"赤民",一心想要绝他们的种……

在打宣传战方面,国民党远不及也。亲"党国"的"文胆"、文僚,一切嫡系文人及宣传机构的要员扈从们,不少真是饱学之士;但也正因为太"饱学"了,其"学"一向根本不接地气,在宣传战方面,对中共土生土长的宣传攻势束手无策,无计可施。

那情形好比《刘三姐》这部电影中几位秀才与刘三姐们的对歌赛,刘三姐们一开口,秀才们就方寸大乱了。

在大都市,文化与文艺处于屏息敛声之境。"解放大军"克县占城的消息根本没法封锁得住,宣败为胜已根本不可能再有人相信,连"微微一信"的人都没有了。解放的炮声由远及近,一觉醒来可能已兵临城下——文化人士也罢,文艺人士也罢,都不约而同地面临何去何从的抉择……

> 宜将剩勇追穷寇,
> 不可沽名学霸王。

天若有情天亦老，
人间正道是沧桑。

　　解放战争第二年，从北到南，从东到西，从农村到城市，中国似乎只有一种文艺现象了，便是欢迎解放的文艺现象；其他文艺现象，基本边缘化了。

第三章

1949 年至 1956 年

中华人民共和国成立了

我出生于 1949 年 9 月 22 日，这意味着我是共和国的"同龄人"。

那么，1956 年我七岁了，还没上学。我因口吃，上学晚了一年。但也不算太晚，北方孩子八岁才上学的挺多。比之于北京和南方城市里的孩子，分明是晚了一年——1949 年出生的他们，"文革"前大部分已在读高一了；而我那一年初三毕业，后来被统称为"老初三"。

"二战"后的东三省，实际上经历了两次"解放"。第一次是苏联红军出兵中国东北，自黑龙江省入境，协助东北抗日联军击溃了日本关东军，使哈尔滨成为中国共产党人所控制的第一座大城市——那次"解放"，当年有另一种说法是"光复"，我父母那一代人都习惯于说"光复前""光复后"。苏联红军回国后，哈尔滨市由中共地下党组织和"抗联"部队官兵掌控，治安极不稳定。郊区每每有土匪作乱，市内国民党的潜伏特务也不少——李兆麟将军就是那时被他们杀害的。第二次是 1949 年 10 月 1 日中华人民共和国成立以后，那意味着东三省人民成了实至名归的"新中国"的人民。

所以，对于东三省我父母那一代人来说，"光复后"是一回事，"解放后"又是一回事——"解放后"的东三省，比"光复后"的东三省太平多了。

那么，严格地说，我实际上是一个出生于"光复后"、中华人民共和国成立前几天的人。

对于此点，我一向并无幸运之感。因为我并没在从前的年代生活过一天，没有比较，也就没有切身体会。更坦率地说，我对刚一出生就"被解放"了，长期以来的真实想法是不以为然。

但此刻，我写到这里时，不禁开始重新思考——我的出生年份对我来说到底是不是一种幸运？

我对这一问题给出了以前不曾有过的回答——是。

我不得不承认，如果我早出生十年，那么我的童年将在伪满洲国时期度过。以我家的情况推断，我是上不起学的。或父母竟能含辛茹苦地供我上了学，被迫学日语，读宣扬所谓"东亚共荣"的课本，经常见到是本国人的老师在日本"学监"面前唯唯诺诺，稍敢违逆便遭殴打，甚至逮捕——我会习惯吗？

若中华人民共和国成立的年份后延十年，而我已是一个青年，眼见是军人非军人的日本人在自己国家的城市里横行霸道、耀武扬威，欺凌自己的同胞如虐动物——我会反应漠然吗？

以我父亲传给我的宁折不弯的性格，肯定不会那样的。

若我竟反应激烈，那么我是否能活到中华人民共和国成立的年份，可能就两说了。

即使我变成了一个善忍的、肯于屈辱苟活的青年，被奴化得一点儿血性都没有了——见闻自己的抗日同胞一个个、一批批被残忍折磨、杀害，我会无动于衷吗？

如果我竟会那样，我与行尸走肉又有何区别呢？

这么一想，我就忆起——我曾问过我的父亲："爸，当年你怕过日本人吗？"

我的天性宁折不弯的父亲回答："怎么不怕呢？自从被日本宪兵抓走过一次，更怕了。连汉奸也怕日本人啊！我亲眼见过是挺大官的汉奸，在普通日本宪兵面前点头哈腰、低三下四的样子。"

我的父亲因为看不下去日本宪兵毒打同胞的情形，仗着自己习过武，还会几句日本话，上前劝阻了几句，结果不但同样遭到毒打，还被宪兵队关押了数日。

第三章　1949年至1956年

回忆使我更加理解——为什么我的父亲仅仅因为是中华人民共和国成立后的第一代建筑工人，便引以为终生之光荣。

在伪满时期的哈尔滨，任何一个中国人，想一点儿亡国心理都没有是根本不可能的；除非是死心塌地卖身求荣的汉奸——而即使他们，内心深处也肯定有难言的耻辱。

现在的我，对于那个时期的中国，特别是对于那个时期的哈尔滨，通过读书阅史，已经有了较多的间接印象。尽管是间接的，但老一辈人的回忆，那些历史性记录的内容，可信度是不容置疑的。

由是，我想我应该由衷地、郑重地写出——我，一个出生于1949年9月的中国人，很庆幸自己的出生日期离新中国之成立仅差数日，而不是出生得很早。

之所以截取1956年作为一个年份节点，乃因这一年我虽未入学，但毕竟七岁了，记事了，有谈点儿关于文化、文艺的粗浅印象的起码资格了——那么，以下所谈，依据的是个人记忆与间接了解的组合；而1956年以前的形态，则完全是凭间接了解的种种情况所作的推测，正如对1949年以前的文化、文艺形态所作的推测那样。

我七岁时的哈尔滨，具体而言是我家所住的区域，在我的记忆中是常年平静的，人们关系总体良好。

那一区域的街道多以"安"字打头，如安国街、安心街、安和街、安广街、安平街、安化街等——中华人民共和国成立后的新街名。

从以上街名可以看出，体现着人们希望国泰民安的文化心理。

那一区域在"光复"前是中等经济水平的"老俄国时期"的俄国人居住区，他们多因惧怕成为革命对象而逃亡到哈尔滨，独门独院的俄式宅院比比皆是。我七岁时，他们大部分已按中苏协议被遣送回国了。那一区域主要是他们的居住区时，街名体现的是另一种文化，分别为普希金卡亚、托尔斯泰卡亚、契诃夫卡亚、屠格涅夫卡亚……"卡亚"是俄语街道的意思——流亡于邻国异乡，深情所系的却是本国的作家、诗人，足见彼国中产阶级人士之心性与他们的文学纽带之间的关系有多么的亲切。或也可以说，是一种剪不断的脐带关系。并且，有一点更耐人寻味，即当初那些街道的俄国名，必是他们之间民主协商的结果；便又足见，那些"老俄国时期"的作家、诗人，在他们心目中的文化地位是多么的无可争议，成为共识。而难以理解的是，有一条街的街名居然是莱蒙托夫卡亚——他可是既反农奴制又反沙皇专制制度的；还有一条街是高尔基卡亚，高尔基呀！列宁的作家挚友呀！而他们却是列宁所领导的十月革命的避难者啊！究竟是什么原因使他们也将高尔基包容在自己的文化襟怀中了呢？这是我至今想不明白的。或许，由于高尔基毕竟是一个骨子里的人道主义者？从那些特殊文化的俄国街名，似可作这样一种较符合逻辑的推测——第一，他们是接受废除农奴制的主张的；第二，他们也能接受沙皇家族逊位的现实；第三，他们害怕列宁所领导的革命，如果曾有反对的言行，或是缘于革命到了自己头上，或是觉得未免太冷酷和暴烈了。总而言之，有资料显示，他们的成分，大抵是流亡的小地主、富农、破落贵族和一些"日瓦戈医生"那样的人。

　　他们被遣送回国后，遗留下的宅院自然住进了中国人。当年那是由各级政府拍卖和分配的。有的院子非常大，最大的有半个足球场那么大，两米高的木板障子占了小半条街，院内的俄式住房建得特别美观。

　　我七岁那年，家住"安字片"安平街十三号院内。院子挺大，七八户人家，房产是被当年有经济实力的中国人买下的，我家和另外几户人家是租户。我家住最里边一幢小房子，两户连体，各有各的门，都是一室半的格局，有门斗。半间做厨房，也搭木板床，正室二十平方米左右。木板地，门窗已严重下陷。我家的隔壁邻居姓陈，我曾写过一篇散文《长相忆》，便是为怀念陈大娘而作。

　　倘读此书的人以为，当年哈尔滨市那个区域的中国人家住得都不错，那就大错特错了。实际上绝大多数人家父母都曾是山东、河北、河南的农民。我七岁时，我这一代哈尔滨人的父母还都是中年人；那时三十六七岁的人便是中年人了，都是买不起房子的人家，租住的也都是下沉严重的面积很小的房子。那样的一些房子，曾是俄国房主的仆役们的住房。

　　安平街上最大的院子是被一位老中医买下的。

　　另一条街上最大的院子是政府分给一位副区长的。

第三章 1949年至1956年

当年哈尔滨市的人口并不太多，我家所住的安平街，除了早上偶有小贩卖包子馒头的叫卖声，白天不但静悄悄的，而且经常不见人影。这主要是因为院子都挺大，同院的孩子尽可以在院里玩。丈夫们一上班，女人们做完家务，互相串门也成了院内之事。这使不同院的孩子与孩子、大人与大人、孩子与大人若在街上遇见了，并且还认识的话，反应普遍很友好很亲近，因为不常见。若以和谐言之，非诳语也。

文化与文艺，在以庶民百姓为主体的那一部分民间，在1956年前后，在哈尔滨那样一座省会城市，曾经给我留下的印象少之又少。

首先应指出，文化是客观存在的——那些街名，不论是从前的俄文名，还是后来的中文名，不能不承认也是文化的体现。还有某些老店的店名，比如当年"安字片"家喻户晓的"天合成"——一家面积不大的食杂店，其地道的中国名，当然也是文化的体现。还有小学、中学，更是文化的有形体现。文化还体现在大人们为人处世的原则、经验和态度中。

那么，文艺呢？

坦率地讲，我觉得，几乎是没有的。我长到七岁时，除了话语，尚未听到任何人唱过任何一首歌。没见过唱片机、收音机；没见过书和报；没见过笛子、胡琴、口琴、手风琴一类乐器；不知世上有诗、小说、戏剧和电影。总而言之，不知何为"文艺"。

文艺对我的影响，首先是审美启蒙。

我家一条褥子的褥面上，有几尾栩栩如生的金鱼；而一床被子的被面上，印有相伴而游的鸳鸯。我四五岁时，由母亲口中知道了它们叫什么，知道了金鱼是可以长期养在家里供人观赏的，而一对鸳鸯活着时是不离不弃的。

后来院里有人家搬走了，母亲将别人家不要的一张年画捡回，修裱了一番，贴在我家墙上，于是我又知道了世上有喜鹊和梅花，喜鹊登枝既有报春之意，也有报喜之意。

当年的月饼是用纸包的，结绳一面的下边，必外加一张画纸，印有抱着白兔奔月的嫦娥，于是我知道了中国有一类故事叫"神话"。

比我年龄大几岁的男孩子，当年玩一种游戏叫"扇啪唧"——

一种印在纸板上的彩色的古代武将、侠士或绿林好汉的头像，并注有名字；从纸板上剪下来就是圆形的了。玩时一方将有头像的一面贴地放下，另一方以自己的一张用力"扇"于对方那张的近旁，若震动力或撞击力能使对方那张由反扣而变为正面朝上，则对方那张归自己了；若不能，自己那张就输掉了。

母亲被我央求烦了，给了哥哥一角钱，让哥哥替我买回了一板，共二十个人物头像。我没往下剪，经常看，问哥哥，于是记住了展昭、胜英、罗成、秦琼、张飞、赵云、吕布、关羽等一些名字，也知道了世上除了学生课本，还有一类书叫"小说"，内容丰富极了。于是我想，等我是学生了，识字多了，一定要看许多那样的小说。

我的眼睛在别处也经常被"奇怪"的现象所吸引——有一次哥哥带我到市里去，见一家曾经的苏联药店的玻璃上，用彩漆画着一只高脚酒杯，两条蛇身共同盘着杯，它们的颈左右挺直，头低垂，都在看杯里的什么东西。

我问哥哥药铺的玻璃上画那样的图画是什么意思？

哥哥也答不上来。

年长我六岁的哥哥，对我的困惑几乎有问必答，那次他被我问住了。

市里有家电影院叫"亚细亚电影院"，我问哥哥"亚细亚"是什么意思，他也答不上来。

我们路过一家乐器店，隔窗见到了各种各样的中西乐器——于是我从哥哥口中知道，世上有种专由乐器发出的声音叫"音乐"。

哥哥带我进入了新华书店，我第一次看到了成排的非课本的书籍。哥哥说其中就有他说的小说，人如果一辈子不看几部文学作品，活得太遗憾了。于是我又知道了，小说的别名是"文学作品"。

我们离开书店时都有些恋恋不舍；经过乐器店时我没那种感觉——因为我的耳朵还从没听过音乐。

此后，"市里"二字对我是一个具有很大诱惑性的概念了，我开始羡慕家在市里的孩子，不但因为他们的家住在外形都挺美观的楼房里，更因为他们与许多有趣味的事物相近。

实际上，"安字片"离市里并不远，也就三四站路而已。没有任何规定限制"安字片"的大人或孩子到市里去,是"安字片"的大人特别安于生活在大大小小的院落里,有的大人几年也不曾带孩子到市里去一次,而我的母亲一次也没带我去过。当年的母亲们家务事多,几乎都有操不完的心,没那份闲情逸致啊!市里那些美观的楼的内部,实际上也并非多么的令人羡慕。有的楼住进了过多的中国人家,原先的格局拆除了,隔离出了更多的小房间,乱得不成体统。没厨房的人家在走廊砌灶开火,家家户户的破乱东西都往走廊堆放,谁家都想多占点儿公共空间。道外区的几条街的老旧楼房里,人家多得像蜂巢。同样没有显然的文化气息,也同样没有任何良好的文艺形态。

推而广之,全哈尔滨市,在1949年到1956年的七年里,文化气息较浓、文艺形态经常可见的地方,其实也就道里和南岗两个市中心区的有数的几条街而已——由剧场、影院、书店、博物馆体现出来。在千分甚或几千分之一的人家里,才有收音机、唱片机、书架或书橱;更少的人家里才会有某种乐器,而主人可能是专业的或曾是专业的乐器演奏者。

再推而广之,长春的情况、沈阳的情况亦基本如此。省会城市基本如此,遑论另外的城市和农村了。

可以说,在1949年到1956年的七年里,东三省的文化气息和文艺现象较别的省份要少得多。这是由于以下两个原因——漫长的冬季和伪满统治时期的后遗症。

漫长的冬季使民间的民俗文化只能在春节和正月十五短短的几天里释放一下自娱自乐的能量;而在中原、南方省份,冬季并不寒冷彻骨,春天的迹象出现得早,所以各类民俗文化传统借和平年代的吉祥,在民间恢复得特别迅速。

到东北"光复"为止,所谓的"满洲国"存在的十几年中,大本营虽在长春,但贻害祸及东三省。由于它的存在,日军、伪军、特务遍布东三省,迫害的主要对象除了"抗联"人士便是中国学生和知识分子——这使东三省人口比例中的知识分子越来越稀少,奴化宣传也竭尽全力压制中国本土文艺芽苗的生长,文化气息的重新养成与文艺现象的重新活跃,尚需假以时日。

国民政府留下的是千疮百孔的"烂摊子",百业俱废,百业待兴,国力薄弱,民生依然维艰,全中国的文化、文艺事业尚处于复苏阶段——"旧的"大抵被禁,"新的"尚在孵化,未成可观气候。

不但南北省份情况不同,大城市与大城市也有另当别论之点。

天津、北京、南京、上海、广州等大城市,文化气息的端倪最先育现,新文艺形态与旧文艺种类已呈初步的竞争态势。在以上大城市,几乎所有的舞厅每日爆满。舞曲声经常通宵达旦。高档的舞厅里出现各级干部的身影已成司空见惯之事,在条件一般的舞厅里,大学生和中青年工人往往成为常客——一半多的他们的另一种身份是学生干部、工人干部或负有"特殊任务"的人。

无产阶级优秀分子中的中青年代表人物,不论是干部、在校生,还是在各行各业受到栽培和重用者,似乎不约而同地爱好起同一种文娱活动来——交谊舞。从前,它曾被指斥为勾肩搭背、男女关系暧昧至极的资产阶级生活内容之一。在有的大学、政府机关和文化单位,周末舞会几成惯例,没举行反倒是怪事。甚至,工会、党支部和团组织负责人,还要求领导干部带头参加。似乎,伴着优美的舞曲,衣着精致的中青年男女面面相对、翩翩起舞,最能表达革命终于胜利了的喜悦。

在全中国的大城市尤其是南方的大城市里,蔚然成风的交谊舞现象与后来成为全国城市一景的广播体操现象可有一比。此种情况在东三省的大小城市亦如此,于是从南到北的城市里产生了些是"革命人"的舞皇、舞后和舞厅王子,受舞风"吹拂",连工厂里也因地制宜,举办工人舞会,极受青年工人欢迎。相映成趣的是,在上海、南京、广州等舞风长久的大城市,往昔名噪一时的舞场佼佼者,尤其既是名媛、交际花又是舞后的"旧女性",皆在工厂或农村接受"社会主义改造",成为热爱工农业劳动和工农大众的"新人"。这似乎体现着一种自豪感颇强的逻辑——现在我们是国家的主人了,舞台、舞厅是我们的了,我们不跳谁跳?我们不占领谁占领?让资产阶级的男女该干吗干吗去吧!并且,在"革命人"看来,往昔那些舞厅常客、红人,确有应被改造为"新人"的必要,那也是挽救他们，为他们好。一年多以后，中央有关部门下达"红头文件"，对"舞风"进行了严格限制，党团干部出现在非工会组织的舞厅，被视为违纪了。

然而若以为在七年中只有跳交谊舞是文艺现象，则又大错特错了。归纳起来，七年中有以下重大运动，直接或间接地体现了文化的性质或文艺的色彩。

"扫盲"运动

我这一代底层人家儿女的父母大抵是文盲。1952年城市开展"扫盲"运动，家庭妇女也是重点扫盲对象。我的母亲便有识字课本了，此前我已见到过我哥哥的课本，知道自己以后也必会有，并不好奇。

母亲的识字课本中的一篇课文，我至今仍记得几句，因为听母亲在家背过，是：

  人有两件宝，
  双手和大脑。
  双手会做工，
  大脑会思考。

我觉得，那真是一篇编得很有水平的识字课文。

尽管"扫盲"运动涉及千家万户，毕竟是文化现象，而非文艺现象。

我们的成了城市人的父辈，所过的城市生活实际上仍类似农民生活——日出而作（去上班）、日落而息（下班回家）——歇会儿，洗洗手，吃饭；吃完饭，再歇会儿，发一阵子呆；卫生习惯好的，洗洗脚，吸支烟，上炕睡了；没养成良好卫生习惯的，几天才洗一次脚。水是从水站挑回家的，盛在大缸里，如果全家人口多，睡前都洗脚，太费水了；若冬天，还要将水烧热，便也费煤。所以城市里的底层人家，是没有睡前洗脸、刷牙、洗脚的良习的。现在回想起来，从前中国百姓所过的日子，真是简单。

我们这样一些儿女的父母，大多数对文化没有自觉渴望，对文艺无起码需求。就连"扫盲"这件事，有人也是能躲便躲，并不认为多么有益于己。多数父亲并不支持母亲上"扫盲"夜校，因为晚上六点正是他们下班回到家里的时间，都挺累了，希望享受享受妻子周到的服侍。他们的思想工作由单位来做，而母亲们的动员工作由专门的说服人员来做——某些从各级政府部门抽调出来的机关女性。街道干部完成不好那一说服工作，动员家务缠身的家庭妇女上"扫盲"夜校委实不易，多数家庭妇女并不认为文盲竟会影响她们成为贤妻良母。

于是我在自己和邻居家里见到了当年的机关女性，亦即知识女性。她们都是中青年的很有气质的女性，显然人人都是经过挑选的。与我母亲和我所常见的母亲们相比，她们仿佛是来自另一个中国的女性，此前我从未见过那种气质的女性。故青年以后的我常这样想，所谓"气质"，肯定是与知识的有无连在一起的。不论男女，一个人若是文盲，样貌再怎么出众，大抵也是没有气质可言的。

那些知识女性都很可亲。分明的，她们有着这么一种意识——在"扫盲"之事上，自己是代表政府深入民间的。到我家的那位当年给我留下极深的印象，三十四五岁，比我母亲年龄小，张口闭口叫我母亲"大姐"。我母亲一说离不开家的难处，她就理解地笑笑，笑罢又耐心地说："不强迫你，大姐，哪怕你能去几次，学会了写自己的姓名我也高兴啊，识字对咱们妇女真的益处很大。"

我母亲夸她有耐心。

她笑道："政府为人民着想，我们是受政府委托的人，没耐心还行？"

因父亲当时在外地工作，我家不存在丈夫支持不支持的问题。但七岁的我已有了两个弟弟，这是母亲的难处。已上初一的哥哥却很支持母亲去上夜校，我也就不由自主地支持了。

于是，每天晚上八点多，我到街口去迎母亲。那些个三十岁以上、五十岁以下的家庭妇女"放学"了，腋下夹着头巾或方布包的书本课本，说说笑笑地往家走，遂成城市夜晚的一道风景。

第三章 1949年至1956年

我母亲在"扫盲"运动中，曾达到过能写一封内容简单的信的识字程度。后来生活维艰，认得的字又都忘了。但对于她自己的姓名，却始终认得会写。并且，当年上夜校的记忆，是她人生中少有的美好时光。

我父亲不但在"扫盲"运动中摘掉了"文盲"的帽子，而且从此养成了在小本上记下自认为重要的事情的习惯。在他的遗物中，写满字的小本子有三四本。

"扫盲"使当年中国的从城镇到农村的一批男女青年受益最大。他们中不少人，后来直接上了中学、高中或技校，实现了知识改变命运的夙愿。

"扫盲"运动是早期全国政协一致通过的一项提案。委员中有人便是二十世纪三四十年代致力于"教育救国"的民间教育家，是黄炎培、陶行知、晏阳初等人的"同志"。在艰苦的抗战时期，教室自然不能成为军事堡垒，黑板粉笔也不能变成武器，"救国"实则是爱国表现。而在和平年代，"教育强国"遂成共识，"扫盲"运动不无"一个都不能少"的色彩，也可视为从张澜、蔡元培、胡适到黄炎培、陶行知、晏阳初等致力于通过教育"强国改种"的初心的延续。

纵观人类历史，面向民间的"扫盲"现象，多由宗教组织、人士来实践，其心志再虔诚，也只不过能使一村、一部落、一地区的人受益。全国性的"扫盲"运动，唯中国发生过，言"史无前例"亦不过分。并且，只收获了益处，丝毫也没有受影响的代价。今日之我，当然便以"温情脉脉"之目光回顾之！

保护妇女运动

我并不能断定此现象是否够得上是一次全国运动；也不能断定是否与当年对宪法、婚姻法的修改和补充有关。

我只记得，似乎是与"扫盲"运动同时发生的一件事，起码在哈尔滨市如此发生过——同样是一些妇女干部，在女警员的陪同之下，逐街逐院逐门逐户地对女性人口进行详细登记。若谁家有年龄十五岁以上、三十岁以下的外地亲戚，如男户主或女户主的侄女、外甥女、干女儿，被盘问得格外认真。

据大人们讲，为的是防止对女性的拐卖行径。

这乃因为，当年落户于哈尔滨的来自各省农村的"光棍"男人们，常说的一句话是："等挣够了钱，头等大事是回老家带回个媳妇。"是的，他们常说的是"带回个"，而非"娶回个"——小时候的我，亲耳听大人们这么议论过。"带回个"也罢，"娶回个"也罢，总之是要花钱的。一花钱，就有买卖的意味了。何况，在农村，即使明媒正娶，女方家也是索要彩礼钱的，这就使"带回个"是否合法，是否具有买卖妇女的性质，成了莫衷一是的事。买卖妇女的现象是确实存在的，导致妇女甚至未成年女子自杀自残的事件时有发生。这引起了各级政府的高度重视，于是进行排查，以防止同类事件屡发。当然，这体现了对妇女权利和命运的关注。

爱国卫生运动

这也是产生于政务院委员的提案，受到高度重视，并且不存在任何操作难点，于是推进为全国性运动；内含不随地吐痰、不随地大小便两条。主要指公共环境卫生，以城市为主，包括农村，也是为了防止因公共环境脏乱差而引起的传染性疾病，如疟疾、痢疾、霍乱、肝炎等病的蔓延。小学、中学的卫生员学生开始每天检查同学是否带手绢了，提高了手绢的销量。有关部门组成了卫生队，突击修建公厕，治理污水久积的排水沟，得到广大市民的支持与配合，大家踊跃参加义务劳动。某些小学校甚至要求学生上学随身要带苍蝇拍，以便及时消灭路上所见的苍蝇。后来有卫生专家指出，拍死过苍蝇的苍蝇拍必定沾菌，小学生随身带苍蝇拍极易受到传染，于是终止。此亦足见，愿望良好的事，落实过程只要有人推进得极端了，是多么的事与愿违，会走向反面。而一旦走向反面，却又无人提出异议，危害难以避免。

何谓"左"？"左"就是思维方法上自以为是且做法上以极端为积极，唯恐执行不给力。

而民主是使极端的危害及时受到阻止的良方。

中华人民共和国成立以后某个时期"左"的盛行，正是当时民主式微的过程——"左"是被这种情况"惯"到理所当然的地步的。

爱国生产运动

此运动与"抗美援朝"有关，志愿军只能从国内补充大量军需——武器装备、医药品、军服被褥、鞋帽、战地食物等，于是国内掀起了生产高潮。为赶生产任务，加班加点在许多工厂成为自愿之事。工人们往往通宵达旦地加班，困极了就在车间里找个角落睡一会儿。这起初并不是号召现象，是自发现象，也仅是某些工厂中的现象。后来宣传介入，因势利导，遂影响至各行各业。苏联曾有"星期六义务劳动"现象，"爱国生产运动"是向"老大哥"学来的。

除了"扫盲"运动，后三项运动，似乎与文艺特别是文化没什么关系。实则不然，报纸和电台紧密配合，宣传十分活跃。说唱、相声、街头小品演出、快板、快书等文艺形式，经常在各种地方和场合出现在市民面前——时间都不长，最长一小时内结束，旋即转移向下一个地方和场合。

充分发挥文艺宣传功能这一传统，在1949年以后，不是弱化了，而是进一步加强了，日趋常态化。并且，及时为政治服务的宗旨，不唯是政治本身的需要和要求，似乎也更是多数文艺工作者的本能和自觉。

文艺蓄势待发

前边写到中华人民共和国成立后的文艺时，以"复苏状态"加以描述；实际上"复苏状态"四字不足以概括文艺蓄势待发的表现。在"抗美援朝"成为几十万大军参战的事实后，文艺相配合的能动性，完全可与抗日战争、解放战争时期相提并论。至此战结束的四年里，有大量的诗歌、歌曲、小说、快板、评书、报告文学、宣传画、漫画、版画、油画、新闻报道、街头剧、正规戏剧产生出来，艺术水平远远超过抗日战争、解放战争时期的总况，几乎可以说体现于一切艺术门类中。某些作品，后来成为反映这一特殊题材的经典。文艺的能动性，不仅表现于积极的创作方面，也表现于文艺家有一分热，巴不得发十分光的奉献精神。如有的艺术家靠捐演出门票收入，或靠义卖书画作品，间接向志愿军捐飞机、被服、医疗设备和药品。更有不少艺术家，随团至朝鲜战场，为志愿军官兵进行慰问演出。还有的艺术家，因而献出了生命。这带动了更多的文艺工作者积极去到矿山、钢铁厂、军工厂进行义务演出。

文艺为政治服务，为工农兵服务。

以上中华人民共和国成立后确定的文艺方向，在"抗美援朝"时期，可以说成了多数文艺家情愿接受的理念，无须督导的行动——而原动力，是高涨的爱国热忱和激情。

"新中国"既然显出了新面貌，爱国主义遂成普遍中国人之中国心的本色。

尚处于建厂过程的新中国的电影厂，也在紧锣密鼓地进行创作。

1949年至1956年——无论那时的国家领导人的初心，还是最广大人民群众的初心，在建设一个好国家方面，确可用同心同德、同舟共济、休戚与共等词汇形容之。

第四章

1957 年至 1966 年

我入学了

几天内我认识了"毛主席万岁""中国共产党""中华人民共和国""五星红旗"等字。

语文书页除了带拼音的字，还配有彩图——分别是毛主席标准像、天安门城楼、中华人民共和国国旗、中国共产党党旗。

我们的语文老师是三十几岁的已婚女性，一直将我们教到三年级，小学二年级时，我从同学口中知道了她的丈夫是区教育局的干部。

在第一堂语文课上，她教导我们要"翻身不忘共产党，幸福不忘毛主席"。

实际上我们无法理解我们小小年纪怎么就是个"翻身"的人了，也不明白"幸福"和"享福"有什么不同。我们的智商都差不多，但老师似乎没看出我们的困惑。

在后几堂课上，老师才解惑，她说，没有毛主席，就没有共产党；没有共产党，就没有新中国；没有新中国，我们过的将是很悲惨的生活，挨饿，受冻，全家没房子住，更不会幸运地成为小学生……

我回家后，问母亲："新中国真的比从前的中国好吗？"

母亲大为吃惊。

我遂将老师的话学着说了一遍,母亲给出了肯定的回答:"那当然,不止好一星半点儿,你们老师说得对,你要永远记住!"

母亲的话我当然相信,从此有了以前不曾有过的幸福感觉。

后边的课文不是口号了,属于看图识字,如:

工人做工;农民种地。
马拉车;牛耕田。
前边一群羊;后边两条狗。
老爷爷乘凉;老奶奶喂鸡。

最有故事性的课文内容是——乌龟、牛、马、大雁和鹤共同拉一辆车,龟往河边爬,牛、马各向左右使劲,而大雁和鹤要将车带到天上去……

这篇课文的教化意图是鲜明的——目的相同,方向就必须一致。

以后几篇谜语性课文我们都很喜欢:

麻屋子,红帐子,里边住着个白胖子。

红口袋,绿口袋,有人怕,有人爱。

兄弟七八个,围着柱子坐。
大家一分家,衣服就扯破。

谜语无须同学们猜,有配图。但同学们领略到了比喻的智慧,居然引起了多日互猜谜语的风气。

到一年级下学期,课文内容丰富多了——《狼和山羊》《狗、公鸡和狐狸》《狐狸和乌鸦》《狼来了》等课文,都给我们留下深刻印象。

同样教化意图鲜明,但《狼来了》给我们以较深的思想触动——因为几乎每一个孩子都可能面临撒谎的诱因,有时确乎仅仅出于恶作剧心理。

到了二三年级，课文内容更加丰富，故事性也更强了，如《金银山》《猎人海力布》《渔夫和金鱼的故事》《写给爷爷的信》；还有中国古代寓言与伊索寓言——"杯弓蛇影""掩耳盗铃""缘木求鱼""风声鹤唳""此地无银三百两"等成语典故，已每每被我们挂在嘴边了，我们真的渐渐被文化所"化"了。

如今回忆起来，我不禁产生这样的感慨——编成好的小学语文课本，非易事也，实乃功德无量。其不易在于，既要循着笔画由少到多、字义词义由浅到深的过程，又要考虑到古今中外之课文比例；既要纳入政治教化，又要兼顾基本品德熏陶；既要具有孩子们理应接受的道理，又要体现知识性、趣味性——得经过多少次比较、掂量、讨论才能确定呀！

从前的蒙学语文教材之编写倒相对省事些，如《三字经》《千字文》《弟子规》。实际上《弟子规》非识字课本，而是少年道德操行守则；《千字文》也不是单纯的识字课本，具有叙史的特点；《三字经》的识字规律显然，其与自然常识、生活常识、文艺常识、历史常识及德育在先的宗旨组合，集大成而又广阔有序，比"上大人、孔乙己"那一种单纯以教字为主的课本，确有经典性——尽管站在现代来看，存错谬之处。

而中华人民共和国成立后的教材编写，是集体行为，不但须讨论、研究，还须审批，因而具有国家行为的特点。现在，全世界的教材基本都是国家行为的产物了，像《三字经》《千字文》《弟子规》那种个人编写的教材，几乎可归入非物质文化遗产了。

我觉得，喜欢学中文的外国人，都应当读读《三字经》《千字文》《弟子规》——对于了解中国从古代到近代的历史脉络，了解中国人的人性观，了解中国人的道德理论，如同扼要的说明书。

但我在文化上并不是尚古之人。

我小时候听母亲讲到过《三字经》，也只不过听她说过"人之初，性本善。性相近，习相远。苟不教，性乃迁。教之道，贵以专"几句，后边的她背不出了。

我决定自己找来看，是2002年我调到北京语言大学以后的事。那时"北语"全称是"北京语言文化大学"，我自感对于本国传统文化所知甚少，心虚，于是自我补课。

正因为我在文化上并不尚古，回忆起来，觉得我小学至中学的语文课本，应该说也是编得很好的课本，绝不比民国时期的任何一种语文课本差。

让我的笔再收回来——1957年，八岁的我上小学一年级时，中国发生了那场后来使许多人欲说还休、欲休还说的政治运动。

"除四害，讲卫生"给我留下过较深印象，每一次回忆，某些情形历历在目。

"扫盲"给我留下的记忆片段更深，因为母亲有一个时期每晚去上夜校。

"全民大炼钢铁"我也能谈出些记忆，是我将家里的一口裂底锅捐到收铁站去的，母亲知道后及时要了回来，她认为等修锅匠出现了锔一锔还能用。

但对1957年那场政治运动，我毫无直接记忆。

这乃因为，不论我们那个院，还是我们那条街——推而广知，在我们那个以庶民百姓为人口主体的区域，没听说谁家出了"右派"。或竟也有，但必定产生于知识分子人家。我们那个区域从没住过够得上"大"的知识分子；他们普遍住在市中心的街上。也少有小知识分子人家，比如家长是小学老师那类人家，他们也宁愿多花些钱住在离市中心近的地方。我们那个区域是有几户中等知识分子人家的，如中学校长、出版社报社的老编辑，他们大抵住的是独门独院——较小的独门独院，早年买下的而不是后来租下的。他们基本不与邻居和街坊来往，如果他们中有谁被打成"右派"了，街道干部不宣布，他们自己不广而告之，知者甚少。

我们那个区域住的基本上是建筑工人、各处货场的搬运工人、砖厂工人、公私合营前后某些小加工厂的工人以及拉脚的、摆摊的、开小杂货铺的形形色色个体劳动者之家。这些人家少有订报的，在1957年，没听说谁家有了收音机。

所以，尽管北京电闪雷鸣，在黑龙江省，在哈尔滨市，在我们那个区域，平静如常，若无其事。

我对于那场运动，头脑中只保留了一点儿微不足道的记忆——

某日父亲下班后面有余怒，从不沾酒的父亲还让我去打了二两酒。他喝闷酒时，母亲追问，他才说，他们工地接收了一名二十几岁的女大学生，要求工人监督她劳动改造。有的工人成心往她挑砖的篮子里加太多的砖，她挑不起来，蹲在担子旁哭，那几个工人还看着笑。身为班长的父亲批评了他们几句，他们居然冲父亲"劲儿劲儿"的，差点儿动起手来，过后领导批评父亲政治立场"不对头"，父亲自然不服，所以悻然……

因为与父亲有关，我头脑中才保留了这么一点儿记忆。后来所能联想到的，也只有那么一件事。

黑龙江省在以后的几年里，从工农业生产到教育、文化文艺事业，却进入了突飞猛进的发展时期，可以"黄金岁月"言之。

锅炉厂、电机厂、汽轮机厂——"三大动力"工厂在远离城市的地方开始兴建了，那是国家级的工业项目。在市内，列车车辆厂、轴承厂、量具刃具厂、拖拉机制造厂等代表当时国家先进工业水平的工厂，先后投产。亚麻厂和化工研究所、化工厂也在快马加鞭地筹建之中。亚麻厂生产的亚麻布，主要是为配合军备生产，非为民用；生产坦克的"哈一机"也将在哈尔滨落户。

在农业方面，"北大荒"广袤的黑土地上出现了几十个较大的农场，第一批十万转业官兵已在"北大荒"进行垦荒，并于次年收获了粮食。

煤、木材源源不断地从黑龙江省运往全国各地，保障着其他省的需求。

在教育方面，短短的几年里，"哈工大""哈军工"两所后来的全国名校相继扩建并落成；东北林业大学、黑龙江大学、哈尔滨师范学院、黑龙江商学院等省重点大学也已进入了教学稳定期——当年东北林业大学的首任校长是七级高干，与省领导同级，在全国亦属不多的现象，足见黑龙江省当年对教育的重视程度。而黑龙江大学的俄语系，不但在全国高校中口碑第一，还聘任了苏联的几位教授。至于商学院——那时全国就没几所名为商学院的大学。

并且，哈尔滨市的中学快速增加了，已经有三中、六中、一中、十八中四所重点中学了，"三、六、一、十八"成为小学和中学生竞考的学校。

不知是否也属于全国性的统一指示，哈尔滨市要求校校有图书室，小学也不例外。进一步推行为，班班要有图书角——总而言之，对一切学生提出了课外阅读量最低限度的要求。于是从学校到工厂，形成了以少年和青年为主体的读书热；青年喜欢读书的程度实际上比少年还高。

农业的发展保障了人们不饿肚子；工业的发展增加了就业岗位——又于是，人们对文化、文艺的要求迫切了。

哈尔滨便有了工人文化宫、青年宫、少年宫；不但市里有了，某些区也有了；市、区重点体育场馆、图书馆相继出现。

哈尔滨话剧院、哈尔滨歌剧院、黑龙江省京剧院、黑龙江省龙江剧院也都挂牌了。

老公园焕发了新面貌；新公园陆续接待游客。哈尔滨有动物园了，园内的东北虎、东北豹和熊、狼、驯鹿、马鹿、梅花鹿、猞猁、狐等动物，比北京动物园里的动物更大，野性更足。

1957年的特大洪水过后，松花江畔不但留下了防洪纪念塔，还从此有了美丽的江畔公园（后更名为"斯大林公园"），成为哈尔滨重要的风景名片。

对于1957年的防洪我有印象——我父亲在外地没能参加，我母亲在家里完成了编十几只草袋子的义务，因而分到了两罐水果罐头，盖上印有俄文，苏联援助的。

现在回想起来，哈尔滨人当年没多么起劲地"反右"，与发生那么大的洪水有很直接的关系——城市都被淹了，市区都可以划船了，哪儿有精力"反右"呢？

也与省领导们的思维有一定关系——在后来的"文革"中，大字报揭发：某主要省领导曾私下里说过，我们不必跟得太紧，现在是抓住机遇加快发展的重要时期，人才宝贵。"右派"都是有不同才华的人，错误言论不过是言论，又不是行动，应以批评教育为主，该用还得用，能团结就不要以敌视的眼光看他们……

当年的省市领导无疑有一种共识，即要使黑龙江省成为富裕之省，要使哈尔滨这座从前被比作"东方小巴黎""小莫斯科"的省会城市，真的成为"天鹅项下的明珠"。

按照这样的共识，哈尔滨市的建设和发展，差不多是以莫斯科为样板的。教育、文化、文艺的发展，苏联色彩甚浓。重点大学、重点学科的教材，是从苏联照搬的；俄语成为初中、高中主科；报刊上经常登载宣传苏联各方面发展成就和人民生活福祉的文章，某些初中生、高中生自发地与苏联的初高中生们建立通信关系，互相介绍各自社会主义祖国的大好形势。

当我上小学五年级时，已经是1961年了。

这一年，中国经历了"三年困难时期"。究竟始于哪一年，并无统一说法。有的省发生于前一年，有的省发生于后一年。"三年"也是大致的说法，有的省也许只经历了两年半，有的省也许经历了三四年。

我从1960年起就开始挨饿了，那一年挨饿的记忆最深。1961年我家因工厂建厂房占地，从"安字片"搬到了"光字片"。"光字片"离市区远了，乘两站车就到城市边了，再往前没公交车了，有农村了。"光字片"的街道依次是光仁街、光义街、光礼街、光智街、光信街，连起来恰是"仁义礼智信"。"批林批孔"时，这些街名也没人提出必须改，至今老街貌已无踪迹，仍叫那些街名。但这并不意味着"文革"时期的"极左"分子有什么忌惮，而是因为那一小片街区的居民更加底层，文盲多之，绝大多数居民，根本没将仁、义、礼、智、信连起来过。即使有谁连起来过，大约也不知与孔子有关。

在我记忆中，我们班也有图书角，由一名女生负责管理。我对图书角已不感兴趣。实际上图书角并没有什么书，有的只是过期的《儿童时代》《少年文艺》及《小虎子的故事》《三毛流浪记》等有限的漫画集。

离开我家，跨过一条笔直的叫新阳路的马路，便属于另一片居民区了。其中一条街叫建国街，它的尽头有商店、饭店、理发店、医院、邮局——以今天的眼光看来，皆老旧得有碍观瞻。但在当年，却算是"商圈"。

我每月都要去往那里几次——理发，为家里买东西，寄哥哥写给父亲的家信或取回父亲汇给家里的生活费。

一路经过两处小人书铺，在邮局旁还有两处。之所以会有较多的小人书铺，乃因民宅稀疏，空地不少，傍着谁家山墙盖起一间简陋的土坯小屋，就可以"开张"了。也不用挂牌，将小人书皮扯下，粘成几串，往窗内一挂就是幌子。还因为，据我所知，当年开小人书铺是免税的。这也足见，哈尔滨市在饥饿的年代，对少年们（进入小人书铺的青年极少）的阅读渴望是体恤在心的。

开小人书铺那点收入也算是收入吗？

这要看怎么比了。

当年卖冰棍儿的卖一支三分钱的冰棍儿才挣七厘钱，卖一支五分钱的奶油冰棍儿挣九厘钱。而一个孩子坐在小人书铺里看一本小人书，平均下来是两分钱。有了几分钱宁肯看小人书而不买冰棍儿吃的孩子自然是少数。

但如果一处小人书铺每天平均的租看率是五十次，那么每天的收入就是一元钱，月三十元矣。

三十元啊！

当年二级技工的月工资才三十六元。

而一个孩子一旦进入小人书铺，大抵会看两三本才离去的。而且允许两个孩子同看一本，也允许一次租两本，轮换着看。

当年，对阅读渴望强烈的孩子，小人书铺确为精神之国度，心灵之故园。

从五年级到初一、初二，我几乎将四处小人书铺的小人书看遍了。这并不是说我看得极多，实际上最多的一处小人书铺也就二百几十本小人书——有些小人书各处都有，而且成套，如《三国演义》《水浒传》《西游记》《红楼梦》《封神榜》《七侠五义》《瓦岗寨》等，那就占去了许多本。有的小人书分上下册，甚或分上中下三册，多是外国小说改编的，如《悲惨世界》《战争与和平》《基督山伯爵》《大卫·科波菲尔》《约翰·克利斯朵夫》等。

当年有一种很特别的小人书——旨在揭露"罪恶的"包括美国在内的资本主义黑暗社会制度的小人书，也可成套。

如《中锋在黎明前死去》——讲一名足球运动员为生计所迫，不得不卖身于资本家，虽然成为资本家的摇钱树，却完全丧失了人身自由。他爱上了与他同命运的美丽的芭蕾舞女演员，资本家却逼她与一只大雄猩猩"结为夫妇"，希望能拥有半人半兽的怪种，供人参观，赚更多钱……

《七把叉》——讲一个绰号"七把叉"、原本是流浪汉的人，在举办的吃饭大赛上，为了保住冠军头衔，在接受挑战的比赛中活活撑死了……

《从地球到月球》——讲一些资本家乘太空飞行器飞往月球，企图在月球上划分抢占领地，各自建立属于家族的月上资本主义帝国。半途飞行器发生故障，他们便永远成了太空漂浮人。

还有一件"真事"在我那一代少年中流传甚广，讲投资电影的美国大亨，为了吸引眼球，竟将一名黑人少年骗入森林，放出久饿于笼中的老虎，拍下真老虎吃活小孩的所谓纪录片……

讲述类似"美国故事"的小人书，在我记忆中有十来本之多。

1980年后，我从报上读到一篇采访文章，得知其中有些"美国故事"，是咱们一位作家的创作。究竟哪些纯属虚构，哪些是翻译过来的，翻译过来的哪些属于《竞选州长》式的小说，哪些是真事，我没分清过，也觉得没有分清的必要了。

在我是小学五年级生的当年，美国在中国的文学、文艺中，当然是"富人的天堂，穷人的地狱"——可口可乐一出现在舞台上，暗示着醉生梦死；爵士乐旋律一起，形同打出了颓废与糜烂的字幕。正如蒋介石的画像一出现，太阳穴必有一大贴膏药。

我对那些"美国故事"并不信以为真，但我对于一个人民大众真的能过上幸福生活的美好中国的憧憬方向，却决然是苏联式的，而非美国式的。

内容是"苏联故事"，并给我留下深刻印象的两本小人书是《前面是急转弯》和《红莓》。

《前面是急转弯》——讲的是颜值高的青年工程师驾驶新买的"伏尔加"轿车行驶在路上，夜路逢雨，车灯照见路旁卧人，急刹车下车细看，见是一个受伤的人求救于他。他的第一反应自然是救，但突然第二个想法袭上心头——没有证人，万一对方死在自己车上怎么办？百口莫辩了。随着这一想法，他不禁朝车内看了一眼，哪儿哪儿都崭新的车，雪白的座套是刚配的，肯定会被血迹污染得一塌糊涂。他看着那人朝他伸出的手，在对方不停地说着"救救我"的情况下，退回车内，将车头一拐，开走了。对方被别人救了，有关部门向他核实时，他还撒谎。最终，一切证据证明他不但是一个见死不救的人，还是一个不诚实的人；他因而失去了爱情、友情以及同事们的尊敬……

这本小人书的前言介绍，其故事后来拍成了电影，引起广泛讨论。

《红莓》的主人公是被释放的劳改犯，他因为什么事犯罪我忘了。他不愿再见到认识他的人，四处流浪的过程中帮助过别人，被带到了农村，有了一份工作——替一个种红莓的女人做帮工，于是收获了意想不到的爱情……

这故事后来也拍成了电影。

以上两部电影在苏联都获奖了，颇受好评。

后一部电影与日本电影《远山的呼唤》如出一辙，区别仅仅是高仓健最后被捕入狱。可以肯定的一点是，《红莓》在前。但我不认为存在抄袭问题，而认为是不同国家创作思维的雷同现象。后来我对文艺的功能理解得宽了一些，深为人类此种文艺雷同现象所感动。

当年，哈尔滨话剧院已声名鹊起了。

哈尔滨市区方言与普通话相对接近，这无疑使哈尔滨话剧院大受裨益，每一个演员的台词功夫都十分了得，能以播音员那般标准的发音说台词，并说得声情并茂、分寸得当。他们演出苏联话剧时，给人的感觉犹如苏联演员在说流利的中国话。

我当年没看过一场话剧，一票难求，话剧院的售票窗口前每每排长队——票价三角、五角、八角不等，对于我而言太贵了。以上评论，我是从初高中生们口中听到的。

在长春，第一汽车制造厂已开始生产汽车，由此产生了一首当年很流行的歌《老司机》：

　　五十岁的老司机我笑脸儿扬啊，
　　拉起那个手风琴咱们唠唠家常啊，

第四章 1957年至1966年

想当年我十八就学会了开汽车呀，
摆弄那个外国车呀，
我是个老内行啊，
可就是啊，
没见过，
中国车呀啥模样啊，
盼星星盼月亮啊，
盼得那个国产汽车真就出了厂！

在北京，"红旗"牌轿车风光无限；在上海，"上海"牌轿车出现于马路上了；而"长春一汽"生产的"解放"牌卡车，需求量大，这使"长春一汽"在全中国家喻户晓。《老司机》是为中国汽车工业的总体捷报而创作的，许多长春人却喜欢强调是为"长春一汽"创作的，据说在非正式的演唱场合，长春人爱将歌名报成《大解放之歌》。而哈尔滨人特认同，因为同属东北人，可沾更大的喜气。

长春电影制片厂已开始向中国人奉献电影了——国产的和苏联译制片；后一种是"长影"的艺术光荣之一，几成专利，一概包揽。

当年的长春人，进言之，当年的吉林省人，无不以"长影"和"长春一汽"为傲。

在沈阳，鲁迅美术学院与沈阳音乐学院也已成为辽宁省和沈阳市的名片，各自桃李盛开，奠定了在中国美术和音乐教学方面举足轻重、绕不开去的育人地位——后来为大量毛主席语录及多首毛主席诗词谱曲的作曲家李劫夫便是"沈音"教师。

将目光向北京再向南方望过去——北京电影制片厂、上海电影制片厂、八一电影制片厂、珠江电影制片厂同样向国人奉献频频，可谓争奇斗艳、姹紫嫣红。

连新疆的天山电影制片厂也在运筹帷幄之中了。

北京除"人艺"外，还多了中国青年艺术剧院、中央实验话剧院、中央芭蕾舞团、中央民族歌舞团、中央乐团等新的文艺单位；而中国京剧、杂技业已走出国门，为国争光了。东方歌舞团为外宾演出的次数最多，极受周恩来总理青睐。

在纪念中华人民共和国成立十五周年的文艺活动中，人民大会堂上演了大型音乐舞蹈史诗《东方红》——后拍成了文艺纪录电影，许多中国人百看不厌；许多著名的歌唱家、舞蹈家，经由银幕广为人知。

那时中国已有自己的"十大电影明星"了，他们的大照片悬挂在大多数电影院中，连哈尔滨的儿童电影院也不例外。

在文学方面，几乎各省都已有了文学刊物，是诗、中短篇小说、散文、随笔的发表园地。而长篇小说，也几可言果满枝头了。

经历了1957年的惊吓，又经历了三个饥饿年头，文艺家们并未万马齐喑，依然发挥才华，各自奉献，足见该群体是多么的忠诚。他们中，有些人是"负荆"创作或参与集体创作的，参与而不得署名。

当然，只要够得上是"家"，就不至于挨饿，包括被批过遭贬了的"家"。

实际情况是，在东三省，特别是在黑龙江省，挨饿、死人的现象即使有，也极少。东三省是城里人挨饿，但毕竟有基本口粮定量保证，也饿不死。并且，若父母有一方是科级以上干部，或企事业单位的头头脑脑，全家大抵也饿不到哪儿去。而农村，托福于土地广阔，偷偷开一小片荒，种下土豆玉米，秋天的收获是对得起勤劳人的。所以东三省的农民，对"三年困难时期"并无谈虎色变的记忆，还能经常向城里亲戚提供些蔬菜援助。

我家不论在城市还是农村，都无一门亲戚，父亲远在大西北，我们几个儿女又在长身体的时期，便只有忍饿。

实际情况又是——东三省当年生产的很大一部分粮食充实国库了，因为国库拨出了较多的粮食赈灾，必须充实。

从前普通的城市人家，是根本不可能从粮店买到当年新粮的。新粮入库，陈粮出库。普通的城市人家所能吃到的，有时是在国库中存放了四五年的陈粮。

而北京、天津、上海、南京、广州五大城市的人们，对饥饿年代的记忆也似有似无，十分寡淡，因为中央有政策，对那五大城市的粮食及蔬菜副食供应，必须予以保障。

第四章 1957年至1966年

1980年后，我与一位小我两岁的高干子弟谈到过饥饿年代，他毫无印象。在我的一再"启发"之下，才终于唤起了点记忆。

他说："难怪那几年我父亲常带巧克力、麦乳精、压缩饼干和罐头回家，告诉我是空军叔叔怕我们祖国的花朵挨饿，集体节省给我们的。"

当年中国的某些县城，也已有了文艺基础良好的剧团、文化馆，凝聚了当地一批演创骨干。文化馆无一例外是中华人民共和国成立后的产物，同样是全国政协、全国人大的提案成果，为的是使最广大的农村人口也能较充分地进行文艺欣赏和娱乐。故不能不承认，中华人民共和国成立初期参与顶层设计的人物们，确实有过尽力在方方面面造福于最广大的人民群众的初心。而某些县剧团在中华人民共和国成立前就存在了，以传承当地独有并受欢迎的文艺种类为己任。县剧团以面向农村的义务演出为主，演员与农民的关系持久而亲密，那种亲密绝非作秀，毫无矫情，下乡对于他们有回家的感觉。未见的时日若久，双方都会思念的。而文化馆的存在意义在于助推原创，发现和培养更多的文艺种子。当年，一个农村青年的文艺潜质倘若有幸被发现，进而在县文化馆受到培训，如同二十世纪八十年代的农村青年收到了大学录取通知书。

他们不同于大城市里的文艺家。他们中许多人在饥饿年代确乎是挨过饿的，有人甚至饿晕在下乡演出的过程中。他们中也很有些慧眼识珠的伯乐，改变了不少农村文艺青年的人生。在饥饿年代，一些县剧团、文化馆的作为无法继续了，另一些饥饿情况不是特别严重的团、馆，仍坚持履行文艺义务，无怨无悔。

写到此处，我心愀然，肃然，油然起敬。

正是在饥饿年代，哈尔滨市举办了首届"哈尔滨之夏"音乐会，令其他省市艳羡不已。

在北京受了政治委屈，被贬至哈尔滨的著名女歌唱家张权，身着一袭红色拖地长裙，以华丽之歌喉演唱了印度尼西亚革命歌曲《宝贝》和加拿大民歌《红河谷》——这两首外国歌曲哈尔滨人听过的不多，从此在喜欢唱歌的哈尔滨青年中大为流行。

张权的遭遇有一定典型性——她之回国，曾是统战部门的一项成绩；由于被动员说了几句回国后的真感想，成了另一些人立功的机会。

　　而黑龙江省哈尔滨市的领导却对她不薄，甚至可言视如珍宝，仍给予"家"的礼遇和待遇。

　　"文革"中，据大字报揭发，有领导以她为例，曾说过这样的话：像张权同志那样的文艺家，来多少，要多少，而且要照顾好，使他们逐渐爱上黑龙江省和哈尔滨。北京不要的，我们全要……

　　被贬到哈尔滨市的文学界名人更多一些——诗人、小说家、编剧、评论家、编辑、记者……差不多应有尽有。名气很大的，几乎都到过北大荒——有明确规定下放一定时间的，可保留北京户口。而较年轻的，问题不严重的，后来多被省作协、出版社接收了，包括从部队转业者。

　　当时省文学期刊《北方文学》已创刊。

　　以上一切形态，主要是文艺形态。文化形态，比如社会学方面，其实是少有的，或也可以说完全没有——现在社会主义核心价值观的多半内容，除了爱国、诚信，其他不但是文化禁区，还是雷区。文章是绝无发表可能的，言论必定会引爆自身。即使友善的主张，也很容易被批为"反动思想"。

　　此情况，黑龙江省不例外，东三省不例外，全国哪儿都一样，概无例外。

　　我有幸观看过某届"哈尔滨之夏"音乐会——为开好音乐会，主办方从各中学借调了一批是好学生的初高中生当服务义务者，我哥也在其中。他获得了几张票，给了我一张。

　　那是我人生的第一次精神享受大餐，如置身于音乐梦幻中。

　　那一年我已看了四部电影——《红孩子》《白毛女》《矿灯》《战火中的青春》，前三部是学校组织看的。

　　如今想来，《白毛女》中喜儿在潮湿的山洞中流产的痛苦片段，当属儿童不宜，看不懂，老师也不便教我们懂。

　　《矿灯》反映的是在英帝国主义统治下的煤矿、日本侵略中国时期中国矿工的悲惨命运，片中有多处残忍画面，我看了心理大受刺激，同学们也是，也当属儿童不宜。不能说电影不好，更不能说创作动机不好，还不能说内容没有依据——只能这样说，我们年龄尚小，老师们对我们的教化愿望太超前，太急切了。

《矿灯》一片的内容绝对是真实的。前不久我读了全国劳模马永顺的小传，他在日本侵略中国时期当过伐木工。十七名和他从河北农村一块儿进入小兴安岭的中青年农民，到东北"光复"那一年死了十六人。他们的命运都那般惨，何况在黑暗的地下为日本人挖煤的中国矿工？

以上两部电影确实使我受到了"社会主义好"之教育，也确实刺激我的神经了。

我的同学给了我一张票，我陪他看了一部战争片是《战火中的青春》——长春电影制片厂摄制的。片中女主角是一位剃去了长发、女扮男装的游击队长高山，男主人公是"我军"雷排长——在从前的年代，不论电影还是小说内容简介，对共产党领导下的军队每每称"我军"。我已记不清雷排长究竟是新四军、八路军还是解放军了，那么也就同样记不清他们的敌人是日伪军还是"国军"了。不是大规模战役，是发生在无人村的巷战，但十分激烈，后来似乎只剩下了高山和雷排长在对抗敌人。剧本很注重人物性格的刻画，也很注重人物关系之细节，演员演得也好。高山并非美女，雷排长性格急躁，二人之间摩擦出了爱情火花。我不愿看到他们后来都牺牲了，牺牲了一个也会难过——影片以敌人被全歼而告终，高山和雷排长也终于互相表白了爱意……

《战火中的青春》使我爱看电影了，此前我觉得看小人书比看电影更是享受。在1961年，除了四部电影和"哈尔滨之夏"音乐会，我没再看过小人书以外的任何别种文艺作品。看小人书不仅是在看故事，也是在欣赏绘画。当年中国有一批水平极高的小人书画家。某些画得尤其好的小人书，每页都堪称佳作。欧洲有著名的插图画家、漫画家——漫画的画风是夸张变形的。1961年，漫画在美国已很火。但像中国一样，一位或几位画家将一部名著以相当细致的工笔画法画成连续十几本、几十本、几千页的精美的小人书——这样的美术现象在世界上是少有的。《超人》等早期美国漫画书，无法与

《三国演义》那样七十余本、五六千页的小人书绘画等量齐观。说中国的小人书现象是世界上罕见的美术现象,也是无例可驳的。

当时中国是人口大国,画家总数位于世界前列。当年画作市场不但小,且基本被1949年以前已出名的画家们所占据了,他们正才华横溢且年富力强。这使1949年后从美术学院毕业的优秀生们中的一部分人被迫另辟蹊径,将艺术能力的大释放转向了小人书绘画。小人书才几角钱一本,市场大,版税稳定亦可观。

每一种文艺现象的兴衰,说到底都有市场的经济推手起作用。在中国,在当年,相对于小人书绘画现象,政治那只手的干预力度不是太强,基本上是由市场规律在支配。

1962年9月,我升入五年级,十三周岁了。

饥饿年代在东三省已近末期,城市居民又能吃饱饭了。秋季,某些蔬菜又便宜得论堆儿卖了。城市居民趁便宜时会尽量多买,腌咸菜、酸菜。东三省居民吃咸菜、酸菜、冻菜的日子很长,得吃小半年,待来年六月才能吃到当季的韭菜、小白菜、菠菜什么的。却毕竟的,前一年有菜可腌了。

中国百姓的生活在吃这一方面开始好转。

这一年我母亲又参加工作了。她在1958年和1959年参加过两年工作。"大跃进"年代嘛,城市劳动力缺乏。她干的是男人才干的翻砂,每月十七元工资,低于学徒工,因为非属正式工。1960年和1961年两年,由于是饥饿年代,影响了工业生产,临时工都被辞退了。

1962年这一年,街道成立了加工厂,尽管工资还只是十七八元,母亲却又奋不顾身地参加工作了。

每月多了十七八元生活费,我家的生活也开始转好。

我仍不时地光顾小人书铺,我对小人书铺怀有深厚的眷恋之情;但我的阅读范围开始向非小人书的长篇转移了。

首先因为,哥哥已经高二了。他们的语文课本,直接印着"文学"二字。此二字大,"课本"二字印在下边,小。他们的文学课本的内容特丰富,如一期纯文学刊物。不但有"岳飞枪挑小梁王""鲁提辖拳打镇关西""诸葛亮舌战群儒",居然还有"孔雀东南飞",还有陆游那首"红酥手,黄縢酒"之《钗头凤·红酥手》;有高尔基的《丹柯》、契诃夫的《小公务员之死》;有闻一多的《红烛》;有《普罗米修斯盗火》《威尼斯商人》之片段——对了,还有马雅可夫斯基的诗……

1962年,中苏关系已破裂。

这使相当多的哈尔滨人内心深处隐藏着忧伤,哈尔滨这座城市,受苏俄文化、文艺的影响太深太久了,何况两个社会主义国家一度称兄道弟,曾有过似乎牢不可破的蜜月期。

在电影院,正片前面的世界新闻纪录片中,经常播出当时的美国副总统尼克松访苏大受欢迎的情况,出现赫鲁晓夫与尼克松的亲近镜头时,坐在观众席上的中国人心里大抵不是滋味。尽管"九评"亦即中共致苏共中央的九封公开信已在收音机里播过多遍了,在文化、文艺和新闻单位组织学习过了,但是,估计除了专门从事马克思列宁主义研究的人,绝大多数中国人对那种谁更马克思列宁主义化的争论其实不甚了了——苏联与美国走近了,中国人感情上自然别扭。并且,似乎抓住了错在苏联的最有力证据。

新闻纪录片中还出现过"猫王"开演唱会时众多青年男女狂热呼叫的片段;出现过表现主义画家在大如地毯的画布上随意挥洒的情形;出现过玛丽莲·梦露那张"性感女神"的招牌照——解说中也出现了"垮掉的一代""糜烂的艺术"之词。

而对于社会学家理斯曼的著作《孤独的人群》、怀特的《组织中的人》、美国作家艾里森的《看不见的人》,知道的中国人肯定寥寥无几。那些书名都有一个"人"字,中国所敌视的美国社会学家和作家,都在因为人渐渐变为公司和组织的零部件而忧心忡忡,也对在富庶的时代、人——特别是受过大学高等教育的人何以对人生更加迷惘而陷入苦思。

我当然更不知道了。

但那些新闻纪录片影响了我,使我确信资本主义正一天天烂下去。

比之于小人书,哥哥的文学课本向我呈现了文字表现力本身的含金量,没有配图,文字给予人的想象空间反而更大了。哥哥是文学爱好者,他所在的一中图书馆藏书颇丰,他经常往家里带书,有的书是向同学借的。他已高二了,准备考大学,所借的书往往没时间看,于是我"近水楼台先得月"。我不怕影响学习,我对自己能小学顺利毕业考上中学有把握,因为我压根儿不想考什么重点中学。

我的目光一投向长篇小说,大为惊讶——原来中国已出版了那么多长篇小说和翻译小说!后来我发现,市里也有一家租长篇小说的书店,租一本看一个星期才一角钱。母亲不反对我看闲书,我将家务几乎全承担起来了,使母亲能安心工作,哥哥能全力以赴地学习,母亲经常奖励我几角零钱。我租书的次数多了,人家连押金也不收了。

从五年级到初二的四年里,国内最主要的长篇小说我基本全看了。那时已经是1965年了,中国的长篇小说可以说是成就巨大。归纳起来,如今我已不能说清内容的有:《小城春秋》《老共青团员》《上海的早晨》《铁水奔流》。

《小城春秋》大约是写"四一二"反革命政变后中国共产党的革命活动处于最低潮时期,一位地下共产党人寻找组织并坚持危险活动的内容,也可能是唯一此种内容的长篇小说。

《老共青团员》我完全无印象了,时代背景也许还早于《小城春秋》。

《上海的早晨》也许是唯一一部反映上海资本主义工商业进行社会主义改造的长篇小说。

《铁水奔流》也许是唯一反映东北钢铁工业从无到有之过程的长篇小说。

前两部小说像回忆录,有人生阶段的传递性,故事性弱。后两部从题材上有"补遗"的意义,故事性更弱了,人物苍白。

还有一部小说,不算太长,我连书名也忘记了,有一段情节却记忆深刻,如烙于脑海——主人公似乎叫周铁汉,共产党人,被捕后受尽酷刑,宁死不屈。敌人决定杀死他,在一个深夜,押他到荒郊,逼他戴着手铐脚镣走向臭水沟的深处,至胸时,他明白自己牺牲的时刻到了。看着眼前死猫狗腐胀的尸体,他回想起了自己三十几岁的一生;也明白,亲人和同志,并不了解他的忠贞,也不会知道他死于何处,怎么个死法;但他十分坦然,并不后悔,等着岸上响起射向自己的枪声……

这一片段,将当年的我震撼了——使我对"主义"和"信仰"二词,从此心生战栗性的敬畏;敬与畏对等,甚至可说畏更强些。

我之所以会看以上小说,缘于兄弟间的一次争论。那时我的三弟也已小学三年级了,某晚他背课文:

泥瓦匠,住草房;
纺织娘,没衣裳;
卖盐的,喝淡汤;
种田的,吃米糠。
编凉席的睡光床,
当奶奶的卖儿郎。

此篇课文我也学过,老师讲是旧社会劳苦人民的生活写照——那年我家的房子更破败了,邻居陈大娘家的日子也更令人同情了。

我喝止三弟不许他背下去。

哥哥问我为什么?

我说:"爸爸是建筑工人,咱们的家比像样的草房还不如!陈大娘到处捡菜叶子,咱们什么时候见她穿过一件好衣服?旧社会的生活不在从前,就是咱们两家现在过的生活!"

哥哥气得要打我。

他是团干部,思想进步。

正所谓一母生九子,九子各不同。

我从小就有叛逆思想,与我的哥哥截然不同。

那日我第一次从哥哥口中听到了"反动"二字。

哥哥因我小小年纪就有"异质思想"很不安,于是给我开了份书单——以上书是他借回家要求我看的。按他的想法,既然我爱看书,那就要循着一条革命的红线来读,以使我对中华人民共和国成立之不易有正确的认识。

但我上六年级后,便不再理他给我开的书单了。

我当年反复看的长篇小说是:《三家巷》《红旗谱》《苦菜花》

《迎春花》《野火春风斗古城》《草原烽火》《战斗的青春》——与电影《战火中的青春》片名近似，但并不相干。

坦率地讲，之所以反复看过，乃因以上小说中，有较饱满的爱情章节——革命者或准革命青年，他们所爱的女性都是形象好的女性。若她们本人也是革命者，那么肯定具有对党忠心耿耿，对共产主义信仰坚定不移，在对敌斗争中机智勇敢，随时准备为党、为革命、为同志牺牲生命的高贵品质。《三家巷》的爱情章节尤其多，主人公周炳可说是"革命的贾宝玉"，被小说中多数女性爱过。《红旗谱》中严江涛与教授之女严萍的爱情如同中国的保尔和冬妮娅的关系。区别是，青少年时期的保尔粗野好斗，而既是农民的儿子也是保定师专好学生的严江涛被文化"化"得文质彬彬，仿佛出身于书香门第。但严萍的性格，尤其是对严江涛的爱，像极了冬妮娅。

那些小说使我一度幻想时光倒流，于是自己也投身革命，能遇到爱革命且又长得好看的女人，并且能以革命者的资格活到中华人民共和国成立以后；又并且，年轻着，成为年轻的胜利者。

但请读者休要误会，我的自供并不意味着文学使我"色心"早熟。当年的长篇小说大抵是只写情而避性的，在表现革命者之间的爱情方面尤其如此。即使写到"反面人物"中的男女床上关系，也都是几笔带过，点到为止。当年的作家们，也都不企图靠性事的渲染增加销量，以获更多版税。在文学荣誉和版税之间，他们无一例外地追求前者——至于与文学荣誉相关联的文学价值的标准，另当别论。

当年长篇小说中的爱情描写，使我了解到世界上存在着另一种爱情，即革命者之间的爱情，它以信仰为基础，或曰以共同为之奋斗，肝脑涂地在所不惜的大目标为基础。这在他们实际的革命生涯中会是怎样的，我无从知晓，却宁愿接受那些文学作品中的美好虚构。我对以革命信仰为基础的爱情，当年心怀敬意。若那爱情遭到毁灭，内心是真为革命者难过的。在《红旗谱》的下一部《播火记》中，有一个大地主的儿子与一个劫富济贫的"山大王"的女儿相爱了——那时已是全民抗战的时期，共同的目标使他们走到了一起。他卖了自家良田，置买武器，组织队伍；而她说服她的父亲率

第四章　1957年至1966年

部下与他的队伍联合起来，以壮大抗日力量。她不但善骑，且能双手使枪，射击极准，俊俏泼辣，胆大心细；他却是一名大学生，此前如严运涛、严江涛兄弟俩，文质彬彬、礼貌之至。当年看了《红旗谱》与《播火记》的初高中男生，有几个不曾想象自己是严运涛、严江涛或那个要拉起竿子抗日的大学生呢？

对于所有以抗日时期为背景的长篇小说，我都是以崇敬之心来读的——《苦菜花》中的母亲；《野火春风斗古城》中的金环；《战斗的青春》中的许凤，都在我心里留下过雕像般的记忆。

从题材上比起来，当年中国长篇小说中，以抗战时期为年代背景的居多，我读过的，除了《播火记》《苦菜花》《野火春风斗古城》，还有《新儿女英雄传》《吕梁英雄传》《敌后武工队》《铁道游击队》《平原枪声》。这些长篇小说都改编成了小人书。除《播火记》和《吕梁英雄传》之外，其他作品当年也都在收音机里广播过并拍成过电影——《敌后武工队》中的肖飞几乎为所有城市里的青少年所爱，知名度绝不低于"猫王"在美国；而一首"西边的太阳快要落山了"的传唱范围，也绝不会小于英国"披头士"乐队在欧洲卖得最火的唱片的发行范围。

但是对于另一类题材的长篇小说如《保卫延安》《红日》，我则仅仅是读过而已，既无阅读的时光享受可言，也没引发过什么崇敬之感。这乃因为，两部长篇小说都用了较多笔墨交代战略决策、战役部署的过程，小学五六年级到初一二年级的学生看起来会觉得沉闷。而具体到我，还因阅读感觉的不同敬而远之。其不同，是相对于抗战题材的长篇小说而言的。

我读抗战题材的长篇小说，先入为主地已敌我分明了。敌人者，日伪军也。读到敌方强势的章节，不禁会替我方心生出忧虑不安。读到我方取得胜利的章节，也不禁会转忧为喜、为乐。我方歼敌越多，特别是歼灭"鬼子"越多，阅读感受越振奋。

此外，《暴风骤雨》《林海雪原》《创业史》《艳阳天》等反响也很大。除《创业史》，另外三部也都拍成了电影。四部中，《林海雪原》发行量最大，因故事性最强，具有传奇色彩；《艳阳天》次之，作品中那些农村青年之间的爱情，城里青年喜欢看；再其次是《暴风骤雨》。

《创业史》在中国当代文学史上似乎具有"神"性。

就故事而言，毫无奇特之处。但语言凝练，此点与孙犁的作品可有一比。刻画人物，也有赵树理作品的那种准确性，却不借助绰号来强调什么，极含蓄，作者本人的倾向相当内敛。

1980年后，文学界有回忆文章写道——当年出版社的编辑，曾建议浩然读读《创业史》，也许会有启发。

如今想来，两部作品的不同，首先是两位作者的不同。他们创作的是同一时期同一题材的作品——柳青看到了农村若重新实行土地集体化，违背大多数农民的意愿，他作为干部级别的作家，却无法如实来写。姑且不论勇气问题，即使有勇气，写了，也根本出版不了。除了引火烧身，绝无第二种结果。所以，《创业史》出版后，他没继续写下一部。一停，沉寂了，虽沉寂了，自保了作家不伪饰真实生活的尊严。

与其说《创业史》有多么经典，莫如说柳青作为作家的"行为艺术"，具有异乎寻常的经典性。

《艳阳天》的年代背景已是农村的农业合作化时期——萧长春、焦淑红等一批农村党员、团员青年，是农业合作化的带头人。小说并没以支持或消极对待甚至反对农业合作化作为农村阶级斗争的"新动向"，这是作家毕竟守住了现实题材现实主义写法的底线之证明。小说只写到了先进思想与落后思想的斗争，有落后思想的人物之一是焦淑红的老父亲，他反对女儿与萧长春之间的爱情。当时的中国，是一切劳动者都要纳入某类劳动集体的中国。在城市，那一集体是工厂；在农村，农业生产合作社成大势所趋。几乎全体中国人都认同此理，所以，萧长春、焦淑红们代表农村进步思想，在中国人眼中并不存疑。

1980年后，特别是农村又实行分田到户之后，人们对《艳阳天》开始有了批评，认为是当年跟风的作品。

当年跟风的作品，又何止《艳阳天》呢？

在文艺为政治服务的理念左右下，不少作家包括老作家，并不认为配合得紧是值得羞耻的。

第四章　1957年至1966年

同样年代背景和题材、内容的电影，还有《我们村里的年轻人》。

今天我也仍要说，浩然也罢，马烽也罢，他们当年的创作愿望无疑是真诚的。他们是在实践文艺为政治服务的口号；同时也是在实践文艺为工农兵服务，为现实生活服务。

农村青年也罢，城市青年也罢，当年从《艳阳天》和《我们村里的年轻人》中所看到的，其实更多是农村青年在文艺作品中所演绎的亲情、友情、乡情和爱情。

当年几乎没有演绎得较生动、较鲜活、有喜感的、反映城市青年爱情题材的任何文艺作品。

《艳阳天》和《我们村里的年轻人》满足了城市和农村青年对文艺的共同渴望。

最后，我要谈另一部长篇小说对我造成的阅读冲击；如果我没记错的话，是《风云初记》。

实际上它是我捡到的一部破旧的小说——邻家的大叔是收废品的个体户，我从他的废品车上发现了它。书页已残，我只记住了书中一个情节——肯定是革命低潮时期——是"四一二"反革命政变后吗？我不清楚。一名三十几岁的男性革命者，带着短枪潜回家乡农村。他的父亲是地主家长工，受信任，也很忠心，和地主的关系如《白鹿原》中黑娃他爸与白嘉轩的关系。他猜到了儿子是什么人，于是向地主讲了，向地主请示自己该如何是好。地主恓惶，认为若不除之，必使全村人遭殃。长工父亲为保全村人的安全，在一个深夜，趁儿子熟睡，与地主将儿子勒死……

常言道：虎毒不食子。那长工父亲与地主各拽绳套一端时，眼见儿子百般挣扎，却没手软。

此情节当年给我以见过魔鬼般的心理刺激，难忘。

我也成为作家后，每每面临典型与非典型的困扰。

中国批评家们批评某作品中某人物某情节时，不典型是制胜利器。

不典型——非典型也。

于是联想到了"非典"——"非典"是非典型性肺炎的概念缩写。

对于典型性肺炎，医疗方法已很成熟，药效也明显。

但——比之于典型性肺炎，"非典"的病理研究，意义不是更大吗？

同样道理，那个当年刺激了我心理的情节，对于在极深刻处探讨人性，也具有异乎寻常的价值。

那个情节典型吗？

答案无疑是否定的。

当年针对其非典型，有过批评吗？

据我所知完全没有。

为什么呢？

因为罪恶所指的对象是地主。

于是，事情成了这样——文学的广而论之的文艺批评武器，往往是有区别地运用的。也可以说，是针对非典型之文学的文艺批评武器。

此种文学的文艺现象，古今依然，中外依然；不论姓资姓社，用法是一样的。

而若超越于阶级的、冷战的、互相攻讦之文学与文艺的政治格局，以纯艺术规律的态度讨论典型与非典型问题，那么似应得出这样的共识：

典型性即带有普遍性的个例——《木木》中的农奴格拉西姆是典型的，他唯地主之命是从，完全丧失了情感自觉。

而哈姆雷特是非典型的；《小公务员之死》中的小公务员是极端的，故也是非典型的；《风云初记》中那长工父亲，更是非典型的。其非典型性，与《圣经》故事中的莎乐美和希腊神话中的美狄亚属于同类型——前者出于极端自私的情欲渴望，向她的父王索要先知约翰的头作为占有物；而后者为了报复移情的丈夫，杀死了自己的两个孩子。

典型形象、典型情节可从普遍性方面促使受众对人和事进行思考。

非典型形象、非典型情节可从极端性方面促使受众对人和事进行分析。

前者的艺术价值在于广泛，后者的艺术价值在于个别。两者的价值不分轩轾。

关于1965年前后的中国电影

1965年我读初二了。

从1962年我十三岁上小学五年级到1965年的三年里，我看了较多电影——有时是学校组织看的；有时是同学相约看的；有时是帮邻居家干了活，邻居叔伯们给的票。

那时，国产电影真可以说连年丰收、硕果累累。

历史事件或历史人物题材的有：《武训传》《宋景诗》《林则徐》《李时珍》《甲午风云》《清宫秘史》……

抗日战争题材的有：《赵一曼》《八女投江》《狼牙山五壮士》《地道战》《地雷战》《苦菜花》《铁道游击队》《敌后武工队》《平原枪声》《野火春风斗古城》《自有后来人》（样板戏《红灯记》由该片改编）……

革命题材的有：《大浪淘沙》《革命家庭》《党的女儿》《翠岗红旗》《红岩》《红旗谱》《怒潮》《风暴》《青春之歌》……

解放战争题材的有：《渡江侦察记》《黎明的河边》《南征北战》《兵临城下》《红日》《柳堡的故事》……

反特题材的有：《徐秋影案件》《铁道卫士》《寂静的山林》《前哨》《山间铃响马帮来》《冰山上的来客》……

农村现实题材的有：《艳阳天》《我们村里的年轻人》《李双双》《龙马精神》……

城市现实题材的有：《满意不满意》《女理发师》《今天我休息》《大李老李和小李》……

少数民族题材的有：《农奴》《阿诗玛》《摩雅傣》《草原晨曲》《刘三姐》《五朵金花》《鄂尔多斯风暴》《草原雄鹰》……

此外广为人知的还有少儿电影《小兵张嘎》；支边青年题材《年青的一代》；早期农垦题材《老兵新传》《北国江南》；配合南方农村预防血吸虫病的特殊题材电影《枯木逢春》；中华人民共和国成

立前的上海滩故事《飞刀华》……

译制片有：印度电影《两头牛的故事》《流浪者》；朝鲜电影《永生的战士》；罗马尼亚电影《多瑙河之波》；苏联电影《这里的黎明静悄悄》《静静的顿河》《两个探险家》《运虎记》……

虽然，中苏关系已经破裂，但仍有文学作品互相翻译与电影交流等关系进行。

以上所列不全，我也并非全看过，某些电影是后来在"文革"中看到的。

此外，还有京剧、评剧、歌剧、豫剧等，也极受各类戏迷欢迎，如——京剧《野猪林》、评剧《花为媒》、歌剧《江姐》……

戏剧界的演出相当活跃——名角与新秀们的演出消息，经常成为各大城市新闻之一。

马三立、侯宝林、郭启儒、马季的名字在城市居民之间也几乎家喻户晓。

1957年的疼痛似乎早已过去，销声匿迹者似乎早已被彻底忘记。

就连美术界，也有骄人的新气象——北大荒版画成为流派已被公认；新题材的画展此地刚结束，彼地又开幕；美术期刊的销量颇好。

音乐——当年的中国青年，特别是城市青年，有谁不会唱几首电影插曲呢？借助电影的媒介作用，兄弟民族歌曲、某些外国歌曲，在汉族男女青年中也广为流传。

黑龙江省以及辽宁、吉林二省，当年在文学创作方面并无骄人成果；但哈尔滨话剧院和歌剧院风头不减。文艺工作者们另辟蹊径，开始了本地题材的挖掘和创作，于是《赫哲人的婚礼》《千万不要忘记》《星星之火》《江姐》出现在舞台上。

> 革命人永远是年轻，
> 他好比大松树冬夏常青，
> 他不怕风吹雨打，
> 他不怕天寒地冻，
> 他不摇也不动，
> 永远挺立在山岭。

这是《星星之火》的插曲之一。

> 华蓥山上莽苍苍，
> 万年青松遍山岗。
> 松涛阵阵如海啸，
> 好一派雄伟气象！

这是当年许多青年都会唱的红色歌曲——歌剧《江姐》唱段之一。

说到唱歌，哈尔滨人肯定不敢在能歌善舞的少数民族面前自吹自擂，也不敢与民歌之省陕西、甘肃、宁夏相提并论——他们的信天游影响太大了。

但哈尔滨人肯定有勇气这样问：哪座城市的青年，当年比哈尔滨青年会唱的外国歌曲还多呢？

绝大多数爱唱歌的哈尔滨青年，起码都会唱五首以上的外国歌曲。《莫斯科郊外的晚上》《喀秋莎》《小路》《茫茫大草原》《三套车》这些广为流传的苏联歌曲就不论了——《哎哟妈妈》呢？

> 哎哟妈妈，你可不要对我生气，
> 年轻人就是这样相爱……

今天若问北京、天津、南京、上海的我这一代人，大约会唱《哎哟妈妈》的不多。

除了以上那首印度尼西亚民歌，许多爱唱歌的哈尔滨青年还会唱加拿大民歌《红河谷》、美国歌曲《老黑奴》。

我们那个破家里经常歌声不断——我的哥哥喜欢唱歌，嗓子也不错。我听他唱过不少中国电影插曲、民歌、外国歌曲。

> 卡吉德洛古老森林，
> 有一股清水泉，
> 又清亮，又干净，又凉快，又甜美，

好一股清水泉。
每天有无数行人，
来到这古森林，
不管是步行的，骑马的，乘车的，
都要把泉水饮……

试问我的同代人，有几个会唱这首外国童歌的？真不知我的哥哥从哪儿听到的，为什么学唱童歌？

当年辽宁本土歌唱家郭颂，凭《大顶子山高又高》《乌苏里船歌》已成为闻名全国的歌唱家。

而《九九艳阳天》借助电影《柳堡的故事》的热映，更是被爱唱歌的青年唱遍了大江南北；《草原之夜》《敖包相会》《跑马溜溜的山上》《在那遥远的地方》似乎不仅是民歌，也是全中国汉族青年的经典情歌。一个民族对另一个民族——少数民族对占全中国绝大多数人口的汉民族的逆向歌曲同化力，盖莫大于此也！

哈尔滨青年之爱唱歌，与手风琴这一从俄罗斯传过来的乐器有关。手风琴既可独奏，又几乎适合为一切歌舞伴奏。手风琴一响，不想跳舞的年轻人往往也会情不自禁地跳起来，不想唱歌的年轻人往往也会情不自禁地唱起来。它可以为《草原晨曲》那类热烈、奔放、豪迈的歌伴奏，也可以为《草原之夜》那类低吟浅唱、温情脉脉的歌伴奏。当然，钢琴、小提琴也如此。但钢琴不能背起来就走。小提琴不适于为一切歌伴奏。由于哈尔滨青年对手风琴的喜爱，市里当年有手风琴制造厂。

哈尔滨青年爱唱歌，也与"哈尔滨之夏"音乐会有关——它起到以唱歌为人生一大快乐的引领作用。

东三省青年爱唱歌，还与东三省是全中国举足轻重的机械工业基地有关。所谓机械工业，意味着先进工业。工厂人数都较多，少则一两千人，多则四五千人，皆以青年为主，普遍文化程度较高，对文艺生活的追求也热衷。

推而广之，1965年时的中国，简直可以说是一个歌声伴随着各行各业之发展的年度；一个吸取了盲目跃进的深刻教训，逐渐向科学发展观靠拢的年度；一个在苏联撤走一切技术援助之后，在自力更生的道路上一步一个脚印，取得了一定成就，积累了宝贵经验的年度。

尽管，人民的生活水平并无实际提高，但走出了饥饿年代的阴影是根本性改善。人民欣慰于此点，对国情的向好也看在了眼里，对以后会更好具有相当普遍的共识。

1965年的中国，简直又可以说是一个文艺大繁荣的丰收年度。

到那时为止，中国之文艺经历了两次繁荣。一次是1949年到1956年的七年间，特征是"起搏式"的繁荣。成果还不算多，创作力的引擎却已发动。第二次是1958年到1965年的七年间，特征是"喷涌式"的。成果相当可观，全面的总体的繁荣，显示出蓬勃的后劲。

第一次繁荣以文学为先导。

第二次繁荣电影的成果更令人刮目相看。

在第二次繁荣期间，产生了"现实主义广阔的道路论""中间人物论""时代精神汇合论""电影锣鼓"等切中时弊、指点迷津的理论文章，文艺理论工作者又发扬了讲真话的理论品格。

若简明扼要地阐释，"现实主义广阔的道路论"实际上就是要为文艺反映现实生活的多样性扫除障碍；"中间人物论"旨在强调如果承认人民是创造历史的主力，那么就不应以"高大全"的文艺形象作为唯一标准，其后果将会导致人民仅成为文艺的受众而难以成为文艺的主角；"时代精神汇合论"是指若以更宏观的现实主义创作视域和思维看待现实，非进步的现象不仅可以反映在文艺中，反而有益于通过文艺方式的善意批评，甚至讽刺，达到帮助与团结之目的；"电影锣鼓"旨在阐明电影是广大人民群众特别是青年最喜欢看的文艺门类，题材多样性的现象，既不可忧，更不可怕，因势利导，其实可喜。

以上诸论，自然遭到了批判。某些批判，有迎头痛击之势——但中央高层没有介入，于是，论者自论，批者自批，并未又造成黑云压城、风声鹤唳、万马齐喑的局面。

《大李老李和小李》等令人们耳目一新、衷心喜欢的轻喜剧风格的电影，正是在以上理论铺路的背景下产生的，等于用创作实践支持了以上理论。

长影和北影的《李双双》《龙马精神》也显示了轻喜剧的光彩。《武训传》《林家铺子》《早春二月》的问世，分明也与以上诸论的影响有关。

电影《朝阳沟》属于农业合作化题材，但剧中先进人物对落后人物的批评帮助，已不上纲上线到路线斗争，而是和风细雨、循循善诱、就事论事了。

连周恩来总理对电影也作过"支持多样化"的口头指示。他甚至希望中国电影人能拍出几部"软内容"的不涉及战争与阶级斗争的电影，以利于与非社会主义国家进行文艺交流，起到增进友谊的桥梁作用。

政治文艺依然占据不可让渡的中心地位。

二十世纪六十年代，一部配合农村"四清"运动的歌剧上演，之后在收音机中的广播率很高。我没看过，却在同学家听到过，至今仍记得是工作组组长的演员的四句唱词：

> 大河流水波连波，
> 滩头芦苇棵连棵。
> 竹篙点水知深浅哟，
> 知心的话儿对党说……

曲调温良，苦口婆心。

大约在1964年，哈尔滨话剧院排出了一部工人家庭生活题材的话剧，内容是：一名青年工人住在岳母家，如同入赘。岳母是小商人出身的寡妇，唯有一女。她拖思想原本挺进步的女婿的后腿，一次次阻止女婿加班，却怂恿他干私活，挣"黑钱"——当年没有"灰色收入"这一概念，凡工资以外的收入都属于"黑钱"……

据说是根据哈尔滨市的真人真事创作的；在现实生活中，那青年工人因偷盗了工厂的机械零件而入狱了。但他犯罪的原因与一心想要治好母亲的病有关，而不是因为有一个曾是小商人出身的岳母。

哈尔滨话剧院排出那样一部话剧很正常。现实中既然已发生了青年工人失足的真事,毫无创作灵感反倒不正常。虚构那么一位岳母,也属正常。

但该剧的剧名取得极严峻——《千万不要忘记》;与毛泽东主席"千万不要忘记阶级斗争"的名言密切呼应。

此剧自然会进京献演,也自然会载誉而归。之后两年,在全国各地巡演千余场,使哈尔滨话剧院誉满全国。

这部话剧我看了,邻居叔叔给的票,却很不喜欢,因为使我联想到了《钢铁是怎样炼成的》后半部的一章内容——保尔由组织安排在后来成为他妻子的达雅家养伤,她父亲是中农。中农的思想觉悟,自然不如"党的人"保尔·柯察金进步,于是保尔教导达雅怎样与自己的父亲作坚决的斗争,有时自己也与房东针锋相对,唇枪舌剑。依保尔想来,他是在进行不可调和的阶级斗争。但他忘了,他是白吃白住在别人家里,而且还爱上了人家的女儿。按咱们中国人的常理来看,那么做不厚道。

设想,同是《千万不要忘记》的内容,若由今天的编剧们来创作,一定会处理成三口人之间的喜剧风格吧?并且,也同样会凸显所谓的"正能量"。

在特殊的时代,某些文艺作品,注定会打上时代的鲜明烙印。当文艺本身的意义完全消解,也还是会剩有另一种非文艺的价值——时代认识价值——正如油画《毛主席去安源》那样。

第五章

1966年至1976年

1966年至1974年

1966年7月,我应该初中毕业。

5月,"文化大革命"开始。

当年初中、高中以及大学的毕业生,皆被延迟毕业,必须"留校闹革命"。

学校传达了一份"中央文革小组"下发的文件,规定:每一名学生能否毕业、升学、分配工作,当视在"文革"中的表现而论……

如此这般地被延迟毕业,关乎全中国所有初中、高中以及大学应届毕业生的人生和命运走向,自然无漠视不睬者。

哈尔滨毕竟不是北京,比之于北京的"文革"步骤总是慢一拍。当哈尔滨的学生和青年们还在紧跟北京的学生们"破四旧"时,北京已遍地红卫兵和"红色造反团"了;当哈尔滨的学生们也要求各学校批准成立红卫兵组织时,北京的红卫兵们已夺取了各初高中以及大学的领导权,并将往日的校领导宣布为"走资派",批斗成风了;当哈尔滨的红卫兵们辩论那样对不对时,北京红卫兵已开始将批斗的方向从学校转向文化艺术、新闻出版界,并敢于冲击许多中央领导们住的深宅大院了……

当年的交通尚欠发达,一般人不敢想坐飞机的事,而从北京到

第五章 1966年至1976年

哈尔滨的最快的一次列车也要十八个小时多，慢车二十几个小时。当年的世界不是"平"的，中国同样也不是"平"的——发生在北京的事，如果报上没报道，收音机没广播，哈尔滨人就只能通过口口相传、道听途说才知道。即使报上报道了，收音机广播了，首先也还是只有少部分人知道。因为，当年在哈尔滨市，订报和有收音机的人家仍不超过几百分之一。所以，我这种家住市边儿的学生，只能从大人们的交谈中了解到市里发生了什么事、又发生了什么事——同院邻居有几位叔叔在市里上班，谈到市里发生的事时——批斗了什么人；抄了什么人的家；什么人被罢官了；什么人在被批斗时挨打了；什么人揭发了什么人什么问题……每每显出困惑和忧虑——这样下去中国不就大乱了吗？

肯定是为了解惑和去忧，我在学校与全校同学集体听到了一篇社论，中心思想是——乱得好！乱了敌人的阵营，锻炼了革命学生、青年、工农兵造反派和广大人民群众；只有敌人才怕乱……

那时我已经是红卫兵了，仍几乎天天到学校去。我是工人的儿子，同学们几乎都成了红卫兵，我自然也不例外；我所在的第二十九中学已有几个红卫兵组织了。

二十九中是一所总体稳定的中学，虽然也对老师们进行过批判，但打老师的事仅发生过二三次；一名男生打了一位教俄语的男老师两记耳光，这名男生是我们班的，与我们几名关系亲密的男同学都处得很好。因为那一件事，我们几天不跟他说话，直至他保证再也不了。

还有一次，在许多同学参加的批判会上，有一名是红卫兵的男生，乱剪几位女老师的头发，并往她们脸上泼墨水——那种做法，是他从别处学来的，但也与他个人以往的品行有关。他曾被认为道德素质不良——主要指平时对女生屡有不当言行，却也从没出格。但三位分别教政治、俄语和语文的年轻女老师，上课时往往目光都不望向他一次。

当时台下许多同学齐喊："要文斗，不要武斗！"

喊声居然具有威慑性，那名男生悻悻地离开了会场，再没出现。

有几名女生，包括我们班的团支部书记，立即走上会台，簇拥着三位女老师离去了。她们在卫生间安慰老师们，帮她们洗脸，借衣服给她们换。

我们几名关系亲密的男同学，皆认为那名凌辱老师的男生是出于报复，品行极其可耻。

我们班的男生，家长大抵是"闯关东"的农民，以山东人为多。又大抵是底层劳动者，收入低微，多是文盲。他们只想安安稳稳地过日子，将日子逐渐过得好点儿。一怕失去工作，二怕被别人"戳脊梁骨"——就是背后进行的负面议论。他们自己是相当看重名声的，因为已是底层人了，名声再坏了，家门被人侧目指点，绕行而过了，又都绝对搬不起家，那样的日子还有好起来的希望吗？过得还有意思吗？所以，他们做人都有起码的底线——与政治无关的底线，民间评价一个人怎样的底线。那一种底线，百代千年其实不曾变过；某一时期，似乎因为世道变了，也变了。但变是表面现象，逐渐地又能回归原本——底层靠那一种底线而互不嫌恶，形成帮扶关系；而帮扶是不定什么时候自己也需要的。所以，若儿女们的行为使他们被"戳脊梁骨"了，名声受损了，父亲们是会大为光火的，母亲们是会无颜出门的。那样一些家长，较能承认儿女聪明不聪明是天生的，儿女学习不好往往认了——却很难面对儿女品行不良的事实，认为是自己做父母的最大的失败。

在可曰为品行不良的诸条中，辱师欺老是极其恶劣的表现，仅次于抢、偷、骗、奸。

与我要好的几名男同学的父母，我都很熟悉，像我的父母一样——父亲们经常沉默寡言，眼里总是有活，下了班也闲不住。左邻右舍谁家摊上了不好的事，即使以往关系处得一般，也还是会主动提供力所能及的帮助，遵循"那种时候哪能看别人家热闹"的原则。而母亲们，如今回忆起来，都善良得像嬷嬷似的。

"闯关东"并在城市安家落户，生儿育女——往细处想，肯定是个艰辛过程。家长们的性格原先也肯定是各不相同的，极少数人以霸悍强势为落足之道，多数人强势不起来，更霸悍不起来，于是本能地选择和为贵、善为本的做人之道。又于是，使他们个性少了，共性多了。

或许有人会问——照你说来，当年红卫兵们干下的那些恶事，都是谁家孩子所为呢？

这我是回答不了的，我没调研过，而且也非一个人就能调研出翔实结果的。底层人家的儿女以假"革命"之名义行凶作恶的事例，估计也是不少的吧？

其实我要表达的是这样一种观点，确切地说是一种文化观点，即以"阶级斗争""阶级憎恨"为圭臬的意识形态越是鞭长莫及甚或忽略的人家、群体、阶层，其悠久的、比较深入人心的民间意识形态的正能量，越可能成为不显山不露水的主流。平时没什么表现，邻里争吵、泼妇骂街、不是光棍耍光棍、不是二杆子装二杆子的事，往往也非鲜见鲜闻之事。但不寻常的时候，民间意识形态的正能量反而就发生作用了。

我进一步要表达的观点是——中国这个国家，真的要感激曾被批判为"旧思想""旧道德"的传统文化的根基——尽管一些中国人在一个时期内一心想要将其彻底铲除，但它的根深入民间、深入民心百代千年了，不是那么容易根除的。

如果当年的许多儿女并未受自己好父亲、好母亲言传身教的好影响；如果从城市到农村，当年的每一个儿女都成了政治意识形态的俘虏，都成了被个人崇拜之意识形态彻底洗脑的狂热徒、狂暴徒——那么中国大地上的暴行和惨事肯定更多了。

再进一步分析，我的父母以及我许多同学们的父母，不过是些家庭妇女和苦力工、平板车夫、小饭店的厨师、小作坊的裁缝、地处城市边边角角大集体性质的半倒闭未倒闭的微小工厂的工人；一言以蔽之，是与产业工人的政治概念、社会地位不能同日而语的一些次等级工人；不论政治这样还是那样，都从未沾过政治的什么光，也自知沾不上政治的什么光。政治运动从不特别需要依靠他们；他们也从不特别来劲地依附政治，想依附也依附不上。于是他们对一切政治运动的态度是能不被搅和进去就不搅和进去，能躲远点儿就躲远点儿。又于是，他们的头脑反而容易保留住原先固有的关于做人的民间意识，而这会影响儿女。也可以说，传统文化中关于人的正能量的微粒，通过细长的须根起了作用。

当年，即使在大工厂里，四十五岁以上的中老年工人与二三十岁的青年工人的政治表现也不一样。

中老年工人在"文革"中的表现大抵是——政治立场加民间原则的表现；而青年工人们的表现则是——只讲被灌输在头脑中的政治立场，对民间原则不屑一顾，或根本不知除了政治立场，还有民间原则。

那样的表现，自然就很激进。

并且，激进的表现，完全有可能带来比争先恐后地涨了一级工资大得多的利益。

狂热也罢，狂暴也罢，掰开了搓碎了细看，绝不仅仅是政治现象，同时也是文化现象、社会心理学现象、利益现象。

将城市的"文革"现象与农村的"文革"现象对比一下，也能看出些文化的、社会心理学的、利益现象的区别。

在城市，在任何机关、单位、学校和工厂，一个活着的曾经的资本家是少有的。能成为资本家，中华人民共和国成立前起码是中年人了，按年龄推算，差不多都该是不敢乱说乱动，老老实实待在家里的人了。故城市里的"革命"对象，主要是各级"走资派""技术或艺术权威""黑线分子""清查重点人物"等。

在农村，则主要是地主之家。

村干部虽然也会被"革命"，却断不会被视为死敌。

但老地主即使终日猫在家里，也还是存在于村里。

他们一向被政治意识形态宣布为农民的死敌，文艺在此点上加深了农民们的记忆。"走资派"有被重新起用甚至重用的机会；"技术或艺术权威"今后还要统战、团结；站错了队的"黑线分子"可以再次站队；"清查重点"可能最终还了清白……

大多数城里人都懂的。

但在农村，地主除了是农民的死敌，不可能还是另外任何一种人——他们绝不会被统战、团结；他们绝没有什么第二次站队的机会；他们是地主也绝不需要再"清查"。

他们只能是宿敌。

中国的阶级斗争史上，农民与地主之间的矛盾，远早于工人与

第五章 1966年至1976年

资本家之间的矛盾。前者有从古代至近代的积累，在土地革命时期，互相危害深重；而后者之间的矛盾，只不过是近代以来历史上记录的急促的一笔，像乒乓球台上获胜的一方发出的一个短平快的抽球，且一抽定胜负。

并且，在中国，就人数而言，资本家单独够不上一个阶级，仅是社会学上的"符号"。而地主不同，在中国广阔的农村，在百代千年的历史中，有过众多大大小小的地主，想否认他们是一个阶级都不可能。

故所以然，"文革"中，农民对地主的再次"革命"，竟有超过于城里的暴力现象，必然殃及地主家庭的所有成员。而实际上，地主人家早已在过着终日提心吊胆的日子，对并无实际危害的他们，实行暴力性的再次"革命"，缘于先入为主的有罪推断——他们时刻妄想变天。

1964年前后，曾有一部旨在对少年儿童进行"阶级斗争无处不在"的教导的话剧《刘文学》在全国巡演，内容是——农村少先队员刘文学发现四十几岁的老地主在队里的辣椒地里偷摘，欲将其揪到队里去。老地主将已摘下的几个辣椒全给了他，求他放自己一马。刘文学当然不肯，结果被掐死……

与其说这是一场"你死我活"的阶级斗争，莫如说是不该发生的悲剧——但这是确实发生的真事。

试想，如果一个贫下中农的孩子看了此剧，面对本村的一个老地主，认为他表面看上去的老实是伪装的貌似的无害，实则极其危险而可恨，于是发起主动性的暴力攻击；老地主越显得软弱无辜，越发惹恼对方，于是遭到越暴力的攻击……是不是也不出人意料？

归根结底，人类需要文化、文学、文艺，不是为了将恨代代相传下去，而是为了探讨消除恨心的可能性和有说服力的理由。并且，将此种对人类的进化有益的事以更多种方式进行下去……

在1966年的六七月份，在哈尔滨，小人书铺全都关门上锁了，铺主们怕他们的小人书被红卫兵烧了。有一处小人书铺的小人书确实被烧了；租小人书的大爷胆小，见一伙红卫兵远远奔来，逃之夭夭。另一处小人书铺的铺主却不胆小怕事，老婆孩子全家齐上，都手操家伙，为了保卫财产不受损失，要玩命。去小人书铺表现革命行动的只不过是没名气的中学的红卫兵，有名气的中学的红卫兵和是中专生、高中生、大学生的红卫兵才不屑于干那事。而允许开小人书铺的人家，或有红色家庭背景，如生活困难的军烈属人家、已故劳模人家——当年那是种照顾。人家一亮家庭底牌，些个半精不傻的红卫兵知道不好惹，悻悻而退了。

全市到处都乱起来了，一切被认为该砸该毁的也都砸了毁了。有些地方，造反派已经开始因谁更有资格夺权而打起了派仗——在乱局已成、乱象丛生的情况下，一种电影放映现象应运而生，曰："为了批判！"

这是任谁都得配合的硬理由。若不配合，什么意思？

不少机关、单位、院校、工厂的造反派组织，带着盖有大红印章的证明——当年造反派组织的印章都不小，小的也比得上如今局级单位的印章了；还戴着造反派袖标，带着一彪人马，去到省、市电影发行公司、资料室借片。

除了没有，有就必定借得出来。

某时一部电影两三个造反派组织同时借，就互相协商，按先后顺序跑片。而谁若知道放映地点，约上数人，戴红卫兵或造反派袖标——必需的，此政治身份证明也；或认识放片单位的人，沾光蹭看一场电影是很容易的。场场爆满，站立者多。

我在那一时期蹭看了如下电影：

《秋翁遇仙记》《画中人》《追鱼》《宋景诗》《武训传》《清宫秘史》《怒潮》《洪湖赤卫队》《风暴》《不拘小节的人》《新局长到来之前》……

苏联电影——《第四十一个》《柯楚别依》《夏伯阳》《运虎记》……

老花农秋翁的牡丹园中，牡丹按季盛开。朝廷凶官恶吏命秋翁皆砍之，秋翁爱花如命，抗旨。结果入狱，惨遭毒打，宁死不从。官府只得派衙役闯入花园，大肆破坏。恶举激怒了牡丹仙子，以神术予以惩罚——这是《秋翁遇仙记》。

放映时，有人高呼"打倒右派分子""坚决粉碎右派分子的猖狂进攻"。

随后呼声稀弱，人们看得都很投入，也因第二句口号字数多。

《宋景诗》的"问题"在于，这位起义军首领，为了免于部下做无谓牺牲，向清廷妥协——有歌颂投降主义的意图，尽管那是史实。

《武训传》的"问题"在于——虽然武训这一位晚清的乡下叫花子以筹资兴办义学而成名，南方某些乡下为其建庙塑像，但鲁迅针对康有为、梁启超对他的功德的肯定，是讥嘲过他的。武训本无任何筹资能力，惯用之法是苦肉计，在影片中的台词是："打一拳，两个钱；踢一脚，三个钱。"为了从富户筹得义款，每每于朱门高阶之下，一跪便是两三天，酷暑严寒、风雨交加而不去。演员赵丹将一个叫花子的"教育强民强国"的梦想演绎得细致入微，看得人一阵阵心酸、心疼。既为武训，也为中国。尽管片中加入了农民起义的片段，但不自觉歌颂历史上轰轰烈烈的农民革命，而将艺术兴趣转向历史边边角角的"庸俗人物"身上，为文艺界带了一个坏头——这一罪名还是坐实了。

《清宫秘史》的主角是光绪、珍妃。——光绪主张改良，珍妃支持；慈禧恨光绪的"糊涂"，尤恨珍妃竟敢涉政，于是在八国联军攻入北京、仓皇脱离之前，下旨处死了珍妃。

这一段宫廷历史，即使今天看来，也与"爱国""卖国"之论点不切。

"文革"前，报上对《武训传》和《清宫秘史》是同时批的，且加"编者按"，用语严厉。关于《清宫秘史》，指出是卖国主义的影片。

至于《怒潮》《洪湖赤卫队》《风暴》，罪名分别是为"彭德怀反党集团"翻案，替贺龙和刘少奇树碑立传——盖因《怒潮》中主人公的早期革命经历，与彭德怀的早期革命经历相似；而贺龙开创了洪湖革命根据地；《风暴》歌颂的虽是工人运动领袖林祥谦烈士，但刘少奇是中国工人革命运动的创始者之一。

中国文化的历史基因

《怒潮》有一段插曲当年深受爱唱歌的青年喜爱，便是《送别》：

> ……
> 送君送到江水边，
> 知心话儿说不完，
> 风里浪里你行船，
> 我持梭镖望君还。

"文革"中有漫画对此歌词进行解读——刘少奇手持梭镖伫立河边挥手，船上的彭德怀一脸凝重。

而《洪湖赤卫队》为歌剧片，脍炙人口的歌曲数段，曾尤为流行。其中"为革命，砍头只当风吹帽"一句，荡气回肠，有"革命气概高如天"的冲击力。

当然，"文革"十年中，这些皆为禁歌。私下唱必受批判，公开唱定会判刑。

《不拘小节的人》讽刺一位文学作家，缺乏在公共场合的公德意识，屡出洋相；《新局长到来之前》，则如官场浮世绘——讽刺官场阿谀之风。

至于《第四十一个》，在中国，在当年，我这一代许多人只知其有，看过的人少之又少——属于斯大林死后的"解冻"电影。中国当时进口此片，乃为配合"九评"，意在让中国的干部们了解——看，斯大林一死，苏联的电影都弄出了什么鸟东西！其内容是——战争时期，苏军女兵奉命押解一名金发碧眼的白卫军中尉前往苏军一处指挥部受审，过海湾时遇风浪，船翻，女兵与俘虏漂于一岛，日久天长，一切为了生存的共同经历，使二人渐不敌视，又渐生爱的火花。忽一日，轮船出现，却是德军的。俘虏欲说服女兵跟自己走，遭拒。于是独自向轮船跑去，女兵举枪，瞄准，击毙了第四十一个敌人。最后的画面似乎是女兵的脸部特写，缓缓淌下了爱的泪……

《运虎记》是一部轻喜剧片，拍于美苏领导互访之后——一艘苏联货轮上载了一个大铁笼子和小铁笼子。大的关一只虎，小的关一只黑猩猩。黑猩猩淘气，放出了虎，于是船上大乱。但老虎若要活下去，就得学会与人相处才能不挨饿；而人在抛给它食物时，也积累了与之同船共处的经验——很像《少年派的奇幻漂流》。

我看以上电影时，有人手持话筒从旁念批判稿，至今记忆犹新，关于《运虎记》的批判是——船指地球；虎指以美国为首的西方帝国主义；食物指外交外贸策略。"我们认为，帝国主义既是纸老虎，也有真老虎吃人不改的本性。只能坚决消灭，绝不能心存共处于地球的幻想。"

然实际的批判效果并不好，人们看时该笑则笑。

至于《柯楚别依》《夏伯阳》，是苏联十月革命时期的革命将领的传记片。两部影片中，《夏伯阳》更好看，他那种绿林好汉般的战斗英姿，迷倒了不少男青年。"文革"前，两部影片在中国公映过，都没什么值得中国人批判的，也免费放映，肯定仅仅是为了白看电影。白看嘛，只要是大多数人没看过的，放什么都值得看呀。

后来，上头传达了一份"红头文件"，指出有些单位以批判为名，趁机放映禁片，是破坏"文化大革命"的行为。至于是否是北京下发的文件，不得而知。

此风戛然而止。

在"文革"中，某些哈尔滨人竟有机会弥补遗憾，白看了许多部此前不曾看过的中苏电影，想想也有几分喜剧色彩。

1966年8月，我被班里选为进京接受检阅的红卫兵代表——十人中选一人。我被选上，不是因为造反有功，而是因为我人缘较好。

听说，四川"大三线"乱得甚凶，全家都牵挂我父亲平安与否，我一说我想从北京前往四川看望父亲，母亲欣然同意，给了我五元钱。

既然红卫兵乘列车可以免票，干吗不呢？机不可失，失不再来。母亲嘱咐我考察一下父亲所在的乐山地区是怎样的地方，若还可以，她打算率我们投奔父亲那里，实现全家大团圆。她希望，大团圆后，哥哥的病也许会彻底好了。我已是实际上的长子，完全同意母亲的预想。

因为我们一百余名学生和十几位老师是经过大民主方式选举出

的进京"代表",铁路部门很关照,居然为我们确定了一节车厢,叮嘱我们沿途停站时,不要打开前后车厢门,以防止各地的非"代表"学生涌入。

虽然,几乎全校每一位老师都无一例外地被贴过大字报,但师生们同处一节车厢时,自从是学生以后所养成的尊师的意识又起作用了,男同学应该关照女同学的常理本能般的又有所体现了。师生关系,与以往相比确乎发生了些微变化,却也就是难免的互觉尴尬而已。

到那时为止,除了前边提到的辱师现象,我们学校没再发生更严重的暴力批斗事件。针对校领导与老师们所贴的大字报,也主要是批判他们"忠实地执行资产阶级教育路线""鼓励白专道路""热衷于培养白专苗子"而已。还没有哪一个或几个学生写的大字报中,出现"打倒"哪一位校领导或老师的文字。有的大字报,所涉及的虽非政治问题,却使老师们更受伤害,如某女老师经常往身上喷香水,某男老师经常到市里最高级的理发店理发,结论自然是——向往资产阶级生活方式。明明都作出了结论,却非添加一行字:×××,必须回答!速速回答!!

老师们便只得予以回应——喷的不是香水,是花露水,皮肤过敏,怕蚊子叮;那处理发店离自己家最近,与理发师傅熟悉了……

于是,又招致一轮批判,使被纠缠住的老师很狼狈,斯文扫地。比起来,他(她)们反倒更欢迎上纲上线的政治化的批判,如"着力培养白专苗子"之类。

对于使老师更受伤的大字报,有许多同学是反感的,私下里也会表达,但都不会仗义执言,以大字报方式替老师鸣不平——怕惹火烧身。情形与当下中国的某些网上现象如出一辙——如果被误解甚至受到成心羞辱、贬损的某人一回应,新一轮伤害反而加剧。

在我的中学母校哈尔滨市第二十九中学,在我的记忆中,似乎只有一位老师没被贴过大字报——王鸣岐老师,数学教研组组长,也是我哥哥的中学班主任老师。

我还不是二十九中的学生时便认识她了,我下乡后,每年回哈尔滨探家,有两位老师我是必定看望的——一位是我中学三年的班主任,一位是王鸣岐老师。

她是一位名副其实的"老"师。我第一次在家里见到她时，看上去她已五十多岁了，实际上可能四十几岁。我成为二十九中的学生后，她还那样——一位小个子女老师，不说话时，一脸庄肃；说起话来，却很和蔼。那时她尚未婚，属于颜值偏低的一个女子。

但她教课教得好。

如今想来，没人给她贴大字报，与以下几点有关：

她是教数学的而非教语文的；她虽是教研组组长却不是班主任了；除了上课，她不再与学生们发生亲密接触；她颜值偏低的形象。这一形象，使她如同中学校园里的一位寡言少语的老阿婆，尽管她的穿着一向得体、整洁，一头灰发梳得利利落落，完全是知识分子的气质，并不真像乡下的老阿婆。并且，她的气质总给人一种朴实无华、超凡脱俗的印象。

她是伪满时期哈尔滨师范学校数学系的尖子生，这一点在校园中是有所流传的。却没有哪一名同学写一张大字报勒令她对那一段历史交代什么。

她有什么特殊政治背景，受到暗中保护吗？

可以肯定地说，绝对没有。

她也并非一位与学生之间零感情的老师。

我感觉在我哥哥他们几名学生心目中，她似乎既是师，亦是母。他们对她的敬爱，非我日后所见所知之中学师生关系可相提并论。

顺带一笔，"文革"后期，她退休了，她的一名学生为她介绍了一位老"对象"，并且介绍成功了，便是某小学同样退休了的韩老师。有了老伴儿，最敬爱她的学生们认为她的晚年生活还不圆满，其中一个，又将自己聪明可爱的小侄子过继给了她——那一年，她的学生们可都三十几岁了，各自都成家立业了。如今，王鸣岐老师和老伴儿都已作古。她先逝的，在她的追悼会上，些个五六十岁的男人女人，悼念深情溢于言表。

近年，钩沉民国时期人、事的文章和书籍可谓不少，历史烟云中的师生关系，常成美谈。这使我常回忆起王鸣岐老师和她教过的我哥哥他们那一届初中生的关系——他们中三分之一左右的人后来考上了大学。她与他们那一种关系，未必不及民国时期某些成为美谈的师生关系之温馨。

但她身上究竟有什么为人师的魅力，却是我至今说不清道不明的，只能顺带一笔而已。

又常想，所幸"文革"来临之年，我哥哥他们那些学生早已毕业。否则，也被大势所迫，对她进行很混账的带有羞辱性的批判，使良好的师生关系变成了一地鸡毛，该是多么令人伤心的事啊！

另外两位大字报极少的老师是夫妻。男老师姓聂，女老师姓隋，当年都不到四十岁，都教语文。他们都曾是北大学子，聂老师曾是北大话剧社的"明星"，以演《家》中的长兄觉新而耀眼于北大，身材颀长，像邵洵美。本可留校的，却被打成了"右派"，分配到哈尔滨。隋老师的形象有几分古典美，像陆小曼。为了爱，连党籍也不要了，一往无前地追随"大表哥觉新"也来到了哈尔滨。

他们都是没资格做班主任的老师，而这对他们成了幸事。

尽管都没做过班主任，但当年若不是在二十九中，而是在哪一所重点中学，就他们那么一对人儿，很可能被斗惨了。为爱，一名"右派"党籍都不要了，仅这么一条，都够夫妻俩喝一壶的了！——你"右派"用什么坏思想影响了你妻子，使她无怨无悔，认为值得啊？你预备党员当时怎么想的？不划清界限，反而置党籍于不顾——若出现了这样的大字报，过得了关吗？

他们的大字报少，除了没做过班主任，还因那一年隋老师流产了，身体看上去更弱了，学生们似乎都不忍心难为他们。

记得有一张针对他们的大字报，内容是谴责他们不应该自己一直放不下政治包袱，有意与学生保持疏远距离——与其说是批判，莫如说是提意见，表达了不少学生其实希望与他们建立良好的，起码是正常的师生关系的心声。

像王鸣岐那样的"老"老师，学生们因为普遍具有传统的敬老意识，而不用大字报骚扰她；像隋老师那样的弱不禁风似的老师，学生们又因其弱，还因他们夫妻身上已有政治包袱了，亦不忍再加伤害——足见我们那一所中学的学生，当年的造反精神普遍是多么的有限。

回顾且思，我敢于得出这样的结论——当年越是重点的中学，闹腾得越凶。因为那样的中学里，学生的家庭成分较复杂，高级知识分子与干部子女占比较大，他们的父母对他们的政治影响一向是"紧跟没错"的教诲；他们自己对政治也有多种多样的诉求，如学生时期被栽培，毕业后受重用，而立之年被委以重任，于是跻身于或起码是贴近了上层社会。新中国没有所谓"上流社会"，但有上层社会却是一个不争的事实，其核心价值观是"官本位"，权力至上。并且，他们晓得，特别是那些是知识分子儿女的学生晓得，自己在"文革"这场必然导致官场重新洗牌的大事件中表现怎样，也关乎父母与新权力阶层的关系怎样。如父母已然失宠，他们要表现得更积极；如父母尤其受宠了，他们的表现要比更积极还积极。总之，因他们的父母不同于普通劳动者，他们的表现普遍也异于普通劳动者的儿女。重点中学干部的儿女，心理也都差不多这样。区别在于，知识分子的儿女，很暴力的事是干不来的，振振有词的歪批能力却是有的，于是大展"才华"。干部的儿女缺少那种才华，于是积极表现转向暴力方面。总而言之，重点中学的红卫兵们的"文革"表现，从心理学层面看，是一种"个人迷信的追随狂热＋自我证明的唯恐落后＋学生式政治资本投机"的芜杂且不单纯的现象。不是说所有重点中学的学生都如此不可爱，但凡是当年有恶劣表现的学生，其心理肯定如上所述。至于比重点还重点的红色贵族中学，即主要招收"红二代"子女的中学，情况又不相同。在那样的中学，普遍表现的动机反而相对单纯，投机成分稀少。已经是"红二代"了，投机变得多余。个人迷信形成的个人崇拜是绝对的积极动机，而自我证明是那种动机的主要表现。如果父母一开始就被划到"黑线"上了，那么他们的命运很可能会像父母一样悲惨。因为，他们的同学斗他们的父母有多狠，对他们也会有多无情。他们从小接受的尽是"革命是暴烈的行动""你死我活是阶级斗争的真谛和铁律"那一套言传身教。一名往日的同学如果已经是"黑帮"的儿女了，那么就不再是同学了。他们这样重新组合同学关系，像他们的父母重新组合官场关系一样，是天经地义，完全符合革命原则的。也不是说都那样，大抵如此。而他们中某些"黑帮"子女，当年也曾互相保护，抱团取暖，在异常的岁月加深了友爱；也是当年人性温度尚存的现象，应记一笔。

至于像我的中学母校二十九中那样的中学，与"重点"二字无缘，普通得很。学生的家庭成分也分外单一，基本都是底层人家的儿女，谁的父母一方是科长、副科长，在同学心目中便是官的儿女了，连老师们也会另眼相看的。大多数学生都是底层人家儿女这一点，使政治投机的想法对学生心理的坏影响甚微，或可说没有。投的哪门子机呢？图的什么呢？底层儿女的人生目标定位都不高，有志向入党的和有志向考大学的都少而又少，打算考中专的居多。中专毕业了还未见得便能确保有工作，当年哈尔滨的中专生已经过剩——自己的将来能有份较稳定的工作，那就谢天谢地全家烧高香了！总而言之，上层社会是什么样的社会我们是所知甚少的，对我们几乎等于不存在。虽然，抄家现象已经司空见惯，但主要是市中心区的现象。上层社会高等的甚至奢侈的生活被一再曝光了，那也还是曝光在市中心。我和我的同学们往往只是听说了而已，谈论几句，也就忘了，思想转而就会回到自己所面对的现实。

自我证明的意识，每个人都是有的。中央文件已经将规则摆明了——能否顺利毕业、升学，要看"文革"中的表现，报上、广播里还在强调"史无前例""势不可当""顺我者昌、逆我者亡"——谁都不能不重视，重视就得有些自我证明的表现。

但若为了自我证明而变得凶暴，却又是大多数学生会觉得证明过头了的。反正我参与了，别人写大字报我也写了，别人喊的口号我也喊了，别人去开过的会我也去开过了——既然我参与了，别人毕业也得让我毕业吧，别人有的升学资格我也得有吧？不过就是这么回事，那我为什么非要证明过头呢？

此种普遍心理，使哈尔滨市绝大多数普通中学的绝大多数学生，即使在"文革"最乱的时期，也并没有都变得穷凶极恶。

1966年8月，我们这一届初三生本该毕业了。7月，按往年的时间表，许多同学该上高中或中专了。

但"留校闹革命"的公告，使大家谁都毕不了业。而接下去的"革命"还怎么个"革"法，谁都是满脑袋糨糊。

都毕不了业，车厢里的气氛其实就并非多么的活跃和开心，尽管都是"代表"。但是谁都尽量装出荣幸甚至幸福的样子。所以气氛也不能算是沉闷。毕竟，能被选为"代表"，意味着自我证明获得了公认。而且，免费去一次北京，包吃包住，这样的好事从没摊上过。绝大多数同学都没去过北京，也都没出过跨省的远门，没理由反而不开心——但开心的表现包裹着难言的心事却也是真的，更是真的。

那是一次意外情况频出、一言难尽的旅程。

而接受检阅是一次军训拉练般的经历——早上四点起"床"，其实没床，我们与许多别省的红卫兵"代表"入住地质博物馆，睡展柜之间，有席，不够，不少人直接睡地上，我也是；北京没准备好一下子接待那么多"红卫兵小将"。五点半开饭，六点出发，分给每人一个馒头和一条小腊肠。腊肠少，多数人没分到。我幸运，分到了。有人听说那就是午饭，怕吃不饱，冒领第二份，被识穿了，差点开起了现场批判会。

我们的队伍一出胡同便汇入了马路上的由全国各地红卫兵组成的人流。那是真正的人流，若耗子横穿马路必被踩死。可谓浩浩荡荡，却也前进缓慢。

三小时后，到了离长安街不远的什么胡同，都坐原地等待。

一点左右，我们的脚下是长安街了，队形更紧了，有女红卫兵晕倒，不止一个。

两点半左右，我们那一段人流，终于到了天安门对面。

组成人墙的军人大喊："不要停！往前走！往前走！……"

好不容易才从天安门对面走过去了。一走过去，队伍就散了，但见遍地是被踩掉的鞋，有草鞋……

我和同学们走散了。回到住地，倒身便睡。那晚回到住地的人少了一小半，不知去向。我们学校的老师说他们的使命已经完成，接下来我们可以自由行动。

我和同班的一名男同学听说，北京的红卫兵和造反派"要将首都变成红色的海洋"，东单和王府井先行变了，都想见识一下"红色海洋"怎么个红法。

第二天上午我俩便去了。东单倒也没怎么变红，但王府井街两边的柱子、门板几乎都刷上了红漆。我俩见到有人正刷着，满眼红，闹心。

我俩都不觉得北京的王府井比哈尔滨的中央大街更值得一逛。中央大街俄式小楼多，有异国情调——这是王府井比不了的。

如今想来，人类的发展史，差不多是伴随着口号的历史。简直也可以说，没有口号，就没有改变，没有发展。从前如此，现在如此，以后也将如此。中国、外国，都如此。人类的口号现象，非常值得研究，有兴趣者，肯定可以写成一部很有文化的口号学大书。

但，很"二"的想法，怎么就变成了口号，又怎么一下子毫无阻力地被许许多多人拥护了，成为许许多多人的实际行动——这其中的高级荒诞，却是我至今想不明白的。

如今想来——文艺皆为政治服务，着实是一个危险的口号，若被大多数文艺家奉为神圣口号了，后果不堪设想。因为，那么一来，文艺家就不但会参与篡改历史的勾当，而且还会以为自己在行创造历史的神圣之事……

两天后，我告别北京，登上了开往成都的列车。

那是千辛万苦的旅程，大约在车上待了一百个小时。有时列车一停就是半天，因为经常被"大串联"的红卫兵和造反派拦住。

在成都人民广场，我亲眼看到了红卫兵抡起皮带抽人的情形——台下有些人高呼："要文斗，不要武斗！"

还有一些红卫兵则在台上讲伊索寓言《农夫与蛇》的故事。

这也有文化现象的色彩。

在乐山，我收到了父亲复我的电报——"不许来，速归。"

父亲不到乐山接我，我是难以找到他的——他们的住地并不在当年小小的乐山市，而在乐山地区的深山里。父亲的态度那么坚决，我只有服从。然而返程特别不顺，中国的铁路已被"大串联"搞乱了秩序，途中我还病了一场。到北京，又因几次没挤上北去的列车，滞留了多日。

回到哈尔滨，竟已是国庆之后。我已回忆不起来，当年是怎么在途中度过的"十一"了。

我在北京结识了十几名武汉某中学的学生，都是高中生，有男有女。他们坦言都是家庭成分不好的学生，没资格加入红卫兵，也没资格"大串联",于是组成了一支"长征小分队",徒步走向北京。也都坦言,名曰"长征小分队",其实并非一直走,遇到有车可乘的机会,是会卷起旗帜登上不管是什么的车的。

他们对我很爱护,都像大哥哥、大姐姐。

我们同住在一位外交部官员腾出的房间里,混睡在草床垫上。他们差不多每人都带了小说,以外国小说为多——有人还带了《红楼梦》,内夹纸卡片,其上抄鲁迅关于《红楼梦》的一段语录,说是为了在被人发难时作为盾牌。

每晚,他们都读书,我也有机会读他们暂时不读的书。

《怎么办》就是我在那时读完的。

"没有完全的独立,就没有完全的幸福。"——这句话当时印在我头脑中了,第三百九十八页,绝不会错;如果是我读过的那一版本的话。

我的"代表之行"对我家意义重大——因为父亲住在大山里,母亲再也不提全家去不去四川的事了。

1967年,我们还不能毕业。

然而哈尔滨的"文革"之乱,已经不再是最初那种全社会性的骚乱了。各个单位,都发生着"内向型"的更尖锐的冲突了——所为皆因一个"权"字。从前的掌权者或"彻底"被打倒了,或"靠边站"了。权力的"真空化",使每一派造反组织都生取代之心。有时,一个单位的权力在一个月里会更变两次——从街道小厂到市里、省里的厅局级部门,每每因内部的夺权斗争而剑拔弩张。

正常的生产无法进行是不言而喻的。

但也不是完全停止了生产——不管哪一派掌权,即使仅仅半个月,就必须下达生产指令,那是显示自己有能力掌权的起码的证明。何况,还有"抓革命、促生产"这一"最高指示"约束着。

春节后,我和班里的几名男同学到拖拉机制造厂"学工"一个月。"学工"也是对我们的要求。我们都心存幻想,希望自己样样照做,毕业时能有份好鉴定入档案。一千几百人的拖拉机厂中的两大造反派组织誓不两立,一个月里我们经历了两次夺权与反夺权。直到我们离开,谁都没搞清楚两派究竟为什么势不两立。但厂里的许多老工人给我们留下了可敬的印象——有时两派的骨干分子都快在办公楼里武斗起来了，他们却还能心沉气定地在车间里，在车床边目不旁顾地工作着。

新生入学了，有些老师被取消了教学资格，老师不够了。我毛遂自荐，当起了一个新生班的代理班主任。数学好说，公式不染政治。没有语文课本，我给新生上"毛主席诗词欣赏课"。

那一时期我住在曾为老师们建的图书阅览室，兼做更夫，防止哪一红卫兵组织的学生将书搬走，卖了，用钱买写大字报的纸和墨水——那时有一条针对红卫兵的纪律，不清楚是哪方面颁布的——明确指出，凡属各级公共图书馆的书籍，只许封存，不许瓜分，否则按盗窃论处。之前烧掉的，自然不加追究了。这使我们学校的图书馆的部分书得以保存了下来。

而我度过了一个许多夜晚有书可读、枕书而眠的冬季。

实际上大部分书我已看过，没看过而又觉得吸引我的书不多。

在那样的岁月，我居然有幸读到了《白鲸》《傲慢与偏见》《呼啸山庄》《荒野的呼唤》《镀金时代》等外国小说和裴多菲、海涅、拜伦、雪莱等外国诗人的诗选。

除了《白鲸》，另外一些小说，小人书铺都曾有过小人书；那些外国诗人的诗选却是小人书铺没有的，使我一度也喜欢上了诗。

哈尔滨漫长的冬季曾使夺权的派性斗争处于冷战阶段，随着春季的来临，又变得白热化了。而中学红卫兵们造成的社会骚乱却渐平息了，大学红卫兵和大厂工人造反派组织之间的冲突成为"文革"的主要剧情。

但又产生了新的文化现象——"文艺宣传队"的演出开始活跃。

那时样板戏还在孕育过程中。外国的、古典的、苏联的一切文艺，都被贴上了"封、资、修"的标签；一切的中国现当代文艺，或因作者被划入了另册而禁了作品，或因作品被批为"毒草"而祸殃作者——全中国进入了一个无书、无电影、无戏剧，几无任何文艺节目可看的时期。

不论东西南北中，在中国大地星罗棋布的农村，农民们似乎面临着一种超历史的空前绝后的寂寞岁月,连民间娱乐现象也基本上销声匿迹了,民间艺人仿佛将要绝种。他们的娱乐愿望仅能通过以下方式来满足——婚丧之事、田间地头的戏谑、敲锣打鼓欢庆最新"最高指示"发表、批斗"地富反坏右"五类一向的阶级敌人及一切新型阶级敌人——后者的罪名大抵与"反文革"有关。婚丧之事并不经常,且禁止搞得过于热闹;最新的"最高指示"亦非盼之即来;田间地头的戏谑本是农村常态;于是,批斗会具有了非常态的消遣娱乐的性质,并渐由非常态而转向常态。年轻人们也渐习惯于此道而乐见之、参与之,又因而善于此道了——这使农村在"文革"中产生的"批斗罪剧"并不亚于城市。

城市人却常有场面宏大的"'文革'剧目"可看——在哈尔滨,动辄数千人近万人的示威游行、追悼游行、抗议游行、宣传游行不足为奇。红袖标基本完成历史使命了,或当擦鞋布了,或成个人收藏品了。但当那种宏大"剧目"上演时,仍是统一标识,其一片红仍有视觉冲击力。大学生和工人阶级成熟的脸与中学生们未成熟的脸给人行道上的观看者们留下的印象就是不同——前一种脸上似乎呈现着信仰的坚定性,"为有牺牲多壮志"的凝重、肃穆与感染力。往往,开路的是高呼"文攻武卫"之口号的武卫队员,如"御林军";其后是宣传车。又往往,焊了装甲钢板,队伍的中间通常是女性,老工人殿后……

当时的哈尔滨基本分成了两大派,大学生与工人,也因此站到了一起,两派大学生都尽量"团结",也可以说是"绑架"更多的工人。

那种场面宏大的"剧目"虽很可观,却也不是普遍市民想看到就能看到的。爱看热闹的市民有时听说发生在何处了,骑着自行车赶去时,很可能结束了。

一方面,轰轰烈烈的大事件经常发生在各个城市,令人心躁动不安;另一方面,因为基本上没有了文艺对人精神需求的给予,全中国,确切地说,大多数中国人的内心世界陷入了空前的寂寞。

"文艺宣传队"适时出现。

不是一种自上而下的推行、倡导,更是一种文艺本能性的时代反应。举凡中国的省会城市、直辖市，皆是文艺工作者云集，文艺青年生生不息的地方。文艺家可以一批一批地被人为废掉，文艺本身满足精神需要的功能却不是任何人可以废掉的——它只能被改变方向，只能被异化。而在文艺极度匮乏的时代，被完全异化了的文艺，也是大众所不排斥的，甚至持欢迎的态度，饥不择食。

于是在当年，在哈尔滨每每出现这样的情况——一处有舞台的场馆所在的街道，白天发生过派性冲突，甚至酿成了流血事件，到了晚上那里却有演出，门外聚集着一心想入内而不得入者。

观看自然是免费的，却也预先发票，或凭工作证等证件观看。表演者基本是青年，他们只争取表演机会，只满足于才艺的呈现，此外无任何功利目的。当年，各大专院校、各大工厂几乎都有"文艺宣传队"；后来简称为"宣传队"。若某大专院校或大厂存在对立的两派，则各有各的"宣传队"，并各有其势力范围内的演出场所。语录歌和诗词歌是节目的主要内容；某些抗战歌曲也在允许演唱的范围，如《黄河大合唱》、电影《地道战》的插曲等；某些民歌的演唱也不必忌惮，如《嘎达梅林》、才旦卓玛一唱而红遍全国的《共产党来了苦变甜》。还有某些经典的红色曲艺节目表演了也无质疑之声，如山东快书《奇袭白虎团》、快板《三进山城》、评书《肖飞买药》等。

器乐独奏、合奏也有点儿展现才艺的空间。

总之，在内容极有限的范围，十几个人的"宣传队"进行一场两个小时的演出，也能博得阵阵掌声。演出次数多了，有些人的才艺就会被民间口碑广为传扬。当年的演出简单，无背景，也不必着演出服——所着大抵是无领章帽徽的军装，典型的红卫兵小将的服装；倘是工人，则着工作服。但袖标是必戴的，因为演出是代表派别的。

我也饥不择食地看过，故有切身体会。

此种文艺现象并未持续多久，不知何方神圣下达的"红头文件"予以禁止，理由是防范非无产阶级文艺鱼目混珠，趁机卷土重来，悄然占领无产阶级的红色舞台。

春夏之交，有正式的新老师参加工作了，我的代理班主任角色

第五章　1966年至1976年

结束。当初，我之毛遂自荐怀有侥幸心理，幻想表现够格，或许会被破例留校，即使能较长期地做代课老师，那也很不错啊！

母亲经常因手头拮据而愁眉不展，我要为家里挣钱的愿望十分迫切，无报酬的班主任角色告终，未免嗒然若丧。学生们与我已建立了感情，别时相互依依不舍。

邻家叔叔是收废品的个体户，经常收回整车的书刊，大部分盖有单位图书馆公章，估计是造反派们缺经费了，肆无忌惮地给卖了。

于是我有了许多书刊可读，多到根本读不过来，只能选择性地读。我见到过《收获》《草原》两种刊物的年度合订本，邓友梅的短篇小说《在悬崖上》就是我从《收获》上读到的——内容是一名年轻的男性知识分子与有夫之妇产生了爱情，如何靠道德感和自制力成功地了断不该发生的事……

我第一次读到中国作家所写的当代的婚外恋故事，大觉讶然，却挺爱看——邓友梅是我记住的第一位中国短篇小说作家，那一期刊物也予以保留，为的是以后常读——暗想说不定自己以后也会面对那般"悬崖"，有必要先给自己打打预防针。其实，我也常幻想自己是于连，有机会爱上已婚的德·瑞纳夫人，只不过不愿违背道德脚踩两条船，将自己和别人的命运搞得很悲惨。

邻家叔叔收破烂的车还使我读到了《法国革命史》，五十多岁后才知道有几种版本，却不记得我读过的是哪一版本了，只记得书中多处对于暴民行径的描写使我震惊，不禁联想到了种种耳闻目睹的"文革"暴行——我必须承认，听说的比见到的多。

我也从书刊堆中发现了雨果的《九三年》，写此小说时，因参与了巴黎公社起义而逃亡国外的雨果，已被允许回到法国了，老了。在《悲惨世界》中，雨果极正面地描写到公社起义的血战和失败，而在《九三年》中，他变得和晚年的托尔斯泰一样了，似乎成了一个托尔斯泰主义者，即呼唤"好人政府"和"人道主义"的老翁。他似乎是在通过《九三年》反思法国大革命；而其反思的立场是超阶级的人道主义——我所读到的《九三年》，出版前言中有这样的话：晚年的雨果，由其贵族出身所决定，无可救药地堕落到所谓的资产阶级人道主义的泥潭中去了……

原话肯定不是那样，意思肯定是那样的。

我先读的《法国革命史》，便很能理解雨果的反思了，并且产生了这样的想法——一个人，不管曾是什么人，倘到了晚年还不是一个人道主义者，那也着实是个可怕的人了。

也可以说，当年的我，"文革"背景中的我，开始成为一个少年人道主义者了——不，那一年我十八岁了，是青年了。《法国革命史》和《九三年》使我在思想上有种自甘"堕落"的倾向，"不可救药"也无所谓。

我也第一次接触到了托尔斯泰和高尔基的短篇集——托氏短篇小说一如他的长篇小说，人道主义主题更明显了，《舞会之后》《穷人》都给我留下深刻印象；前者对我的影响，在"文革"后我多次与记者谈到过，后者如今收在我们的小学语文课本中。还有一部短篇，讲俄法战争结束后，一些农民要以私刑的方式处死另一个农民——法军占领期间，他被迫为法军做了些事。他七八岁的儿子一直跟随着，哭着哀求人们放了父亲，那孩子的母亲仍病在家中。有一个人忽然动了恻隐之心，说那就算了吧，战争已经结束了，何必多死一个人，反正他的罪过也不是多么严重……

我与同学对此篇小说讨论过，他认为同样的事如果发生在军人身上，就不可以那么简单地说放就放了，必须受到军事法庭的审判。罪行不严重，当然不应判死刑。但不判刑也不对，那军队就没法带了。

我同意我的同学当年的看法，至今也同意。我成为作家后开始意识到，托氏的某些短篇分明是人道主义主题先行的——但我理解他用心良苦，从不嘲笑他用小说形式进行的人道主义"布道"。并且常想，倘世人皆讥讽人道主义，那我直接去当人道主义传道士，不当作家了也罢。

与以上作品同样印象深刻的，还有几期《支部生活》杂志，小三十二开，白皮黑字，薄薄的——除了讲怎样过好支部生活，后两页还讲"怎样过好夫妻性生活"；千真万确，我写下的与实际标题一字不差。

如今，我一回想起来就忍不住笑。

第五章　1966年至1976年

那两页内容使我明白，党员首先也是人。并且，直接完成对我的性启蒙。

印象最深最深的，是用钢笔抄在笔记本中的几行诗：

人民是什么？
人民是面旗子吗？
用到，把它高举着，
用不到了，便把它卷起来。

人民是什么？
人民是一顶破毡帽吗？
需要了，把它顶在头顶上，
不需要的时候，又把它踏在脚底下。

人民是什么？
人民是木偶吗？
你挑着它，牵着它，
叫它动它才动，叫它说话它才说话。

人民是什么？
人民是一个抽象的名词吗？
拿它做装潢"宣言""文告"的字眼，
拿它做攻击敌人的矛和维护自己的盾牌。

人民是什么？人民是什么？
这用不到我来告诉，
他们自己在用行动，
作着回答。

人民是什么？人民是什么……那笔记本中还抄了不少别的诗句和书籍中的名言。我没敢保留，替它的主人毁掉了——那样的笔记本自己不偷偷烧掉怎么还敢卖了?！从字体看，不是中学生抄的，像成年人的字体。转而又一想，也许是抄家抄到的，它的主人已经罪名成立了。

当年，那是我读过的对我最有冲击力的诗，与之相比，拜伦、雪莱、海涅的诗立刻逊色。

于是便牢记住了"臧克家"这个名字。

我仍是到校次数最多的几名学生之一，因为被选为班级"勤务员"了，也可以说是服务员。我们"勤务员"到校之目的已只剩一个，如果有什么招兵、招工、毕业或可以升学的消息，能及时通告大家。

1967年全年没有那样的消息。

1967年我除了在家里将一切我能做的事都做了，包括和泥、托坯、修房子、改造火炕和火墙、做煤球……再就是阅读了。除了阅读时光，更静好的时光是没有的。

因为还不能为家里挣钱，我负罪地、自虐地捡过煤渣、扒过树皮。

1968年前五个月，还是没有关于我们这一届初三学生的任何好消息。

6月初，"上山下乡"运动开始了。

6月17日，我去往黑龙江生产建设兵团，终于可以为家里挣钱了！

我们黑龙江生产建设兵团的知青既自谓"军垦战士"，对我们的宿舍内务起初便有军营般的要求——除了被褥的叠放方法必须整齐划一外，"红宝书"也得清一色地摆在明面。但这要求只严格了一个时期，因为我们的宿舍非砖瓦化的营房，住得也比正规军的战士们拥挤，整齐划一根本做不到。

1968年，如上文化强劲，常态文艺现象不常见，从城市到农村，绝大多数中国人在几乎没有文化生活的情况下淡定自若地生活着，仿佛并不缺乏什么。

这乃因为，相对于人民大众而言，从前文艺在生活中所占的时间比例也很有限，没有那种从丰富到匮乏的强烈反差。

但对于青年而言，对于即使只有初中文化的青年而言，不论在城市还是在农村，十分单调的文艺形态都是不能满足精神需要的，对多样化的文艺的需要越来越强烈，几近如饥似渴。而比之于城市，"广阔天地"更加使人内心寂寞。当年我们二十几名首批连队知青，为了抵御形同包围的大寂寞，宁肯干了一白天活，晚上再到地里去加班，直至天明。深层原因并非积极的劳动表现，而是内心没着没落、不堪寂寞。自然也有从众心理在作祟，别人去了，自己不去，怕显得劳动表现不如人。但主要是为了抵御寂寞，正值麦收季节，看地里的收割机往复穿梭，有点意思。

试想，倘若劳动之余，有书为伴，有歌可听，谁还非主动加班不可呢？我们团地处边境，连队在山区——老战士、老职工家里都不买收音机，因为收不到国内的几个台，信号也不好。

1969年，情况发生了变化。

我们连的知青多了，两个男排、两个女排，外加后勤、连部的知青，共一百三十几名，由哈尔滨、北京、上海三地知青组成。我们连不是知青人数最多的连队，有的连队甚至有二百多名知青。

于是，"宣传队"自然而然地产生了。

文艺的种子历来在青年的心里，将青春期的热血当水分，将才情当土壤，时机一到，环境一允许，必然发芽。一旦发芽，生长得很快。

到下半年，全团各连队都有"宣传队"了。

又于是，各连之间的友好演出你来我往，大大活跃了北大荒知青的文艺生活——"八一"、"十一"、生产建设兵团组建日、春节；春播、夏锄、秋收季节，几乎都有演出可看。水平不是很高，也不可能多高，但毕竟有人进行文艺表演，大多数人有机会成为观众了。

到年底，团"宣传队"成立。

团"宣传队"的演出水平要高不少，因为队员都是从各连"宣传队"选拔的——一个团三四千名来自各大城市的知青，文艺方面可谓藏龙卧虎，展现才艺的平台一旦形成，文艺精英自然亮相。

我将"宣传队"用引号引了起来，乃因实际上应叫"演出队"。当年习惯上叫"宣传队"，谁一说自己的同学是"宣传队"的，别人便明白那是颜值高且有文艺细胞的知青。而谁若承认自己的对象是"宣传队"的，不论是哪一级"宣传队"的，都会使别的知青羡慕。

而我未将"精英"二字用引号引上，乃因他们中某些人确实称得上是文艺精英。有人在下乡前便是本校宣传队骨干，在城市里经过多次演出历练，演出经验已相当丰富。有人则曾是戏剧学院、舞蹈学院、音乐学院附中的学生，并是出类拔萃的学生，文艺才能是主要素质，表演是专业课。若没发生"文革"，毕业了是会考入戏剧学院、舞蹈学院、音乐学院的；毕业了是要直接分到文艺单位的。

那么，我们团"宣传队"的演出水平究竟怎样呢？

当年，也就是1969年春节，团长、政委率"宣传队"到黑河市慰问——生产建设兵团也终究是兵团，有"拥军爱民"的任务。"拥军"指地方对我们要做的；"爱民"指我们对地方要做的。

团"宣传队"一演出，令黑河市的干部群众惊艳。原定演一场，走走形式，不得已加演两场，载誉而归。

黑河市有文工团，代表全市最高文艺演出水平——不久，黑河市派了几名文工团员到我们兵团"宣传队"蹲点儿、学习。也许才艺水平是不相上下的，但兵团"宣传队"的创作水平是地方所不及的。地方条条框框多，不敢越雷池半步。相对而言，兵团的文艺知青禁忌心理少，每每有体现本身特色的新节目。

到1970年，黑龙江生产建设兵团七个师七十四个团，各师团都有"宣传队"了，没有"宣传队"的连已经不多了。

兵团"宣传队"似乎就是在那一年组建的。

这使黑龙江省歌舞团压力山大。他们能演的节目，兵团"宣传队"都能演。兵团"宣传队"能演的，他们却未见得能演，比如整场的芭蕾舞《红色娘子军》《白毛女》。据我所知，其实兵团"宣传队"只演过片段，没演过整场。有那实力，没那必要。

所以，省市文艺单位从不到兵团进行"拥军"演出，兵团"宣传队"也很低调，不到省市"慰民"演出。

兵团"宣传队"的水平又如何呢？

"文革"后，有次与知青好友们相聚，电视正播《长征组歌》，唱到《祝捷》，一句"活捉了敌酋牛师长"，皆赞。那句确实唱得好，由一句平实的男中音倏然飙至嘹亮高音，且甩了一节民歌乐观情调的花腔，有特点。座中一人忽道："他曾是我们师宣传队的。"是否属实，我未了解过。但黑龙江生产建设兵团的文艺知青，当年返城后，确有不少进入各省市以及国家级文艺单位者。电视普及后，渐成著名文艺界人物。

记不清是哪一年了，兵团总部在哈尔滨举办各师文艺会演，夏末秋初，天高云淡，凉风宜人，七个师的宣传队员着一色的无领章帽徽的草绿军装，列队向北方大厦行进，步伐整齐。恰逢西哈努克亲王夫妇访哈，见队中男女青年个个英姿勃发、精神饱满、气质不凡，引发好奇，竟双双下车，上前询问、交谈。

黑龙江生产建设兵团之知青文艺现象，当年可算是全中国特别例外的知青文艺现象，由以下因素形成：一、知青人数多，据言最多时达四十八万；二、实行军队编制，不易涣散，便于凝聚；三、大部分知青来自哈尔滨、天津、北京、杭州、上海几大城市，那些大城市一向是集中"出产"文艺青年的摇篮；四、黑龙江生产建设兵团直属沈阳军区，而沈阳军区同其他各大军区一样，有重视文艺的传统；五、黑龙江生产建设兵团与新疆生产建设兵团，是当年两个知青人数最多的生产建设兵团，由于地理位置特殊，存在作用关乎国家领土安全，在中南海受到非同一般的重视，给予其相对不太受干涉的文艺自主权。若无后一点，其文艺现象例外不了。

兵团总司令部几乎每年举办各类文艺学习班——或在总司令部所在地佳木斯，或在各师、团部。除表演艺术学习班，还有版画班、油画班、文学创作班。十万官兵中才情斐然的人也不少，经常举办经验讲座。

放眼全国，由于没有了书籍可读，中国喜欢读书的青年对书籍的饥渴般需要之忍耐已近崩点，周恩来总理心知肚明，却也无奈，仅能做的事是下达指示重印了一百万本《钢铁是怎样炼成的》，形同杯水车薪，只得再加印一百万本。

但城里人又有电影可看了——从阿尔巴尼亚、罗马尼亚、南斯拉夫、朝鲜各进口了几部电影，加起来也就十几部吧。《列宁在十月》

《列宁在1918》又允许放映了。后来，样板戏陆续拍成电影——在"文革"十年中，全体中国人能看到的电影也就这么多。

还有一种文艺现象值得一提——各县一度瘫痪的文化馆，似又渐有缓机。与"上山下乡"有一定关系——国务院"知青办"下达文件，要求各地重视知青们的文艺生活。条件相对好些的县，落实得快，文化馆活跃农村文艺生活的功能作用，重新发挥得顺利些。而知青中有文艺才能者，也为文化馆注入了新鲜血液。在当年极"左"的情况下，真能发挥作用，并且作用发挥得较好的文化馆，毕竟是不多的。若以理想化之文艺观要求，等于是站在凳子上说话——太高调了。

诚然，从始至终的"文革"十年，没打上年代烙印的文艺，是根本没有的。后来的文艺学者，据此一概否定当时的文艺，认为皆无价值，这种观点我也基本同意。

区别在于，有人以一片虚无的观点视之；而我则要求自己从一片虚无之中，发现文艺本身坚忍的存在能力，它是由许多热爱文艺的人，主要是当年的一些文艺青年体现的——那是一种戴着紧箍咒还要进行的文艺实践。交办的政治任务，拒不完成是一种罪；在有限的空间，试图进行不沾极"左"色彩的努力，搞不好更会厄运当头。但当年许多文艺青年，抓住一点点机会，努力过了。

曾有一位当年的文艺青年后来对我说："好比吊兰，栽于盆盆罐罐中，里边尽石子，根不着地。需要时才临时喷点儿水，不需要时没人侍弄。但自己一想，它终究也是绿色植物，有益无害，那样也要活，还要尽量发挥正能量。缺少阳光，就将人们的欢迎和喜欢当阳光，真不容易。往往真寒心！"

其言也悲，其情也戚。

问："那又图什么呢？"

答："有什么可图的啊！热爱呗，已经爱上了，咋办呢？"

然而"样板团"，无论哪一级的"样板团"，却是香饽饽，当年各方面都享受特殊优待。以兵团"宣传队"的总体实力，整场演出任何一部样板戏都不成问题。但兵团没单独成立"样板团"，也就没有享受什么特殊优待的"宣传队"。

1971年，发生了"九一三"事件。

虽然举国震惊，但对文化、文艺界并无大的影响。好的和不好的都没有。而对于文化、文艺界的个人，又有遭殃的了。如谱了大量语录歌、诗词歌的李劫夫，因也为林彪语录谱了曲，被"打翻在地了"。由他谱曲的最普及的林彪语录歌便是："'老三篇'，不但战士要学，干部也要学。'老三篇'，最容易读，真正做到就不容易了。要把'老三篇'作为座右铭来学，哪一级都要学，学了就要用，搞好思想革命化。"能将这样的大白话谱成嘹亮易唱的歌曲，证明他确是才华横溢的人，其"折"令人叹息了。

《东方红》《大海航行靠舵手》与林彪那首语录歌，可谓当年中国之"三大流行歌曲"——而林彪那首语录歌在军队中几乎成了当年的军歌，所以李劫夫在劫难逃。

"九一三"事件在黑龙江生产建设兵团知青中引起的思想冲击如深水暗流。表面上，不久就都转过弯子了。实际上，许多知青对"文革"不容置疑的伟大意义的怀疑，由此埋下了种子。

四季照常交替，兵团还是兵团，知青还是知青，"风沙漫漫无边地走，什么都没改变"。

转眼到了1974年。9月，我有幸成为复旦大学中文系的工农兵学员。

在1971年至1974年三年间，主要文化现象如下：

1972年10月2日，北京人民广播电台率先播出业余外语广播讲座，掀起了"外语热"；

1972年，全国形势趋于稳定，教育开始转向正轨。大学招生过程，文化考试成为必经一关——当然，是对普通青年而言；

1972年反对所谓"右倾回潮"；

1973年"两报一刊"的元旦社论《新年献词》强调，当前重要政治任务"首先是批修"，即继续反"右"，而不是反"左"；

1973年辽宁省插队知青张铁生、北京某小学校一名五年级女生黄帅，被政治宣传塑造为"反潮流英雄"；

1974年"两报一刊"之《元旦献词》，"四人帮"攻击的矛头直指"党内大儒"周恩来，已成不争事实；

1974年"批林批孔"。

而最主要的文艺现象如下：

由于样板戏基本都被拍成了电影，中国人连阿尔巴尼亚、南斯拉夫、罗马尼亚、朝鲜电影也不容易看到了——一切放映场所必须以反复放映样板戏电影为主；

各县文化馆的作用，又从丰富人民群众文艺生活的方向，被扳回到为政治服务亦即为"批林批孔"运动服务的"正确轨道"；

有一道亮丽的文艺风景线——只有那么一道文艺风景线可以用"亮丽"来形容，便是内蒙古的草原文艺之花"乌兰牧骑"——它超凡脱俗，不怎么受政治风烟的熏染，活跃在草原上，只为将牧民喜闻乐见的歌舞献给他们；在新疆，当年据说也有类似的民族文艺演出队……

至于我们黑龙江生产建设兵团——各级"宣传队"已风光不再。连、营、团的"宣传队"基本都取消了。一是队员们都长了六岁，个人问题摆在面前了，没六年前那种饱满的排练和演出热忱了；二是知青们都看腻了，长了六岁，不再是小青年，感觉再看那类演出欣赏水平太幼稚；三是"精兵简政"后，"宣传队"的队员们，大部分分配到团直属连队去，成了招之即来、挥之即去的"散兵"——只有一两个师的"宣传队"，因毕竟还有需要之时，且水平较高，遣之不忍，特批保留。但也都忧心忡忡，心生种种旁骛了……

1974年至1976年

1974年几乎每一名知青都盼望着返城了，各兵团知青也不例外，尽管挣工资不挣工分，比插队知青的境况强多了，铁定了一颗心扎根的人是有的，极少。

这乃因为，"上山下乡"运动开始时，有一种官方说法是——到农村锻炼几年后，仍可回到城市分配工作。第一批返城了，第二批再去，如此循环不止……

如果这样的预想真是初衷，并且真能贯彻实行，那么即使今天看来，我个人也认为不是多么糟糕的国策，起码当年可以被普遍接受。诚然，从长远看，仍不明智。因为社会发展的大趋势是——通过农村城镇化来减少农村人口，使越来越多的农村人口也能享受城镇生活的便利，并从而提高农耕土地的经济价值。

几年究竟是多少年呢？

没了下文。

成为知青的"老高二""老高三"，已二十七八岁了。六年的时间算短吗？返城似乎遥遥无期，全国知青的心都已浮躁不安。另外，被"解放"的干部越来越多。往往是，他们被"解放"不久，他们的子女便以参军、升学、招工等各种途径，堂而皇之地结束了"接受再教育"的过程，这使广大的知青愤愤不平。而某些女知青为了达到返城目的不惜以自身为代价的真事和编造之事，更加使知青们感到命运的可悲。

黑龙江生产建设兵团虽然还是军队化编制，但普遍的连队已绝无当初那种连队的样子和气氛了。就样子而言，当初便与农村没什么区别。所不同的仅仅是，由于知青多，气氛活跃而已。知青们既已精神颓唐，当初之气氛也就不再了。

逢年过节放电影，也不像当初那样都去看了，不少人宁肯补觉、打扑克、凑一块儿喝个一醉方休。就那么几部电影反复放，连放映员自己都看腻了。

我按复旦大学录取通知的要求，9月中旬先回到了哈尔滨。派性斗争已表现式微，斗烦了。这是好事，一切迹象表明，"文革"一页差不多翻过去了。大字报已少见，偶尔出现，看的人也不多。某些墙上标语仍在，如同"忆往昔峥嵘岁月稠"的标志。

我越接近我的家，越感到整个中国仿佛是一大杯鸡尾酒，并且加入了黏稠剂，各色层互不混合，也难以混合。我感到最上面一层，其实反而是混合了的。按说应该是绝对的红色，但关心国事的知青们都心知肚明，北京上层的所谓"路线斗争"仍十分激烈，所以岂能是清一色的？而且，大多数知青内心立场上已经有了倾向性——革命口号喊得最响的政治人物，引起的反感更大了。

在最下面一层，我至今也无法形容其颜色，却能顿时就感觉到，与最上面一层的颜色是那么的格格不入——更确切的说法应是"隔隔不入"。之间隔着几层，有一层便是我这样的底层之子。

为什么不是底层儿女呢？

因为在当年，女知青总体上不议论国事。即使高中女生也不议论，除了按自上而下的要求进行的谁都不例外的政治表态，普遍的她们，本能加自觉地与政治保持最正常最正确的关系，即跟着"红头文件"表态绝不会错。往往，也只不过是早已习惯了的例行表态而已，不走心的。也许头脑里是有些个人想法的，但却能做到完全的若无其事。她们当年处对象的眼光，也大抵青睐紧跟"红头文件"所指引的政治风向的男知青。不似如今，如果男方甚"左"，女方会因而厌之。

但男知青们则不同。

当年某些男知青，经常交流各自获知的"小道消息"，并互相吐露感想。或能从某些"小道消息"中预判一下自己的知青命运，是本能关注的一方面原因。但"国家兴亡，匹夫有责"的意识也是有的，还往往体现为超本能的自觉。

却也不是所有的男知青都那样。

下乡时初中还没毕业的年龄小的知青不那样；他们中是底层人家之子的更不那样；父母哪一方有这样那样历史问题、政治问题的还不那样——像我这样的工人的儿子才往往那样，以高中知青为多。因出身好，颇敢私言。某些父母是知识分子，但并没被划入另册的高中知青，也往往加入分享"小道消息"、交流看法的"小集团"。出卖现象不能说没有，但极少发生。何况，也都有明智的底线，看法含蓄，点到为止，听者心领神会就是了。

在1974年，在黑龙江生产建设兵团，谁若做了政治出卖之事，个人付出的代价是很重的，可能会身败名裂，从此没了朋友——所谓"坏事传千里"。

当我这名头脑中有"异质思想"的知青回到我所熟悉的城市底层，顿时发觉到它的漠然和自若。是的，是漠然，不是淡然，更不是泰然，也不是超然；还不是淡定、自适。尽管整个国家已趋于稳定，但底层人家的生活普遍地、一如既往地被种种困厄所纠缠，家家都有难念的经，所以断无淡定可言，也不会对操心事接连不断的日子反而自适。实际上都希望尽早摆脱那种生活,既不能摆脱,日子仍得过下去,便"修炼"出了一种认命般的态度,表面看起来似乎是自若——一种与泰然无关的存在现象。他们的眼已很少关注国家的政治之事,心里也不装那些,装不下了。连市里省里的政治之事也不太关注的,听说了也就是听说了,左耳进右耳出,波澜不惊。要求他们参与,便随帮唱影地参与一下,意思意思。若并不强迫,便乐得置身事外。何况,北京那么远那么高层的政治之事,他们也看不明。谁非跟他们讲,他们特烦的,如农夫农妇烦秀才对他们宣讲"四书五经"。

这种政治冷感,是参与热忱被耗尽了的征兆。

他们曾积极地参与过不少运动了,最消耗他们政治热忱的是"文革"。八年了,民间说法是"跟抗战一样长的年头",他们腻歪透了,疲沓了。

又何况,懂事的长子长女大抵下乡了,家中只剩半成熟不成熟的小儿女,平时没谁与他们聊国家大事了。整个城市,尤其是底层居民区,白天已难得见到成熟男女青年的身影。

冷感归冷感,他们对1973年邓小平的复出是拥护的,男人们也知道邓小平的"拨乱反正"十分不易。他们习惯于眼见的社会是有秩序的社会,到处无政府的状态不是他们乐见的社会。他们"认死理",认为农民种地、工人做工、学生上学、干部好好为人民服务,是国家正道。在天天按时上班、下班与整日不务正业地东造一通反、西造一通反两者之间,他们宁愿回归前一种状态,那使他们觉得更是自己。造反之事,偶一为之可以,长期不行。不但自己觉得不行,别人那样也不行,看着来气。

我重新了解他们仅用了一天时间。

我是知青时,每次探家,照例挨家挨户探望是邻居和街坊们的叔叔伯伯、婶子大娘;此次我将去上大学了,更是必需的。

我也不谈政治,只聊家常。

有收音机的人家仍没多几户,我问早就开始攒钱打算买的叔叔为什么还没买?

答曰:现在收音机里广播那些内容,都听了八年了,暂时不买也罢。以后什么时候买，看情况再说……

在从哈尔滨至北京的列车上，秩序井然。因是长途，无座者寥寥，站立者皆为搭长途的短途乘客。有座的乘客见谁站久了，便起身让让座，自己也活动一下身子——这种情况，使我不禁觉得"文革"仿佛从没发生过似的。

列车广播室在播放《红灯记》选段，一位抱小孩的母亲叫住列车员，问可不可以声音小点儿——她的孩子困了，在广播声中难以入睡。

有人提议：干脆关了算啦！

列车员做不了主，请来了列车长。

列车长向大家解释：明明是广播时间，停止广播是不可以的，怕别的车厢的乘客有意见。

谁都看得出来，他怕犯错误——万一有人质问：广播时间正广播着样板戏，为什么忽然停了？对样板戏什么态度？

这样的质问，一位年轻的列车长是经不起的。

大家理解万岁，一致要求声音小点儿就行。

"找碴儿"的人未必绝对不会有——列车长和大家共同的担心，又证明"文革"确实还在继续中呢。

在1974年，上海市的街头大字报、大标语少之又少，我与新生们坐在接站车内，至复旦的一路上就没发现有。车外过往的上海人，一个个看上去气定神闲，步履从容，给我以自适之感。眼前一派"人生何必自烦恼"的市民生活图景，祥和气息宜然。想到该市曾发生过"一月风暴"，使我恍如梦中。

老师、老同学、新同学初见的氛围也十分愉快，其乐融融，彼此亲近友善。

我体检时转氨酶甚高，第二天就住进了校医院的隔离病房，两个月后转到了传染病医院，直到第一学期结束才出院。住院期间，老师和同学几乎都去看过我，倍感温暖。

第二学期开学后，在全系的一次什么会上，同学们推选我代表创作专业新生发言，我具体所说的话已全忘了，只记得中心思想是——机会难得，要好好学习，老教授们都是学养深厚的人，要尽量将他们头脑中的文化知识接收过来……

不料系工宣队队长,也是系党支部书记总结讲话时,表情严肃地批了一通"知识唯上",正色指出——复旦既是藏龙卧虎之地,也是虎豹豺狼之窝。工农兵学员的首要任务不是往头脑里装知识,而是战斗。要时刻牢记,大家现在是来到了"斗批改"前线,应该自觉做红色文化战士!

我虽挨批,心有不服,一度要写大字报反驳。

老师们皆爱护我,纷纷做我的思想工作。

我于是明白,"文革"真的尚未结束,接受了老师的劝告。

我在复旦的三年,思想倍觉压抑,开心的时候很少。关于此点,一概略去,下面主要谈当年的文化与文艺感想。

文化依然与政治密不可分,如同棉花与柳絮的混合,神仙也无法分开。《文汇报》《解放日报》《学习与批判》杂志,时有上海的"两报一刊"之说,每每登大块文章,借古喻今,含沙射影。乍一读蛮学术的,其实学术是面纱,面纱之下是不便挑明的帮派政治的意图和野心。

自姚文元那篇《评新编历史剧〈海瑞罢官〉》见报后,中国假学术之名包裹政治之实的伪学术文章,一直不间断地出现于各大报刊。起初连学界人士也难以识破其用心,单纯幼稚地将其误视为学术见解。待那等样的文章有呼有应,檄文的声讨性质明显,四面出击,八方策动,矛头不言而喻之时,思想迟钝的人们才恍然大悟。

1974年以来,那等样的文章非但未少,反而出现得更加密集,火药味也更浓了。

《孔子杀少正卯说明了什么》《孔丘其人》《从〈乡党〉篇看孔老二》《评〈吕氏春秋〉》《秦王朝建立过程中复辟与反复辟的斗争——兼论儒法斗争的社会基础》《读韩非〈五蠹〉篇》《论商鞅》《评罗思鼎〈论秦汉之际的阶级斗争〉》《论北宋时期爱国主义与卖国主义的斗争》《论西汉初期的政治与黄老之学》《汉元帝的尊儒反法及其历史教训》《研究儒法斗争的历史经验》《从曹参"尊而勿失"看吕后时期的法家路线》《论吕后》《有作为的女政治家武则

天》《李鸿章出洋》……不一而足。

从"批林"始，引向"批孔"，引向"批儒"，引向"批党内大儒"，引向崇"法"，引向歌颂吕后和武则天，引向崇拜当代的吕后、武则天及其帮派政治势力。

若单看那些大块文章的标题，任谁都不得不承认学术得很，但若联系起来看，司马昭之心，路人皆知矣。也不能不承认那是文化现象，但若掰开了揉碎了看，字字行行都围绕着政治目的。

越到后来，文风越浮躁，越显出迫切焦虑之气，对吕后和武则天的歌颂，也越发成为吹捧，词句肉麻。对于当代"党内大儒"们，诅咒和辱骂之文字，也越发用得肆无忌惮。

为了保证本书的品质，概略不引。

以上"文化现象"，可谓中国当年独有之"文化现象"——可叹的是，当时不少真的学者和教授，出于自我证明、自保甚至投机心理，做了断不该做的事，加入了"大合唱"。

也正因为那些文章假学术之名，便很难鼓动起最广大的人民群众的配合——尽管也有工人和农民"大批判小组"的应和，但却是政治策划的"成果"，绝不能代表工人和农民。

有大报开辟了"历史中的法家人物介绍专栏"。

也有大报设专栏连续介绍吕后和武则天在中国历史上的丰功伟绩。

还有的大报发表题为《学与不学就是不一样》的动员文章。

于是从1974年到1975年，组织学习以上文章，几乎成为就职于正式单位的中国人的日常"文化"学习表现；大专院校尤其如此。

1975年"两报一刊"的《新年献词》，也"高屋建瓴"地指出："批林批孔还要抓紧。要把主要的注意力放到学习和批判上来。对林彪、孔老二的批判，要抓住路线问题，抓住他们搞复辟、搞倒退的反动实质……"

孔子早成古人，林彪已死，其"反党集团"成员该抓的都抓起来了——"他们"是何人？几乎是挑明了说了。

然而即使在"四人帮"控制严密的上海，我依然感觉到了那种加入了黏稠剂似的"鸡尾酒"形态。也就是说，不管某些人造势造得多么来劲，心情多么迫切、焦虑，那一种"文化现象"，差不多还是像"自娱自乐"的现象，还是与最广大的人民群众和知识分子的厌倦感觉"隔隔不入"。

那些文章中的某几篇，我们中文系创作专业的师生自然要学，无非便是轮流读，大家听。往往读完了，沉默开始。有同学干脆说："文革"前没上几年学，历史知识少，不明白，得先补一下历史知识再发言。

而老师往往因势利导：咱们是创作专业，结合创作问题发发言也行。

一谈创作问题，大家这才有了发言的情绪。

但据说评论专业的同学比较苦，他们的女辅导员老师太认真，不许转移话题。他们却也有对策，主张以实际行动代替讨论。

于是，评论专业先于创作专业写了一两篇大字报式的表态文章，贴在大字报专栏，算是集体参与了。而谁都明白，那是过"学习关"的招数。

那一时期，我与另外两名同学到江南造船厂深入生活——工人们也须学习。他们对学习并无"遭罪"的感觉。学习往往在工作间歇之时，照例一人读，别人听。喝着茶，吸着烟，每每说："没听够，再读一段。"

于是有人接着读。

学习可以使他们休息的时间长一些。

至于民间，可以肯定地说，基本形态是——知道的全当没那么回事，不知道的宁愿永远不知道。衣食住行，吃喝拉撒，柴米油盐酱醋茶，病凶婚喜——事事都要操心。在几乎没有文艺的时代，民生变成广大人民群众的日常所思、文化主题。甚至，可以变得挺有文艺色彩。

试图以政治文化全面占领民间意识形态的一切维度——在当年就可得出结论，那是根本行不通的，或曰不再能够行得通了。

然而我在1975年却幸运地观赏了多场文艺演出，而且是代表当年上海最高文艺水平的演出——我后来又由老师们安排，与另外两名同学到"杂技学馆"深入生活。上海当年有多所艺术学馆，从农村招了不少符合培养条件的孩子,"杂技学馆"是其中之一。老师们教得一丝不苟,孩子们学得非常刻苦。他们不但要学习杂技,还要学好文化课。教他们的文化课老师,是从各小学抽调的优秀教师。我看孩子们练功,真正领教了"台上一分钟,台下十年功"的坚韧,每每心生怜惜。

各学馆也有工宣队员。"杂技学馆"有两位,都是纱厂的老年纺织女工,都是党员。她们原本是很好的阿婆级别的女人,若非身负政治使命,也必是可亲可爱的阿婆无疑。身负保证红色的"杂技学馆"不变颜色的政治使命,使她们不得不进入政治角色,也就与老师们在如何教孩子们方面矛盾不断,每每使孩子们无所适从。她们对我很好,希望我这名"工农兵学员"能和她们"站在同一战壕"。"工农兵学员"也是大学生啊,是大学生就算是知识分子啊。所以老师们特别是教文化课的老师们,也希望我比工宣队员更理解他们的教学善意。

我每每左右为难。

政治意识形态一旦也要占领孩子们的头脑,事情往往就会变得既使人无所适从,也使人不知说什么好。

但我住在"杂技学馆"的那一学期,基本心情是舒畅的、愉快的、自感幸运的——因为居然能在较高级的演出场所欣赏到一流水平的文艺演出。当年,代表上海最高水平的文艺演出,放在全国而论也够得上一流了。

1975年,上海依然是大多数外宾离开北京后首选的访问城市。对于他们的造访,一次能代表上海文艺水平的演出是招待过程必不可少的一环。"杂技学馆"的孩子们因而经常有演出任务。比起来,杂技是政治审查最易于过关的——而我和老师们,则可沾光入场,并每每能见到上海"市革委"头面人物的身影。

女声独唱《请茶歌》、民乐合奏《渔舟唱晚》、样板戏选段、样板芭蕾舞片段、钢琴协奏曲《黄河》、上海评弹毛泽东诗词《蝶恋花》以及其他毛泽东诗词歌曲都是主要节目——杂技是固定节目,场场必有,最受外宾欢迎。实事求是地说,孩子们的技能就是高,表演就是精彩;我从没欣赏过西洋乐曲或歌曲。

但，那样的演出，一般上海人是绝对看不到的。

存在于上海民间的文艺是哪几种呢？

除了评弹因其广泛的民间性和演出方式的简单，其他文艺形式几乎绝迹。

《孔老二诛杀少正卯》《武则天反儒》就有过评弹形式。而作为观众的普通上海人，听到了什么内容已根本不重要——演员的颜值、台风、嗓子怎样，才成为表达喜欢程度的标准。

但是上海另有一种文艺现象尤其值得一提，便是成立于1972年的"上海市美术创作办公室"，旨在从工人中发现画家苗子，培养一批工人画家。至1975年，居然卓有成绩，于同年举办了一次由文化部主办的上海、阳泉、旅大三地工人画家的绘画作品展览。即使以现在的专业水平来评价，那些作品也可圈可点——题材皆为车间、工地和船坞背景之下火热的劳动场面，画中人物亦皆工人。尽管时代符号显然，作者却大抵是青年工人。内容未免单一，画风也很传统，但都是一丝不苟的作品。这次画展曾在南昌、桂林、长沙、西安以及沈阳等地巡展，引起甚大轰动。后来，当年的工人画家中，产生了多位闻名美术界的实力派画家。

不排除上海"美创办"成立的背景具有某种政治因素，但客观效果却是中国美术很接地气的一次特殊亮相。特殊不仅特殊在工人画工人，受到广大工人的喜欢，还特殊在当年的工人画家们有着极高的创新热忱——竟尝试在中国宣纸上进行油画创作，并且成果斐然。

1975年7月，毛泽东对于文艺问题作了批示："党的文艺政策应当调整一下，一年、两年、三年，逐步逐步扩大文艺节目。缺少诗歌，缺少小说，缺少散文，缺少文艺评论。对于作家，要惩前毖后、治病救人，如果不是暗藏的有严重反革命行为的反革命分子，就要帮助。"

于是，北京电影制片厂拍出了《海霞》，长春电影制片厂拍出了《创业》——两部影片的播出都遭"四人帮"阻挡、刁难。

《海霞》是反映海岛女民兵精神风貌的，因导演谢铁骊执意先拍《海霞》，后拍"文艺旗手"布置的样板戏电影，令"文艺旗手"大为光火，横挑鼻子竖挑眼，结论是"改都没法改"。《创业》因为在片中塑造了一位忍辱负重却仍以找到大油田为使命的工程师形象，更加触怒"文艺旗手"，斥为"配合右倾翻案风"的"新毒草"。

电影《创业》的编剧、导演据理力争，上书主持中央工作的邓小平，邓小平将信转给了毛泽东，毛泽东又批示："此片无大错，建议通过发行。不要求全责备。而且罪名有十条之多，太过分了，不利调整党的文艺政策。"

"四人帮"虽同意上映，但又明确指示：不继续印制拷贝；报纸上不发评论文章；不出国；电视、电台停止广播。——认为被告了"刁状"，怀恨在心。同时，督促将他们视为"好电影"的《春苗》《决裂》改为舞台剧，要求尽早在全国巡演，以配合"反击右倾翻案风"。

《创业》的上映，产生了异乎寻常的影响，引起的波澜远超文艺——上海越剧团武功教师兼演员朱绵多、中央音乐学院作曲系青年教师李春光、青岛市崂山县中韩公社食品站负责人韩爱民、江苏吴桥县机械厂工人李连兴等"时代义士"，以向中央写实名信、张贴标语甚至乘列车沿线撒传单的方式，表达对"四人帮"的愤怒。

1975年8月，毛泽东与人谈《水浒传》，说了自己的一番看法，有"好就好在投降。做反面教材，使人民都知道投降派""只反贪官，不反皇帝"之语——这看法，与鲁迅一致。

1976年是中国的在劫之年；也是"四人帮"的劫定之年。

1月8日，周恩来逝世。

民间正义由而显现、凝聚。

如果说《创业》风波是显现的讯号，那么全国性的、自发的悼念周恩来的活动，使民间正义凝聚的速度、力度可用"波涛汹涌"四字形容，遂成声讨"四人帮"的全国性运动。斗争的武器是文字，方式是诗、挽联、檄文、演讲——纯粹文艺的特征；彻底政治的狂飙。

比之于中国近代史上的"五四运动"，后来被言为"四五运动"的那一场重大事件，规模更加宏大。不同之处在于，"五四运动"的先驱是知识分子，主力是学生，市民是被启蒙的对象。而"四五运动"却无启蒙者与被启蒙者之分，是广大学生、知识青年、工人、市民集体的，一致的，不约而同的行为，有些基层干部也隐秘地参与其中，有些军人也着便装经常参与。运动主体在城市，影响辐射至农村。

那是完全超越个人或群体利益动机的运动，因而"民间正义"也体现得特别纯粹。它自1976年1月始，至4月被定性成"反革命事件"止，可谓旷日持久。

然而，"四人帮"与广大人民群众的关系已成敌我关系，以"四人帮"为"界石"，阵营在全党、全军和全国人民内心更加分明。

邓小平被软禁了；

7月6日，朱德逝世；

7月28日，唐山市发生大地震，几被夷为平地；

9月9日，毛泽东与世长辞；

10月6日，"四人帮"成为"阶下囚"；

之后，抓捕"四人帮"爪牙的行动继续……

大约数日后，上海各高校学生涌向外滩，聚在市革委会副主任徐景贤临时住的宾馆前，高呼："徐景贤出来！"

徐景贤披风衣现身于阳台——那晚有风，却并不冷。徐景贤披风衣之举，令当时在人群中的我十分困惑。

那时马天水、王秀珍已在北京被拘，但抓捕了"四人帮"的事实尚未公开报道。张春桥曾指示上海：必要时，可动用上海工人、民兵保卫文化大革命胜利成果……

徐景贤当时对抓捕"四人帮"的行动也并不确定。或许，他以为人们喊他"出来！"，只不过是要从他口中获得可信的消息。

"革命的同志们……"

他刚一开口，"打倒徐景贤！"的口号直冲夜空。

他呆了片刻。

他动作僵硬地转身回到了房间，再未出现。

风衣掉在地上，由他的秘书捡起。

"四人帮"太善于利用宣传工具愚弄群众、运动群众了。以为他们总是成功的，却不了解那成功只不过是表象，其实群众也学会了愚弄他们。他们被愚弄而不自知，与群众的"隔隔不入"已到可悲程度。

那天晚上他肯定大出所料，如梦乍醒。

宣传绝不是万能的。

平时表态往往是不可全信的。

我在《从复旦到北影》一文中，写到过徐景贤当年因别人讲其爱听鬼故事又怕鬼，认为损害自己形象，密令逮捕对方，判"坏分子"罪名，发配农场劳改。

徐景贤出狱后，看了我的文章，致信于我，声明绝无其事。

我认为作为当事人，他的声明肯定更是事实，在当年的《小说林》公开复信，道歉。

他又致我一信，表示满意。

我和他还互留过家中电话，某一时期，年节互相问候，每每是他先给我打电话。问候之后，常聊几句家事。

我认为，他服过刑了，出狱了，恢复了公民身份，我当以常人待之。

他还赠我一本他写的报告文学，很薄，不足一百页，追忆他当年认识的一位成为了烈士的上海学生运动领袖。

那么，1949年以前，他也是一名"进步学生"。

政治当然是要讲站队的，但——若将政治搞到"文革"那么复杂、诡异、险恶，一直不曾会错了意、站错了队，太不容易了！

粉碎"四人帮"十年后，我在友人家与他同时看电视，电视中重播当年天安门广场万民欢庆的纪实片，友人忽指着电视说："快看那个女人，我太了解她了！"

我问："她有什么故事？"

答曰："她总那样！镇压'四五运动'之后，单位组织人到广场欢庆，别人都找借口不去，顶数她积极，跳得兴高采烈。欢庆粉碎'四人帮'，她又跳得那么兴高采烈！她怎么总能兴高采烈呢？怎么做到的啊！"

我失语了。

良久，友人幽幽地又说："也许她太爱跳舞了？"

我仍无话可答，暗想——倘一个国家那样的"太爱跳舞"的人甚多，国家太可悲了。又想，倘一个国家的文艺工作者中"太爱跳舞"的人甚多，这个国家的文艺也太可悲了——十年"文革"还不能证明此点吗？

第六章

1977年至1990年

复旦毕业到北影厂

我从复旦大学毕业的时间是1977年7月中旬。

5月，上海召开纪念毛泽东《在延安文艺座谈会上的讲话》较大规模的座谈会，二百余人，会期两天半。复旦大学创作专业分得一个名额——学校给了中文系，中文系给了创作专业，老师们决定由我代表专业参加。

按以往情况，纪念周年"逢五小庆，逢十大庆"。《在延安文艺座谈会上的讲话》发表于1943年，非"五"非"十"，相当隆重地举行分十几个座谈会场的座谈会，且要开上两天半，不同寻常。

我一向头脑简单，之前和过后都不思量，只当是一次文艺盛会，觉得荣幸。

我所在的一组，成员皆为我所敬仰的文艺前辈——巴金、黄佐临、施蛰存、师陀、吴强、茹志鹃、黄宗英等十二三人。有些人的名字，我此前根本没听说过，也没读过他们的作品，如施蛰存、师陀。

我们那一组发言不踊跃，气氛沉闷，显然都心有思量，也有顾虑，使轮番主持讨论会的茹志鹃老师和黄宗英老师很犯难——她们二人都是从"生活基地"赶回上海的，除了谈深入生活的体会，话

第六章　1977年至1990年

也不多。据说,某些"文革"中"写作班子"的成员也在别的组里。

我作为讨论会的小组记录员很为难,每次几乎只交白纸——当时,不少文艺界人士还在劳改或在狱中呢——赵丹便是。

一天上午的大会发言,主调是《在延安文艺座谈会上的讲话》精神仍是中国文艺工作永不偏离方向的灯塔,多为表态性质。

有一个四十来岁的男人在发言中提到了茹志鹃老师的《百合花》,认为——像那样"小资产阶级情调浓重的作品,一旦出现,仍须批判,防微杜渐"云云。

《百合花》是我喜欢的短篇,"文革"前曾收录在我们哈尔滨的中学语文课本中,记得我的语文老师庞颖讲那一篇课文时声情并茂,投入得很。而我们读时,也都不禁轻声细语,沉浸其中。

于是我作了唯一的一次发言,颇为激动,主要内容是——文学作品当然是有情调的。文学作品的情调,以美或不美为界限之一。美的,就是健康的,好的。请问究竟什么是无产阶级在现实生活中的情调?谁能说得明明白白?如果谁都难下结论,又凭什么认为这一篇文学作品的情调是无产阶级的,而那一篇文学作品的情调是小资产阶级的?在《钢铁是怎样炼成的》这一部小说中,保尔的革命引路人丽达就曾严肃地批评过他——不要以为革命者就只是骑着战马,挥舞战刀,高喊"冲啊""乌拉"的人。文学是人学,人的感情表达方式千差万别,文学作品的情调当然也不能千篇一律。《红灯记》《杜鹃山》《海港》《龙江颂》里的党支部书记都是丈夫在外的女人,这正常吗?……

没人打断我的话,皆肃默听之。

当时茹志鹃老师因开小组长会议不在场。

黄宗英老师说:"同学,你自己不要将自己的发言写在记录中了吧?"

我说:"我正要那样!"

吃午饭时,茹志鹃老师出现了,已有人将我的发言"传达"给她了。

她悄悄对我说:"听我的话,就不要自己往记录里写了,啊!"

我表示服从。

黄佐临插了一句话:"他还真像我小女儿说的那样。"

茹志鹃老师奇怪地问:"你小女儿怎么会认识他呢?"

我说:"她是'杂技学馆'的辅导员老师,我在'杂技学馆'深入生活过一年。"

实际上,我与黄佐临的小女儿已是朋友,但直到那时,我还没主动与黄佐临说过一句话,却替他盛过汤了。

会议结束时,茹志鹃和黄宗英都主动给我留下了她们家中的电话号码,说如果我留上海了,欢迎我常到她们二位家中做客。

6月,我受中文系同学委托,约请她们到系里开展一次讲座——茹志鹃老师在乡下,黄宗英老师爽快答应。

她的讲座很受同学欢迎,外系的同学也到场不少,二百多个座位的最大教室挤入了三百多名学生,两旁过道水泄不通,门外也站了几十名同学。她娓娓道来,同学们听得聚精会神,两个多小时内无离去者——在我工农兵学员的大学经历中,那是第一次听到与"三突出"创作原则迥然不同的创作经验。所谓"三突出"创作原则,即在各种矛盾中必须突出阶级斗争这一主要矛盾,在主要矛盾中突出英雄人物,在英雄人物群体中突出一号英雄人物。客观而论,这也不失为一种创作经验,《三国演义》《水浒传》都体现了这一经验,尽管其中"英雄"并非"无产阶级英雄"。再论起来,虽属经验,专利也不能归样板戏;古已存之,洋亦用之。奉为金科玉律,遂成教条。刻意为之,于是矫情——《海港》是十分矫情的;《龙江颂》也是十分矫情的——码头上一名青年搬运工不安心工作,想要更好的人生,党支部书记与这样的青年工人之间,有什么阶级斗争可言呢?上升到海港码头,连着世界革命的高度,就真能使韩小强从此热爱起工作来了吗?——闹水灾了,一部分村民不乐意决堤淹了自己的家园,有情绪,这不是挺正常吗?也非要上升到阶级斗争的高度,还要揪出一个老地主示众,都以这等经验作为"样板",中国的文艺还有看头吗?就说样板戏中最具经典性的《沙家浜》吧,郭建光是一号人物,还是阿庆嫂是一号人物?若阿庆嫂是,那么武装斗争是主线,还是地下斗争是主线?"文革"中不是批杨子荣是个人英雄主义典型吗？怎么改成了"样板戏"，个人英雄主义典型就成了最"三突出"的"样板"了呢？岂不是此一时彼一时，怎么说怎么有理吗？——如上不以为然，早已在同学之间私议纷纷了。聆听非"三突出"的、纯粹个人的而非神圣统一的创作经验，起码是同学们不反感的。

7月，我毕业，分配的单位是文化部。

出北京站，面对车水马龙，晕头转向。好在兜里有一名同连队的北京知青家的地址，投奔之，是夜宿其家。

第二天去文化部报到，一位接待我的中年女同志很惊讶——因为9月初才是正式报到日，之前仍可享受学生暑假。

她劝我还是先回哈尔滨探家为好。

我说："不行，我已没钱买回哈尔滨的车票了。"

她也替我发愁了。

我问："部里不是有几个下属文艺单位吗？我去哪儿都行，只要能尽快有个地方住。"

她就说了电影管理局、北京电影制片厂、外文局、青年艺术剧院、实验话剧院等几个单位。

我选择了电影制片厂。

她说："你可要三思啊！"

我明白她的意思，比之于电影制片厂，文化部是上级单位，选择上级单位符合多数人"人往高处走"的思想。

我是知青时，曾在团部做过报道员，自忖是个天生不适合机关工作的人，回答"主意已定"。

她替我遗憾地说："你的档案，部里有关领导已看过了，本来要安排你先参与清查工作的，这可是一种信任……"

我说自己更不适合那样的工作了。

她对我也很信任，将档案交给我，开了介绍信，又说："可别好奇撕开档案看啊，你的档案内容挺好，否则也不会打算安排你先参与清查工作。"

几天后，我成了"北影人"。

当年，北京电影制片厂属于重要单位，有解放军同志持枪站岗。

中国文化的历史基因

1976年的7月、8月、9月三个月，曾被"四人帮"说成"谣言四起"的三个月。1977年的7月、8月、9月三个月，是北影厂集中进行"清查落实"的三个月，即查在"文革"中有打砸抢劣行甚而有人命问题的人；查参与了"四人帮"篡党夺权阴谋，特别是后期还在参与的人；查冤假错案——首先是"文革"中的。

厂里成立了冤假错案申诉接待办公室和清查办公室；清查办公室设在编导室——该室分外稿组、组稿组、编剧和导演组。组稿组由定向组稿的编辑组成，外稿组负责处理投寄剧本。

"文革"一结束，外稿多起来，内容主要分为：革命历史题材；工农兵"火热"劳动或生活题材——这一题材与《海港》《龙江颂》已很不同，不但写劳动生产内容，也写亲情、友情和爱情等生活内容了；知青题材；"文革"悲惨遭遇题材。作者中，部队官兵极少，我自己从未读到过。却有干部，大抵是地级市或县级市退休赋闲的科、处级干部。中青年文学创作爱好者居多，都是工作在各生产一线的人。也有在地方文化单位工作的人，如县文化馆、小城市图书馆、报社、剧团的人。几乎都附有恳切的信，强调自己的剧本若能被拍成电影，必大受欢迎，也将是对"四人帮"极"左"文艺专制主义的有力一击。

然而确实都只能措辞礼貌地退稿。外稿组有印好的退稿笺可用，我很少用，往往写一页半的回信，觉得会使作者获得几许安慰。不敢提具体意见，因为一那样做，不久改改又寄回来了——这是老同志传授给我的经验。写一页纸有敷衍之嫌，写满两页纸没那么多话，一页半恰到好处，我的歉意少些，对方的心里也会舒坦点儿——这是我自己的经验。但一个月后我开始用退稿笺了；不提具体意见并要使投稿人明白没有改的必要，还要使对方心里舒坦点儿，太是难活了。

近年，曾有文章认为——中国的阶层已经板结、固化，中下层人的上升空间分明堵塞了，惊呼整个社会结构已空前"僵硬"。若其"上升"专指从政为官，我不敢妄加评议，因为对于官场规则一向知之甚少。若其"上升"是泛指，则我认为，空间绝不是小了，相对于从前，应该承认确乎大得多了。

第六章　1977年至1990年

　　从前,"农村户口"这一条,便将三分之二的中国人及其子孙后代板上钉钉似的钉死在农村了。擅自离开农村去往城市谋生,叫"盲流",绝无机会的,往往会被捆绑押回。并且,在许多城里人看来,视他们为"盲流"不是侮辱他们。"成分论"这一条,又浇灭了多少人改变人生的希望啊!加上"政治表现"这一条,留给个人的人生发展空间几乎归零了。起码,如今的投稿者,不必在稿件内夹一份证明自己历史清白、历次政治运动表现良好的证明信了。而当年我所阅过的外稿中,三分之一夹有那样的证明信,有的是村支部书记以指印代章的证明信,有的还有单位领导的指示:"已审阅,无政治倾向问题,同意投寄。"

　　后人分析"文革"成因,往往忽略的一点恰是——当年普通中国人之人生的"上升",如天方夜谭。"文革"仿佛搅乱了当年的社会常态,仿佛机会忽现眼前,造反也能改变人生,如古代造反或能一跃显贵。而没那么大那么强的欲望却也有改变人生之意的人,便往往选择了迫不得已的自我证明之法。那样也许尚有一线机会,不那样连一线机会也没有,而且意味着永远没有。

　　故我认为,"文革"也是坚如岩石的社会阶层的壁垒瓦解坍塌后,渴望人生出现上升式改变机遇的人们的盲从——而此时,恰是群众最易于被"运动"之时;"文革"之初肯定有那样的原因在内。

　　但"文革"之目的也不是为人民大众而重新洗牌呀。

　　所以,我又认为,广大人民群众形成了反"四人帮"的同盟,"民间正义"固在,意识到自己被利用了的愤怒也是成因。

　　北京电影制片厂没查出特别坏的人。某些年轻人在"文革"初期也很狂热,但后期有了反思,而非"文革"结束了才有反思,故当时便暗中与被自己混乱批斗过的老同志达成了和解。既已超前地思想一致了,就没什么可耿耿于怀的了。曾扇过老同志耳光的事确有,是极个别现象。

　　北影厂竟能如此,原因如下:

　　一、个人革命经历清白无瑕的"三八"式干部多,延安出身的干部多,"红小鬼"多。造反派、红卫兵只能批他们导或演的电影,难以从严重的历史问题方面下手。除了他们,别的"北影人"无非是年青一代电影工作者和工人，没有根本的利害冲突，也就分不成誓不两立的派系。

二、普遍文化程度较高。不论编、导、演部门的青年还是工人中的青年，性情中人多。长期浸淫在文学与电影艺术氛围浓厚的环境中，人道主义原则的根子在内心里扎得牢，绝大多数人的行为守此底线；证明了文化的重要。

三、凡属艺术部门的老中青三代人中，官迷少，多为艺术至上主义者，电影是心中最爱。他们的梦想是多拍电影，拍好电影，在中国电影史上留名。老一代电影艺术家"重艺名、轻权位"的人生追求方向，对年青一代电影工作者影响很大。若年青一代中的谁脱离艺术部门而转向官场去谋发展，往往会被人腹诽，也几乎等于自己承认艺术潜力不足了；证明了价值观的重要。

四、北影厂第一代厂长田方使北影厂养成的崇艺尊老的厂风在"文革"中起到了对冲极"左"浪潮的作用；证明了传统的重要。而"文革"时期的厂长汪洋，虽曾一度被"打倒"，但不久就被"结合"了，又是厂长了。他乃"老运动员"，见多识广，有经验做到既不至于惹恼"四人帮"，对北影厂大加挞伐，又能尽量使"文革"对北影厂造成的危害与损失降到最小，且善于不显山不露水地暗中保护自己保护得了的人。所以，于会泳等人曾悻悻地说他是"老猪腰子""惯打太极拳"。却又奈何不得他，当时的北影厂，离开他别人玩不转。

五、"文革"中"四人帮"还要令北影厂将样板戏拍成电影。生产任务一下达，什么"批林批孔""评法批儒""反击右倾翻案风""评《水浒》"，全都有借口堂而皇之地暂放一边了——拍好样板戏电影也是重中之重的政治任务嘛。

所以，尽管"文革"初期北影厂就被列为重点"运动"单位了，实际上却并没成为受"文革"危害的"重灾区"。

也所以，"清查"三种人的工作在北影厂结束得较早——大多数涉事之人，说清楚了，在不同范围做次检讨，有忏悔表示，便一一过关了。老同志们对年轻人犯了错误皆抱宽大为怀的态度，年轻人对犯了错误的老同志的态度也不再如红卫兵一样。汪洋实在是位好干部，可敬可爱的老同志，每每在大会上自担责任，帮人解脱。

我印象特深的一次"说清楚"会是在编导室召开的，批评帮助的对象不是"北影人"，而是长春电影制片厂的一位老导演，也是延安出身的"老三八"；"文革"中调到文化部，成了于会泳等人的得力帮手，曾分管电影。是故，北影厂的某些事，他必须也来说清楚。

编导室老同志没有不认识他的，有人还曾与之私交良好——对于他曾十分卖力地为"四人帮"效劳，大家批评得很严肃，每每一针见血，直指灵魂深处，也就是操守和"节"的方面。但气氛却并不激烈，推心置腹，温度在焉，真正体现了"治病救人"的宗旨，也简直可以说都是在良言诲友。

编导室的领导也是延安走出来的干部，政策意识很强。

总之，"文革"结束了，许多事的做法明显不一样了。也可以说，"文革"给人上了十年反面教育的课。有权力审查别人的人，都能较有意识地证明自己与"四人帮"的爪牙们是完全不同的人。

当然，我这里回忆的仅是当年的北影厂。

北影厂也召开过控诉会，在大礼堂。当年非是电视机时代，全国有那么多人在"文革"中经历了重重苦难，有限的报刊哪里报道得过来呢？不以开会的方式广而告之，更多的人也无法知道啊。

也许正是为了达到这样的效果，北影厂几次请其他单位的人到厂里现身说法，每每坐立无隙，台上悲泣，台下唏嘘。

北影厂又有招待所，天南地北要求落实政策予以平反的人，纷纷投宿。多是文艺界人士，认识北影厂同行，而北影厂同行亦乐于相助，替之走走后门，睡上保留床位。北影厂招待所价格相对便宜，不走后门很难住得上。有时，后门会走到厂长汪洋那里。当时厂里尚无宿舍分给我，允许我在招待所免费睡一个床位。在小小的厅堂，每每见文艺界老友久别重逢，手手相握，彼此泪盈眼眶，千言万语不知从何说起的情形……

我曾受编导室领导所派，到文化部老招待所为一位有冤上诉的文艺界人士预订床位，在那里亦见到同样情形。当年那里也住满了上访的文艺界人士，一床难求。

然而，中国之文艺的春天，正在悄悄来临……

北影厂的筒子楼

1978年夏季，北影分给了我一间十一平方米的单人宿舍，在筒子楼里。

那时，北京出版社已经创办了文学双月刊《十月》；人民文学出版社的文学双月刊《当代》即将问世。

在粉碎"四人帮"不到两年的时间里，真的像雨后春笋般，全国"文革"前曾有过的文学期刊，以竞赛似的速度，争先恐后复刊了。不但原有的复刊了，还催生了一批新的文学刊物。文学界的中老年编辑们，诚所谓心往一处想，劲往一处使，共同营造文学的光荣与梦想。有的人，自己的问题还没平反呢，头上戴罪的"帽子"还没去掉呢，往往前一天刚允许工作了，第二天就积极热忱地打电话、写信或亲自登门四面八方地约稿了。

相当长的一段时期以来，中国的干部们——不唯主管文化、文学与艺术的干部，而是几乎一切干部，看文化、文学与艺术界的人士，一直用两种眼光——对从延安走出来的，从根据地走出来的，属于部队培养的一批人士，是一种看"自己人"的眼光，纵使"跌跟头"了，也还有惋惜之情，有"恨铁不成钢"的痛心。而对非以上一类文艺界人士，则习惯于用看"可疑的知识分子"的眼光来看待，仿佛他们骨头里就是天生"异己"的——有时对他们友善点儿，也只不过是统战意识的体现，非平等待人的理念。一来"运动"，抓住一点，不计其余，划入另册没商量。对被"打倒"者，惋惜和痛心极少，更谈不上同情。于是，往往便只剩下了大快人心的态度。至于文化、文学与艺术三界中知识分子的可爱，有一分热发一分光的可敬，他们实在是经常忽略不见的。

在1978年，一部分干部仍像从前那样无所改变。因为他们一直是干部，在"文革"中虽也受到过短时期的冲击，不久就幸运地被"结合"了，甚至被委以重任了。他们"紧跟"是必然的，但又仅仅是奉行者。他们不属于帮凶或爪牙，所以不能免他们的职，只能调动他们的工作；而那也是为他们好，以便他们在新的岗位上，以新的姿态、新的面目继续为党工作。对他们的宽容也是由实际情况所决定的——当时国家方方面面都缺少干部。他们对于彻底否定"文革",心理上是相当矛盾的。他们也不得不承认,"文革"确实是对国家和人民的一场严重的危害,但彻底否认"文革",也意味是对他们一向的革命性打了很大的折扣。这使他们看着往日的"臭老九"们忽然精神焕发,心里老不高兴了。好在这样的干部基本都从文化、文艺界调离了,一些"解放"得快的老文艺界领导和一些老文艺家开始执掌各级文艺单位的工作,真正出现了内行领导内行的局面。从前某些文艺单位的领导也是内行,但不普遍;从前的老文艺界领导"左"起来也够人喝一壶的,但由于有了同样挨"整"的经历,对文艺家和知识分子们的感情就发生了些变化。理解多了,包容多了,爱护也比较由衷了。他们不再一味地"唯上",也肯于倾听文艺家和知识分子们的想法了,甚至会站在后者的立场反映情况,代为辩护了。

正因为有了那样的干部,文学界才有了那样一批可爱可敬的中老年编辑——当时年轻编辑少之又少。前者如各期刊舵手,后者皆如奋力划船的桨手;前者也如旗语手,要经常与各航道管辖者沟通、申诉、请求允许驶过,后者负责与作者商议,共同拟定修改方案。并非所有作品的发表都大费周章,更多的时候,刊物负责人自己就敢拍板了,那时他们常说的话是"大不了不当了!"而实际上,即使哪位大官因什么作品的发表问罪了,在我记忆中,也并没撤过什么人。"触礁"的事是确实发生过的,往往力争一下,改改,便又通过了。那总体上是一个避"左"的时代,不是指碰到"左"都沉默、回避,而是指又有了一定决定权力的干部,常会暗问自己:"我是不是又犯了'左'的毛病呢?"——避"左"是指总体的官场,形成了一种防止"左"的倾向并从自我做起的氛围。"文革"时期都吃尽了"左"的苦头,普遍的人们特别是知识分子和文艺家们,对"左"极厌极憎。而总体上的政治形态,也很希望文化的、文艺的形态先发破局之声,力挺拨乱反正。

不论怎样,当年有一批可敬的期刊的领导和编辑,适时地也是义无反顾地充当了一个新时期的中国文学的"助产士"、辛勤的培育者和一批作者的良师益友。

　　在此，我以十二分虔诚的敬意，套用当下的网络用语，给他们"点赞"！

　　他们对"新时期文学"的形成、繁荣、发展功不可没，不该没。中国文学史不仅应该记录作家和作品，也应专门用一章来记录他们的贡献——当年好作品发表了，期刊印数上去了，大抵是不发奖金的，更没有提成一说。他们的热忱是无私的，是相当纯粹地被文学的荣誉而激发的——文学的荣誉，文学期待的荣誉，编辑工作的荣誉感，在他们身上合而为一了，难分哪一点为主。

　　也正因为有他们，第一届全国优秀短篇小说获奖作品新鲜出炉了。

　　"文革"结束才不久啊！

　　1982年，首届茅盾文学奖也"横空出世"了。

　　至1984年，全国性的文学评奖，已如美国的奥斯卡金像奖一般，必上各大报纸的新闻头条了——当年，中国仅很少的人家有电视机，国产电影也不多，书籍与报刊，是青年们的精神良友。一部再版的世界名著、新翻译过来的外国小说，一期发表了好作品的文学期刊或报纸，都是精神需求强烈的老中青中国人迫切想要获得的。一旦得到，书会包上皮儿，报刊会标记上得到的日期，保存很久，很久。而好的文学作品，不单指小说，也包括诗、散文、随笔、报告文学、理论或评论文章。

　　新时期文学至少伴随了三代中国人的成长。

文学的繁荣

　　可以这样说，文学之繁荣，如同新时期文艺的报春花。

　　这乃因为，比之于电影、戏剧，文学是无须创作者预先投入物资成本的，是纯粹的个体劳动，也不必协调合作关系，审查程序简单。主编签字，就可以下厂印刷了。

　　歌曲从创作到成为作品的过程虽然周期也并不长，但中国当时还没有录音带生产流水线，一首好歌尚不能迅速而广泛地流传开，

第六章　1977年至1990年

只能在舞台演唱之后，靠口口学唱而使更多的人听到。

文学期刊之所以在复刊的过程中不断有创刊，也因为经过对"反右"和"文革"两次政治运动中的冤假错案的平反，重新获得工作权的文学界人士多之又多。一时安排不了那么多岗位，他们又有办刊经验和特长，于是批准一个刊号，既可解决多人的工作岗位，并且还能自己解决工资问题，同时为单位创收，一举三得。当年，三分之一的省都有了新办的文学刊物。而只要问世了，就没有亏损的情况，盈利多少的区别而已。

故也可以说，文学当年解决了中国知识分子的就业和再就业难题。

文学有了那么多园圃，作品遂成关键。

好在中国当时已经初步形成了几大作家队伍，如："复出派"，即打成过"右派"的一批；"知青派"，即有过"上山下乡"经历的一批；介于两者之间的是"幸存派"，即本是作家苗子，但一度被十年"文革"岁月所"掩埋"，逢春沐雨，于是"生长"迅速的一批；还要加上"不待扬鞭自奋蹄"的"古物派"老作家们和意气风发的军旅作家们——这几大作家群体，每一群体的阵容都实力可观，每一群体都处于"喷发"状态。由这几个群体所牵拉，从大城市到小城市到农村，几乎每年都有新人出现，而他们的作品往往一出手就引起广泛关注。如当年以短篇小说《八百米深处》而蜚声文坛的孙少山，原本是默默无闻的井下矿工；路遥当时还是农村户口，借调在《延河》编辑部；王安忆虽是最早获奖的知青一代作家，也仍在《儿童时代》当编辑……

斯时文坛已经有了"陕军""湘军"，这个"军"那个"军"之戏说。这还只是小说作家的群体，尚未包括诗人、散文家、报告文学作家们；他们形成的文学景观也都多姿多彩。

但，小说以其具有的故事性，引起的注意更广泛一些，社会影响也更大一些。故所以然，不仅爱读小说的人们之目光经常被吸引，政坛的人们也倍加关注——他们没料到文学会那么"红火""热闹"，也可以说尚不习惯，本能地担心"一放就乱"，却也怕"一收就紧"，而"紧"了会影响鼓励"思想解放"的初衷。

193

"文革"后的首届全国"作代会""文代会""科代会""教代会"已经开过,全国正处于"思想解放"的亢奋期。在这种情况下,收紧文学限制尺度显然是与大气候相违背的,非明智之举。

但,实际上,已经出现不同看法了,分歧已有征兆。

关于"伤痕文学"的分歧:"伤痕文学"这一概念,始出评论家之口,后被报刊放大,最终成为沿用至今的说法。

小说《伤痕》的作者卢新华曾是知青,发表此篇代表作时,是复旦大学中文系学生。

也可以说,《伤痕》是最早引起读者广泛共鸣的"知青小说"——由曾是知青的作者创作,内容是关于知青命运的。

《伤痕》获首届全国优秀短篇小说奖,评选过程并无分歧。对于新时期文学,具有发轫的意义。若评不上,倒是会引起哗然。

之后,由其而产生的概念,渐成公认。虽成公认,"伤痕文学"四字由不同人的口中说出,含义颇为多元。

"'伤痕文学'太多了吧?如果新时期文学一直沿着'伤痕文学'的路径走下去,会不会走偏了啊?"——此种忧虑之言,每每发自政坛。

"以文学的形式控诉'四人帮'的罪行是完全必要的,但是作家们的笔不应胶着于只揭示伤痕,更应写向深处,引发人们思考造成苦难的原因。"——指点迷津的看法产生于文坛自身,体现着评论家们对作家们的新希望。

北影厂的电影《泪痕》公映后,以上两种声音都多了。

发自政坛的忧虑之声,换位思考,不难理解。《伤痕》也罢,《泪痕》也罢,都会使看过的人情不自禁地想——谁之过?若想得比作品还深,"谁"就不仅是个人了。

而此种影响,不可能是政坛并不忧虑的。

评论家们的新希望,是大多数作家们所尊重的,并且作家们自己也开始如是思考。

"反思文学"的概念由此而生。

但是,连带问题也随之而来——对于作家们来说,不将伤痕呈现到位,反思就难有深度;倘作品的伤痕色彩浓了,是否便又归于

"伤痕文学"了？

"伤痕文学"与"反思文学"，二者的界限究竟在哪里呢？

回顾当年的小说，今人可以得出这样的结论——并无没有伤痕色彩的"反思文学"，也并无没有反思效果的"伤痕文学"；两者如眼镜的左右镜片，缺了哪一片都是不完整的眼镜。

即使到了今天，两种概念的模棱两可，在大学里也仍是说不清楚，越说越不清楚的文学现象。如学生若将《天云山传奇》视为"伤痕文学"，论文指导老师就不甚同意，建议归在"反思文学"一类。而有的同学将《第十个弹孔》归在"反思文学"，有的老师也不同意，认为明明是"伤痕文学"嘛！结果，学生们总是一头雾水，不得要领。

文学的文艺的概念，古今中外，多半是模棱两可的。

这里主要谈的是——"反思文学"概念一出，政坛某些人的反应由忧虑而光火了。

《泪痕》公映后，有主管文艺工作的不大不小的领导视察北影厂，与创作部门的同志座谈时坦言："又是伤啊又是泪啊，同志们，有完没完呢？现在又一窝蜂似的反思，究竟要反思出个什么结果来呢？……"

于是，当年有理论家干脆将"伤痕文学"说成是"呻吟的文学"，将"反思文学"指斥为"居心不良的文学"。

而实际上，纵观当年的文学，一味呻吟的现象绝非主流，作家们的创作出发点，大抵都是受文学良心的支配。《天云山传奇》也理所当然地成为当年金鸡奖、百花奖评出的最佳故事片。

对于《天云山传奇》，某些干部是不高兴的——片中一位地委副书记，不但将一位深受同事喜爱的优秀青年打成了"右派"，还以威胁利诱的方式，使人家的未婚妻成了自己的妻子。

这已不仅是在思想上、路线上否定了一位干部，也在道德上对之进行了谴责。

于是当年对于电影下发了一份文件，规定凡片中将出现处级以上干部反面形象的剧本，必须上报电影管理局，等待批复方可投产。

当年的北影厂因而特有压力——北影厂啊，电影界的"龙头老大"呀，却在批判"文革"方面明显落后了——上影厂拍出了《于无声处》《牧马人》《芙蓉镇》以及《天云山传奇》，连八一厂都拍出了《许茂和他的女儿们》，而峨眉电影制片厂拍出了《被爱情遗忘的角落》——都好评如潮，票房很高。

北影的《泪痕》却未达预期。

于是，决定将《冬天里的春天》搬上银幕——该片改编于李国文老师的同名长篇小说，也是全国首届茅盾文学奖获奖作品。内容不涉及干部，着重写逆境中的知识分子之坚忍精神以及对正常生活不泯的期盼。借助于原著庄重的气质，扎实的内容，该片获得了好评。

此后，还有从维熙老师任编剧的作品《第十个弹孔》——一名干部子弟在"文革"中成了一桩人命案的主犯；干部由阶下囚到官复原职后，儿子却锒铛入狱了。小说结尾预示着，他将失去他唯一的儿子。他曾在战场上中枪九次，在和平年代又留下了第十个弹孔，无痕的，永难愈合的。

这不是从维熙老师最好的作品，似乎是主题先行之作——若果如此，那么，恰恰从其主题先行，证明了作家对于"文革"之危害，确实是进行了深度思考的；它是席勒式的作品。

此作品起到了当年也许连作家自己都想不到的作用，差不多为"伤痕文学"画上了休止符。

当年我遇到的青年作家之间常有这样的交谈：

"看过《第十个弹孔》了吗？"

"看过了。"

"以后，关于'文革'的小说，不好写了。"

"是啊。都写到那份儿上了，别人还能往多深了写呢？"

"也只能写到那么深了。"

"对。够深的了。"

那么，至于是"伤痕文学"抑或"反思文学"，反而一点都不重要了。

不是说此后便绝无"伤痕文学"了，有还是有的，但确乎开始少了。也不是说这种作用，反而是作者一大功绩，而是想指出——

那一篇小说的休止符作用，与当时许多中国作家自己也正要调整创作维度的打算不谋而合。

当年的许多中国作家，面临着改弦更张的犹豫不决——一方面，都认为对"文革"的文学批判使命尚未完成好。并且，与从维熙有着同样的忧虑性，倘半途而退，必存后患。不一定什么时候，为"文革"翻案的阴风，必在中国重新刮起。另一方面，"文革"毕竟已经结束，平反工作也进行得较为彻底，国家正在实行"改革开放"，一大堆事急待中央来做，现实中的种种新问题、新矛盾，也引起了作家们的关切，激发了作家们为支持"改革开放"而用文学予以反应的热忱。在这方面，当年蒋子龙是先行一步的。

在以上二者之间，要作出断然的决定不是很容易的事。

电影《太阳和人》、诗歌《将军，你不能这样做》、话剧《假如我是真的》、墙上小说《社会的档案》等"事件"以及某些朦胧诗的产生，使情况变得仿佛十分严峻了。

电影《太阳和人》我是看了的，在当年的北影厂"内部放映"过，问题出在主要配角的一句台词——他是主角的朋友，动员主角与他一起离开中国。主角出于爱国情怀，毫不犹豫地拒绝了。

于是他说出了那句著名的台词："你爱祖国，可是祖国爱你吗？"

之所以用"著名"来形容那句台词，乃因电影虽被禁放，却毕竟已在"内部"放映过多场。并且，经由报刊摘出批评，更加广为人知，几乎成为叩问式的流行语。

当年，绝大部分中国人都是爱国的。倘不爱国，又怎么会有那场爱国的"四五运动"呢？

粉碎"四人帮"了，反而都不爱国了，说不通。

出乎批判者们意料的是——非但没将那句台词批"臭"，反而引起了更多的共鸣。

这是为什么呢？

原因很简单——电影的背景是刚粉碎"四人帮"的时候，有海外关系的人出国容易了。引起共鸣的人们，是从批判"四人帮"的角度来理解的。"四人帮"的倒行逆施，曾经伤害透了许多爱国人的心，觉得那句叩问式的台词，替他们道出了内心深处长期受到的委屈。

批判者所言之国,既是粉碎"四人帮"以后的国,也是伦理学上的国——"子不嫌母丑"。

当然,这确实是极高的爱国境界。

> 无论这样,还是那样,
> 无论贫穷,还是富有,
> 我的国啊,
> 我都那么爱你!

一首外国诗人的爱国诗——很能代表批判者所言的爱国情怀。

但在引起共鸣的人们那里,国不是恒定的概念,而是局面不断变化的存在,起码可分为"文革"前、"文革"中、"文革"后以及将来——他们理解那句台词是针对"文革"中的国而言的。

"此时离去,安知他日不归?"

"孔子还因他的国不爱他而周游列国呢!"

"不过就是说的一句寒心话嘛。"

谈到那部电影和那句台词,许多人如是说。

此亦据理,彼也据理,各说各的理。

诗歌《将军,你不能这样做》是军旅诗人叶文福的一首谴责特权现象的诗——他因而离开了部队,在煤炭的干部学校做些文化工作。他写信请我去为某学习班的学员讲一堂关于小说创作的课,我因而认识了他和他贤惠的妻子,那时他们的儿子三四岁。

讲课结束后,我曾问他:"你那首闯祸的诗我还没看过,告诉我到哪里去找?"

他说:"别找了呀,何必非要看到呢?"

我又问:"有房子吗?"

"分给了我一间半房子,我挺知足。"

他笑了,从妻子怀里抱过去儿子,亲了一下。

我觉得他是一个非常热爱生活的人。

"我知道一发表准会闯祸的。"他又笑了笑。

我再问:"还能发表诗吗?"

他说:"能。但几乎没精力了。"

话剧《假如我是真的》,是中国版的《钦差大臣》——一个农民的儿子,冒充高干子弟,过了一段时期风光日子,结局当然是被戴上了手铐。在法庭上,他自我辩护时说:"假如我是真的呢?"

该话剧是根据当年曾引起广泛关注的案件创作的,那句台词也流行了一个时期——在被禁演后。

所谓"墙上"是指油印的钢板刻字的小说《社会的档案》,一页页用糨糊贴在墙上,口口相传,不胫而走,内容是——在父母被关押时还是少女的女儿,流浪街头;父母出狱时,她成了流氓团伙的女首领,并且死不悔改……

北影厂请作者将此篇小说改编成了电影剧本——有关领导制止过,北影厂却"按既定方针办";剧本发表在北影厂的刊物《电影创作》上,当时该刊已有四十余万发行量。这种不听话的表现,成为电影界内部通告批评的事件。

负责《电影创作》出版发行的编导室领导在写给有关部门的说明信函中写道——要相信群众。一部作品好与不好,社会效果怎样,应由广大人民群众检验……

可见,当年文艺界确有了一定程度的民主协商氛围,反批评很正常。除了惊动最高层已然定调的作品,反批评的文章往往也可在报刊上发声。

《社会的档案》之事,发表在正式刊物上也就发表了,有关方面并未大加挞伐,波澜不惊地就过去了。而原是普通工人的青年作者,因创作才华显现,被调到了全国总工会搞宣传。

至于朦胧诗,现在看来,没有什么读不懂的。朦胧诗之所以使某些人不高兴,乃因某些而非全部朦胧诗"调子太灰""反叛现实的情绪过于强烈""必将对成长期青少年之世界观的形成产生不良影响"……

当年,文艺界与主管部门,一度形成过这样一种关系——文艺界有较宽的自主决定权,但主管部门也有问责权。一般情况下,批评只针对作品,罚不及人。停报停刊、撤职降级、开除公职的处分极少实行，更多的时候是"打招呼"，提出忠告或警告。而文艺界的表现则往往是写份检讨，保证下不为例。即使为了执行高层指示，不得不"处理"作者，最严重也只不过是调离岗位或单位，并且会尽量做好去处安排，绝不使作者陷于生存困境，也绝不剥夺其继续创作和发表的权利。而接收单位，大抵也不会视作者为"问题分子"，歧视对待。有的接收单位，或许还会当成"白得的人才"，尽量发挥其文艺特长。

这很使文艺界度过了一个宽松的、少郁闷的时期。偏不听话的现象反而少了，顾全大局的意识反而强了。也可以说，更愿意从正面理解政治有时的两难之境了。

新时期的诗歌

中国"新时期"之诗歌现象，可谓星光灿烂，风景独秀——诗风之直抒胸臆，襟怀坦荡，元明清三个朝代，概不曾有。与民国时期相比，毫不逊色。中华人民共和国成立后十七年中诗成果的总和，亦不能抵。中国之诗性国度的历史，又由当年的诗人们"开光"。一方面是，诗人众多，好诗纷呈。另一方面，也是更主要的方面是，集体地以思想性见长，却又皆不失诗语言的美感，两者结合得好，发扬光大了陆放翁、顾炎武、龚自珍们的家国情怀、载道精神，却又个性鲜明，并非一色。

当然，此现象不是"新生代"诗人所能单方面营造的，"老诗人"们的参与功不可没。

这里所说的"老诗人"们，乃指因"反右"和所谓"胡风反革命集团"而销声匿迹近二十年的一批诗人，他们与被定义为"朦胧诗派"的年轻诗人们，以诗作各放异彩，构成了"新时期"十年中国新诗现象的风景线。

1985年1月5日，中国作家协会第四次全国代表大会闭幕。

"文艺为政治服务，为工农兵服务"的神圣口号，以后改为"文艺为社会主义服务，为人民服务"。

此种修改并非文字游戏，文艺可涉及的题材不言而喻地多样了。

第六章 1977年至1990年

也正是在此日晚上，北京大学中文系主任谢冕为《朦胧诗选》写了一篇序——《历史将证明价值》。

当年，诗坛、文坛、文艺界乃至社会，对"老诗人"们的诗并无负面评价——从诗坛跌落民间二十余载，带着遍身伤痕的那一批诗人们笔下所流淌的诗行，积淀着对个人命运与国家命运所经历的共同苦难的沉思，混合着亲历的民间悲凉的盐碱成分——除了令人读之而起敬意外，谁也没资格再说什么指责。

但是对"朦胧诗派"某些年轻人们的诗，则不乏批评之声——当年的中国人似乎还不明白，冷酷之事不但对受伤害的人是冷酷的，对看到了的青少年同样是伤害，甚至都不能说是间接的伤害。不，那也是直接的受伤。何况，那种冷酷所伤害的往往还是他们的父母、亲人、友爱者。又由于当年他们是青少年，无形的心理上的伤痕比成年人身上有形的伤口愈合得还慢。

是的，当年的许多中国人还不明白——诗在他们那儿，是作为隔代创伤的止痛剂的。

谢冕在序中写道："这一论战迄今尚未结束。看来，要论战的各方各自收回自己的见解或是彼此说服都是困难的——他们之间，基于不同的社会背景之下所拥有的历史意识与审美意识的分歧，想在短时间内加以消弭是不可能的。然而，既然新诗的变革已是事实，明智的态度只能是承认它的存在（力求客观地描绘产生的必然，并研讨它的特质，从而估量它的价值），而不是其他。"

"一首难以理解的诗，并不等同于不好的或失败的诗，除非它是不可感的。一些人在这些诗面前的焦躁，多半是由于他们的不能适应。"

"新的生机勃发的诗歌在向我们招手。但回首诗歌在新时期崛起的艰难命运，我们的心情有不无悲凉的欢悦。中国的艺术也如中国的社会一样，每前进一步都要付出代价。诗为自己的未来不惮于奋斗，诗也就在艰难的跋涉中行进。如今是生活的发展宣告了障碍的消除。新诗潮面临着新的考验，这便是：它究竟要以怎样的前进来宣告自己的成熟。"

显然，谢冕对那些年轻诗人和他们的诗是爱护、支持、勉励和寄以莫大希望的。

而对于当年的我，不论是"老诗人"还是"朦胧派"诗人的诗，都是喜欢的，还往往将特别感染自己的诗句抄在小本上。坦率讲，我当年常从两类诗中吸取创作"热能"，好比"情绪充电"——往往有这样的时候，小说构思业已比较成熟，就是缺少"情绪线"的贯穿，两类诗人们的诗能给予我及时的帮助。

第四次"作代会"后，中国的散文和报告文学现象，也有了不同于此前的变化——以往是，写散文的老作家们多，内容每每是故人往事，皆有岁月钩沉的特点。第四次"作代会"后，不少中年作家也加入了散文作者的行列——出国的机会多了，"笔会"活动方兴未艾，散文便多了国外见闻和国内采风的内容。当年我这一代作家属于青年作家，都更热衷于小说创作，由短篇向中篇的过渡都已基本实现，纷纷将精力投向了长篇创作。贾平凹例外，他是青年作家中最早加入散文作者行列的人；后来一直小说、散文两手抓，两手都很硬。

徐迟和黄宗英两位前辈，以《哥德巴赫猜想》《生命之树常绿》《橘》《小木屋》等脍炙人口的报告文学，不仅在文坛，也在中国掀起了报告文学热。报告文学的内容是真人真事，比之于虚构的小说，对读者具有纪录电影般的思想和心灵影响。一批关注现实的情绪饱满、思想敏锐、视野广阔的中青年作家的跻身，促使报告文学对社会现实进行了几可言之为"全景式"的呈现，而这是"文革"前十七年中从未有过的现象，更是"文革"十年中一旦连想法说出都会大祸临头的事。报告文学的长足发展，与小说和诗、散文渐成比肩而立的文学现象。相对于小说和诗，报告文学的社会文化性更显明。

小说、诗、散文和报告文学的进一步繁荣，题材的进一步广泛，风格的进一步多样化，也使评论家们评价文学作品和文学现象的理念更新了——评论不再仅仅拘泥于评，借评而论渐成特点。总而言之，评论的理论性加强了。自然，也难免受到非议，如"掉书袋""硬套西方概念""过于引经据典"……但总体上可以这样说——评论的新理念，毫无疑问地启发了作家们的创作新思维，促使中国文学创作更加欣欣向荣。

第六章　1977年至1990年

在第四次"作代会"前，实际上大多数中国作家已经意识到，文学所肩负的肃清"文革"流毒的使命，不必专执一念，以图毕其功于一役。那将是长期的文化责任，绝非一步到位之事。并且，"左"也不仅在"昨天"，现实中"左"的现象仍比比皆是。

于是，在第四次"作代会"后，许多作家开始情愿地转向了对现实矛盾的关注。而电影一如既往地借力于小说改编，电影因小说而红，小说因电影而热的例子很多。

仅举三例——张贤亮和他的《浪漫的黑炮》；陆文夫和他的《井》；张弦和他的《未亡人》。

《浪漫的黑炮》的内容——一名科研所的工程师是棋迷，出差时也带象棋，住入宾馆发现少了一子"黑炮"，于是拍电报至家属区，让老婆"速寄黑炮"，传达室的人甚觉可疑，认为是"异常情况"，逐级汇报，终至省公安厅立案侦查。该工程师曾是"右派"，"文革"中也有"反动言论"，这使许多干部认为"异常情况"确实异常。据此改编的电影《黑炮事件》成功运用了"黑色幽默"拍摄风格，越严肃越令观众忍俊不禁……

如果说《黑炮事件》辛辣地讽刺了官场仍戴有色眼镜看待知识分子的一如既往的心态，陆文夫则将剖析的目光投向了人们心理上难改的劣根。

他有一篇获奖小说是《围墙》，极短——某单位一直存在一堵"问题墙"，给职工群众的日常生活造成许多不便，拆墙呼声渐高。但那墙是上一任老领导在位时砌成的，当时也很必要。但时过境迁，如今有弊无利的话在新一届干部班子里谁也不便说，不好说，不敢说——因为老领导还健在，仍对厂里之事特别是干部的任免具有举足轻重的影响力。于是，干部班子开了一次又一次会，研究了一番又一番，始终委决不下……

《井》的思想性一如陆文夫因而被划为"右派"的《小巷深处》——"文革"已经结束多年了，"文革"中受尽凌辱的女主人公却仍活在"性道德"的歧视之中。明明使她在"文革"中深受民间伤害的事子虚乌有，但那一种一如当年的歧视在她周围仍根深蒂固地存在……

从对官场陋习以小见大地文学呈现，到对民间劣根性入木三分地揭示，足见当时作家们创作计划中或曰内心里，似乎人人都有一部成竹在胸的《人间喜剧》。

我一直认为，张弦是在"新时期文学"十年中评价不够的作家。当年不是没有评论。但越往后，我越觉出他的小说的与众不同。当年的获奖电影《被爱情遗忘的角落》便是根据他的同名小说改编的，此后他一直致力于反映经历过"文革"十年的女性们的爱情心路——《挣不断的红丝线》《未亡人》《记忆》；他的这些小说，当年令许许多多的女性读者唏嘘泣下。

如今的大学中文系，每每开"女性文学课"——女性文学是否一定是女作家写的呢？张弦虽是男作家，他当年那些在女性中争相传阅的小说，是否也可视为"女性文学"的一种呢？讲他的小说的意义，似乎不应在张爱玲小说的意义之下。张爱玲笔下的女性毕竟是近代的，张弦笔下的女性皆是当代的。并且，正因为他是男作家，其小说又在当年构成独特的文学现象，似更有分析的价值。

以上三例，绝非电影"借力"于小说的最佳"样板"——作家都已成故人，陆文夫、张弦两位逝于创作炉火纯青之时，令人叹息。他们又都曾是我的朋友，便不禁有几分悼念起来。

当年的中国电影，确乎正在踱出"文革题材"的梦魇，开始向现实题材转身——《邻居》《夕照街》《老人与狗》等优秀电影相继公映，为电影业拓展了现实题材的别样天地。第四代导演正成为中坚力量，第五代导演却已出手不凡，他们的电影作品也分外夺目，如《黄土地》《一个和八个》《红高粱》。

同时，武侠电影异军突起，如《神秘的大佛》《武林志》《武当》《神鞭》《黄河大侠》等。

《神秘的大佛》公映后，呛声四起，北影厂的导演也是我的朋友，压力山大。其实也不过就是一部武侠片——中华人民共和国成立前夕，爱国志士与恶霸特务为了争佛财而厮杀；无法说好，却也不是糟到哪儿去。

意味深长的是，某些观众反应异常激烈，斥为"庸俗"，致信北影厂，批曰："背叛了电影工作者的神圣使命""走上了商业化的邪路"。

该片确是北影厂当年最赚钱的影片,厂长汪洋在大会上说:"全厂都应该感激导演同志,《神秘的大佛》保证了咱们北影人两个月的工资!"

导演却削发为僧的心都有了。

之后,他又导演了《武林志》,还是武侠片,打了导演声誉的翻身仗,票房与口碑双丰收。有了第一部电影的经验,第二部自会拍得好些。但若说两部影片一部好在天上,一部糟在地下,却是夸大其词。

此现象说明,其实很有一部分中国人,也变成了一批习惯于戴着政治眼镜看文艺的人——《武林志》中的男主角在擂台上痛扁蔑视中国功夫、欺负中国人的洋拳师,是李小龙电影主题的继承。反面人物是洋人,爱国主义思想便铁定确立,不容置疑。

联想到如今的中国影视圈,商业得不能再商业化了,烂片不少,却很少有人站在"电影工作者的神圣使命"的高度来批评了;商业化也分明不是"邪路",而是"康庄大道"了。

诚所谓——道即变,人亦变,于是事事俱变。三十年河东,三十年河西。

当年,陈强和陈佩斯父子的喜剧片《二子开店》系列,同样广受观众欢迎。在中国电影由题材领域狭窄向风格逐渐多样化发展的过程中,他们父子俩是有贡献的。

《谁是第三者》《一个死者对生者的访问》等影片,单从片名看,便知中国电影的题材之锥已向社会的肌理扎入得多么深了。

这也给我们一种启示,即在某一个时期,尤其是特定的时期,有关部门对文艺的领导功能不必操之过急,体现得太过强势。往往,急也没用,姿态太过强势,只不过能压服一时,却不能使人心服。某些现象,并非文艺家非要挑战什么底线,而是文艺对现实的必然反应。同一种现实,有人反应得平和些,有人反应得激烈些,应属正常现象。不能由此认为,前一种人可爱,后一种人讨厌。某些社会现实就在那里存在着,让文艺家装作看不见、不讲道理,要求文艺"看见了黑暗,更要写光明",也实在强人所难。激烈的文艺反应，不是体现在张三身上，就是体现在李四身上，不体现是不正常的，不激烈也是反常的；因为此乃人类文艺有史以来与现实"天定"的关系。若体现在谁身上了，以理性之思维，智慧之方式低调"处理"为好。

因为，文艺从一个时期的氛围过渡到另一个时期，只能是自觉的。自觉的才是必然的，必然的才是自然的——这是要假以时日的。并且要理解，这种过渡，对某些文艺家并非易事；又并且，恰恰对使命感强的文艺家来说如同痛苦。好比一个人在挖一口井，一心要见水满井面，却没有；这时非要他去打另一口井，他怎么会心甘情愿呢？

然而第四次"作代会"后，不少文艺家"转型"转得比较必然了。屈指算来，粉碎"四人帮"已快十年，"新时期"文艺已进入第八个年头了。现实的呼唤之声，是文艺家无法不理不睬的。

"转型"也体现于话剧界。

上海著名编剧宗福先的"转型"幅度最大。"文革"甫一结束，"四五运动"尚未平反，他便创作了话剧《于无声处》，震动全国。第四次"作代会"后，他与贺国甫共同创作了话剧《血，总是热的》——该剧反映国有企业实行体制转型的阵痛。不论是剧名还是内容，都能感受到宗氏话剧激情澎湃的气质。也不难体会到，两部话剧同样是他听命于时代召唤的"产儿"。

《未来在召唤》《灰色王国的黎明》《谁是强者》等话剧，或批判某些干部思想僵化，热衷于大搞现代迷信；或批判他们继续封建家长式的领导方法；或批判从官场到民间的"关系网"现象——而这都是二十世纪八十年代中期中国现实的焦点话题之一，反映在人与单位、人与社会的关系中。

但是人毕竟不仅仅与单位和社会发生关系，人与家庭和自身情感的矛盾，也开始引起话剧界的关注，于是出现了呼吁拯救失足青少年的话剧《救救她》以及反映婚恋、家庭伦理与社会伦理的"软主题"话剧《明月初照人》《风雨故人来》《十五桩离婚案的调查剖析》等。这些话剧，对人的内心冲突特别是女性的内心冲突，揭示与剖析得尤为细腻，给"文革"后一向由慷慨悲歌、大声疾呼的阳刚之气笼罩的话剧舞台增添了些许阴柔陈情的色彩。

可以这样总结,小说的"B超"对社会与人的心灵探测得有多么及时,话剧也同样做到了。并且,话剧也每每成为电影"拿来主义"的改编基础,如《血,总是热的》《一个死者对生者的访问》《明月初照人》等。

有必要就《一个死者对生者的访问》专写一段。它由北影厂拍为电影,故事是这样的——一名叫叶肖肖的青年,在公共汽车上发现扒手行窃,指斥之。殊料被窃者郝处长不敢承认钱包是自己的。扒手恼羞成怒,拔刀刺杀叶肖肖,满车人无劝阻者。肖肖死后,郝处长等将此事描述成流氓之间的斗殴。肖肖的灵魂激愤难平,对目睹并说谎者逐一进行"私访",拷问他们的良知。在死者的灵魂面前,彼们不得不承认自己顾虑种种的想法。

该剧荒诞和象征主义手法显然——可能来自《李慧娘》的启发,但受西方现代主义文艺的影响却是肯定的——那时西方现代主义文艺思潮已"光临"中国,对老中青特别是文学、文艺各界中的青年创作者,开始产生相当迅速之"启蒙"。

该剧的现代主义手法之借鉴毋庸置疑是成功的,也可以说是极其成功的,实现了内容、思想与形式的统一。

当时,对于西方现代主义文艺思潮的"光临",有人甚为警觉,每每以"来袭"二字论之,更有人直接说是"狼来啦!"——该剧的成功以事实证明,大可不必闻"西方"而色变,犹闻"敌方"。就文艺而言,现代主义既不是"狼",更不是"洪水猛兽""妖魔鬼怪"。既来之,择其智为我所用,劣拒之,有何不可?

又,也是主要想谈的——该剧具有忏悔元素,而此前中国"新时期"小说、散文、诗、报告文学乃至话剧中未免悭缺。

忏悔元素亦与"反思"有关——此前"文革"题材的一概文艺作品,叩问政治原因皆较用力,但揭示人的原因微乎其微。

诠释"反思"二字,应包含这样的含义——既站在大背景的对面来思考,亦能勇于站在自己良知的对面来自我拷问。

我言悭缺,后一种"勇于"也。

也正由于悭缺,"反思"之思向度未免单一。

207

为什么？

盖因老一代、中年一代文艺家中，许多人即使避过了"反右"，在"文革"中也伤痕累加。他们是受害者，一直期待的是别人们的忏悔，而这合情合理。

别人们又是谁们呢？

年青一代文艺家，特别是作家，"文革"前皆文学青年；既为文学青年，受好书影响，心地大抵善良——"文革"中做过亏心事者，不能说没有，少之又少。

让他们讲"文革"中善良在人性中怎样更加成为自觉，谁都有体会可谈。但说到忏悔，大抵确乎无可奉告。

老一代文艺家，多有个人迷信的时期，所以有的"反思"和忏悔；中年一代，特别是在"反右"和"文革"中被"打翻在地"的，对个人迷信异见早存，否则也不会有那种结果；非希望他们忏悔，也等于迫使原告自我批判。

红卫兵一代是真应忏悔的，也有的忏悔——但年轻的文艺家、作家们，虽也大抵是戴过红袖标的，但即使在当年，对凶暴的"革命"现象，也是能站在人道主义的立场心怀憎恶的。否则，他们后来也不会成为批判"文革"的一股文艺的、文化的力量。

巴金的《随想录》是令人起敬意的。但，若人人都因说过违心话而忏悔，"文革"中大凶大恶的人反而集体沉默——这种情况又非年青一代文艺家、作家所乐见。

一言以蔽之，当年的中国，除了老一代文艺家、作家们巴金式的忏悔成为"反思"现象，深入曾对别人凶暴地"革命"过的人自己内心深处的忏悔文艺，还根本没成为一种自觉——"三种人"是都受到惩罚了。或许他们有真忏悔，却是在认罪书上。虽非"三种人"却也够坏的人，逍遥在法绳之外者为数不少，甚至每每在缅怀"文革"岁月，诅咒"复辟"呢！

忏悔在现实中悭缺，文学、文艺也便难以进行一厢情愿地创作。

试想，《一个死者对生者的访问》若是批判"文革"的话剧、电影，且奉献于几年前，那该是多么好！

我并非想否定它的价值。恰恰相反，它在当年的价值也是重要的。

因为，即使在"文革"结束多年以后，在中国的现实中，忏悔自觉仍是那么那么少。少到几近于无。若在文艺作品中予以倡导，非得借荒诞手法，凝聚大的理想主义心思，一厢情愿地进行悭缺现实依据的虚构不可……

美术界的情况

1980年后，美术界也"响动"不断。

先是，美术院校要求重新恢复真人体模特素描教学课程的诉求之声一经见报，引起了从官至民社会各阶层的热议。全中国正处于解放思想的时期，除少数人认为何必来真的，石膏人体模型也可替代外，绝大多数人表示理解。不久，经有关部门批准，果然恢复了。新闻尾音，只不过是关于这样一个问题的追踪报道——你愿意自己的女儿去做那样的裸体模特吗？不愿意的多，愿意的少。后者多为农家父母，意味着这么一种人间真相——只要社会允许，报酬相宜，贫穷人家的父母，是可以在保证不受侵害的前提之下，同意女儿以身体作为正当的谋生"物资"的；而被采访的他们的女儿，亦持此种态度。

又不久，有美术理论学者出版了《裸体艺术论》一书，作者是我朋友，书有学术价值，当年获学术类书籍奖，接连再版。

接着，有出版社出版了有关裸体美术的画集，销路甚好。所收多为西方裸体画经典，补以日韩两国裸体画——虽有波折，最终实现目的。

我曾获赠一册，赠我者言已脱销，是经社领导签字才从发行部门领出的保留书。

不久的不久，在书店见到了《当代裸体艺术摄影集》——仿佛是这样的集名，记不清了。大开本，精装，价格不菲。此前我已有了一册同样的西方的影集，从旧书摊上高价买的，幅幅皆著名摄影家的作品，所拍皆外国女明星，亦皆黑白照，美感异常。而国内那册摄影集，虽页页彩照，觉得不能相比，未买。

当年，有几幅画作给我留下了深刻印象。

一、《1969年11月12日·开封》——画面上的刘少奇，仅胯部搭一条旧布，仰躺于旧床上，骨瘦如柴，闭着双眼，蓬头垢面。环境是阴暗潮湿的房间。窗外的一方天空呈灰青色，显得冷寂。

二、以张志新之死为题材的画作。这样的画作我不止见过一幅，画名却都忘了。清楚地记得，其中一幅的张志新，仰天凝眸，不仅胸口有血，颈部也有。还清楚地记得，有一幅是闻立鹏先生的画作，同样仰躺的张志新似在沉睡，身穿白裙，身下的土地褐红色——似睡着了的女娲。那是大色块，强衬托，极浪漫的神话般的唯美画风。

三、《父亲》——这幅画太著名了，无须赘言。以上画作，都使我落过泪。

四、一幅知青题材的画作。画名也记不清了。似乎是"大有作为"，又似乎是"接受再教育"。所画是一名女知青与农民的婚礼，像结婚照。男方的年龄，看上去可做新娘的父亲了。她神情木讷，他幸福洋溢。

我也曾是知青，那幅画作当时使我五味杂陈。在我们黑龙江生产建设兵团，当年也有女知青嫁给"老战士"的。"老战士"们皆不老，平均年龄三十三四岁而已。若女知青是高中生，男女双方的年龄差距，在民间观念中是完全能接受的范围。并且，"老战士"们的文化程度不比知青低，某些人入伍前也是高中生。他们生活能力强，工资比知青高，大多数是好男人。更有形象好、性格好、有文艺细胞的人。所以在普遍的当年的黑龙江生产建设兵团的知青看来，若一名女知青愿意，她嫁给一名爱她的"老战士"，绝非什么悲哀之事，也是有必要表达祝贺的。

当年和后来我都听人讲过插队女知青嫁给当地农民之事。所嫁并非皆"老农"，却肯定是贫下中农。即使前边所提那幅油画中的农民，看上去实际年龄也并不老。我们都知道的，不少农民的相貌比实际年龄老些。

我当年也听到过对那幅画不以为然的看法，认为太不"典型"。不以为然者，包括不少曾经的知青。

我认为，首先要分清现实生活中"典型"一词的概念，它与文艺作品中"典型"一词的概念，表意有时一致，也有很多时候非但不一致，而且恰恰相反。在后种情况下，文艺作品中的"典型"，不代表多数，仅代表"那一个"。"那一个"的意义恰在于与众不同。倘分不清此点，冉·阿让、聂赫留朵夫、安娜·卡列尼娜、卡门等西方名著中的人物就会全都被评论所否定了。

西方人，即使普通的西方人，在看文艺作品中的人物时，非常明白自己只不过是在看"那一个"或"那些人"。

而绝大多数中国人，不但在看"那一个""那些人"，同时也是在看与自己想象中的庞大群体相重合的"代表人物"。他们倒也不这么看古代题材，外国的小说、戏剧、电影或电视剧，却一向习惯于这么看中国现实题材的小说、戏剧、电影或电视剧——这种现象对于中国现实题材的文学和文艺的发展，无疑是不利的。

但我觉得，如今情况已发生改变。

相当长的时期以来，"知青"二字，在我这儿往往就成了黑龙江生产建设兵团的知青的另一种说法。也可以说在我这儿，后者是最有资格"代表"前者的——近四十八万人，都来自中国著名的大城市，代表性似乎顺理成章。

后来我逐渐意识到，那种不知不觉形成的重叠性思维，实在太自以为是了。相对于当年一千六七百万知青的庞大群体，四十八万才是多小的比例呀。故，对于人们认为我是所谓"知青文学"的代表性作家，内心便越来越觉得不敢当。并且认识到，反映插队知青生活的文学的、文艺的作品，才更具有"代表"性。我笔下所写的，不过是"那一些"而已，并且糅合了我对特殊年代的好青年之好品格、好心性的理想。

五、《心香》——此画作的画名我记忆牢固。画的是一棵秋末冬初田野里的大白菜，菜帮尽折，菜叶落地、糜烂枯萎，被菜虫啃噬得惨不忍睹。但，从它的菜心里，直挺挺地长出一茎菜花来，洁白的一束小花，纤尘不染。

此画在当年的画展上获奖，广受好评。

对于今天的年轻人，估计是难以理解的。也许会在心里嘀咕——如此一幅画便可获奖吗？当年获奖太容易了吧？

但在当年，据我所知，有人面对那幅画时潸然泪下——多是知识分子，不唯文艺界的；它感动了几乎各行各业的知识分子。

如果我指出——"文革"结束前的大多数中国知识分子的心路经历是"写不完的检查、认不完的罪"，今天的年轻人是否容易理解一点儿了呢？

它也不仅感动了知识分子，还使许多曾被划入政治另册的人大为动容。

那一茎菜花究竟寓意什么呢？

不同之人有共鸣——对党的忠实；爱国情怀；对家庭、爱情、友谊和事业的不泯守望；对独立之精神、自由之思想的坚持；对一己人格的惜重……总之，是各类初心的借喻。

我当年也被感动了，因为我理解。

六、《晨读》——阳光明媚的清晨，一位容貌清秀的姑娘，黑发披肩，着白色连衣长裙，挎草绿色帆布学生书包，背倚一株大树的枝干在读某期《中国青年》，那显然是刚发行的一期。她旁边是报刊亭，二十世纪八十年代以后的街头新事物，陈列着当年的几种主要报刊。

我很喜欢此画作，当年从杂志上剪下，压在我写字桌的玻璃板下很长时间。画上的姑娘不是大学生，此点显然。若是，画家会在她胸前添一枚校徽的。不是疏忽，是另有想法——二十世纪八十年代能考上大学的中国青年甚少。是不是大学生不是重点，重点是，她是一个爱阅读的姑娘，而八十年代是中国的读书年代。我不认为此画是在为《中国青年》做广告。我认为不论她在看什么书或刊，都莫如看《中国青年》对头。因为对文化知识的追求，确乎是那一年代广大中国青年的主流追求，也是主流价值观。我喜欢那幅画，更因为它将我认为的人世间四种主要之美组合在了一起——静好的时光；心情静好、容貌也好的年轻女性；书与读。

静好的时光未必非是清晨。对于许多人来说，除睡眠以外的任何时光都可以是——但清晨代表开始，代表新的一天，代表一切新希冀和新计划、新行动。

好时光也不见得非得同时是静的时光。对于不少人，大快朵颐之时也是好得不得了的时光。

但静好的时光，尤其是人对时光的享受之最。而读，不失为使静好的时光更好的享受。

读是最能使人心沉静下来的方式。

那姑娘的脸上一派沉静，表明她的内心世界也是那样，没有化作猛兽猛禽的动物性潜伏着。

当年我每每停笔欣赏那幅画，不禁想——如果将来的中国青年，都能经常享受那般静好的时光，并经常保持静好之心情，多幸福啊！

静好时光，相对的是战乱不息、燹火四起的年代。在和平年代，我觉得，静好时光之多少，要由以下几点决定——青年们之人生无当下焦虑，无后顾之忧；文化、文艺对全社会的价值观导向合乎人类的进化前景，能够且善于助青年们在内心平衡物欲与精神需求的比例关系；任何民族、国家、社会和一个时代，总要有一些人并非是拜金主义者和权力崇尚主义者，于是青年们在价值观方面有榜样；那样一些人首先应该是口口声声表明自己是"全心全意为人民服务"的人以及他们的拥护者、支持者……

写到此处，又不禁联想到——当下某些导演筹拍之时，常发布广告信息，急需选用形象纯真的青年演员，仿佛后者们已如凤毛麟角，稀缺至极。

那么，似乎可反证——当下能享受静好时光并且心绪常处静态，脸上眼中物欲渴望不明显的青年，似乎还没多起来。

似乎又可反证——关于人能享受多少静好时光的诸前提，并没形成。

所以，时隔三十余载，《晨读》又经常浮现于我的脑海。读不读的，取决于个人爱好与否，并不要紧。但多数国人特别是青年们那种静好的心绪，却是我仍要为他们祈祷的。时代好到可使大多数人心静，并由而念净，那才是真好。

如上一些画作，也不是同时创作于1985年，而是出现于二十世纪七十年代末到九十年代初这一个时期内。并且，也绝不能代表这一时期中国美术成果的总貌，只不过是给我和当年的许多人留下深刻印象的几幅画而已。

那些画大抵是油画，它们使我联想到马萨乔的《失乐园》、曼特尼亚的《哀悼基督》、波拉约洛的《圣徒塞巴斯先》、普基廖夫的《不相称的婚姻》、蒙卡奇的《死囚牢房》以及我忘了画家是谁的《拒绝忏悔》等西方油画。

那些中国油画分明受了那些西方油画的影响。

我想指出的是——中国画之发展史与西方油画之发展史，存在着历程的不同。两者的起点都是古人居住过的洞穴岩壁上遗迹尚存的有主题而无主题意识的简单的线条画。后来神话、宗教题材的画在西方美术史上占据了一个漫长的时期；有主题而仍无自觉的主题意识，画作的价值每每由题材决定，或可曰为"神的美术""主的美术"。又经过了一个漫长的时期，大约从十四世纪中期，开始转向"人的美术"——先是贵族男女，这一时期肖像画的成就渐达顶峰；后是历史大事件中的人，如《自由引导人民》；再后来，画家们的眼望向了普通人，于是出现了《跛足孩子》《三等车厢》《拾穗者》《石工》《收割者的报酬》《垛草》《磨镰刀》《伏尔加河上的纤夫》等名画——这一时期，正是西方文化从"复兴运动"向"启蒙运动"过渡的时期，"人的美术"的题材明显转移，许多画家加入了启蒙之伍，于是画作的主题即思想感情倾向性开始显然——画作是他们"入世"的"宣言书"。

中国画在经历了服务于皇家及贵族的时期后，却一头扎入了"出世"的自然天地，且浸淫极久。这一时期，许多诗人、词人以诗词为"告示"，自诩对"出世"的领悟。画家们则以画应和，惯绘远避世事的自然之美，遂使"出世"美学成为主流，一去不回头。

《清明上河图》的非凡价值，除了是人物众多的长卷巨制这一点外，更在于它当时独树一帜的现实主义风格。

直至民国时期，徐悲鸿的《田横五百士》和蒋兆和的《流民图》，才作出了"入世"的榜样。然而榜样的力量并不"无穷"，"道合"者寡。

中华人民共和国成立后，中国画的题材无非三类——"领袖的美术""人的美术""唯美之美术"。

其中"人的美术"现象，亦成就卓然。这时，中国画家们的

第六章 1977年至1990年

主题意识不但自觉，而且十分强烈了——却又不得不指出，此一时期画作的主题，与此一时期的文艺一样，无不打上时代的烙印。此一时期的"现实主义"画作，也都倾向于唯美与浪漫主义相结合，可不加引号地反映和平时期的"人的美术"不能说没有，但很少。

而在1985年前后，许多中国画家急切地拾遗补缺，自觉地弥补从前的短板。

这一时期是中国美术界现实主义大复归的时期。故这一时期的不少画作，其实打上了一个共同的烙印——"新时期美术"的烙印；像其他文艺一样，画家们往往对题材反复掂量轻重，主题意识也格外强烈。

而在同一时期，西方画经历了种种现代主义的实践后，早已不在乎题材和主题思想，开始转向唯美及后唯美主义了。

1985年前后，画油画的中青年画家日渐多了起来。这在当年与"崇洋"心理没有多大关系，有也不是主要的。与西方油画随着国门开放在中国的影响力更大了确有一定关系，但相对于那一代中青年画家，这还不是主要的。

真相之一乃是，他们中不少人，是从画油画开始提高水平的。"文革"时期，从城市到农村，到处可见的政治宣传画是一大中国特色；国画不适于那么为政治服务，只能成为裱后镶入框子的室内作品以供少数人欣赏。但油画画法则大为不同，但凡是一堵墙，不是水泥的而是抹得较平的泥墙也没关系，照样可往上画领袖画及一概政治宣传画。没有油画油彩也无所谓（通常是舍不得用那么专业的油彩的），刷门窗的油漆也可以用来作画。还没有，石灰浆里兑上各色颜料，乃可往墙上尽情地挥洒。或可曰为"土法作洋画"，画得多了，长进自然快——各美术院校一招生，他们中不少人在激烈的竞争中胜出——以至于最初几年，油画班的学生多于国画班。

画油画还有一种方便——将几块画布、几支画笔和几种油画颜料往画夹中一夹，单肩背着就可以走到哪儿画到哪儿。只要画夹支稳了，有风不大也不影响作画。而画国画，极薄的宣纸必须铺平在桌案上，下边还得垫毡子，在室外作画有诸多不便。

中青年连环画家也多了起来。

在南方,书画市场开始悄然恢复,但占领市场份额的主要是著名老画家们的画,中青年画家的画作一时还挤不进去。

连环画悄然热了起来,市场前景看好。不但从前经典的连环画不断再版,新品种也大受青睐。不少老中青作家的新作,曾被当年的中青年画家们画成了连环画,出版成小人书。此外,还有人民美术出版社的《连环画报》等多种专登连环画的刊物,为连环画家们提供发表作品的平台。收入虽比不上出版成小人书,但在业内也极受关注。只要画得好,就能像作家们那样一夜成名,洛阳纸贵。

当年的中国美术诸奖项中,有一项是专为连环画所设的。若获某届一等奖,成就感也足令画家喜不自胜。

以上几种因素,将中国的连环画水平,从二十世纪五六十年代所达到的高峰,推向了前所未有的更高的水平。

当年的某些连环画作,好得令人百看不厌。

当年的国画,相比而言不那么抢眼。

这并不意味着国画家们甘于寂寞,力有不逮。

他们皆在探索突破传统又不失传统,继承传统又不拘于传统,"洋为中用"又非"食洋不化"、被洋同化的方向和路径。

那是需要更多时间来形成经验的。

1985年前后,有一桩"艺术"——我一时不知究竟该用什么词来形容那件事,它够不上是"事件",也算不上是"风波",谈不上是"要闻",却弄出了不小的"响动"——也许,还是用"新闻"二字来说比较适当。

就是"行为艺术展"。

"行为艺术"是西方二十世纪五六十年代兴起的艺术种类。"行为"专指人类的表现,故全称应该是"人体行为表现之艺术"。实际上这又是人类一种古老的人体行为表现;古代巫师"通灵"之际的行为,便具有人体行为表现的"艺术"性。为了令观看者信服,每次不同的行为表现都是一定程度的"创作"。

我尚不清楚西方忽然产生"行为艺术"的原因;不清楚是艺

学的原因为主，抑或是社会学的原因为主。

总之在二十世纪六十年代初，忽有某些"行为艺术"家，开始对自己的身体所能传达和演绎的艺术效果大有兴趣。从最开放的艺术学理念来谈，各类戏剧未尝不是"行为艺术"，杂技尤其是。曾有西方美术家，将盛满颜料的罐子悬在画布前，以大口径的枪击爆之，颜料溅射于画布，于是"创作"出最"现代"之美术作品。更有甚者，将身体遍涂各色颜料，在画布上翻滚腾挪，亦获作品——都属于传统美术技法与"行为艺术"的结合。

亦有培养猫、狗、鸡、鸭"艺术天分"的现象，将它们的身体在颜料盆中浸过之后，任由它们在画布上互相追逐、折腾。

西方人崇尚创新，不能不承认以上画作具有别出心裁的创新性。

西方人偏爱独一无二的艺术品，不能不承认以上画作具有绝对的独一无二性。名画尚可仿，那类画作是神仙也仿不了的。

故，售价不菲。

"行为艺术"在西方一度也受新闻关注。

起初，街头或广场出现活人雕塑——将自己的身体遍涂石粉或金粉，冒充雕塑，惟妙惟肖，以假乱真。那是本国人或外国游客都能接受的，因为无伤大雅。又因为那是挣不了多少钱的，可曰之为"玩耍艺术"，正所谓，独乐莫如与人共乐。所以，"老外"们对于那种艺术现象是认可的。只要不像高空走索那样造成交通堵塞，无人干涉。

后来，较多人参与的、规模较大的"行为艺术"现象产生了，如集体裸奔、裸体人群造型。需要预先申请，经过批准，走一套合法程序——如集体请愿的过程。

那是集体的"玩耍艺术"现象。

再后来，有了艺术升华，开始出现人的行为与大地景貌相结合的"宏大作品"——人已不一定裸体，或根本不见人矣，代之以物，如伞、草帽、头巾、布匹，借以装点大地，形成人为美点与自然美点的合而为一。这时，仍以"行为艺术"言之已不确切，实际上应叫"场景呈现艺术"之一种了。

再后来的后来，销声匿迹。像呼啦圈现象，"呼啦"一下有了，

"呼啦"一下没了。

原因简单——人类参与"玩耍艺术"的兴趣是易变的,不能持久的。并且,仔细想想,人类对艺术价值的最终确认原则,还是以创作者投入的真才华为首条,仅仅别出心裁大抵功亏一篑。园林艺术之美,也远比一般"场景呈现艺术"更旷日持久。

但又不能说"行为艺术"完全多此一举,一无是处。在西方美术史上,现代一章里,"行为艺术"往往是载有一段的。这乃因为,它使"场景呈现"这一戏剧或电影、电视剧的传统美工行当,进化成了独立的艺术门类。这一独立的艺术门类,具有营造世人不曾见过的想象场景的极大潜能。从前,好莱坞最牛的美工师们的口号是——只要你们(编剧、导演)想得出来,我们便造得出来;现在,借助三维技术,他们如虎添翼,口号变为——你们省省,我们替你们想,我们替你们造,包你们满意。

1985年前后的中国"行为艺术展",其实与美术界没什么关系。但因为"艺术展"在中国美术馆举行,似乎便与美术界有了瓜葛。

"艺术展"上出现了某些异乎寻常的行为——有人躺在浴缸中,由别人往浴缸中倒满"蛆虫";艺术家提出抗议,媒体予以更正:非"蛆虫",实为可作鱼饵的"面包虫"。有艺术家用什么食材做成"婴儿",众目睽睽之下狼吞虎咽——大约是要以此行为诠释鲁迅曾认为的,中国之史,无非"吃人"二字。

顺便说一句,我对鲁迅那段话,中学时有保留;到1985年前后,已大不以为然了;到现在,已认为是他最偏执的话之一。而偏执的话不管出自何人之口,前提都不符合常识。

我不是那次"艺术展"的到现场者,我之记忆来自媒体报道。

但我却至今保留一册"行为艺术"的影集,忘了是哪位朋友当年赠我的了,可能与那次展没直接关系,却是当年之"行为艺术"的摄影佐证。其中一页是——有络腮胡须的中年男子,捧着一只白皙的女子的脚,吮拇指。

我只有老实承认,欣赏不了那样的艺术。

即使对于"审丑艺术",我理念上也是接受的,比如罗丹的《欧米哀尔》,那雕塑曾使我产生锥心之痛。

但对中国的那些"行为艺术",不论当年、现在还是将来,我都无法认同。

我一向觉得,艺术之道,必是"艺"与"术"的结合。若只见手段的"术"而无视觉效果的"艺",我就会持反对意见。

但当年我并未发任何反对之声,不论公开还是私下。因为我已料到,那展必定很快收场。我并不否认对于当年那些"行为艺术家",自己的展览性行为绝不仅仅是"玩耍的艺术",而是"载"了思想的。

问题在于违反艺术之道,或曰规律。

果然,一天半之后,这场展览就在有关方面的干预下草草收场了,干预的理由是——群众抗议强烈。

这一次,据我所知,有关部门说的是真话。

之所以谈到此事,不仅因为它当年造成的"响动"颇大,还因为它证明了以下四点:

一、国外的特别是西方国家之文化的、艺术的现象,"登陆"中国的速度很快。

二、照搬、"山寨"、试图出奇制胜、"食洋不化"的现象的确有之。当年的一些批评,并非全是"极左"人士之声。

三、有些事,传到中国,一做就变了味、变了样;不仅与原形态、原本质大相径庭,也往往使借事造势的人们的初衷走向反面。

四、现在,"场景艺术呈现"也成为中国之独立的艺术门类了,从业的"80后""90后",水平高超者不少——却不是中国当年之"行为艺术"结下的果;是见先进就学,向国外同行学来的,继而出现"洋为中用"的现象……

音乐与歌曲

到1986年时,中国之音乐现象喜人,呈现前所未有的蓬勃态势。

盖"音乐"二字,歌在其中矣。歌归"音",器属"乐"。为了便于叙述,姑且将二者区分。

国家接连出台政策，鼓励体制内的文艺演出单位走满足群众需要并与市场相结合的道路。

这与从前有何不同呢？

不同之处在于，从前多数体制内的文艺单位，工资由政府拨款，演出任务当然以各级政府布置为主，如满足重要纪念日及大型政府庆典活动的需要，演出经费也基本由政府提供。政府若财政拮据，则向企业摊派赞助。在完成以上任务的前提下，才可自行推出面向群众的演出项目。

而文艺新政表明了这样一种变通的态度——政府不会放弃对体制内文艺单位的演出需要，但会减少这一类需要。相应的，也会缩减财政补贴。不够发全额工资怎么办呢？到市场上去"找食"吧。与市场结合得好，演员收入会比原先高。反之，"摸着石头过河"，积累经验，来日方长，"水性"是练出来的。也相应的，不强求节目非得多么"样板化"，总体健康就行。

北京体制内的文艺单位，从国属的、军属的到市属的，客观而论，还是初尝了些文艺新政的甜头的。各类音乐会演出频繁，民乐组合、洋乐组合、民乐与洋乐联袂演出，往往都受欢迎，每每有票贩子卖高价票。小提琴、钢琴、二胡、琵琶独奏的音乐会都举办过，也都较成功。

上海的表现也不俗。

广州局面差矣。泛而论之，沿海城市体制内的文艺单位，受市场化冲击，都有些吃不住劲了。

东三省体制内的文艺单位，可以说一时找不着北了——"内退""下岗"的工人越来越多，文艺市场空前低迷。文艺不能反映他们的实际生活情况，他们对文艺也不怎么"感冒"。所以，单位留不住人才，"台柱子"纷纷"北上"去往北京，或者"南下"奔赴广州，以求事业的发展和收入之增加。

不是说广州局面差矣吗？

指的是体制内的文艺单位——广州的，也可以说整个广东省的文艺市场那时却是全国最好的。

这乃因为——广东沿海县市多，经济率先开始发达，普遍的人们文艺消费指数上升。录音机这一新"事物",1986年几乎已在全省普及,十之八九是"水货"。在某些沿海渔村,彩电和录音机,每每存放于收拾干净了的猪圈;家里没地方放了。当年,各地的包括北京的专业音乐人,若要买一台好的录音机,首先都会想到应去广州挑选"水货"。有了录音机,自然得有录音带;东莞成立了多家港台商人投资或半投资的录音带生产厂家,当年几乎垄断了全中国的录音带市场。录音带也不是个事儿了,那么就剩下录什么歌了——于是以邓丽君的歌为代表的台湾流行歌曲"造访"大陆了;以谭咏麟、梅艳芳的歌为代表的香港歌曲也不请自来;杰克逊、麦当娜的歌"空降"至中国,是稍后几年的事。

于是,全国顶数广东省的翻录作坊最多;其次是江浙两省沿海一带;再其次是北京、上海两大城市——那是投资小、回报快、利润可观的营生,所谓薄利多销,类似批发盗版书。1986年琼瑶编创的电视剧《几度夕阳红》在大陆电视台首播,继而数部"琼氏"电视剧与大陆同胞"亲密接触",加速了台湾"流行歌曲"在大陆的风靡。

细思忖之,"流行歌曲"是一个语焉不详的概念——歌曲只有流行才有价值;除了非专业人士唱不了的,为小众欣赏所创作的歌曲,如某些难度甚高的歌剧选段外,古今中外,大多数歌曲皆以能在民间长久而广泛地流行为佳。从本质上说,歌曲是诸艺术中最具民间性的。"琼氏"电视剧皆有多首插曲——与大陆歌曲甚为不同的词风曲韵,由大陆同胞此前完全陌生的歌手们唱来,使大陆同胞的耳朵如听仙人唱仙歌——总体而言,大陆歌曲多是"硬"的,有"石性"的;而台湾歌曲多是"柔"的,有"糯性"的。于是,大陆歌迷不仅对邓丽君膜拜不已,从而也牢牢记住了数位台湾歌手的名字,连作词家罗大佑亦是有光环的人物。

然而大陆之大,终究非台湾所能同日而语。

大陆的词、曲作家及歌手,自然皆非等闲之辈。有好嗓子的青年,如大棚蔬菜,一年可收几茬。港台歌曲的流行,激励了大陆歌曲界奋起直追的创作和演唱心劲。

先是,大陆出了一位顶年轻的女歌星张蔷,因一首带摇滚色彩

中国文化的历史基因

的歌《月光迪斯科》而名噪一时。

    没有七彩的灯，
    没有醉人的酒，
    我们在月光下，
    跳一曲跳一曲迪斯科，
    迪斯科，迪斯科……

  这样的歌词如今听来稀松平常，但在当年具有显然的反叛性。跳迪斯科的青年，那时仍被视为不良青年。机关单位是绝对禁止的，某些大学半禁止。晚上八点以后，公园或广场每每见他们忘我舞之的身影，常遭治安管理人员的驱逐。

  张蔷的盒式录音带后来在国内狂销几百万盘，由而成了首位名字登上美国《时代》周刊的大陆女歌手。但大陆媒体对此几未宣传，保持一向明智地沉默。却也未进行"清污"式的讨伐，体现了与时俱进的包容；毕竟，中国之时代已有些不同了。

  不久，崔健如中国歌坛的一道闪电，或曰一声猝然响起的礼炮——我实在找不到更准确的词形容他的出现。情形仿佛是，他魔幻般地自空而降，如同外星人。他的《一无所有》仿佛是在星河遥望着大陆青年，目光直抵他们内心，伫立而作，专为降临中国，吼唱给那时的大陆青年听。

  是的，确如外星歌手的歌式"狮子吼"。

  于是中国大陆从此有了摇滚歌曲的里程碑。

  当年我已三十七八岁了，不算是青年了，但他的《一无所有》同样震撼到了我。

    脚下的地在走，
    身边的水在流，
    可你却总是笑我，
    一无所有……

我觉得这等歌词，似呈现蛮荒之境，如开天辟地之初，赤裸的亚当因同样赤裸的夏娃"蒙娜丽莎"般不相宜的笑而焦躁，吼着唱使她更加迷惘的歌——而他的迷惘似具有亘古性……

　　1987年的春节联欢晚会上，美籍混血华人歌手费翔引吭高歌《冬天里的一把火》，一片一片地迷倒了国内歌迷。春节后短短几天内，其专辑狂销近两百万盘。据当年媒体报道，"费翔迷"多为女性，包括大婶级女性。

　　当年费翔的任何一首歌都没有打动我的地方，觉得他的歌词乏内涵，曲乏韵变，像"量音定做"的"形象广告歌"——当然，这种感觉不但是完全的己见，而且是对比的印象。他常年生活在国外，要将歌唱到中国青年心里去，不了解中国青年当时的思想感情的复杂性是不容易的。

　　大约从1987年春夏之际开始，中国歌坛刮起了"西北风"，一扫之前《大约在冬季》《外面的世界》等台湾歌曲独领风骚的局面。《信天游》《黄土高坡》《我热恋的故乡》遂成"西北风"代表歌曲，它们的经典性像《一无所有》一样在中国歌曲史上不存争议，无可动摇。

　　对比一下海峡两岸暨香港的歌曲，有助于我们认知歌曲与地域情况的关系。

　　某些题材是共同的，如咏叹爱情、友谊，缅怀青春岁月，迷惘与失意的人生告白等题材。虽有差异，并不明显。

　　某些题材却是特有的，如歌唱乡情的、校园歌曲、怀旧歌曲——台湾颇流行，香港就不怎么"出产"。

　　邓丽君在《小城故事》中所歌唱的小城，无疑是台湾的小城——它只能"出产"于台湾，香港完全没有它"出产"的文化"土壤"。

　　而邓丽君的《小村之恋》，也绝不可能是当年的大陆歌曲界会产生的作品。

　　　　在梦里，
　　　　我又回到了我难忘的故乡，
　　　　那弯弯的小河，
　　　　阵阵的花香，

使我向往，使我难忘。
难忘的小河，
难忘的山冈，
难忘的小村庄；
在那里歌唱，
在那里成长，
怎不叫人为你向往……

这样的歌曲，在当年的大陆是不可能流行开的，因为太不符合普遍农村的现实。

我家住在黄土高坡，
大风从坡上刮过，
不管是西北风还是东南风，
都是我的歌我的歌。
不管过去了多少岁月，
祖祖辈辈留下我，
留下我一望无际唱着歌，
还有身边这条黄河……

词之无奈，曲之苍凉，道尽了想要背井离乡却茫然不知去往何处的宿命感——那是当年大陆农村青年集体之悲哀的心情关照。

我低头，向山沟，
追逐流逝的岁月，
风沙茫茫满山谷，
不见我的童年。
我抬头，向青天，
搜寻远去的从前，
白云悠悠尽情地游，
什么都没改变……

第六章　1977年至1990年

当年我一听到"什么都没改变"一句，每每泪不能禁。

> 我的故乡并不美，
> 低矮的草房苦涩的井水，
> 一条时常干涸的小河，
> 依恋在小村周围。
> 一片贫瘠的土地上，
> 收获着微薄的希望，
> 住了一年又一年，
> 生活了一辈又一辈。
> ……
> 忙不完的黄土地，
> 喝不干的苦井水，
> 男人为你累弯了腰，
> 女人也为你锁愁眉……

这样的歌词，可视为前两首歌的"说明书"。——此歌有亮色，即"我要用真情和汗水，把你变成地也肥呀水也美呀……"

或许是为了"中和"一下"西北风"的时代痛，当年有另一首家园歌也广为流行——《在希望的田野上》：

> 我们的家乡在希望的田野上，
> 炊烟在新建的住房上飘荡，
> 小河在美丽的村庄旁流淌。
> 一片冬麦，（那个）一片高粱，
> 十里哟荷塘，十里果香。
> 哎咳哟嗬呀儿咿儿哟，
> 咳！我们世世代代在这田野上生活，
> 为她富裕为她兴旺……

从社会学的层面讲，主旋律文艺有特殊意义，正如人心需要倾诉愁苦，有时同样需要希望。《在希望的田野上》，不啻是《我热恋的故乡》后两句歌词的延展，整首歌的"希望"基调如同《南台湾》：

> 南台湾呀南台湾，
> 美丽的南台湾，
> 有缘来做客住一宿，
> 明朝醒来不愿走……

台湾当年是绝不会产生"西北风"歌曲的——它那时仍在"亚洲四小龙"的轨道上发展着，城乡普惠经济向好，人心处于比较舒畅的年代。故那时的港台文艺，总体上是自悦和悦人的。

同样，《乡间的小路》，也是香港歌坛不怎么会"出产"的。香港的"乡间"只不过是它这座繁华大都市的边边角角，所占人口极少，并且非是大多数港人的"故乡"。对于普遍的香港同胞而言，所谓"乡愁"是主体性难确定的情结。

台湾那一类吟诵乡情的歌，在词风曲韵方面，显然从中国传统民谣中的童谣分支吸收了不少愉快的元素。童谣的分支体现民间文艺的本能——将苦留给大人们，将愉快留给孩子们。台湾那一类（不是全部）吟诵乡情的歌，放大了童谣的愉快，使之成为青少年和大人们也爱听的歌。所以，它们是文艺自觉的正能量的果实，证明了经济发展是硬道理。并且，大陆搞"文革"时，台湾搞了一场复兴传统文化的运动，这场运动与后来的经济腾飞相得益彰——于是我们从台湾的大众文艺如歌曲、电影、电视剧中，总能多少看出中华传统文化优点的运用；他们的歌词作者，将唐诗宋词中怡情养性那一部分营养，也消化得很好。

当年台湾在大陆流行广泛的歌，总体价值取向上以"悦耳润心"为宗旨。

而大陆歌当年的主流却是代言性的，如大陆文学的禀赋。《一无所有》那样，"西北风"也那样。某些咏唱爱情的，或许一时唱红半个中国，却大抵流行一阵就过去了。它们属于会永远产生，万变不离其宗的歌。《一无所有》不属于永远会产生的歌，在特定的年代具有独一无二性，无法被后来的百千首歌所湮没。"西北风"也不是一阵一般的风，是特殊年代的一阵罡风。人们不可能记住每一阵风，但通常会记住不同寻常的罡风。

其后的一首歌《九月九的酒》，可以看作"西北风"的谢幕之作，其中"饮尽这乡愁，醉倒在家门口……家中才有自由，才有九月九"，对打工者的含辛茹苦，代言特性饱和。

而香港歌曲，当年基本上走的是二十世纪三十年代上海流行歌曲的路径，特别是吟咏爱情的那些，听来听去，几乎总能听出"好花不常开，好景不长在"的意味。邓丽君的《美酒加咖啡》《月亮代表我的心》亦是。

香港歌曲最值得一提的，是《笑傲江湖》《霍元甲》《至尊无上》等电影插曲。《笑傲江湖》之插曲，在大陆最受佳评——歌中"笑傲"之冲霄豪气，为此前大陆、台湾歌坛所罕有。

1980年前，台湾歌坛与香港歌坛是互相牵拉的关系；1980年后，国家给了两地词曲作者与歌手做梦都不敢想象的巨大的发展天地和市场，而他们也极大地影响了刺激了大陆词曲作者与歌手，使大陆同行在最短的时间内，实现了脱胎换骨般的华丽转身，或曰凤凰涅槃。

歌曲与乐器

曾经，哈尔滨是一座苏俄文化影响深广的城市。

即使当下，在建筑、服装、餐饮方面，仍存在着其影响的痕迹。某些老宾馆、饭店悬挂的画作，大抵是俄罗斯油画——有的是仿画或印刷品，有的是从黑龙江彼岸买过来的。土豆烧牛肉，还是哈尔滨人喜欢吃的一道菜。酸黄瓜、俄式红肠、大列巴和鱼子酱，也还是外地人喜欢从哈尔滨带走的特产。

我小学四年级前，竟没见过一幅中国山水画。五年级后，我开始到理发店理发了。一次理发师傅为我理发时，我的头不断地左转右转，因为发现镜子两旁的筒状白瓷瓶上，绘的是两幅中国山水画。原来中国画也那么有意境啊，我看得入迷，以至于理发师傅接连说："孩子，别歪头！"

至于歌曲，我在学校里学会唱的，自然是《丢手绢》《小燕子》《蝴蝶花》等儿歌和《我们是共产主义接班人》。俄罗斯文化在儿歌方面对哈尔滨也有影响。年长我六岁的哥哥，那时已是高三学生了，却经常在家里唱这样一首苏联儿歌：

> 卡基德勒古老森林，
> 有一股清水泉。
> 又清亮又干净又凉快又甜美，
> 好一股清水泉……
> 森林中来了一位汲水的小姑娘，
> 打扮的又漂亮，又整齐，又大方，
> 有一幅好模样……
> 弄脏了清水泉，
> 使别人不能饮，
> 就不是好姑娘……

显然，这是一首苏联的或老俄罗斯时期的儿歌，不知我哥哥从哪儿听到的，也不知他都高三了为什么还喜欢唱那么一首儿歌，或许是由于它那种古老的曲调吧？确实，与当年的中国儿歌相比，其曲调不但古老，歌词也有情节性，我爱听，不久自己也会唱了。

那首歌的教化性是分明的。与同样具有教化性的当年的中国儿歌的区别也是那么地分明——寓于当年的中国儿歌的教化性，往往是政治意识形态方面的教化。除此之外，是表达儿童高兴情绪的，快乐色彩浓厚的童歌。

实际上，当年哈尔滨的男女少年、青年，平时都不怎么唱歌的。一般人家的私有空间极小，家家户户又挨得很近，邻居之间的门窗每每近到并列或相对的程度。此种情况下，在家家户户经常敞门开窗的季节，一个少年或青年即使在自己家唱歌，那也是非常不明智的。而在漫长的冬季，在普遍四五口人的家里，他们的歌声肯定会被父母所喝止。哈尔滨如此，其他城市也不会两样。可以这样认为，从前的中国少年和青年喜欢唱歌的天性，多数受到居住环境的压抑。农村例外，因为天地广阔。

对于喜欢唱歌的少年或青年，唱什么歌也成为必须认真对待的严肃问题。当年允许唱的歌曲，主要分为以下几类——革命歌曲，数量最多，少先队和共青团以及工会每组织青少年学唱，是政治任务之一；歌颂社会主义繁荣富强和人民幸福生活的歌曲；在民间代代传唱的老民歌；新民歌；国产电影插曲，其中具有民歌风的歌曲约占一半；外国电影插曲，当年在中国放映过的外国电影不多，流行开的也不多；虽非外国电影插曲，但被中国歌唱家唱红了的外国歌曲，多数亦属外国革命歌曲或民歌，如《宝贝》《茫茫大草原》《三套车》等。在中国广为流传的与革命精神无关的民歌，主要是俄罗斯民歌。中苏关系破裂以后，被禁过。但已广泛传开了，严格禁唱实属不可能的事。

客观地平心而论，第一类、第二类歌曲中，很有一些堪称优秀的歌曲，不愧为经典。毕竟是中国一流词曲家合作的作品，水平在那儿摆着。以今天的看法而言，特别是与二十世纪八十年代后出现的"西北风""东北风"相比较而言，前者或有特定时代的色彩，但时代局限性任何国家之任何时代的文艺在所难免，不必过苛看待。

第一类、第二类歌曲，是青少年在有关方面所组织的文艺活动中，必定要独唱或合唱的。必须的。

民歌非是少年们喜欢的，却是青年们爱唱的。比之于第一类、第二类歌曲，民歌中的爱情成分较多，且明显。当年的少年若喜欢唱此类歌，会被大人们认为"思想意识有问题"。国产电影或外国电影插曲中，凡歌唱亲情、友情、爱情、乡情的，都会被青年们广为传唱。原因其实非常简单，若一名青年的思想与当时的革命思想格格不入，那么肯定不喜欢听更不喜欢唱革命词句多多的歌曲。而一名青年的思想若与当年的革命思想十分合拍，则会认为根本无须通过喜欢唱革命歌曲来证明自己的革命，反而会对歌词不那么革命的歌曲大为青睐。

所以，在唱歌方面，当年的中国存在着两种现象。一种是有组织的，配合文艺活动的，一部分人唱给许多人听的革命歌曲大家唱、人人唱的现象；另一种是未经组织的，爱唱歌的青年唱给自己所信任的朋友听的，甚至是自己所爱的人一个人听的，那么所唱之歌与歌词特别革命的歌曲完全不同。有些当年的歌虽然也属于革命歌曲，但曲调特别抒情，也被青年们广泛传唱，如《弹起我心爱的土琵琶》《花儿为什么那样红》《九九艳阳天》等。"文革"时期，都因其曲调的抒情性，歌词的不够革命而被禁了。

当年的青年们喜欢唱哪一类歌不太喜欢唱哪一类歌的另一种原因是——大多数歌词具有强烈革命性的歌，其曲调也往往高亢昂扬，节拍较快，唱前需进行情绪酝酿，其音部也不是一般人可以随意达到的。而抒情歌如《草原之夜》《送别》《小路》《莫斯科郊外的晚上》《喀秋莎》等歌，却是属于大众音部的歌，几乎人人能唱，即使哼唱也很好听。同样是社会主义国家，在对待歌的态度上，当年的中国比"老大哥"更实用主义。

我当年是很喜欢听歌的，尤喜欢唱歌。成为中学生后，被班上一名唱歌唱得好的男同学宣布为五音不全。当年，一所一千四五百人的中学，找不出几个唱歌唱得好的同学，因为平时没机会没地方唱，唱得少，有的同学即使嗓子很好自己都不知道。我们班那名男同学属于极敢唱的一个，逮着机会就自告奋勇唱几首，结果在全校唱出了名。他既已出名，又是我朋友，我对他的话自然深信不疑，暗自伤心了些日子，从此不再唱歌。

下乡后，我们排有一名高二知青，也是我朋友。某日，我俩一块儿在河边洗衣服、洗澡，平时从不唱歌的他，忽然大声唱起了《河里的青蛙》。那是一首没必要敞开喉咙唱的歌，他一那么唱，味道不对了，当时给我留下了很轻佻的印象。虽然，后来我们仍是朋友，我对他的信任一点儿没受影响，但他那日给我留下的轻佻印象，却长时期存在于我的记忆之中挥之不去。

"文革"后，我经常寻思那事——一个青年，兴之所至，大声唱了一首被禁止唱的歌，怎么在我这里就"轻佻"了呢？

是我呀，梁晓声呀！一个自认为比同代人多读了不少书，对于保持独立思想特别特别在乎的青年，何以变成了那样呢？

我不得不承认，自己在当年也受到极"左"僵化思想的影响。

在二十世纪五十年代至八十年代的三十年里，我们那一代所能接触到的乐器种类是不多的，无非笛子、口琴、手风琴、二胡、板胡、京胡而已。

最便宜的笛子七八角钱一支，那也不是一般学生青年想拥有就能拥有的。当年普通人家的学生完全没有零花钱，向父母要七八角钱买笛子，这种事会被斥为"烧钱"。我家那片贫民区有一名初二少年，不知缘何迷上了笛子，一心想要拥有，四处捡废品，打算用卖废品的钱买一支两元多钱的笛子，那种价格的笛子属于高级的。当年捡废品不像如今这么容易，大人孩子都知道废品可以卖钱，绝不会扔，而会攒起来。碎了一块玻璃，玻璃碴都会保留着。那少年在郊区的建筑工地捡铁丝时，就是拆脚手架时掉落的铁丝扣——不幸从高处摔下，落下终身残疾。残的还不是胳膊、腿，而是脑。

若一个青年拥有口琴，肯定会成为别的青年的羡慕对象。被羡慕的原因不止于口琴，还意味着羡慕他的命运。那证明，要么他生活在一个经济宽裕的人家；要么他是独生子，在家中受宠，家长对他百依百顺。

即使时代是如此的时代，哈尔滨市当年还是产生了某些笛子吹得好或口琴吹得好的学生青年。他们只要在什么演出场合吹过，艺名便不胫而走，有的还被誉为笛子或口琴"王子"。心仪他们的女生，往往会守在他们学校的门口，或家宅附近，只为一睹他们的风采。"文革"时期，他们都会成为各校宣传队的"红人"，正式的文工团、歌舞团的目光，也会时时关注他们。以至于，"上山下乡"运动后，我们黑龙江生产建设兵团七个师七十几个团的宣传队中，竟无登台吹过笛子或口琴的队员，因为吹得好的学生，皆被正式文艺团体抢先一步招走了。

乐器演奏才艺能改变一个青年的人生，当年也是那样的，反而较容易。倒是今天，却不那么容易了——有这方面才艺的青年太多了，而且个个水平了得。

在二十世纪八十年代，笛子和口琴演奏者还有登台甚至出现在电视中的机会——如今，我已近二十年没听到过笛声和口琴声了。时代的变化真的令人无可奈何，它打算使什么事物消亡，人绝对是拗不过它的。

当年全哈尔滨市有手风琴的人家估计不超过几十户，还得算上家有专业人士的人家。当年只有大学、大工厂的业余文工团才会有手风琴。一台演出若没有口琴，必有笛子。若连吹笛子的人也没出场过，就算不上一场够水平的演出了。而拉手风琴的人一上场，似乎演出的水平顿时就提高了。

八十年代时，中国还有专业的"手风琴演奏家"——现在，肯定没有了。口琴和手风琴是从苏联传到中国的，属于"洋乐器"，无论曾有过多么风光的时期，都是纳入不了"非遗"名录的。然而当年它们所发出的乐声，曾令我这一代人多么的陶醉啊。

当年二胡拉得好的青年也有一些。但凡算是一个文艺团体，专业的也罢，业余的也罢，居然没有一名二胡演奏者肯定是不合格的。至于板胡、京胡，喜欢乐器的青年即使接触过，通常也不会迷上的——适于它们演奏的曲子太老派，不合青少年的欣赏品位。

当年的哈尔滨，有小提琴的人家如凤毛麟角。在我是知青的时代，我们连就有一名哈尔滨知青是带着小提琴下乡的，拉得不算多么好，也不常拉。起初一两年里，他在我们心目中总有一种神秘感。关于他的家庭背景，猜测多多，众说纷纭。他自己也讳莫如深，挺享受那种神秘感。

他因病提前返城后，有人才从连干部口中套出真相——其实他家从前是开乐器行的。

时下，一个青年，不论男女，也不论背着什么乐器出现于什么场合，别人大抵不会对他们的家庭背景产生任何猜测的兴趣了——一个音乐青年，看法如此而已。音乐青年，人们见得太多了，中国也存在得太多了。

黑管、萨克斯、小提琴、钢琴——只要自己的独生子女迷上了，连收入不高的家长都肯为他们买的。

歌唱和音乐与中国人的接触面大到了无以复加的程度——此类节目是一切电视台必不可少的主打节目；手机彩铃往往便是一段美

好的歌或音乐；大妈们跳广场舞时，也往往伴随的是在少男少女中才流行的歌曲。

据说，中国每年人均阅读纸质图书4本半，以色列是64本，俄罗斯55本，美国50本，德国47本，日本45本……

在读书人口甚少的情况下，国民爱唱歌喜欢音乐实在亦是国之大幸，下一代之大幸；否则，可咋办呢？

各种文学观念

这一时期的文学界在继续调整观念——现代主义创作方法的实践；"寻根"主张的提出；"新写实主义"概念的产生，始于1985年，是从1986年延续到1987年的主要现象，并对以后的中国文学产生深远影响。

现代主义是一个相当宽泛的概念，囊括意识流、生活流、荒诞主义、魔幻主义、黑色幽默、存在主义等创作方法。有的是方法论，有的不仅仅涉及方法，还涉及文艺家对现实社会的不同于常人的感受以及由此形成的观念。

意识流比较好理解，理论逻辑也容易使人接受，即人的现实存在感不仅是由日常事情和所经历之个人的、家庭的、社会的大小事件组成，也不仅是伴随着感情、思想、体会和观念的存在，还是伴随着几乎无时不有的个体意识的存在（包含潜意识）。当某人在说东时，其意识反应可能正胶着于西。而文学艺术若善于对此种现象进行可信的揭示，肯定会"记录"一个更接近真实的人。

我接触现代主义较早，非是文学的，而是电影的。1980年后，我在北影厂有机会看过意识流和生活流电影，如《八又二分之一》《去年在马里昂巴德》。但现代主义的小说，我也就读过卡夫卡的《变形记》、萨特的《恶心》、尤涅斯科的话剧剧本《犀牛》和贝克特的《等待戈多》。

坦率讲，我当年对现代主义不以为然，认为是"游戏文学"的产物，还与人激烈地争论——荒诞主义中国古已有之，"黄粱梦"不就是吗？戏剧《乌盆记》不就是吗？要讲"变形"，中国古代神话、希腊罗马神话中不是也比比皆是吗?《白蛇传》之变形难道不是文学想象力的极致吗?

当年浅薄,自以为是,读书又少,分不清神话中的变形与近当代小说中的变形有何不同。多年之后才明白——前一种变形是写人不甘为人,兽不甘为兽;而后一种变形,则是反映人只想好好地像人那样生活,却已不能够。举例说,《摩登时代》中的卓别林不论想变成神还是变成妖,都是多么可以理解和值得同情。《昆虫记》和《犀牛》中的人之变形,与孙悟空的七十二变,不是一回事。倒是梁山伯与祝英台的双双化蝶,很有些"被化"的意味。

总体而言,现代主义的著名作家都不仅仅是作家,都在不同程度上具有社会学家的敏锐,并都试图探究人是如何被时代所异化的。

那时的中国话剧舞台也亮色不断,每每令人耳目一新。在中国,在北京,在最好的剧院,由"人艺"上演的《狗儿爷涅槃》《等待戈多》,场场爆满,好评如潮——有不少人甚至专程从外地赶来看这两部话剧。其后开始了北京"人艺"上演现实题材话剧的新一页,导演任鸣贡献很大。

"重写文学史"是当年文坛的一个热点话题。有关方面并未严令禁止,于是某些文史学者将那事做成了。细思忖之,文学史不过就是关于文学的史,有志于此的某个人、某些人,都是可以写的。文学史终究不是国史,没必要内容统一,一史永成铁券,章章皆是金科玉律。

比"重写文学史"更热、影响也更大的话题是关于"异化"问题的讨论——这不仅是一个文学话题,也是一个社会哲学方面的话题。前边所提到的现代文艺的一概派别,特别是小说、诗和戏剧,或从方法开始,或从理论入手,最终都会"九九归一",集中于世界对人类的异化方面。资本主义国家皆不回避这一问题,采取承认态度,并且尊重文艺家对这一问题的思考。《等待戈多》中若无此种思考元素,就不会成为现代主义话剧的经典。《尤利西斯》中若无此种思考元素,而仅仅是别出心裁的方法的集大成,诺贝尔文学奖也断不会颁给乔伊斯。但我当年更喜欢《等待戈多》和《犀牛》,对《尤利西斯》敬而远之。即使对后来在中国似乎成为小说"圣经"

的《百年孤独》，也不像有些人那么崇拜——除了寓言性和某些有新意的比喻，我实在没读出另外的高妙。我认为，当年不少中国读者的共鸣点更由书名产生——百年孤独，仿佛是近代中国的缩影，也仿佛是近代以来中国知识分子心路的集体写照。

我一向认为，在文艺现代主义思潮成涌的过程中，中国文艺家从没走得像西方文艺家那么远，那么极端。

在西方，仅就现代主义文艺而言，绘画的特征比文学要明显得多；雕塑的成就比绘画要巨大得多；诗走在小说的前边；戏剧的经典性比诗要持久得多；而小说在现代主义方面，实践起来是最难得心应手的，效果也往往差强人意。

迄今为止，人们一谈到现代主义绘画，毕加索和达利的名字立刻条件反射般地联想于脑际。连凡·高的画，都不能给人留下那么深刻的印象；并且，一般并不往现代主义去联想。就这种公认而论，毕加索和达利无疑是成功的，也没什么争议。

但现代主义的雕塑，却几乎已遍布于西方许多国家的大小城市了。即使在如今中国的大小城市里，现代主义雕塑的数量，也很可能不少于传统形态的雕塑。在地级市乃至县级市的厅堂馆所的显眼处，往往总能发现它们的存在，尽管不见得好。简直可以说，全世界的雕塑家在进行创作前，构思的最初意念，往往不是朝向传统的方向而是朝向现代的方向。就连在小工艺品店里，一些各种材质的摆件，也都不同程度地体现着现代主义风格了。由雕塑，又影响到家装风格、家具样式、汽车款型和服装、发型。

又简直可以说，在举凡立体之物的大大小小的东西中，有多少并没受到现代主义浸淫的呢？

雕塑的此种演变，是现代主义思潮带给人类生活的最具有普及性的成就。

当现代主义影响文学的时候，诗的先声夺人非小说所能比。也许，仅仅十余行的诗，便会使人们异口同声认可地说——不错，这是一首很现代的诗；或褒或贬姑且不论。

小说很难做到一致肯定。尽管《寻找失去的时间》《尤利西斯》以其现代性而著名，但通读过这两部小说的人十分有限。它们与人们的文艺生活几乎毫无关系，对文学本体的影响，也不能与现代主义雕塑和绘画对美术界的深远影响相提并论。

但话剧又不同了。《等待戈多》《犀牛》这样的作品，今天在任何一个国家上演，肯定仍能引起观众的广泛共鸣。因为今天越来越多的人类经常觉得自己被严重异化了、同化了；似乎都有所期待，却又不清楚究竟期待什么。

凡能借助声音、色彩、布景和人物造型、表演来完成创作的文艺门类，在实践现代主义风格方面，较容易使人耳目一新。

这都是小说力有不逮，罗掘俱穷，每每事倍功半的。

今天，现代主义的创作方法，几乎已被中外一切作家所熟用于创作。以长篇而论，意识流、生活流、黑色幽默、象征与暗喻，几成构成长篇的常态现象——也正因为如此，现代主义小说与传统小说之界限极为模糊了。

当谁说一部小说很现代时，另外一些人准会说——小说不都是这样的吗？不说，心里也大抵如是想。

现代的作家再写《1984》那样的小说，估计也很少有人以为多么现代了。

而且，很可能小说在"现代"了一个时期之后，反而会走回头路，开始恢复"传统"的面相。

这种悖论是由人们对小说的接受习惯所决定的——在一切艺术门类中，人们最不习惯于小说的现代性走得太远。或反过来说，人们仍希望有一种文艺不要太现代，比较之后，选择了小说。

反观当年的中国文坛，老中青三代的创作，题材不同，风格各异，似乎也可以用"九九归一"来总结——归于对国人之人性曾经怎样被异化的思考；归于对造成人性异化的种种中国原因的思考。

一切党对干部特别是高干的廉政要求，难道不是为了防止蜕化变质吗？

当年的特权现象已引起人民的广泛谴责。

贪污受贿之风已在干部中呈上升趋势，高干之家几乎皆有明里暗里"下海"经商的子女了。在"十亿人民九亿倒，还有一亿在寻找（机会）"的大背景下，高干子女们倒卖"批条"、炒地皮、办皮包公司买空卖空之事，渐成百姓街谈巷议的新闻。

这是否都属于蜕化变质的迹象呢？

若不是，岂非胡搅蛮缠了吗？

若是，谁能解释清楚——蜕化变质与异化究竟有何不同？

本本主义、教条主义是不是对包括马克思主义在内的革命理论本身的异化？

若革命理论本身被异化了，是否会造成信仰者的异化？

联想到现在——"八项规定""巡视制度"，难道不也是为了防止干部被特权、金钱和美色所异化吗？

"把权力关进制度的笼子里"，难道不是为了防止权力被异化吗？

我至今也没读过几篇马克思关于"异化问题"的原文，所以至今也不知道马克思是怎么谈"异化问题"的。

我第一次见到"异化"二字，是在一位诗人谈创作的文章中，他在谈到其诗《解剖》时说，他的诗与其说是解剖"成了神的人，不如说是在解剖心甘情愿制造神的人，解剖人的'异化'，也就是自我解剖"。

他的另一首诗《哎，大森林》，当年使我读哭了。

那首诗使我联想到了闻一多的《死水》。

《死水》没有"喧嚣的波浪"，不哺育任何希望，只不过是霉绿的死寂的肮脏的止水；大森林的绿却是生机无限的，但同时也会层掩枯朽与腐败，成为"封闭记忆的棺材"。

"我爱你，绿色的海！"

"难道这就是海？！这就是我之所爱？！"

当年我将这一首诗读给别人听时，别人也流泪了。

诗人的名字叫公刘。

从1988年到1989年初，中国的文化现象主要体现为新闻现象——首先是邓颖超接受中央人民广播电台《午间半小时》的专访，坦言她对"安乐死"持支持态度。她那么高级别的国家领导人以普通人的身份接受全国"电台之王"关于一个极其敏感的话题专访，真不知节目组是怎么做到的。而她的态度之明确，也是人们在一个时期内谈论之事，敬意有加。

与之相反的是，当年有三位著名的青年思想导师，在蛇口与青年们对话时，遭遇了"滑铁卢"，主要分歧由金钱观、财富观引起。

一个事实是——先有"小蛇口"的建设新理念，其后才产生了如今的"大深圳"。

我对蛇口当年的建设总指挥袁庚心存敬意，并且当年参与过以他为人物原型的电视剧剧本创作，该剧还在央视播过。

但我当年并不喜欢"时间就是金钱"这一口号，参与剧本创作时颇纠结，避开了关于这一口号的创作分工。我承认任何人都拥有靠正当的手段和方法追求金钱与财富的权利；进一步认为，此权利像人的生存权一样天经地义。我之不喜欢是基于浸淫太久的生命本体理念——生命者，时间也；当然不是金钱。这种思维未免过于文化，若也在场，并且道出，估计也会成众矢之的吧？

"蛇口风波"不仅成为当年的"文化事件"，而且引起了国际新闻的报道。这一风波的正面"中国意义"体现在——那些向青年思想导师们"发难"的青年，都没因此受到难为。

1988年，抢购风潮席卷全国。许多商品的价格市场化了，放开了，一时间与民生关系密切的商品全涨价了——一位高校女教师居然抢购了一百盒火柴；只不过是火柴呀，因为抢购者是高校教师，所以我认为此事也具有"文化"的延伸意味，民间意味。

1988年，最引人关注的文艺现象，便是由莫言的小说《红高粱》改编的同名电影，在柏林国际电影节获得了"金熊奖"。

导演张艺谋成为继陈凯歌之后的又一位中国大陆"出产"的国际著名导演。

中国在"九月九酿新酒"之歌声中辞旧迎新，迈入了1989年的门槛。

春节后不久，极受青年诗歌爱好者喜欢的诗人海子自杀了——卧轨。

第七章

九十年代

歌星和"走穴"

　　总体而言，二十世纪九十年代依然是中国歌星们的黄金年代，其发展更为迅速，可用"迅猛"一词形容。也是中国电视剧行业奋起直追的年代；电视剧必有插曲，使两者关系相互倚重，各得其所。

　　九十年代后，民营演出公司渐多，个体或个体联合演出已合法，"事业"随之个体化，法人随之私人化。

　　这里所言歌星，并不专指大腕。实际情况是，不但涌现了不少全国著名的歌星，几乎各省会城市也都有本地歌星。他们一旦觉得实力足够，条件成熟，时机来临，自然会闯往北京、上海、广州这样的大都市去图长足的发展，所谓"更上一层楼"。当年，深圳尚未出落成繁华都市，南京自有深厚的文化底蕴和知名度，武汉也如此，所以南京、武汉的歌星并不多么看好广州——他们要"芝麻开花节节高"，除了北京、上海，其他城市是不稀罕去的。某些生活水平较优、文艺发展空间并不压抑的城市，也各有本地"歌王""歌后"，在本地极受追捧。他们中有些人，倒也安于享受在当地的知名度，并不好高骛远。

　　故在九十年代初，几乎哪一座较大城市都有正当红的歌星。甚至，在某些县城里，也有自知甚明，哪儿也不去，随遇而安，随安而乐的县级歌星。

北京毕竟是全国的文艺中心。在北京出名了，才算是全国著名——对于其他门类的艺术家未必尽然，对于歌星却是当然的。

若说那些年从各地来到北京的歌星如过江之鲫未免夸张，但若说像到北京求医治病的人一样多，却没夸张到哪儿去——主要是出发自东三省、内蒙古、新疆以及西北、西南诸省的地方歌星。

在西方，诗与歌虽有文艺特性上的交融，但基本上相互影响不大。诗是诗，歌是歌；诗而成歌的现象并非没有，却不普遍。古老的《荷马史诗》首先也并不是诗，它首先是说唱艺人的文艺成果，言之为"史诗"，因其说唱有诗性而已。

在中国，自古以来，诗与歌的关系便"亲密"如孪生之兄弟姐妹。《诗经》中的所有诗作，大抵都是能唱而且被唱过的。即使不能被全唱，也基本上是可以说唱的。故中国有一个古意悠悠的词是"吟唱"——"吟"者，轻言低语也；"吟唱"即古代的说唱，为了使诗与歌自然地结合。

到唐诗宋词的年代，结合更成自然而然之事。薛涛既是唐代才情盖世的女诗人，同时又是具有歌唱天赋的女歌伶。她所作的诗，自己是经常唱的。而宋代词人柳永的词作，每每被青楼女子们传唱，遂成当时佳话，柳永也甚觉荣光。

元代的"散曲"也都是可唱的。

明代时，诗与歌都走下坡路——明朝盛"文字狱"，文人也罢，诗人也罢，唯恐闯祸，大抵不敢流传诗文于民间。而且，明代后来的皇帝们，一个比一个假正经，自己往往醉生梦死，纵情声色，却希望民间风清气正，视诗与歌如粪土，如"不安定的社会因素"。

清代和元代的情况差不多。历朝皇子们，自幼在诗学方面受名师教习，可谓个个诗学功底扎实。乾隆年间，据当时的宫廷史学家赵翼所记："本朝家法之严，即皇子读书一事，已迥绝千古。余内直时，届早班之期，率以五鼓入，时部院百官未有至者，惟内府苏喇数人（谓闲散白身人在内府供役者）往来。黑暗中残睡未醒，时复倚柱假寐，然已隐隐望见有白纱灯一点入隆宗门，则皇子进书房也。"

皇子们五更进书房须过"隆宗门"，足见在皇帝看来，学与隆宗，关系何其大也。皇帝不但重视皇子们在领悟"四书五经"方面的长进与否，对他们的诗才有无也很关心；不但每每与几位太傅讨论教育方法，有所指示，还每每抽阅皇子们的诗作，见佳作则欢喜。

据说，乾隆一生诗作，总数堪比《全唐诗》，达四万多首，可谓世界之最。烂诗必然不少，较好之诗句谅也不能说全无。

皇族如此爱诗，全国却未见上行下效，诗风蔚然。何故？——清朝也是"文字狱"大行其道的朝代，对汉人之汉诗现象，警觉异常；某些朝廷鹰犬，专干发现"反诗"的勾当。不但作诗危险，传抄前朝诗人的诗，也可能株连亲眷。

是故，大清的皇帝和皇族，几乎个个能诗善赋。但大清的民间，有诗名且有善终的人，委实是不多的——起码在晚清以前如此，以后诗才多了起来。而那时的大清已千疮百孔，风雨飘摇，自身难保，顾不上管诗和诗人了。从林则徐到曾国藩、李鸿章、张之洞、左宗棠、谭嗣同等人，哪一个都肯定是诗才佼佼者，却都没留下多少诗作。非不能也，实明智也。最后一位状元刘春霖，肯定也是诗种子无疑啊，但中状元之前和之后，世人并未闻其诗名，估计亦不敢也。据说他还是有些诗留下的，极少。

在清朝，在民间，确切地说，在山林中，倒有一些另类的"诗种子"，皆是被屡屡挤落科举独木桥的汉人，过的大抵是"自制竹皮笼短发，新裁荷叶理初衣"的半野人半乞叟的生活。在各类晚清民间有心人编的诗选中，如在《雪桥诗话》中，便可发现他们散珠碎玉般的诗作，几乎首首有精隽酷美之句。还有镇守边关、舍生忘死的铁血诗，与岳飞、辛弃疾、韦应物等人的诗豪气相通。即使某些僧道的出世诗，也给人以顿悟红尘的人生启迪——比之于"宰相"之子纳兰性德的锦帕诗，欣赏价值大得多。清代之中国人口已逾四万万众，汉民族且有悠久的诗文化传统，曾经成果辉煌，二百七十年间，却只流行了些麒麟或麒麟子的风花雪月诗，实在是不成样子。由纳兰氏的诗，可以推测，歌在清代，在民间，命运也断不会强到哪儿去，大约仅是青楼粉馆之间的艳词娇唱——而唐宋之初，连樵夫渔父，浣女牧童，兴之所至，亦每每一展歌喉的。

由是我们可总结出一条极具中国特色的诗与歌之间的关系规律——诗兴则歌盛；诗缺则歌稀。而诗之兴缺，诗之内容的丰匮，全由统治阶级的好恶所决定。这种现象，也是不同于西方的。资本主义以前的西方，对国家意识形态的统治，一向由两股貌合心不合的权力共同实行，即教廷神权与行政王权。有时看似联袂的统治，暗地里却互相较劲，钩心斗角。此种统治的模式，矛盾也往往反映于文艺。教廷激烈反对的，王权出于政治的考虑，也许会表现出喜欢，起码是允许存在的态度。而王权大皱其眉甚至下令禁止的，教廷也许会适时地"点个赞""挺一下"。所以，西方的文艺史中，常记载某些文艺家和他们的作品，在两种势力间智慧应对，最终获得合法存在的现象。

中国之文艺史断无此种现象。中国的某些朝代，尽管寺庙多多，却从不曾有什么教廷。中国之皇帝都是政教二权集于一身的超级权力人物，自诩"真龙天子"，每一道命令或指示，乃"奉天承运"，他的命令和指示已是"奉天"颁布的了，那就神仙也管不了啦。所以中国的文艺史，从民国前直溯至先秦，基本尺度皆是王权喜厌所成的尺度。孔子辑《诗经》、修《春秋》之事，若不是发生于列国并存时代而是发生于秦，不但做不成，连性命也会丢掉的。仅搭上自己的性命，那已是万幸。想必是，自家九族、弟子三千及七十二贤人，必统统被砍头于市。

至民国，国人特别是汉人的诗性才又有机会发扬光大——古诗风与新诗风互竞风流，双方各有领军人物，营垒分明，最终新诗的影响力略胜一筹。古体诗统治中国人"诗脑区"的历史太久了，而青年们总是更热衷于新现象新事物的。新诗获得广大青年们的拥护，古体诗的正统地位于是渐归寂落。

但一个事实又是，即使在新诗风的领军人物中，性情上眷恋古体诗者也实为不少。他们一方面鼓吹新诗，捍卫新诗，与古体诗阵营的领军骁将论战不休；另一方面又每每以古体诗互赠互赏，联络感情，增进友谊。有两个例子是极端的——胡适与鲁迅。胡适因为一不小心成了"新文化运动"的旗手之一，文章诗作，便与古文遗风来了个一刀两断。自那以后，他似乎只写过一首古体诗，还是为了向古体诗的守将章士钊表示和为贵之善意的戏作。鲁迅作为"新文化运动"的先锋，虽不曾参与古、新之诗孰良孰莠的论战，但阵营立场却一向是坚定的——他留下的真性情的好诗，却无一不是古体的。其名下的几首新诗，如《我的失恋》之类，反而是玩闹之作。

新诗也罢，旧体诗也罢，总之都是诗。

诗又兴，中国的歌便也又盛。由于产生了新诗的新气象，中国从此产生了有别于古词古曲的新歌现象——对这一现象的最有力的推手，当属中国的早期电影。几乎每一部现实题材的早期电影都有插曲，而那些插曲无一例外是新歌——《渔光曲》《马路天使》《乌鸦与麻雀》《天涯歌女》《一江春水向东流》《夜半歌声》等电影插曲，直至1949年后的最初几年，仍为中国爱唱歌的男女青年所钟爱。

当时并没有专门的歌词创作行业——那是要饿肚子的。绝大多数电影插曲，歌词乃为当时的诗人、文化知识分子与文艺青年所作。姑且不论文艺青年，当时的文化知识分子，几乎个个兼具诗人气质。也不仅文化知识分子如此，即使致力于自然科学理工专业的知识分子，十之八九也有诗心，且善诗。比如后来成了中国植物分类学奠基人的胡先骕，古体诗的功底就十分了得，曾经与胡适辩论过新、旧体诗的长短。若无两把刷子，也不可能有向"时代新宠"胡适指名道姓公开叫板的底气。

当时的某些著名文化人物对新歌的文艺影响十分关注，亦心动之。刘半农的新诗《教我如何不想她》一经谱曲，唱遍南方。歌女们当作情歌来唱，进步青年当作渴望"真理"的歌唱之。而李叔同将外国歌曲重新填词而成的《送别》，更是甫一唱开，便成友谊歌的经典。二十世纪八十年代中期，它作为上海电影制片厂新片《城南旧事》的主题歌，如珠玉出土，再次流行全国。

在二十世纪三四十年代，新诗也罢，新歌也罢，主要是在南方兴盛，并且，受商业牵连，必然分流——某些"靡靡之音"，亦成别样之声，每每受批评。

中华人民共和国成立后，诗与歌的关系开始离异，渐行渐远。

因为，诗作越写越长，歌词越写越简单通俗。诗人越来越清楚，诗是面向小众的，是供知识者欣赏的，本质上是文学的；歌词作者也越来越明白,歌是面向大众的,是要使文盲群体也听得懂并爱听的,本质上是文艺的、娱乐的。

> 公社是棵常青藤,
> 社员都是藤上的瓜。
> 瓜儿连着藤,藤儿牵着瓜,
> 藤儿越肥瓜越甜,
> 藤儿越壮瓜越大。

> 俺是个公社的饲呀么饲养员哎哎,
> 养活的小猪哇一呀么一大群儿哎哎。
> 小猪崽儿,白蹄子儿,
> 一个一个劲地直蹦起儿……

这样的歌词,在诗人们那儿,当然是不好意思写在诗行中的;而诗人们最少也得写二三十行的诗,作曲家也只能敬而远之。

于是词作家应运而生。

之所以有了专门创作歌词的作家,主要是因为体制内养得起——他们在中华人民共和国成立初期像干部一样拿津贴,一切都是供给制;后来拿文艺界的级别工资,不靠创作歌词的稿费收入生活。实际情况是,他们创作歌词是无稿费的,那是工作,是任务。而且,配合宣传所需的新歌量很大,往往还是急茬儿,这使他们都不得不成为快手,同时成为多面手。当时中国歌剧也在繁荣时期,那是他们都愿积极参与的。而在许多中小文艺单位,几乎一切说唱艺术,都少不了他们的创作介入。相比而言,倒是诗人们更潇洒一些,不仅不必为了配合宣传非写诗不可,诗作结集出版还有可观的版税。

也不能说当时的歌词一味地走简单通俗的下行路线,诗意盎然的歌词还是有的,如《走上这高高的兴安岭》《马儿啊,你慢些走》《草原之夜》等。这样一些诗意盎然的歌,尽管思想性积极向上,"文革"中也还是受到了批判,所批恰恰是诗性倾向,其倾向被认为"长此以往,必定会走到脱离人民群众的邪路上去"。

故所以然，"文革"后，电视剧《蹉跎岁月》甫一开播，深情沉郁的女中音所唱的《一支难忘的歌》，竟使全中国观众特别是青年观众皆有情侣久别重逢之感。

那既是电视剧内容引起的共鸣，也是与久违了的诗性歌曲邂逅的喜悦。

时代之嬗变在许多方面往往背离从前的规律。

从前是诗兴歌盛——1900年后，中国恰恰开始了歌盛诗衰的时期。

起初还是由小众与大众之分所导致。

在当时，听歌、唱歌成为中国青年最主要的娱乐方式。

"娱乐"二字，至今被人曲解，以为只有能使人笑声不断的文艺如相声、喜剧、嘻哈小品，滑稽表演才能真的带给人娱乐——其实，娱乐之"娱"，在古文中有泛指文艺之意。"娱乐"的原意是指通过文艺带给人情绪上的愉快；歌曲在这方面与人类关系的密切程度不但历史远远久于相声、小品之类，而且也是最能实现雅俗共赏的。

由于歌星们的带动，由于电视的广泛传播功能，由于商机的显现，1990年后，更是流行歌曲响遍中国的年代了。

当时，在县级城市乃至某些小镇，歌厅的出现也成随处可见的现象。在经济最不发达的地区，三三两两的青年只要肯花五元或十元钱，就可以在一家歌厅自我陶醉良久。某些歌厅为了将生意做下去，实行点唱老歌打折的经营策略。还有些二十世纪五六十年代人人听得耳朵起茧子的歌曲，干脆免费点唱。

歌厅、录像电影放映厅、街头书店，成为当时中国最接地气的"文艺之窗"。

在较大城市里，电视机已基本普及了。除少数特困家庭外，许多人家的黑白电视已换成彩色的了。十二寸、十四寸黑白电视已不生产，成为收藏品了。十八寸、二十寸的黑白电视淘汰时已卖不上价了，但骑平板车的收购者较青睐，可以转手卖到农村去。当时买一台二十寸以上的大彩电对于普通人家是一大笔开支，往往全家人凑钱也舍得买，比后来有些人家凑钱买车的心情还迫切。

中国人对于坐在家里就可以欣赏到各类文艺节目，表现出了不甘落后于人的热衷；尽管当时的电视节目尚不丰富，但看歌星们在电视中演唱歌曲，成为仅次于看电视连续剧的调台选择。

而有些电视连续剧，不仅有片头曲、片尾曲，中间也有插曲。

这使歌曲的传播如虎添翼，东风遂愿。

若因而以为离开了电视，中国的歌唱行业便未必如日中天，也属想当然的说法。

当时歌唱一行，已成为行业链条。市场是那么广阔，歌星是那么众多，新人辈出，人们是那么热切地期待着听到新歌。更新的歌，使词曲作者和歌星如同满弦钟表，思维的指针每天都在市场的钟盘上转动。

一首新歌最快的出炉过程往往只不过十天半个月——紧接着入棚录制，批量生产为录音带；之后宣传，推向市场，展开营销活动。从报刊到电台、电视台，一年十二个月里，平均六个月里会有关于歌星和他们的新歌的采访报道。再之后，"穴头"会找到他们，洽谈演出事宜。

在1990年时，"走穴"是个热词。之后若干年内，歌星的个体组合演唱足迹，除了中国的省会城市外，差不多也走遍了中国的所有县城。作为组织者和领队的"穴头"，遂成时代所催生的行业能人。可以是演唱公司的人，也可以是连注册都不必的纯粹彰显个人能力的人。在北京，原有的录音棚不够用了，某些单位的空置房间租给搞录音的公司或个人了，比租给个人开餐馆的租金还高，录音棚的效益也往往比餐馆还好。再说，也不是所有的房间都适合开餐馆。问题仅仅是，录音棚和设备的投资较大。而当时只要一个人有门路，从银行贷款已不是个事。听说搞录音棚，银行都愿开"绿灯"。同时还带动了生产盒式录音带和进行灌制的两种小厂的出现；南方差不多垄断了这两种新兴文化产业。

诗是根本不可能如此这般地形成商业链的。也不可能成为面对几千人朗诵的事，更不可能灌制成盒式录音带标价出售。偶一为之可以，不具备可持续性，也不会有太多人接受诗人那种做法，准会质疑道——诗人也疯狂了吗？他们想干什么呢？以为自己是谁呀？而且，大多数诗人并不喜欢那样，自己首先会觉得太搞怪了。

那么，各走各的路就是了。

但，歌势之盛，对诗却造成了致命的不利——凡诗从前所涉及的人与国家、社会、时代、他人和自己的关系，歌也都开始通过其词有所涉及。举凡人类的七情六欲，诗曾一再写到的，歌也照样可以表达得精准到位。一首诗，好的诗句不过几行，是谓"诗魂"。而一首歌，若歌词写得好，恰就是善于将诗的"魂"写成词句，再谱上好的曲。更简单地说那就是——好歌词将好诗之所以好的元素吸取了过去。

当时，诗人望向人间世界的视域有多宽广，歌词作者也能够那样了。诗人探究人的心灵的目光有多无微不至，歌词作者也可以写得毫不逊色了。曾经专属于诗的很文学化的主题，歌词作者都实行了全面的接受。某些主题，一经歌星唱过，诗人便只得明智地放弃了；宏大的主题如《亚洲雄风》、很民间的主题如《常回家看看》——唱得全中国爱听歌、爱唱歌的青年都能将歌词背下来了，诗人们对这两类主题还有多少话可说呢？

更有趣的文学现象是——在以后的小说、散文包括诗中，开始频频出现这样的文字"正如某一首歌曲所唱的那样……"或"我正在听着什么什么歌曲的时候……"

文学居然开始引用流行歌曲的歌词来强调某种意思和情境了，这种现象古诗词中也偶尔一现，却只不过是偶尔罢了，绝非经常现象。此现象说明，文学在文艺中的车头作用已今非昔比，而诗以诗性"独善其身"的矛盾，正受到歌词近亲相逼般的挑战。

于是诗人部落分化成了四类——一类执拗地继承艾略特等人的衣钵，诗风转向更具哲理的路线，因而所感染的群体也更加小众。哲学连在西方也早已被琐碎的日常心得所解构，艾略特若非是二十世纪二三十年代的诗人而是1990年前后的诗人，其诗亦不足以受到尊崇了。一类试图将泰戈尔的诗风在中国发扬光大，其实那与中国古诗中归隐山林的一派一脉相承。当时的中国社会问题层累堆积，太出世的诗便也更加小众。另有一派似乎"识时务"起来，诗风一变而世俗化，于是像歌词而又不是歌词，不伦不类，陷入尴尬之境。还有一派干脆改行写歌词了，便使诗人部落更加萎缩。

中国文化的历史基因

海子的诗

　　海子的悲剧发生时，诗的处境尚未寂落到以上地步，却已有了诸种势必寂落下去的征兆。无法知道海子是否感知到了此点，于是选择了未免极端的方式"自行退场"。关于他的某些不顺遂的情况，却是我们爱他的人后来逐渐知道了的——首先是他的身体出了问题，像人生处于低谷的艾略特一样，他似乎被忧郁症纠缠住了。同时他的生存面临困难——他不同于体制内的诗人们，有一份稳定的工资。他虽是缪斯爱子，同时也是农民的儿子，是无业的诗人。仅靠写诗所得之稿费，无论如何是养活不了自己的，更不要说赡养终日辛劳的父母了。艾略特与他相比是幸运的——前者可以住进社会福利性的疗养院，继续写其成名诗作。海子却只能自己承受身心两方面的疲惫，得不到社会济助。在西方，半个多世纪前便有专门面向作家和诗人们的文化基金，否则连乔伊斯也获得不了诺贝尔文学奖的。中国当时尚无那类基金，也还没有所谓的"签约作家"。

　　几年后，我不知受哪方面邀请，去了一次甘肃。在列车上，从一份宝鸡当地的报上，读到当地不久前开过的一次由青年诗人们自发组织的座谈会的纪要。纪要既呈现了他们在诗创作方面的迷惘、困惑；也传递出了他们在生活方面的种种苦恼。生存与诗，在他们那儿必须有所放弃；而他们都表示只能放弃诗了。

　　当时，少数省份和城市已有"签约作家"，多数还没有。即使在有了的城市，即使"签约作家"包括诗人，实际上属于诗人的机会也不多。因为"签约作家"是要按章程规定，完成可以数字量化的创作的。这对于作家较容易明确，如要求创作总字数是多少的小说，一清二白，一目了然，无歧义。但对于诗，如何量化呢？须知此前获全国诗作品奖的诗，有的也极短。由于难以量化，签约的诗人便寥寥无几。

　　何况，当时中国的经济发展总况令人忧虑重重，大批工人下岗，农作物市场对接不畅，尚有几千万贫困人口，社会关怀的目光不可能聚焦在诗人部落。

第七章 九十年代

海子的死，后来总使我联想到美国电影《楚门的世界》。

楚门是片中的男主人公，他历尽艰险，最后在高台上面对一扇不起眼的门，一扇开在以假乱真的天幕上的薄门——楚门推开了那扇门，向全球数亿观众行了一个优雅的告别式的绅士礼，毅然迈向了门那边伸手不见五指的黑暗——全球数亿双寻求刺激的眼，那时正在看他所"主演"的真人秀。尽管，他破釜沉舟所要一刀两断的是"秀"，但却要回了属于自己的那份真实的人生。

所幸，楚门并没跌入令他粉身碎骨的黑暗——灯光一亮，门那边原来是演播室……

海子肯定也渴望要真实又少忧愁的人生。

在1990年，许多中国人都想要那种生活呀！

那种人生的中国说法是"小康"。

当年"小康"对于许多中国人尚是理想。

海子心里装着此种理想的死至今仍令我心疼。

我对他的自杀是持否定态度的。

我一向认为，人生的转机，往往产生于再坚持一下的坚忍之中。

但我们不能责备一个头脑得了疾病的人。

　　从明天起，做一个幸福的人
　　喂马、劈柴，周游世界
　　从明天起，关心粮食和蔬菜
　　我有一所房子，面向大海，春暖花开

　　从明天起，和每一个亲人通信
　　告诉他们我的幸福
　　那幸福的闪电告诉我的
　　我将告诉每一个人

　　给每一条河每一座山取一个温暖的名字
　　陌生人，我也为你祝福
　　愿你有一个灿烂的前程

中国文化的历史基因

  愿你有情人终成眷属
  愿你在尘世获得幸福
  我只愿面朝大海，春暖花开

  这并不是海子最好的诗，却是海子最真情流露的诗。哪一位诗人的诗又是不真情的呢？"真"是诗的"元气"，也是诗人的"元气"——二十世纪八十年代后，人们对于虚情假意的文学、文艺已视如垃圾。毋庸讳言，那类奉承乃至谄媚得令人肉麻的"东西"，曾经为数不少；即使八十年代后，也并未绝迹，然而终究风光不再，去势了。也可以说，"文革"后的诗人们大抵都恢复了"元气"，"真"已开始成为人们衡量诗的起码尺度了。

  我言海子之"真情流露"，乃指他依偎向"形而下"的俗世常态生活的那一种真——"喂马、劈柴，关心粮食和蔬菜"典型农民的常态生活。我也算是读过一些诗的人了，敢斗胆说，任何一首外国诗中，都未出现过喂马、劈柴、粮食和蔬菜这样的文字。遍查外国诗人们的经历，不论出身怎样，一旦成为诗人，农民的常态生活便与诗绝缘了。就是农奴出身的乌克兰诗人谢甫琴科的诗行中，也没有需要亲自喂马、劈柴的个人现实生活之写照；而且是不关心粮食和蔬菜的。中国古代隐于山林的诗人们倒是喜欢种点什么的，但那"什么"大抵是植物——竹、梅、兰之类，却也不劈柴、喂马。或，尽管干那类活儿，但不入诗。很个别的例子是嵇康，他在山林中打农具卖。

  海子此诗，证明他开始接受自己有两种互难协调的身份——是诗人；同时是农民之子。

  "周游世界"是对诗人身份的眷恋，那在当时对于他这个农民之子是不可能的。

  从明天起，和每一个亲人通信
  告诉他们我的幸福……
  给每一条河每一座山取一个温暖的名字
  陌生人，我也为你祝福……

当年深深感动我的，是他以上诗句所流露的内心热量。一想到他伴随着喜悦般的热量而死，委实心痛。

关于电视剧

1990年以降，产生了一批深受观众喜爱的电视连续剧——《渴望》《北京人在纽约》《编辑部的故事》《围城》《外来妹》……多集电视剧热播的现象，不但一直贯穿二十世纪九十年代，而且直至二十一世纪前十年中，始终是电视文艺现象的压台大戏。一家电视台若在三四个月内没播出过收视率较高的电视连续剧，那么台领导们会坐卧不安，像热锅上的蚂蚁了。

很快，另一类中国人从前只在电影中看到过的题材进入了视野——"公安题材"。

"公安题材"在中华人民共和国成立后的电影中有另一种说法，曰"反特题材"，皆属"主旋律"电影。1980年以后，这一题材成为"敏感题材"，审查极严。一部此类题材电影之通过，最终须获公安部许可——是公安部，而非公安部门。除公安部外，任何其他一级公安部门没有许可权。也不是一般的听取意见，而是最终由公安部决定通过与否。

当年我曾担任过电影审查委员会委员，倘属"公安题材"，则每次必有公安部的处级及处级以上干部参加，足见公安部是重视的。但实际上当年"公安题材"的电影不多，某些电影只不过有涉及公安部门的情节，于是便有了公安人物之出现。即便如此，审查也有公安部的同志参与。在电影管理局方面，体现着慎重和尊重；在公安部，参与审查是一项工作，是责任。

又实际上，从未发生意见"顶牛"的情况；电影创作人员毕竟是外行，难免会想当然地设计情节，听取公安部的同志的意见是完全有必要的。他们指出的问题，大抵是办案的程序问题。

在国产电影票房严重滑坡的大背景下，"公安题材"的电影少之又少。这乃因为，中国已不再是中华人民共和国成立之初的中国，"反特"具有了历史色彩，曾经的"反特"经典电影给国人留下的印象甚深，重拾旧题材而能获得好评实属不易。反映公安战线在历史新时期的新作为，除了模范人物的模范事迹，可创作的空间很小。中国当年是发生过几起重大刑事案件的，但禁止电影触碰。而电影人们，基本上皆持慎而远之的态度。

然而"公安题材"的电视连续剧忽然多起来。

这乃因为，"顶层人物"们忽然想明白了——"维稳"主要需靠公安队伍。那么，树立公安干警可敬可爱的形象绝对必要。既然电视剧对民间具有空前大的影响力，为什么不予以鼓励呢？

他们一想明白了，"公安题材"的电视剧火了起来——《便衣警察》《重案六组》《大雪无痕》等电视剧，当年收视率都很高，口碑都好。《大雪无痕》不是正宗"公安题材"，但剧中公安人物的形象也受到从官方到民间的普遍认可。

在当年的文艺政策条例中，公安干警形象、法官形象、检察官形象、处级以上干部形象，同军队官兵形象一样，是绝对不允许以反面人物形象出现的。文艺作品中的他们，可以是有性格缺点的人物，如脾气有时不太好、思想方法主观片面、工作方式方法不当等。若居然是反面人物了，大抵就没有通过的可能了。

故以上电视剧中的公安同志形象，皆是循着可敬、可亲、可爱的创作宗旨来塑造的。

当年的民间，一些地方对"公检法"虽已多有不满，却基本尚在能忍受的范围内。当年一些地方"公检法"的腐败，由于不能被及时地发现并公之于众，民间实际上不太知情，往往只能从口口相传的议论点点滴滴地来感觉，或从涉及自身的"接触"来体会。进言之，"成见"并未普遍形成，所以对塑造于电视剧中的良好形象基本接受。

当年的民间，对干部的看法也基本如此——长期的宣传，使民间认为，干部队伍的情况肯定是越往上越好，绝大多数的大干部都是为人民服务之初心未改的好公仆，倒是不够"高干"的干部们，初心大大的坏了。这乃因为，"反腐"二字在当年只不过是政治文件中的一个常用词罢了。当年没有网络、微信圈、自媒体——一切传媒皆不得登载与"高干"二字沾边的腐败之事。即使某高干明明已被证实受到法办了，一个通知下达下去，传媒也会全体禁言。

所以，国人在当年的电影、电视剧、小说、报告文学、当代题材的戏剧中，绝对难见到一个是反面人物的高干形象。如果所涉及的是局级干部、副职或有可能侥幸过关，正的连想都别想。并且，故事发生地大抵是县、地级城市——若非如此，而是大城市，那么连副职也别想。首先，对号入座就会使一部小说、电影、电视剧或戏剧的作者及主创团队焦头烂额。

又所以，民间对于电视剧中的高干人物皆很正面这一形象，也较能以"或者真是那样""但愿真是那样"的心理来看待。

当年，民间对于"特高级"高干子女凭借家族特权谋私的现象"发飙"了一通之后，痛定思痛，竟开始形成一种几乎可以说较普遍的无奈态度了——随他们去吧，容他们贪够了，估计也就收手了。钱这东西，多少是多呢？谁都有贪够的时候吧？

进言之，民间似乎已开始认为，若人民对某些人的贪无可奈何，某些人在民间看来也就不是人了，好比是诸神在民间的子女。在古希腊和古罗马，民间一旦认为某些人是受诸神庇护的，对某些人的所作所为则能忍便忍了。

在1990年至2000年间，由于媒体对于腐败基本丧失了揭发权，由于民间对腐败的态度由憎恶而转为无奈地忍受，由于"反腐题材"是比通过高压电网、通过密布雷区更难的一种题材，中国诸文艺作品中"反腐题材"缺失近无便属必然。

但，却不能据此认为，中国的作家、编剧家完全没有了文艺责任感。

不，不是那样的。

以上电视剧，包括几部"公安题材"的电视剧，首先都是现实题材。这与后来是不同的，证明编创者及其团队的眼毕竟还是关注现实的。其次，在允许的半径内，以上电视剧都最大限度地贴近普通人之人生。最主要的一点，在贴近普通人之人生方面，都着力塑造普通人身上的可敬之处和可爱之处。即使是穿"公检法"制服的人物，也以塑造他们中的普通人物为主；而领导往往是必须出场的人物，是普通人物的主要配角而已。剧中出场的或不出场的职位最高的干部，仍然是党的化身，这一从来如此的中国文艺的铁律，当年仍是铁律。

所以在中国小说、影视及戏剧作品中，凡现实题材的，反面人物的职级永远是副的、副的、副的——只不过现在的情况是，副职反面人物的职位高了，不再明令限制在局级以下了，与现实情况有些符合了。

对于当年的中国作家和编剧，面前只有如下三种选择：

一、绕开当下现实中的敏感问题，选择内容绝对保险的题材创作。

二、在极有限的空间内，浅触而止地触碰一下现实中的敏感问题。但将冒极大风险，不仅损失个人精力、时间和心血，还连累整个创作团队和投资方。若遭"枪毙"，投资不论属公属私，后果严重。

三、干脆无视现实，放下什么时代使命感不使命感的，走商业路线，从历史中去抓取戏剧性强的内容——这在创作上是最省力的，而且编的自由度大。

至2000年的前几年，第二类电视剧少见了，第一类和第三类电视剧更多了——在这两类中，非现实题材大行其道了。

现实终究是多种多样的，各阶层、各年龄段的人有不同的观看需求，绕开现实中的敏感问题的电视剧，也并不意味着没有产生的必要。

时代新现象提供了新题材，新题材电视剧吸引了新的观看群体——反映"白领"一族生活内容的电视剧应运而生。

"白领"要上班，白天谁看电视呢？

有调查表明，家庭妇女其实是看电视的主要群体，于是又产生了一批"家斗"剧。其中，《我爱我家》收视率最佳，发散式地将某些社会现象（特权、腐败除外）引入了家庭话题，因是喜剧风格，当年口碑不错。而也有一些，为斗而编，为斗演斗，相当垃圾。即使相当垃圾，居然也把钱挣了。一个趋势是，相当多的电视剧受众爱看钩心斗角情节不断的电视剧——为房产、钱、地位和女人而斗的电视剧，收视率都比较高。

第七章 九十年代

九十年代的文学

在这一时期，文学怎样呢？

一部分作家将目光投向了 1949 年以前，于是产生了家族小说，内容大抵演绎于民国背景，其中不乏上乘之作。

一部分依然关注现实，地理背景多是农村。作家谁不希望作品深刻一些呢？反映现实而图谋深刻，与图谋不轨没什么两样，于是剑走偏锋，求助于"荒诞"。

在有些国家，作家写什么，怎么写，管的人甚少。特别是近代以来，国家机构基本不予干涉。若干涉不当，作家可以向法院起诉。真打起官司来，国家机构也许还会输了。相对的，作家的作品若涉及诽谤攻击，不论对国家机构或个人，法律后果同样不能掉以轻心。

故在有些国家，"荒诞"更是一种世界观。"世界是荒诞的"——这一母题在他们那里由来已久，也可以说是一个哲学母题，对文学、戏剧以及后来的电影、电视剧影响颇大。

在吾国，"荒诞"更是一种技巧、一种策略——我想写出现实中确曾发生的事，想写出在那些事中形形色色的人的表现；从事不同职业的人有不同的职业责任意识，我的想法符合我的职业责任，而且不会造成洪水猛兽来袭般的恶果，为什么你们偏要以你们的职业责任来限制我的职业责任呢？同样是职业责任，难道只有你们的职业责任才是可敬的责任，而我们的职业责任则是讨厌的？……

我以上写出的，差不多是几代中国作家和编剧内心的郁闷、憋屈，包括曾经对马克思主义文艺理论奉为圭臬，对社会主义文艺曾经满怀信心甚至自觉恪守为信仰的老作家、文艺理论家们。

据我所知，曾经创作过话剧《霓虹灯下的哨兵》，后来官至全军总政治部文化部副部长的一位从延安走过来的老军旅作家，那一时期也写出过一部荒诞色彩浓重的小说来。

现实题材文艺的人间烟火气息越来越少。

仅有的几部年代剧，明明年代跨度很长，人物由青年变成了中年、老年；中国在那样一些年代确曾发生之事，却自行过滤得一干二净，毫无痕迹，如同根本没发生。

还有一类作家，仍不能忘却对"文革"的反思。这乃因为，以他们的眼看来，"文革"流毒远未肃清。

1990年以后，我也写了几部荒诞小说——《浮城》《红晕》《尾巴》等。

写荒诞小说挺过瘾，却非我所好。

我始终喜欢创作现实主义风格的小说，会使我觉得确实是在做一件值得的事。人一老，便容易感觉出世界的某些荒诞性，却抵抗般地拒绝承认世界的本质是荒诞的——那需要足够强大的勇气，而我从无那种"人虫主义"的勇气。因为，若始终以那一种观点看世界，就首先得承认自己乃至人类只不过是地球上的一种虫，因自然规律的偶然性而存在，也将因同样的偶然性而消亡，于是连对自己和别人的生死也会无动于衷。对自己可也，对别人那该是多么冷漠呢？

所以我写荒诞小说，也与哲学不搭界，只不过是技法，是策略，是无奈之举；更没有拯救现实主义的自不量力的念头。

作家是一小撮爱写小说的人而已；文学也并非一直是人类文艺现象的导向旗。

关于怎样的小说是好小说，肯定是仁者见仁、智者见智之事。如今的电影分出多少种类，便已有多少种类的小说了。种类不同，自然不能以同一标准来评论。同一种类，风格与结构特点也是多样化的，这使评论更加莫衷一是。

在"新时期文学"的最初几年，"深刻"二字曾对我产生巨大的吸引力。如今思忖，小说之深刻，无非体现于两点——一是对社会问题的洞见透彻，能看到问题的本质所在；二是对人性的解剖笔刃精准，仿佛高明的手术医生，一刀下去，直抵病灶。

当年我这一代作家最推崇的是《1984》《第二十二条军规》《蝇王》等外国小说以及《犀牛》《等待戈多》等外国话剧。此类小说和话剧共同之处是"黑色幽默"；"黑色幽默"包含有"黑色、深刻"的意思——似乎以冷幽默的态度呈现并不幽默而是荒诞的社会真相，故曰"黑色"。

当年我总想写出那样的小说，一直没了过心愿。

现在我已打消此种念头了，原因乃在于，我发现许多中国人忽然一下子变得极其"深刻"了，谈论起中国之种种现实问题的症结来，比深刻的外国小说、话剧和电影的编剧们更深刻。往往，几句话就道出了问题的症结。

"深刻"是因为别人的不深刻而有意义的。可能是小说读者之洞见与小说家一样深刻了，甚至比小说家更深刻了，小说家所孜孜以求的深刻便成了无用功。当今之中国，仿佛已是一个深刻之人无处不在的中国，所谓"段子"证明了此点。并且，"段子"的作者们，应用"黑色幽默"的水平十分了得。

而在人类问题的洞见方面，"异化"的看法已成共识——被财富异化、被竞争异化、被科技异化、被集团性的或个体的不断升级的欲望异化、被娱乐文化的泡沫异化——有多少地球人居然还看不清此点吗？确实在期待着什么又不明白自己究竟在期待什么，难道不是许多地球人共同的心理状态吗？

至于对人性的解剖、揭示，自从弗洛伊德心理学被融入了小说，至今所达到的深刻程度，依我看来，并没超越希区柯克的某些电影的水平。

"若避开对人性的希望而谈深刻，则我不懂什么是深刻以及深刻的意义。"——记不清是在哪部书中读到过这样一句话的，此后牢记难忘了。

于是我开始以另一种眼光看小说，并总结出了某类好小说的范式：

人在现实中是怎样的？

为什么会那样？

人在现实中不可怎样？

人在现实中应该怎样？

当我以这样的眼光重看某些小说、戏剧、电影，发现不论何种题材，何种风格，何种类型，多数成为经典的，既反映了人在现实中是怎样的，为什么会那样，也真诚地表达了人在现实中不该怎样，可信地倡导了人在现实中应该怎样。

只反映了前两点的小说，一般不会成为经典，却又未必全都不能成为经典——比如某些短篇小说。短篇小说因其短，不可求全责备，那对短篇不公平。

中篇、长篇小说而没写到后两点，在我看来，就不算好小说了。

后两点对长篇小说尤其重要。

也大抵是经典戏剧、电影的特征之一。

人在现实中不可怎样？

人在现实中应该怎样？

这不是说教了，这是文学的永恒价值所在。好不好，且看将人置于怎样的现实中，以及如何表现，表现得可信不可信。

一切"深刻"都是某一时期的"深刻"。时过境迁，"深刻"随之淡化，变得没有了现实深刻性。

而人性则永远需要告诫。

人类社会对人性的希望则永不会时过境迁。

人在现实中不可怎样？

人在现实中应该怎样？

这是人类社会的永恒问卷，也是文学、戏剧、电影的永恒主题……

不论作家们这样还是那样，时代总有自己的时间表，也总有自己的发展内容。

1989年10月设立的"希望工程"，1990年9月由邓小平题名后，在以后的多年内，一直牵动着许许多多国人对同胞的帮扶心，并由而产生了一种或可以"帮扶文艺"言之的中国文艺现象——由解海龙拍摄的贫困山区大眼睛女孩的照片，成为"希望工程"的标志。在我看来，她的影响力比罗中立的《父亲》还要巨大——那当然也是一种文艺现象。许多香港演艺界的明星大腕，正是由于被那双大眼睛所感动，不仅纷纷捐助，而且组团到内地各处巡回义演。中央电视台当年对"希望工程"的宣传推动最为给力，播出过多期专题片——小说、诗歌、散文、报告文学、歌曲、绘画、电影、电视剧……可以说一切文艺门类，当年都有过积极主动的参与。

第七章　九十年代

2000年的文艺形态

没有文艺何谈文化？没有文化何谈国家？然国家毕竟不是文化公司，文艺也毕竟不是文化的同义词——对于发展中国家，对于发展焦虑是主要焦虑的国家，尤其如此。

在1990年至2000年间，中国举办了第十一届亚运会；发生了百年未遇的特大洪水；发生了新疆克拉玛依市特大火灾悲剧；北京市副市长在接受司法调查前夕饮弹自杀；邓小平逝世；国际金融风暴来袭；有几千万工人下岗；美军战机轰炸了中国驻南斯拉夫联盟大使馆；电脑病毒"千年虫"令人虚惊一场；厦门"红楼"走私案东窗事发，干部腐败、官商勾结之龌龊超乎民间想象……

以上大事件都有文艺形式的反映，留下过文艺形式的历史"记录"。

新闻对抗洪赈灾进行了全方位不遗余力的报道；文学以诗和报告文学的形式歌颂防险堵险过程中的感人事迹以及赈灾的温暖之情，也产生了多幅专题绘画作品；演艺界人士包括香港同行热忱以义演募捐善款……

"学生们别动，让领导先走！"一句话广泛而经久地流传，在相当长的一个时期内，成为国人对"唯官为尊"之鄙俗现象的讽刺……

邓小平逝世使国人对香港顺利回归更加期盼……

国际金融风暴考验了中国应对金融危机的能力……

许多作家都写过关于"下岗"题材的小说，有的作家一写再写……

几乎全中国各界人士都对我大使馆被炸事件表达了义愤……

厦门特大走私案使全中国一半以上的成年人记住了赖昌星这个名字，同时也记住了赖氏"七子之歌"——票子、女子、位子、房子、车子、本子（护照）、孩子；这是赖氏"搞定"他所要"拿下"的干部们的制胜七招。常言道，打蛇要打在"七寸"上。在赖氏看来，他是"玩蛇人"，而他所要利用的干部仿佛是蛇。蛇的要害部位是"七寸"，而干部这种"蛇"却有七处要害，再长再粗也差不多全身处处皆要害也，难怪他"玩"干部这种"蛇"一向玩得自信满满，经验老到……

在以上大事件接连不断的时代背景下，中国成功举办了第十一届亚运会；"开发浦东，开放浦东"成为继深圳后的另一国家重点项目，释放出要将改革开放进行到底的强大信息；"上交所"忽一日挂牌，"股民"是什么"民"从此老少皆知，"炒股"现象由而几成全民现象；"房改"开始实行，当年许多人还十二分的不情愿，十年后则庆幸买对了；大陆和台湾达成了"九二共识"；粮票退出了历史舞台，不久购粮本、购货证也寿终正寝；三峡水库工程开工；中国上班族也可以享受"双休日"了；澳门终于回归祖国怀抱……

中国求变图强的步伐并未停止，也无法停止。停止不是倒退不倒退的问题，而是注定有今儿个没明儿个的问题。

在以上两种时代背景犬牙交错、利害重叠的情况下，除前面所提到的主要文艺现象，另有一些文艺现象也产生了值得一提的社会影响——校园歌曲红极一时了；大学生辩论会时兴起来了；"网络"在北京中关村落户了，中关村于是成为全中国和世界的目光经常关注的地方；周星驰的"无厘头"电影《大话西游》在内地造成"史无前例"的轰动；《廊桥遗梦》这一很薄的译自美国的小说，使不少中国之中年知识分子的妻子流泪不止；由琼瑶编剧的台湾味儿的电视连续剧《还珠格格》的收视率远远超过前面提到的每一部电视连续剧，"催生"出了后来一路走红的年轻女演员；而"新概念作文"使韩寒、郭敬明两个"80后"的文名迅速飙升，在他们的同代人中知名度极高，后来几成各自"粉丝"之精神教父；台湾导演李安的功夫片《卧虎藏龙》因获奥斯卡金像奖而在大陆掀起"李安热"，同时使章子怡红透大陆半边天；好莱坞大片《泰坦尼克号》在中国的上映，使恋爱着的或正准备恋爱的青年男女，如同自己也经历了一次刻骨铭心、终生难忘的海难爱情遗梦；台湾的网络小说《第一次的亲密接触》使网络小说这一文学新现象引发文坛关注和热议；大约在1999年的"春晚"，《常回家看看》这一首歌给人留下了最深印象……

> 找点空闲，找点时间，
> 领着孩子，常回家看看……

这首歌的歌词直白得不能再直白，与一些具有诗性的歌词相比，走的是截然相反的创作路线，曲调也是如同"唠嗑"的一种极平易近人的风格。

歌中"常回家看看"这一重点句，"老外"们乍一听是会产生误解的——在彼国，对于已婚男女，"家"绝对是指夫妻双方共同拥有的那个家；自己成家以前生活过的那个家，要非常明确地说是父母的家才行。只要父母一方仍在，那个家理论上就一直是父母的家。

我的一位外国朋友曾困惑地问我，你们中国人都将父母的家视为自己的家吗？

我一愣，问，何出此言？

他就说出了他的困惑。并说，如果是在国外，由年轻人唱来，父母一辈是会起疑心的——我们的家，怎么会成了你们的家呢？

我笑了，说，在我听来，那首歌唱出的是父母的心声，不过也可以认为是年轻人之间的互相提醒。

他说，如果在我们美国，同一首歌肯定会由老歌手来唱，那更会唱到年轻人心里去……

国情不同，文化差异每每体现于细枝末节。美国人都是产权意识敏感的人，父母与儿女之间也敏感。但我认为此歌唱出的几乎可以说是世界性主题——在人口老龄化已成事实的世纪，许多国家退休以后独守旧宅的老父母们，盼儿女常回家看看的心情是一样的。美国、日本和韩国，都拍出过这一题材的电影，都属于文艺片，有的还成经典。就连《金色池塘》也有相同的意味。

《常回家看看》主要是唱给当年的"50后""60后"听的——他们上有老下有小，是转型时期在各自工作岗位上拼着干的两代人。当年有一个口号是"优化组合"，表现疲沓是很可能被"优化"掉的。又，我的社会感觉告诉我——他们普遍是有孝心的儿女，因为在成长过程中，亲见了父母含辛茹苦撑持一个家的不容易。特别是此两代人中的长子长女，自幼必须分担力所能及的家庭担子，所谓"穷人的孩子早当家"。

故在我听来，《常回家看看》其实也间接唱出了此两代人中大多数人顾此失彼、心有余而力不足的人生况味。

当然，一旦有了自己的小家庭，置父母于从前的旧宅而不管不顾、成心遗忘的人是有的。中国是世界第一人口大国，什么样的人都会有呀。在后来出现的电视节目《第三调解室》中，兄弟姐妹之间为了一份父母的什么财产，特别是房产而视若仇人，当场恶语相向的，也大抵是以上两代中的某些人——所争房产，往往只不过是一间平房。更有甚者，由于儿女之争，会将老父母逼到居无定所的地步。

他们给下几代人做的是坏榜样。从他们身上，别人们能看出三种缺失——良好人性基因的缺失；良好家风影响的缺失，此点与前一点有因果关系；好文化潜移默化的缺失。

最后一点，有时代的责任——在以上两代人的成长阶段，即最需要有良好文化来"化心"的阶段，中国恰恰处于恶之文化成为主流文化的非常态时代。若再现他们的成长阶段，将不难捕捉到恶之文化在他们身上投下过的阴影。对于处在成长阶段的任何人，没受过良好文化的影响已够遗憾，倘还受到过恶之文化的反面影响，则十分可悲了。却也不能完全将责任推给时代——好家风可以抵御恶之文化的侵袭。但好家风赖有好父母；故他们是不孝儿女，其父母也是有责任的。

《第一次的亲密接触》本身实在是平平常常的作品，但其出现甚不寻常——一方面，它是恋爱私语小说，类似日记体。日记体文学现象，在中国近代小说中不是完全没有，《莎菲女士的日记》便属同类作品。并且，在二十世纪二三十年代，在上海，恋爱私语小说是很流行的。但1949年后，便绝迹了。属于恋爱私语风格的诗却不合时宜地出现过，往往，甫一出现便遭批判。所以，对二十世纪九十年代的中国内地的年轻人，它是偶现的、新奇的另类，如同中国版庶家子弟的《少年维特之烦恼》。而当年与其发生"亲密接触"的读者群，多是在校的或毕业三五年的大学生——爱情还可以那么谈，这是吸引他们的原因之一。另一方面，它是最早出现在中国大陆青年视域中的网络小说，印成纸质小说之后，给作者带来了一大笔版税，这使找工作难和工作不称心的他们，又一次看到了"写作人生"的希望。算来，写作这件事，在1949年后，已经三次唤起过中国青年的职业梦了——第一次是1980年后，千千万万的青年拥挤在文学的独木桥上，希望圆作家梦。第二次是韩寒和郭敬明的出现，那时千千万万的青年拥挤在高考的独木桥上，背负着家庭所寄托的责任。韩、郭两名未走常规人生路径而且还走成功了的青年，对许多同代人似乎起到了示范作用。这第三次与前两次不同，作者顺风顺水地借助了网络的传播之势。那时"网络"在中国还是一个崭新的名词，科技色彩浓，有神秘感，但《第一次的亲密接触》证明了毋庸置疑的一点——小说完全可以想怎么写就怎么写，可以不经出版社的"该死的"编辑们认可就自行"发表"于网络；而一旦吸引足够多的关注，出版社会求上门来恳求予以出版……

以上便是该小说成为焦点文学现象的主要原因，还有一个重要原因是——"80后"皆到高考年龄了，高考独木桥上的厮杀白热化，他们在成长过程中读"闲书"甚少，小说属于"闲书"。他们亲密接触过的好小说少，那会影响他们的高考胜出……

"泰坦尼克号"海难事件拍过黑白片，我初到北影厂时看过。不少看过老片的中国人，觉得新片未见得比老片好。

为什么呢？

因为老片具有十足的文艺片气质，特文艺范儿。在巨轮将倾之际，逃生几乎是有秩序进行的。虽也表现了惊恐和混乱，但基调是表现生死关头男人们的绅士风度的。特别是几位演奏家一直沉着地在已开始进水的舞厅中演奏不止的片段，给人留下难忘的印象。很多年以来，或许也是由于老片的影响，关于此次大海难中各种各样的人所表现出的将生的机会留给别人，自己甘愿选择死亡的崇高品格，在报刊中曾反复地、纪念性地旧事重提，流传于后世。但在某些书中我也读到过质疑的文字，认为实际情况被美化了。有的书甚至言之凿凿地写道——获救的以头等舱乘客为最；二等舱次之；死亡人数最多的是三等舱乘客。也有的书反驳此论，批评其言居心叵测——认为三等舱先进水，死亡人数自然会多，非属人为之歧视原因造成。

我相信在那一海难事件中，确有桩桩件件崇高而感人之事。我是一个愿从正面理解西方国家历史悠久的绅士风度和贵族精神的真正内涵的人——对于我，男主人公与女主人公的恋爱故事没有特别大的意思，何况纯粹是虚构的。也不觉得二人在瞭望台展翅欲飞的画面比演奏家们的画面更打动我的心。在我看来，甚至都比不上《瑞典女王》中嘉宝在片中那漫长的近一分钟的、毫无表情的脸部特写打动我的心。中国青年们那时领略过的更佳的爱情故事太少了，所以竟也会将那部电影视为爱情经典片。

但我觉得彩色的《泰坦尼克号》也同样好，获奖可谓实至名归。

我特别欣赏它的插曲，与其说那首歌是配片中那经典的爱情画面的，莫如说那画面是为了烘托那首如天籁之音的好歌的。

此前，已有几部较新的美国电影在中国放映过了，如《现代启示录》《猎鹿人》。谁只要想看，便能很容易地买到许多美国电影的录像带。通过录像带看过电影《廊桥遗梦》的北京人当年是很有一些的——尽管那在当年属于"黄色录像"。

《真实的谎言》《彗星撞地球》这样的好莱坞商业大片也已使不少中国人大开眼界了，但都比不上《泰坦尼克号》的票房高。

现在，"三维效果"对于中国已不是个事儿了。中国民间资金海量堆积，大导演名演员搭起的班子，投资人上赶着给钱。

"三维"这"活儿"，张艺谋、冯小刚、陈凯歌以及众多他们的晚辈导演都"玩"过了。客观地说，仅就此点而言，"玩"的水平都不低。中国人已到了拍电影出手阔绰，一掷千金万金亿金的"不差钱"时代——中国的电影市场已成为全球第二大电影市场了，取代美国成为全球第一大市场，似乎为时不远矣。

但是，那又怎样呢？

市场只不过就是市场。人口众多，当然看电影的人多。

一个问题值得思考，即不唯中国，许多别国电影也越来越好莱坞化了。"许多"一词用在此处已不当了，实际情况是，世界上已只有极少数国家还有能体现本国特色的电影产业可言了，如印度、日本、韩国。英、法电影也曾在世界上令人刮目相看过一个时期，意大利电影曾在欧洲引领过"新现实主义浪潮"。那时他们曾对好莱坞电影的过分商业化很不以为然，都有点儿"拒腐蚀，永不沾"的意思。而现在这三个国家每年出品的电影已屈指可数。有时三个国家合拍一部电影，或其中两个国家再拉上美国合拍，肯定是因为缺钱呗。

不论在市场还是本国特色方面，印度电影的状态一如既往地自适和良好，虽然也渐染好莱坞色彩，但总体上本色未失。

日本电影也尽量如此，然而颓势已现。日本电影的骄人成就，乃源于继意大利"新现实主义浪潮"之后的日本现实主义电影时期，那一时期出品过不少可载入世界电影史册的好电影。后来在好莱坞商业电影的利润诱惑下，找不到北了，逐渐转向，结果如今是本色没了，风光不再，还没争得比原先更可观的市场份额。

韩国电影曾掀起过所谓"韩流"。此"流"在2000年后，主要是中国媒体替其造势而在中国形成的。"韩流"在中国不仅体现于电影，也体现于其他许多商品方面。主要由于中国商品当年在方方面面工艺粗糙，彼国商品当年确实比中国商品优质。而实际情况是——不论是当年的韩国电影还是其他商品，从未在欧洲国家形成过什么"流"。仿佛形成过什么世界范围内的"韩流"，也是中国媒体主要是小报记者替彼国造势造出的神话。2000年后的中国，"80后"中一些小孩当上了记者，也可以说忽然间，多数小报的一线记者几乎全是他们了。他们当年的共同特点是几乎什么都"哈"，哈大款、哈明星、哈"达人"、哈"潮人"——"哈韩"具有"国际哈"的意味，他们以反复的"客观报道"的方式实际上起了推波助澜的作用。

电影主要是为普罗大众生产的文艺产品，若一个国家人口不够多，本国的电影市场就不够体量，票房总体收入就有限，资本循环额度就有限，产业化就有难度，占领国际市场就力有不逮。

毫无疑问，美国电影目前仍在国际电影市场上占最大份额，不论中国或印度电影目前都还不能与之比肩。中国电影目前的向好态势，只不过是在国内市场基本可以做到"我的地盘票房基本以我为主"了——这种发展趋势首先当充分肯定为成就。

但美国电影"以票房论成败"的不二法则，也几乎成了中国电影的业内圭臬。

美国电影真的唯票房高低论英雄吗？

实则不然。

美国每年生产大量的纯商业片，一半左右很垃圾。他们目前仍在不断复制《第一滴血》那类"东西"，从前的假想敌是苏联克格勃，后来的假想敌是俄罗斯黑帮。从前是在美国本土或"冷战"中立国，后来多次"深入虎穴"，在莫斯科大打出手。他们和僵尸、异形题材也纠缠不休，连海豹突击队和少女也跟他们干了好几仗了。更可笑的是，从正副总统到士兵再到孩子，美国人已在电影中拯救过地球多次了，彼们自吹自擂、自我讴歌的劲头也是够厚脸皮的。

但那类电影只是美国电影的一面——极其娱乐化和商业化的一面；美国电影还有另一面。

美国电影的另一面是什么呢？

举凡美国历史中重要的人和事，都几乎没有禁区地拍成过态度庄重严肃的正剧、电影了——该歌颂的歌颂了，该反思的反思了，该谴责的自我谴责了，捂着盖着根本不许触及的题材几乎没了；举凡美国现实中一切阶层的人们的生活形态，也基本上全都予以过现实主义反映了，包括没有美国公民合法身份的人们的生活形态；举凡一切关于人性是非对错的探讨，包括变态的、病态的人性，甚至包括哲学层面的一向莫衷一是的人性之两难辩题，也都有过美国电影式的探讨了。

美国电影因为在另一面的表现也可圈可点，才能始终在世界电影家族立于"龙头老大"的地位。

美国电影的存在路径显然是"娱乐+"的路径——不但在最娱乐、最商业的片种中"加"入最明确的美国是非标准和价值观，也在"另一面"不断丰富全人类普遍关注的题材和主题。

美国人特别是青少年，便一向有机会看到两大类品质完全不同的美国电影。在娱乐需求获得满足之后，甚至会更倾向于选择看属于"另一面"的美国电影。

这是美国电影观众群体和中国电影观众群体甚为不同的一点。

但以下问题依然值得提出：

中国电影的"另一面"是什么？

中国电影当然自有"另一面"的，也当然是一向强调"娱乐+"

的；但"另一面"未免太单薄了，所"加"的题材和主题范畴也往往显出急功近利之目的。

中国电影总体上已非常靠近美国电影了——但靠近的更是其娱乐化、商业化的一面；在这一面，彼们有过的片种，中国电影也基本上有了，我们的电影在娱乐化、商业化票房崇拜的路径上，以前所未有的劲头奋起直追，全心全意地想要超过好莱坞，并且较为成功地培养了新一代中国观众。

话说回来，第几滴血那类"东西"，"冷战"思维固然分明，但初衷却只不过是娱乐和商业目的，并不值得认真看待的。

好莱坞电影界人士看待中国电影的眼光是否双重标准？对于给或不给中国电影奖项，是否掺杂了政治意识形态的因素？

我的回答是肯定的。

以《卧虎藏龙》和《一代宗师》为例——首先声明，在我看来都是好电影。仅说好还不够，应说都是极好的电影。

但，若在国内由观众投票，选"百花奖"优秀影片那样，结果将会如何？

我猜测，或许《一代宗师》的得票率会稍多一些。

如果我是评委，也会将自己的一票投给《一代宗师》。

为什么，因为该片主题明确，并且是我作为一个中国人所完全认同的。又并且，其主题的体现，较之于同类功夫片电影角度不同，人物可信，艺术诠释亦属一流。

那么，若两部影片将由奥斯卡评委来二选一的话，结果又会如何？

首先，在台湾导演和香港导演之间，政治意识形态的作用，会不同程度地出现在是美国人的评委的头脑之中。

若此种猜测未免是"小人"之心，那么下面一点是千真万确的，即相当多的西方人特别是美国人，包括美国文化、文艺界人士，对亚洲诸国人民包括中国人民在"二战"中遭受日本法西斯军队残忍屠杀和迫害的实况所知甚少，对中国军队在敌强我弱的战局之下所进行的可歌可泣的、牺牲巨大的抗战往往同样顾左右而言他。即使对于在取得反法西斯战争之胜利过程中功不可没的苏联军队的浴血奋战，西方"二战"史学界也往往采取轻描淡写几笔带过的态度——在彼们的"二战"回忆录和纪实片中，中苏两国军队、人民当年的严峻经历，往往都是点到为止的部分。并且，除了"独立战争"时期，美国人从没有过本土被别国野蛮军队侵占的历史伤痛，这使他们对别国的战争伤痛缺乏设身处地的深切感受。

而后来所谓资本主义、社会主义两大阵营之间的长期"冷战"，使美国对于一切曾经的社会主义国家的文艺，习惯上抱有不以为然的态度。

这种国家对国家的成见，导致彼国对当代中国之一切具有反映属性的文艺的态度，几乎皆持"爱屋及乌"的反面心理。二十世纪八十年代后，中国引进的美国电视连续剧、电影、小说相当不少——中国的电视中播映过《草原小屋》《成长的烦恼》，而美国电视中绝不会播中国的《大宅门》和《闯关东》——美国的任何电影奖项，也绝不会给予《芙蓉镇》《凤凰琴》《那山那人那狗》一类中国之文艺片。

造成这一现实的原因是多方面的，并非"歧视"二字所能一言以蔽之。国情不同致使普通美国民众看不明白也是相当主要的原因。美国之表现人性美善的小说、电影历来是不可或缺的种类，但中国的同类小说、电影也并不入彼们翻译、引进的法眼。

这使我们中国人有时难免会如是想——只有你们美国才有美善之人之事吗？

其实这又往往误解和错怪了彼们。

彼们的想法是——我们那儿那种小说、电影已经不少了呀，其中不乏经典呀！我们总得选择在美国也许能引起"广泛关注"的小说或电影吧？

于是他们对中国小说、电影的引进选择，兴趣点往往表现为单向度的。

表象上似乎是政治性目的，其实往往也是出于生意目的之掂量。正如克林顿绯闻缠身时，该内容的书籍以及报刊在中国也热卖过，并不意味着中国人对克林顿这位美国总统有多么憎恶；商业目的也很显然。

韩寒与敦敬明两位"80后"作家的文学起跑线画在相反的方向。前者是关注现实的,后者是埋头于虚幻想象的。二者都有写作才华,由于方向不同,也将起初共同拥戴他们的青少年族群逐渐分裂成了两大派。

"青少年"三字是姑妄言之,大约以当年的初中生、高中生为主,或也有少数大一、大二的学子——大多数是"读书动物"的人,其选择书籍的目光,一般都比自己的实际年龄大几岁,起码大三岁,往往在十岁。于是少年读面向青年的书,十八岁后读一切书。

在某些国家,少年就是少年,青年就是青年。忽一日成为大学生,再想被视为少年绝对是不成熟的表现。梁启超言:"少年强,则中国强",所指群体非常明确,并不包括青年。

后来,不知从哪一年代开始,出现了两种"并包"之词,便是"少年儿童"和"青少年";而这使中国的少年和青年,在成人眼中年龄被往下拽,似乎少年也可被视为儿童,青年也可被视为少年了。于是,便也使中国的少年和青年,心理年龄往往比实际年龄小。

当年我每每将韩寒与王朔相比较,觉他们二位有殊多共同点——都关注现实;都对现实有话要说而不是仿佛毫无感觉;对现实要说话的欲望都很强烈,也都较叛逆;都对现实中的人、事具有区别于许多同代人的独立思考——所以不可能不被许多同代人视为意见领袖,也自然会使年长于他们的人刮目相看。

但王朔的形象却一度被扭曲,原因主要是他的言论。

王朔引起关注时已三十出头,真真正正是青年了,比韩寒大二十来岁。他的作品和我这一代作家一样,起初的主角当然也都是青年,却与我们笔下的青年形象甚为不同。他所虚构的王氏家族的青年人物,不少是年轻时的"老炮们"。他笔下的好青年形象,往往身有玩世不恭的色彩,绝不是雨果笔下的马吕斯或狄更斯笔下的查理·达奈和卡顿;相反,都有几分像于连与查尔斯·思特里克兰德(《月亮和六便士》主角)的混合体在中国的转世。

所以他的小说一度被非议为"痞子文学"。

我这种人起初是不喜欢那一类文学人物的,却从未公开置评过。

不久我意识到,王朔其实对中国文学人物画廊有一种贡献——

增添了以前不曾有过的人物，他们是"北京特产"，上海不可能有，广州不可能有，任何别的城市都难有，唯北京才会有。并且，他相当到位地写活了他们。既然刘索拉、张辛欣作品中的青年形象是具有文学价值的，王朔当然也应获得特殊贡献之肯定。

纵观他的小说、电影和电视剧作品，无一不是好的和较好的。

但他的言论一再引起风波——"我是流氓我怕谁""无知者无畏"等。起初我以为那是戏言，但后来成了他的书名——我至今也不清楚那是赌气任性使然，还是出于印数的策略。

王朔所挑起或参与的另外几次风波，我的立场是完全站在他一边的；尽管他表达思考的语言风格注定授人以柄——比如反对"鲁迅神话"的持续、"躲避崇高"两次风波。

将任何非虚构人物神化都是任何国家的文化大忌，也是对那类人物的异化，有害无益。

鲁迅当然应该被请下神坛，还原真身。包括他的作品，也当然应该允许批评之声存在。有一种观点认为他的杂文成就似乎比小说成就还大些，我则认为还是他的小说成就高，杂文只不过成果多，良莠掺杂。他动辄以"匕首投枪"伤人，未免显得太惹不起。他的《论"费厄泼赖"应当缓行》，我从少年时就是不赞成的。我养过狗，自认为比他更了解狗性。落水之狗若被人救起，是会对人心存感恩的。抖一抖身上的水便咬人，不是常态的狗性，估计吓坏了，或根本是疯狗。狗已落水而持竿痛打之，这是人的变态。我也是喜爱猫的，家中现就收养着两只流浪猫。鲁迅对猫的憎恶，也是我大不以为然的。

鲁迅的护像者们每每强调，鲁迅太孤立了，所以才偏激，于是这偏激似乎特宝贵，不全盘接受便是态度问题、感情问题、立场问题似的。

是又怎样呢？

在他们那个时代，被迫"横身而立"的就他自己吗？

胡适、蔡元培们就没"横身而立"过吗？

陈独秀"横身而立"的孤立，不是比鲁迅更孤立吗？

至于"躲避崇高"，据我所知，并非王朔的话——而是媒体的

"概言"。

又据我所知，原本是很有意义的讨论，涉及《现实主义——广阔的道路》中的实际问题——若一味局限于以塑造"高大上"的人物为己任，道路则必越走越狭窄。现实生活中的绝大多数人，受着现实生活压力的摆布，一心想崇高一下通常也不那么容易。即使具有崇高人格，平时也很受抑制。在极特殊关头，才有机会表现出来。不论他们平时表现得多么庸常，文学以及戏剧、电影、电视剧反映他们的生活状态，意义都是明摆着的。

很有讨论价值的一个话题，当年不知怎么一来成了"躲避崇高"，于是成了口水仗。王朔在此口水仗中再次被泼污水，好在他也不怎么当回事。

韩寒成名时还是高中生哪，也就不可能像王朔当年那样直接卷入什么风波，所以受到的扭曲程度要轻微得多。他后来主动介入了一些社会现象的争论，年龄大了些嘛。而那时的社会开明度提升了，也并没受到王朔曾受到过的严厉批评。

所以我觉得，韩寒的文学路是较顺利的，也是较幸运的。二者性格显然不同，韩寒断不会为自己的书起王朔那种书名。他其实总在暗示社会舆论场——我是良好青年，请别看错了我。而王朔当年则经常摆出这么一副样子——我就不是好青年啦，你们他妈的想怎么样吧！

韩寒的《三重门》是写得好的。

关于他，我只记得一件事——似乎他对朱自清的《荷塘月色》颇有微词，认为不少作文写得好的中学女生都会比那写得好，该从课本中除去。

这当然会引起议论纷纷。

记得那是2002年以后的事，有某电视台在我们北京语言大学的教研室采访我，就此事问到了我的态度。

我的回答是部分认同韩寒的看法。

一方面，当年"新概念作文"已在各省风行，确有不少初中、高中生在比赛中显示了很好的文笔，女生写情境的文字水平更胜男生一筹；故韩寒的话也确属大实话。

但另一方面的情况是——《荷塘月色》早在1949年以前就收入某地初一语文课本了。从前并不强调教材的统一性，某地教材只要被某些学校认可，就会作为课本发给学生。"新文化运动"之成果仍需巩固，白话文进入课本是必须的。即要使下一代从小就对白话文有亲和感，相信白话文也能较好地抒情表意，课本中的范文又不宜字数太多、修辞古奥，而且最好是名人写的——《荷塘月色》正是在这样的时代文化背景之下选入中学一年级课本的。以当代眼光来看，确实不甚出色；但以当时眼光来看，乃属最自然的白话水平，不似某些半文半白的文风，所以可做较理想的初一课文。

又，朱自清在抗日时期有突出的爱国表现，拒食日本人在中国所建立的粮食加工厂出品的大米、白面，胃又不好，身体每况愈下。1949年以后的初一课本，继续选入他的短文，亦有向他当时的爱国主义致敬的意思。若老师们将以上背景讲清楚，该文的课本存在意义就始终在焉。却少有中学老师能讲到以上两点，多数老师偏偏面对一篇用词有限、表意浅白的课文，大谈其"美文"之美，当然会使现在已善于得心应手地以白话文写出好作文的初中生大惑不解，一头雾水。

为什么普遍的老师们不能讲到以上背景呢？一是由于知识面的局限；二是由于怕。对年长的老师，怕是主要原因。

怕什么呢？

怕一讲到"新文化运动"，脱口讲出胡适的名字、陈独秀的名字来。果而如此，在二十世纪九十年代以前，即使讲历史课，讲到"新文化运动"，小心谨慎的老师，也是以鲁迅为旗手，矢口不提陈独秀和胡适的。

在讲到古诗时，也存在同样问题——李白的《静夜思》、王之涣的《登鹳雀楼》、杜甫的《绝句》，皆不能以古代白话诗言之——尽管这是对的；但却是胡适首先指出的，所忌同焉。而若以白话诗讲，才更能讲出其诗的璞玉之美。反之，则根本未及要点。

至于《廊桥遗梦》现象，当年以文字议过，不赘述。

《大话西游》的知名度主要是中国之"内地现象"，甚至也可以说"仅仅是"。在香港本地，并未引起特别大的反响。在台湾、澳门以及整个亚洲，都非是当年最具有上映热度的电影。大约它在内地所受到的喜爱程度，连周星驰自己也估计不到。有一点是肯定的，正是《大话西游》，使周星驰成为内地青年特别喜爱的香港电影人之一。

此前，内地青年只能通过电影录像带逐渐熟悉周星驰，留下的是搞笑影星的印象而已，如他主演的《大内密探零零发》《武状元苏乞儿》及清宫闹剧中的韦小宝形象。

《大话西游》使他在内地青年心目中确立了另一种形象，或可曰之为"解构大师"的形象。

这里所言的青年，泛指"60后"和"70后"，即二十岁到三十五岁之间的电影观众。当年"80后"还未成电影观众主体，出生晚者尚在看动画片的年龄。

首先，《大话西游》解构了《西游记》，名著居然可以那么改编为电影，这使内地青年另眼相看。而更令他们心领神会的是，解构了内地长时期以来那种教育青年的絮叨不休的套话，使套话的可笑性显现无遗——内地的"40后""50后"深受其苦，却毕竟都已是熬过来了的人；"60后""70后"则不同，青春期或思想形成期，是在改革开放大背景下度过的，对套话说教的现象越来越难以忍受，叛逆意识强烈，却又极乏表达渠道和机会——《大话西游》于是产生了"黑色幽默"式的代言效果。

"黑色幽默"当年对于国人特别是青年已非什么新词，却普遍地被很局限地理解，认为既是讽刺利器，当以匕首投枪来用才算用得好。

《大话西游》告诉人们，"黑色幽默"的讽刺目的，也可以很"无厘头"地达到。港人所谓"无厘头"，搞怪之意耳。但对于内地周氏追星族而言，他的搞怪有港人不解之意味。当唐僧对妖怪言："所以说做妖就像做人一样，要有仁慈的心，有了仁慈的心，就不再是妖，是人妖……"悟空又被折磨得头疼欲裂。而半空里的观世音，也难耐地伸下手来，恨不得掐断唐三藏的脖子。

观世音是将对孙悟空进行说教的"时代使命"大放其心地布置给了唐三藏的，竟也无法忍受，足见唐三藏那一套惯用的说教经，本身很成问题。

《大话西游》从始至终是较为严肃的。甚至也可以说，一反此前周氏电影的嬉闹风格。唐三藏师徒的目标是一致的，不存在什么路线分歧；对具体事的判断虽有矛盾，但那是完全可以说明白进而化解的——悟空与唐僧之间的经常反目，也每每由于语言沟通几乎无法正常进行，而唐僧对其说教的话语体系自信满满，并无自觉改变一下的想法……

故也可以这样说——自世界上有文学、戏剧、电影以来，居然将某种语言在沟通方面的弊端或曰问题，作为推动情节的重要编创手段之一，《大话西游》可谓运用高妙，揭示了中国特色的社会隐矛盾现象。与最能显示台词魅力的中外话剧相比，亦可称道——尽管其对话并无深意可言。

躲避哲理，认认真真严严肃肃地以逆反的表演衬托自以为是的套话的可笑性，于是达到了一举解构之目的——《大话西游》做到了。

然而以上未见得是《大话西游》的既定方针——它的初衷也许只不过是顺带讽刺一下，好玩而已。内地青年们，却是以"知我者星驰"般的感谢心情来看待的。这也正是为什么周星驰在内地青年心目中的亲和形象尤其高一些的原因。

后来，除了《功夫》，我再就没看过他的其他电影了。

对于我个人而言，喜欢《功夫》超过《大话西游》——以往内地与港台功夫片，伸张正义、替天行道的主题像京剧行头一样，是必须"穿戴"的。那正义，每每与朝臣的忠奸、朝代的存亡一类大主题相联系。《功夫》独辟蹊径，联系的仅仅是居住在一幢摇摇欲坠的难民楼里的底层人们的生死，他们代表天下苍生，故不但接地气，也避免了主题的主观拔高。片中义士的侠肝义胆，反而显得更可信、更可敬，其死便也更悲壮。

我不知周星驰或什么高人，在策划此部电影时，是否对以上影响成败的因素确实进行过反复掂量和评估，但一个事实是，以上因素确实在内地为其电影加了分。

当然，我也并不认为他便是香港电影界头牌演员或导演了，只

第七章　九十年代

不过作为一种电影现象来分析——为什么那样的周氏电影，在内地会被另眼相看。

《还珠格格》在大陆各电视台播出时，中国已经进入了1998年。该电视连续剧本身并无从艺术上评论的意义和必要，但是其所产生的"大陆影响"却是多方面的，并且相当深远；对于大陆电视剧行业的影响尤其不寻常。

首先，这是一部台湾作家编剧并监制的电视剧，也是台湾独资的电视剧，大陆各电视台仅是买权播出的单位。此前，编剧琼瑶的小说已在大陆风行过，她所编创的另外两部电视连续剧《月朦胧鸟朦胧》《庭院深深》已在大陆播过，使大陆的"琼瑶热"更上一层楼，知名度超过三毛和其他台湾作家，可与邓丽君比肩。而她亲自到大陆选演员，预热宣传可谓旗开得胜。

此事之前提是海峡两岸的冷冻关系已经破冰，1993年达成了"九二共识"。而为了"九二共识"的形成，大陆高层对台湾文艺界、商业界人士到大陆寻求发展机会，甚为欢迎。若无此前提，不会有多部台湾电视剧在大陆播出。

不仅琼瑶编创的电视剧已在大陆播过，还有几部台湾电视剧在大陆的播出也取得了极高的收视率，如《新白娘子传奇》《包公奇案》《青青河边草》等。台湾电视剧在大陆的播出，不但唤起了两岸民间的文艺共鸣，起到了互相增进了解的桥梁作用，也使大陆同行殊有借鉴，获益匪浅。

当年的台湾演唱文艺，"小鲜肉"路线正走得轻车熟路、风风火火。"小虎队"之少年歌星在台湾的名噪一时，已在大陆少男少女间搅起了"隔岸观火"的小明星崇拜的心理涟漪。

故几可断言，《还珠格格》在制作前，就已对大陆少男少女的期待心理了如指掌。1998年，"80后"的头一茬孩子十八岁了，年龄小的多数已上初中、高中了——播出时间自暑假始；该考大学的考过了，初高中生放假了。

播出《康熙王朝》时，"80后"中的头茬孩子想看也不敢看，怕影响学习。年龄小的看不懂，不感兴趣。

再往前几年，所有的台湾电视剧播出时，普遍的"80后"年龄皆小，在看《聪明的一休》《哆啦A梦》等日本动画片；那些台湾电视剧的主要观众群是他们的父母。

终于轮到他们追看一部台湾的电视连续剧了——《还珠格格》甚合他们的胃口。剧情与宫廷权谋和你死我活的争权夺位没什么关系，主要是走的"皇族亲情"路线，这使家长们很乐于同儿女一起看。

皇族亦人族也，人类亲情有共性。据我所知，在某些国家，电视剧的审查制度之一条是——若主角是年轻人，面向的观众也将多数是年轻人，那么其所体现的人性价值取向，必须符合全社会人性向善的价值取向。1998年，不但下岗工人更多起来了，个人资本拥有者也更多起来了，国企及"大集体"性质的企业的卖与买，派生出了几茬私企老板，民间资本对电视剧形成了第一波投资热。《还珠格格》从投资方到演员前所未见的经济获益，使私企老板们看到了挣快钱的商机，使许多青年视从影人生为最佳之人生。1998年，中国的房地产公司还不是很多，利润也不像后来那么高得令人咋舌；而自1999年始，若一部电视剧取得了商业上的巨大成功，其利润回报并不低于一幢高层商品楼的利润回报……

2000年，有两件事"相映成趣"——一是前边提到的，福建省厦门市官商勾结，权钱交易的"红楼"腐败案东窗事发；二是反腐电影《生死抉择》之公映。

该电影是根据作家张平的小说改编的，他是中国最早致力于反腐题材小说创作的作家之一，也是义无反顾的一位。小说发表后，包括当年北影厂在内的多家电影厂摩拳擦掌、跃跃欲试。但计划一报上去就"搁浅"了——最后，上海电影制片厂闷声不响地，也可以说偷偷摸摸地将电影拍成了。

这样的电影，是否允许公映，尚有变数，后来《生死抉择》是当时的主要领导看了，肯定其是一部好电影后才与观众见面的。

《生死抉择》的公映，使中国社会特别是民间，似乎接受了这样一种逻辑上的心理安抚——居然允许这样的电影公映，而且肯定了是好电影，当然证明中央对腐败是承认的、重视的；也当然，会痛下决心进行惩治……

但一部反腐电影的公映，并不等于制度上具体的防腐措施，更不能代替反腐的具体步骤和实际行动。

2001年，继1999年《雍正王朝》在央视播出之后，《康熙王朝》于年底也在央视播出，由是形成了宫廷剧制作的高潮。

2003年《乾隆王朝》又在央视播出。

三部电视剧都是正剧、大剧，制作严谨，基本情节皆有历史出处。从剧本创作到正式播出，皆经重大历史题材审查小组把关，平均四十五集左右。当年的电视台还没有"上星"一说，只有央视播过后地方台二次播出的情况。"央一"播出后，"央八"照例重播；"央八"也播过后，才轮到地方台的二次播出——而地方台之购买和播出是不受限制的。所以，可以想象，在整个年度内，只要打开电视，任意调几次台，往往便能看到正在播着的某一部。客观言之，三部剧都是皇帝题材中的好剧。"编导演"都属当时一流水平，"服化道"也基本无懈可击。

但我当年还是写了一篇文章《皇帝文化"化"了什么》表达我的疑虑——在二十一世纪初，在正有许多方面需要进行深化改革的中国，扎堆地播出皇帝剧，确实会给我这样的人一种难以理解的感觉。这三部剧以及后来的一系列皇帝剧，有一个共同的主题——当皇帝太不容易了，当一个有作为的皇帝不容易极了。这也的确是事实。一国之兴衰完全系于一人怎样，当然不容易。就说那个功过争议很大的雍正吧，他为爱新觉罗家族的江山长治久安，可以说是操碎了心，肯定是他那个朝代睡眠最少的人之一。

但那又怎样呢？

因为想不出其现实意义来，所以疑虑。

在以往二十年内，中国之发展进步所面对的政治的、经济的、外交的、科技的、教育的、医保与社保体系建构及保障的、扶贫脱贫的、环境污染的、食品安全的问题，空巢老人问题，留守儿童问题，防害减灾问题，灾后家园重建问题——包括遏制腐败之风蔓延的问题……林林总总，不一而足。

当文艺的问题与以上层出不穷，新旧重叠、累积，按下葫芦起了瓢的发展中的问题摆放在一起时，我们基本可以得出这样的也许能够被大多数人所接受的结论，即某一年甚至某几年全部的文艺现象的总和，抵不上该年度内某一项国是的提出、制度化及落实，对国计民生所产生的重要的、深远的影响。

直言之，文艺现象之于中国，尤其是从1980年以来，并不是也绝不可能是迫在眉睫地需要解决的问题。绝不会比千千万万工人下岗的问题、几千万人口尚未脱贫的问题、尚未健全的医保社保还不能对最广大的人看病保命和维持一般生活起到有效保障作用的问题、权钱交易的腐败在种种帷幔的遮挡之下胆大妄为地运作问题……其中任何一方面的问题更是问题。

2012年新一届中央领导班子执政后所进行的反腐斗争之"打老虎""拍苍蝇"的战役成果，不容置疑地证明，恰是在以上各种发展矛盾相交织的情况下，大大小小一批腐败干部趁机对国家和人民财富巧取豪夺逐渐成为贪腐恐龙和巨鳄霸蟒。

那么，有必要摆正文艺现象在中国各时期诸现象中的实际位置后再来谈文艺现象。本书也只有讨论到此时，才得以初步厘清文化是国家与民族的灵魂，体现为持之以恒的民族精神和价值观；既是从古至今引导全人类一切活动的"航标"，也是各国家各民族发展航程中的"方向仪"。文化引导人类进步、再进步，不至于偏离进步的航向——而其他一切影响人类的政治、经济、科技、外交……一切一切事物，皆属文化的附属现象，而不是反过来。

这里所言的文化，是指人类已有的、将有的社会哲学进步成果的集大成；任何单一的文化种类，比如语言学、史学、美学、宗教、文学、心理学等，无论其重要性被强调到多么高的地步，都是不能独立起到"航标"和"方向仪"的作用的。

集大成乃指合力作用；"航标"是从中提升出来的精粹思想。全人类共同认可和愿意接受的价值观——就那么几条而已，"航标"多多，航线必然混乱。

至于包括文学在内的一切文艺，总和翻倍也不代表文化，翻多少倍也只不过是文化的一方面或者组成部分。

文化影响人类心性的那些精粹的思想成果，若不经文艺之表现，则不可能实现"化人"的有效作用。

如"老吾老,以及人之老;幼吾幼,以及人之幼"。

"勿以恶小而为之,勿以善小而不为。"

"赠人玫瑰,手有余香。"

这样一些文化思想,其实便是抽象的"善"或"仁"的再诠释而已。经过"细说"的再诠释,自然会比抽象的概念更容易影响人心。而若以文艺的方式加以多种多样的表现,对人类心性的影响肯定更深刻。

所以我看待文艺现象,一向以其对文化核心成果的"深加工"和再诠释的功能发挥得怎样而判断其价值如何;票房、印数、收视率,是我兼顾的元素——而不是反过来。

第八章

2002年以后中国文化的基因

关于歌

这段时期，国家同样经历了几桩大事件——"非典"来袭；一个时期内矿难及泥石流导致的山体滑坡灾难频发；汶川及玉树发生的地震灾害；暴风雪影响铁路、公路正常运行，两亿多"候鸟式"农民工返乡过春节途中受阻……

也同样完成了几件大事——执行了二十余年的《城市流浪乞讨人员收容遣送办法》废止，充分体现人性化的新办法实施；《反分裂国家法》通过；中国共产党和中国国民党最高领导人实现了"冷战"六十年来的第一次会面；成功举办了北京奥运会……

在以上国家发展形态中，某部网络小说的火爆；某女明星写真集中全裸照引起的热议话题以及某知识女性在网上公开自己与某男士的情爱日记引起的风波；某男与某女的白发红颜式婚配……曾保留在一部分国人头脑中的使大脑中枢一度亢奋不已的强印象记忆，便都没了评说的意义。

2002年以降，歌在中国进入了内容转变期。

歌舞与人类的关系，较任何别种艺术都古远。时间之早，定在先民们往洞壁上绘画之前。至于早多少世纪，无可考，大约总该千年之久吧，因为人类自从能够站立而行，无论个体或集体，应总有高兴的时候，那么其时便该有原始的歌舞了。鸟悦而鸣，鱼欢而纵，兽因快活而追娱，何况人乎？

又可以推断——对于人类，**歌舞现象首先是高兴所至，情不自禁**。亦成悲伤状态，是产生了原始的悼念仪式以后的事。非处于集体的仪式中，个体的人类是不太会由于悲伤而且歌且舞的。这一普遍规律，在动物界至今如此。在人类，被有意地传统化了。近代的人类，追悼过程大抵不再唱歌，每每还放哀乐，或由神父咏经。在东方，咏经的多是和尚。和尚的咏与神父的咏不同，实际上是唱的一种。

古希腊神话的缪斯女神们，皆能歌善舞，且有专管神界、人间歌舞之事的分工。足见歌舞之事，在人类的生活内容中，是多么不可或缺。

希腊神话中的大英雄奥德修斯结束征战以后，在返回家园的途中便受到了海妖甜歌的诱惑。

这一故事从古代向现代传递了两个信息：

一、歌是有力量的，如同武器。

二、美女而善歌，如一等武士掌握了一等武器，其征服力和杀伤力更强大了。

至于舞，其肢体语汇毕竟是有限的，自然而然地在人类生活中边缘化了，非任何人所能扭转。

芭蕾是舞的一次凤凰涅槃。起源于西方，受青睐于宫廷，炫美于上层社会。由于表演形式的难度和舞台的要求，广大民众想说爱它不容易。

现代舞是舞的第二次振兴，也起源于西方，虽然丰富了肢体语汇，但难度反而更高了，也就更脱离群众了。

舞总想找到一条密切联系广大人民群众的方式，至今也没找到。舞在民间被保留下来的形态，依然是古老简单的套路，任意的手舞足蹈而已。甚至连手也不舞，背身后，或臂挽臂，集体而蹈。蹈的极致之美，当然就是《大河之舞》。同样是舞，在中国一向表现为手臂的功夫，曰"长袖善舞"。中国的大多数少数民族，与欧洲人、美洲人一样，对舞之美的动作也主要体现于足腿。这乃因为，人类自从以双足在大地上奔跑、跳跃、蹬踏,自如又迅捷,便发自内心地因足腿功能而自豪,"蹈"是此种自豪感的体现。

汉民族之舞后来之所以几乎仅仅成了上半身的事,与古代缠足陋习有关。缠足虽仅限于女性,却使舞蹈在汉民族这儿成了"半拉子"含义的事。近二十几年,汉人才开始"蹈"了,由热衷于街舞的小青年们从国外学来的。原本大家都是一样的人类,有着功能完全相同的足腿,只因某皇帝的病态喜好,整个民族的女性都被搞残了一千几百年,着实可悲而又可憎。

歌的命运却一直很顺、很好。从历史上看,除了几段实行文化专制的黑暗统治时期,如"焚书坑儒"之后,歌的发展也必处于低谷——在多数朝代,歌的境遇平安无事。即使在文化专制的统治时期,民间也还是有机会通过歌来表达不满和嫌恶。在大川阔野,在河边江上,在山岭谷中,在桑林陌间——在一切天高皇帝远,朝廷鹰犬耳目所不及处,即使所谓"反歌",也每每从渔父樵夫、浣女桑妇、猎人农伯甚至牧童之喉率性唱出;无人喝彩,自唱自听亦大快哉。

孔子编的《诗经》,说是"歌经"也未尝不可。《国风》中的《邶风·新台》《齐风·南山》《陈风·株林》《秦风·黄鸟》等揭露统治阶级寡廉鲜耻行径与嘴脸的诗,肯定已在民间传唱过无疑——在连简成"书"的古代,不是口口传唱,谅谁也收集不成。至于《诗经》的成果是否真应挂在孔子名下,属于另一话题。

西晋是由穷奢极欲的腐败而亡的,这一点史上无异议。汉成帝刘骜也因包庇皇族的腐败而失尽民心——史载,在这两个朝代,民间都多有"反歌"广为流传;待皇帝也知道了,大势已去。

迄今为止,若评出人类的百项文明成果,在我这里,音律的产生必居其一。若只评十项,亦当有之。五项,仍不可去。

我每每想,假如真有那么一天,地球上的一切文明成果皆毁灭了,只要起码的衣食住行不成大问题,并且人类仍具有善歌的天赋,那么也还会有最低限度的快乐可言。而歌,不但能继续消除人类相互的敌意,也会使文学、戏剧、美术以及其他艺术,必能较快地重新产生出来。一切文明,从头再来也没什么大不了的。

可若相反，一切文明成果不但原样保留，甚至人类已在其他星球上建设起了一处处美如天堂的所在，文学、戏剧、美术、影视，也一样不少地存在着，单单永无歌声可听，也永不产生歌者了——想想看，人类还会快乐吗？

从未唱过歌，不知歌为何事，则罢了。但已唱了几千年，听了几千年了，此种"忘记"是那么容易做到的吗？无法忘记而不能继续，其没着没落，定会像吃货们的舌再也尝不到五味似的终日闷闷不乐。

对于人类，歌的能力，确可谓天赋。上苍不但使人善歌，而且使人之喉，可以惟妙惟肖地模仿地球上一切虫、鸟、兽的鸣叫哮吼，可见上苍对人类是最偏爱的。

唱歌已经完全成为人类的生命本能之一了，已经早就成为人类的基因现象了，这一点与其他艺术和人类的关系截然不同。

存在于基因里的，成为生命本能之一的艺术天赋，在我看来，具有"神谕性"。而其他艺术，与人类皆属后天关系。

以上就是为什么，我一个写小说的人，对歌心怀比文学更大的敬意的缘故。

其他一切艺术，都无法像歌那样，与人类形成最普遍的与生俱来的密切关系。

绘画、雕塑、建筑，不论多么举世闻名，都不可能像歌一样成为人类生活中的常态现象。

不分种族，不分男女老幼，每个人一开口唱歌，不论唱得如何，那时便是歌者了，歌与人合二为一了。当然，任何人练书法、绘画或进行其他艺术尝试，也同时便与艺术合二为一了——但，后者哪有前者多呢？

歌又是最具有"自洁"属性的事。或曰，作为一种艺术门类，歌是最具有自爱品质的。

歌也曾沾染污秽，这是尽人皆知的。古时的说法是"淫词浪声"，近代的说法是"低级堕落"。

薛涛那么知羞明耻的才女，一旦被贬为军营歌女，须终日唱歌给"军爷"们听，而且大抵是在彼们豪饮之际；她唱的哪类歌多，不言自明。

汉族的歌，因受唐诗宋词浸淫，先前即使"涉黄"，也不至于多么不堪入耳。至元，流民激增，匪氓混迹其间，歌风大变，尤以北方甚。北方的青楼粉巷，唐宋歌风式微，羌调杂曲渐盛。为取悦计，淫词浪声遂成趋好，达及民间。评书弹唱，紧步后尘。"二人转""信天游"所受污染尤甚。

但却仍可从历史上看到歌唱的不甘沉沦，便是在南方，由北方"麻辣烫"的元杂曲的泡沫中，升华出清闲雅致的昆曲来。

歌这一种自重的表现，从外国也能看到规律——如美国十九世纪二十年代流行的爵士乐，催生出了爵士风歌曲。歌手多为黑人，所唱起初与黑人爱唱的歌曲风马牛不相及；加入了咖啡馆和酒吧那种灯光昏暗、杯盏交错、荷尔蒙气息流动不止的环境因素，专为"有色"劳工创作的。

但后来，爵士乐抛弃情欲内容，升华出了漂泊与乡愁两大主题，于是影响波及英、法、意及拉美诸国，奠定了歌唱史上重要的地位。同样在美国，二十世纪五十年代风起云涌的摇滚歌曲，起初的内容与性苦闷、空虚和愤怒纠缠一团，后来竟升华出特大的情怀主题——反战、呼吁和平、人类之爱、慈善、环保等。

歌的涅槃再涅槃，不仅一次次从沦落之境升华了自己，也影响了歌剧。意大利美声唱法的歌剧不再独受青睐——法国数年前重演的歌剧《巴黎圣母院》和《悲惨世界》，歌唱中爵士风元素有之，摇滚风元素有之，流行歌曲的元素亦有之；而舞风，也相应地加入了迪斯科与霹雳舞、太空舞的元素——不但未失主题的庄肃凝重，反而令人耳目一新。

录音设备、留声设备的更新以及传播途径的多样性，使全球能欣赏到好歌的人口更多了，也使歌星的经济利益倍增。

若谁埋头创作歌词，他的想法大抵是——如果我希望许许多多的人喜欢并传唱，我当然希望如此，那么我就不可以允许低俗的字句出现在我笔下。我可是要创作一首好歌的歌词啊！

由是，他进入了自重的创作状态。

而一首猥亵低俗的歌词，若要求作曲家谱曲，后者倘也自重，往往会感到被侮辱了。

即使词曲作者同流合污,也难以找得到好歌手唱——近半个世纪,人类对于歌的要求已达成了共识。

歌的"江河",继续从人类的心田流淌而过,排除率很高。凡那词曲低俗的,即使流行了一阵子,不管被名气多么大的歌星唱过,最终还是会被排除在歌的"江河"之外。

歌在全世界进入了一个自洁的时期,即使愤怒和仇恨,一经注入歌中,表达的字句也是极其节制的。在这方面,《国际歌》《义勇军进行曲》《大刀进行曲》《游击队之歌》《黄河大合唱》以及美国歌曲《巴比伦河》,早已证明过此点了——"大刀向鬼子们头上砍去""旧世界打个落花流水""把我们的血肉筑成我们新的长城"——那是多么不共戴天的仇恨啊,却也只不过表达到那个份儿上,比之于"壮志饥餐胡虏肉,笑谈渴饮匈奴血"的诗句,歌是多么"绅士"的文艺啊!

而小说和影视,情况与诗有别——某人在创作小说和影视作品时,为了追求印数、票房,也就是金钱利益,每每刻意加入性、暴力、血腥和对人性丑陋的渲染。

所以,小说的"江河"至今混沌,对于优劣争论不休。

所以,美国电影至今分级,而全世界当代的歌曲,完全不需要那样。

客观而论,某国人民出于对本国领袖发乎真情的拥护和爱戴,以歌表达,原本也是较正常的现象。于中华民族,积习久矣。即使放眼世界,例子也不胜枚举。然而到了近代,此种现象顿少。近代之所以谓近代,不唯是时间概念,也是一个人的理念进化的概念。人类身处近代而热衷于将活人崇拜为神,不符合进化规律,也可以说是反进化现象,为近代以来的大多数人类所难理解,无法认同。

中国古代思想家们对歌与乐的功能,有过相当全面的阐述。影响最广最久的理论,乃实用性的理论。

《礼记·乐记》有言:"是故治世之音安以乐,其政和;乱世之音怨以怒,其政乖;亡国之音哀以思,其民困。声音之道,与政通矣。"

《荀子·乐论》亦云："声乐之入人也深，其化人也速。"

以上理论，强调"为政治的声乐"。推而广之，于是成为封建时期皇家认知文艺的不二法则，渐成对一切文艺的不二要求。

作为一种理论，其见并非全然不对。但一经成为"不二"宗旨，实际上也就等于阉去了文艺的其他功能，完全将文艺与政治绑架在一起了。

到2004年，歌在总体上已确立了其民间属性。换一种说法那就是，歌的从属权重新回归于人民了，并且体现出永远的不可让渡性。

2004年给我留下印象最深的一首歌是刀郎的《2002年的第一场雪》。

我并不清楚这首歌是2002年已在唱着了，两年后才唱红的；或2004年为纪念2002年的一场恋情而唱的？

此前好歌已甚多，恋爱内容的好歌也不少。刀郎的成名歌使我联想到了另一首同样内容的歌，歌名似乎是《大约在冬季》。

歌坛上有种有意思的现象——《我热恋的故乡》一经唱红，不久便有《在希望的田野上》；《一无所有》一成经典，不久便产生了《我的未来不是梦》；《黄土高坡》《信天游》刮起了"西北风"，"东北风"便也随之而至——这恰恰是歌的又一较好本能——逆向而生，拾遗补缺，与电视剧的跟风不同。

歌短，其情之表达，留白空间必广。

《黄土高坡》的关键词乃"不管过去了多少岁月，祖祖辈辈留下我"。被钉牢在黄土高坡的宿命感一言难尽，劳苦自知。

《信天游》的关键词是"什么都没改变"，有"哀莫大于心死"的况味。

而电视剧《篱笆·女人和狗》的主题歌词，对前两首歌的歌词进行了延伸——"碾子是碾子，缸是缸哟，爹是爹来娘是娘……只有那篱笆墙，影子还那么长……"

这是对前两首歌所唱出的乡愁的细化。

《黄土高坡》是茫然而怆然的。

《信天游》是忧郁且忧思的。

后一首乡愁歌却似乎唱出了一种无所谓了的无奈感。

因无奈而无所谓了，因无所谓而认命了。却又不能彻底地认命，于是最后一句有内敛的、天问般的、欲说还休的迷惘。

以上几首乡愁之歌，如同中国农村组歌，也几可言之为歌形式的"农村之殇"，是中国的痛点之一，是辛劳而坚韧、廉价的汗水与沉重的喘息、光荣与梦想相混合的具有时代特征的歌的记录，而且是写实的那一种，也是很接地气的歌坛情怀的佐证。

2004年，"西北风"过去了，"东北风"也过去了。对于我来说，很打动我的歌已听到得少了。

《2002年的第一场雪》，于我而言是一个意外。

我不觉得此歌的词曲有多么好，也可以说觉得很寻常。

吸引我的是刀郎的声音。

当"西北风"和"东北风"过去了，刀郎的歌声使我顿生老友重逢之感。

还有一种现象在当年的歌坛也颇耐人寻味——似乎女歌手们所唱的体现民间情怀的歌反而多一些。当然并不是真多，是由她们唱开了的多；相比而言，男歌手们却反而喜欢唱"自我"似的。

后来我想明白了，男性中的"中国好声音"，多半进入体制了，于是好声音汇入了主旋律，那自然是必须的，什么人唱什么歌。而没进入体制的男歌手们，受市场左右，选择柔性的表达男性情爱苦闷的歌显然是明智之举，可吸引一半左右的女性听众。女歌手唱苍凉之歌，同样甚合男性听众的欣赏习惯。那类歌必有高音段落，听众希望听到遒劲之感。男性将苍凉唱到遒劲的份儿上，一不小心就成了喊或吼——这一点刘欢把握得甚好，有嗓音的先天优势。而大多数女性歌手，在苍凉向遒劲的过渡唱段，几乎都能唱得高亢嘹亮而又气息自如。她们中低音凤毛麟角，中音少之又少，高音差不多属于皆能达到的声线，只不过是高度之别——全世界女歌唱者的嗓音基本如此。中国之更多的男歌手，发挥得最好的是中音偏高的那一部分音域。以这一部分音域唱雄壮而遒劲之歌，女性歌手肯定望尘莫及。但唱苍凉而遒劲之歌，则女性歌手略胜一筹。浑厚之声自然广阔辽远，所谓穿透力由是不足。嘹亮之声听来有集束感、直击感，如鸣镝离弦，穿透力在焉。"嘹"字本身有声至云霄之意，连摇滚巨星杰克逊演唱时，若求穿透力效果，亦请女歌手助之。而某些以古埃及、希腊、罗马为故事背景的大片，首尾歌曲，常由女歌手担纲，出于同样考虑。具有穿透力之歌声，似乎更易于将人立马带入古代，于是苍凉矣。

刀郎的歌声并无所谓穿透力，却有独特的、天赋的、恰到好处的沙哑，于是沧桑。苍凉是景况的形容，沧桑却更是个体的人生印象。此种印象若由天赋的嗓音所体现，那么几乎唱什么歌便都有了沧桑的况味，倘歌词与岁月有关，由沧桑而苍凉遂成自然之事。

我当年听刀郎的几首歌，每每联想到周信芳——两位的嗓音都是同行难以模仿的。竟至于替他遗憾——若早出道十几年，该为世间留下多首体现大情怀的歌吧。

崔健、刘欢、刀郎，他们的歌难以被翻唱。任谁翻唱，估计都不及原唱。

刀郎的成名实在是由于他的嗓音本身，而不是由于他所唱的歌。

在我看来，他的歌成为中国歌坛总体歌风扭转的一个拐点。

2004年，当年的杰出青年歌手都已年近四十了，或四十余岁了。这种年龄的歌手，更适合唱中年人喜欢听的歌了，继续唱青年们喜欢听的歌，不是那么回事了。而在中年人中，能成为"发烧友"的，肯定比青年中的人数少得多。

2004年，年龄最小的"80后"也已十五岁了——他们成为歌星们最大的拥戴族群，整个中国歌坛精气神不可能不随之而变。"80后"是此前几代中国人中最"自我"的一代，故2004年后，除军旅歌、革命主题的歌之外，整个中国歌坛由唱"他者"而转向了唱"自我"；由劲歌时代而转向了轻歌时代；由蕴含的厚而转向了薄；由大情怀而转向了小感觉；甚至，由因歌声而红逐渐转向了以貌而红……

放眼世界，此必然现象，倒也不足为怪。

2004年后——雄壮庄严（军旅歌和庆典仪式歌）、温柔、恬静、快乐、忧郁、悲伤、喜悦、甜美、怨慕、亲爱的歌依然应有尽有。

除雄壮庄严的歌外，其他种类的歌因为囿于"小我"感觉，情调难免大同小异。自怜之歌多多，大情怀之歌鲜闻矣。似乎也就汪峰后来唱了一首《春天里》，给我留下颇深印象。

第八章 2002 年以后中国文化的基因

2004 年——崔健、刘欢、韩磊、腾格尔、刀郎等这一年龄段的歌手,不论男女,似乎集体地伫立于十字路口,退不回去,也难以跟进。

欣慰的是——他们留下了许多好歌,皆成经典。他们的名字,也仿佛成为"80 后"前代人记忆中的老友……

从某些兄弟民族的"老歌"中,依然能"听"出几分他们本民族的古调来。

究竟多"老"的歌算"老歌",这是不会有共识的。从前没录音设备,真的古调哪一个当代人也没听到过——所谓"听"出,其实是对古调的幻想。

我觉得,古调之古,怎么也得以民国为线。民国以降,一切新生事物,从概念上不属于古了。

"真正有生命力的文艺是来自民间的。"——这话显然并不全对,但相对于歌,则非常正确。

只要民歌还是当代人喜欢的歌种,我们就会一直听到有人在唱。

有时我听《十送红军》,似乎也每每听出古调来。我觉得它的生命力,显然依赖了民歌的生命力。这首词,也有古风。当许多"红歌"必将湮灭于历史时,我估计《十送红军》还会被唱——非因其"红",而因其民间性,因其词曲"古"的气质,因其主要是在以歌唱情,而非以歌至"颂"。

"爱情是文艺的永恒主题"——这话有点小家子气,但相对于歌,也非常正确。

喜欢唱歌的多为中青年人。中青年人中,青年居多。爱情是青年们的终身大事,民歌中爱情主题偏多,实属自然。当青年成为中年,他们唱的歌中,便多了亲情、友情、乡情等人生内容。

对于普通人,爱情、亲情、友情、乡情,是谓"根性四情"。

民间是普通人的总和。

民间意识形态却并不是每个人的"根性四情"的"归堆"——必有升华,其升华的主要体现是家国情怀。

相对于民间,家国情怀也是自然现象。

自然现象是不可以被改变为"颂"的现象的。一经改变,顿不自然，随之命短。

"颂"只有以真情产生于民间，才有歌的价值。

所谓"中夜四五叹，常为大国忧""向来忧国泪，寂寞洒衣巾"；所谓"小来思报国，不是爱封侯"；所谓"报国行赴难，古来皆共然"是也。

关于书法

似乎，正是从2004年起，书法作品在国内待价而沽的现象逐渐成了种气候——这里主要指的是活着的人的书法作品，有文物价值的书法作品另当别论。而且，也仅限于内地，港澳台未然。

我对于书法作品究竟属于不属于艺术作品，经历了三次观念转变。

世界上仅少数国家有书法、书法家、书法大师之说，别的国家只有本国文字的美术体，没有以书法而能成家、成大师，甚至是一字千金的人。

我的小学也是有书法课的，归于美术课，与绘画、手工一样，判分，但分数不单列，体现在美术课总成绩内。无非是在较大的格子里以填白的方式临楷体字。就一学期的事，学生、老师、家长都不怎么重视的。

书法爱好者在民间一向存在。买笔墨是须破费的。民间爱好者，竟善于自制笔墨。"发表作品"的机会，主要是写春联时。若求的人多，皆夸字好，很有成就感。而书法家协会，却是1961年后由沈尹默在上海首创的；于是从北京到各省市，便都有了，也便都有了主席、副主席、秘书长、副秘书长、理事会员一干人等。2000年后，某些县也有了书法家协会。而全国及省市书法家协会的书法家，与其他各艺术门类的艺术家一样，分初、中、高级职称；高级又分副高、正高。又于是，有享受"政府津贴"待遇的"国宝级"或省市级"大师"待遇的特殊书法界人士。

不少人的书法兴趣和才华，是在"文革"时期得到激发和提升的，抄大字报、写标语，当年笔、纸、墨免费提供，客观上使爱好书法的青年因而受益；正如当年各行各业的宣传队中，后来产生了不少歌唱家、曲艺家、戏剧家。

仅就此点而言，或可以说是"文革"的"副产品"吧。

2004年及后来的几年中，曾有六七个外省市的人到北京来找过我，皆小干部——科长、正副处长，职务最高的一位，副局长而已。他们之目的，是希望经我介绍，从中间搭个桥，以使自己能买到京城名书法家的墨宝。我自然明白他们目的何在，当年自己也没有很高的反腐意识，不但不认为卑俗，反而特别理解。

人对某种现象的理解，如果超出了社会准则，习以为常，逐渐认为正常，那么社会风气乃至官场风气，不败坏反而奇怪了。

但我当年的确是困惑的，问："大抵的情况是送名家之画，送幅字也能起到作用吗？"

他们便都难为情，都道："要是像您说的那样自然很到位啦，但名家之画，也不敢问价呀。"

我又想当然地说："送幅不出名的画家的画，也比一幅只不过白纸黑字的书法作品耐看呀。"

他们的说法却都是——不出名的画家的画，画得再好，那也难入领导的法眼啊。还是名书法家的墨宝更送得出手，含金量不仅是字，更体现于名嘛！

但我当年哪一位的忙也没帮上过。名书法家我也是认识几位的，却只不过就是认识。怕非但没搭成"桥"，连我这个搭桥人的面子也搞得分文不值了。

对求到我头上的地方小干部诸君，心里却是怀有好感的。认为他们不送钱而送书法，也算是勇于知耻的表现。

后来民间就有了"雅腐""雅贿"二词，书法作品亦属向权力寻租的雅物之一种。一字千金，两行字万金、数万金的现象成寻常事。地方上少数官员，竟热衷于"书法家"之桂冠，进而兼书法协会头头脑脑，出书法集，办书法展，吹捧者、站台者自然格外多，遂变相地为自己集了资，还博了雅名。

我始意识到，"雅贿"也终究是贿，"雅腐"也终究是腐，虽明白与书法无涉,却引起了我对书法的兴趣,想开始认知一下——书法的艺术含量到底有多高。

那时各方面寄给我的画集更多。自古书画不分家,每每品赏良久,细心领会——古今书法,确有佳作,但也无非是毛笔蘸墨写在宣纸上的字而已。有的字也未必甚好,不过好在所写的语句,如"难得糊涂""苟利国家生死以,岂因祸福避趋之";有的字与语句都无意味,却也评得天花乱坠,有吹捧之嫌,由是不以为然。

书法之道,自古其见纷纭。

杜甫曰:"书贵瘦硬方通神。"

苏轼就以诗反对:"杜陵评书贵瘦硬,此论未公吾不凭。短长肥瘦各有态,玉环飞燕谁敢憎?"——这话我觉得更有道理。

欧阳修说:"善为书者,以真楷为难,而真楷以小楷为难。"

而张怀瓘却认为:"风神骨气者居上,妍美功用者居下。"

真楷、小楷不但最宜功用,并且每每以妍美修体;风神骨气,则更常见于行、草。

他们二位,见解又不同了。

仁者见仁,智者见智,本也符合常识。

但好书法就没有较一致的标准了吗?

书法界一些人士认为当然有,便是"笔笔有出处"。

那不就是以古人体为圭臬的意思吗?

欧阳修是极贬此点的,谓之"奴书"。

柳公权言:"心正则笔正",显然他是求正的一派。

唐代写过《书谱》的孙过庭却说:"初学分布,但求平正;既知平正,务追险绝;既能险绝,复归平正。"

按他的说法,致力于楷、碑之体的书法家,似乎写一辈子也还是在初学阶段了。

书法何以便达险绝之境了呢?

古今作品,确当得起"险绝"二字的,又有几幅呢?王羲之的字也并不能给人以"险绝"的印象呀!

但孙过庭的说法,似乎对当代书法界影响最深——求"险绝"者多矣,凡办展,必不可少,曰"展览体"。有几人却又"复归平正"了呢？我是至今也未读过一篇"能险绝"而后"归平正"的书法家的心得的。

"险绝"之论，如"为天地立心"之说，形容固然高深，然也正因为太高太深，便无人能诠释得明白。

故甚多书法作品，若不加汉字"翻译"，除了书法家自己，别人就如看甲骨文，不知写的究竟是些什么字了。往往，比甲骨文还难辨识。

而界内给的说法每每是——已达到了线条艺术的涅槃。

这是世界上自古至今唯一的中国文字书写现象——试想在任何别的国度，若有谁将本国字写得除了他自己，别人概不能识，那人还会被尊为"家"或"大师"吗？

我们北京语言大学是有艺术学院的，艺术学院是有书法教授的，乃书法界才俊。学生中，也有书法优上者。北语教职工中，业余书法爱好者亦多，常办展。以我的欣赏水平看，都够得上是作品。若将某些名家最能代表自己水平的作品，与我们教职工中上乘的作品共同展出，我想，令人驻足的未必皆是前者们的作品。

再后来，我到外地，凡见书法，常看良久。观看得多了，发现一种情况——地方的书法家，水平未必全在北京卖价很高的书法人物之下；而民间藏龙卧虎，有些人物虽无"家"的名号，笔墨功力却毫不逊于"家"们。

一次，在某省景地，见一七十余岁老人，秃顶，白髯及胸，戴花镜，面前置一折叠小桌，危坐于旧硬椅上，持小毫蘸"金液"，正往一柄黑扇上写《水调歌头·明月几时有》。

问："写一幅扇面多少钱？"

答曰："若像这般字数较多，二十元。"

又问："若字数少呢？"

答："十元。"

再问："若只要求写一个字呢？"

答："确实有人只喜欢写一个字，那就看着给呗，三五元多谢了，一两元也知足。"

桌上有写好的几柄扇子，逐一展看，但见各种字体，几乎都写到了。古人所论，于字中也都有体现。

"老先生从事过哪一行业呢？"

"六十岁前当过农村小学校长。"

"爱好书法有多少年了呢？"

"我今年七十三了，十一二岁开始练字，未曾间断。从前买不起宣纸，蘸水在旧报纸上写。如今眼花了，写小楷吃力了。"

"一天能挣多少钱呢？"

"百八十元总能挣到的。老百姓的日子，多一百元少一百元，区别挺大的。我靠写字，供我孙女上大学。她毕业后，不想再写了。也不仅仅是为每天在这儿挣百八十元钱。我在这里也是一景，连日不来，景区的人会到家里去接我。老了老了，不料忽然就出了名了，市里要发展我为老会员呢，不喜欢有那么种名号了。但书法它是中国文化传统呀，我写的字人人说好，证明咱们中国的文化传统有魅力嘛！自己也起到了传播的作用，是我一种高兴……"

听了老先生的几番话，感慨良多——中国也大，人稠地广，盖文艺人物，自古便分在"庙堂"与在民间两类。"庙"非庙，"堂"非堂，"体制"内外而已。又——自古便有由"庙堂"而自愿或不自愿地触入民间的；也有千方百计、费尽心机非从民间跻身于"庙堂"不可的。宁肯始终做民间一分子者，真的参透"名利"二字之人，从来是不多的。而艺术作品的水平，也由而标准不同。若老先生亦书法"庙堂"中人，他的字肯定该是另一种价无疑。但以他那书法的功底而论，不要说若欧阳修或苏轼在世，必然大为欣赏，即使张怀瓘见了，也不至于言语轻慢的吧——这世界对于民间和"庙堂"，真是一向不平等。

我有一位不曾谋过面的老读者，是山西运城下辖某县人氏，退休前是县中学校长，也是位民间的书法长者。二十世纪九十年代中期近八十岁时，事业有成的学生们出于敬爱，将其以往所写的书法中的精品结成几册字帖出版了，他寄给了我一套。从楷书到行书、草书，各写体几乎都写到了。

那时的我，对书法已有了些了解，自认为不再是"隔山"之人了——钦佩由衷。

后来，听说有人找到他，要做他的经纪人，将其字帖包销向小学、中学。

他说政府明明已三令五申地禁止向中小学兜售所谓"教辅"，坚拒了。

对方以"弘扬国粹"之语相劝。

则又言："我于民间弘扬了半个多世纪了，很对得起国粹了，不劳动员了。"

后来的后来，在2016年全国"两会"期间，在政协文艺组，有委员质疑："书法是艺术吗？"

斯时，书法、古玩、玉物与"雅腐""雅贿"的干系，真真假假的传言已较多。

该委员的质疑，分明有感而发。

他的质疑，我内心里其实也有。只不过觉得自己还得多想想再表态，故未参与那一话题。

不久我在一个地级市抽空观看了一次书法展。虽是地级市，虽是开展的第三天，观看的人却仍不少。

见有四男二女，年龄从二十七八岁到五十几岁不等，边看边发表议论，且都以手机频频拍照。

出于好奇，与他们攀谈起来。他们说自己都是县"书协"会员，组团自费而来，为的是提高水平。

此后，我对书法的观点，又改变了一次。并且，大约会是不变的观点了。

我的观点如下：

一、汉字乃全世界最古老的文字之一，对日、韩两国文字的形成产生巨大影响。故，不唯中国有书法，日、韩两国也有书法及书法家。

二、若从日、韩两国文字中排除汉字成分，仅保留两国独创性的那部分文字，便只能变形为美术字，断形成不了书法。该两国也便如别国一样，不会有什么书法家了。

三、相当长的历史时期内，日、韩两国的书法，如中国书法一样，皆以汉字为书写对象，并不夹杂自创字。若夹杂之，风格气质极难一致。故该两国的书法家，对中国古诗句和儒家经典语录，亦较熟知一些。有人甚而由于热爱汉字、书法，在本国渐成中国儒学的学者，且获尊敬。近年，韩国亦产生了韩文字书法现象，我亲见过两三幅，每幅五六字而已，估计写多了甚难，行书、草书效果将会怎样，没见过，不得而知。日本是否也有只写本国自创字而成书法家的人物，亦不了解。若两国都有那等获得公认的书法家了，那么许多国家的文字当然也可以不仅变形为美术字，而且还可以进一步形成书法了。作为一个中国人，我乐见其成。但估计，非百年内会产生的人类文字现象。

四、在全人类的文字现象中，唯汉字的书写演变出了书法，并且使日、韩两国也有了书法家，又并且由书法而传播了中国文化，在许多国家还有人大为青睐，这毕竟是汉字的光荣，是当之无愧的国粹。

五、书法到底算不算是艺术呢？

我想，肯定与否定，各有几分道理。

如果否定其为艺术，并非毫无理由，比如，歌唱家还要有嗓音之天赋，舞蹈家还要有身材之天赋，而书法家是最无须天赋可言的"家"。艺术之所以为艺术的先决条件是其创造性，"创造"即从无到有，雷同为大忌。别种艺术虽也不乏雷同现象，但以书法之雷同为最。这乃因为，它根本无法摆脱汉字之"有"，只能永远"照葫芦画瓢"。离开了汉字这个"葫芦"，书法便不存在。而这与以汉字写诗、以七音阶谱曲是不同的。区别在于，诗与曲非是字与音阶的临摹，而书法的功底恰在于临摹。它仅仅是字的变，很难说是靠字进行的完全创造的产物；若非说也是创造，则古人在字形变化上早已创造出了既定成果，后来者多为继承者，创新的空间极为有限矣，未闻现当代人谁又创造出了新字体而获普遍认同；什么楷体、魏体、帝王体，凡那一笔一画写来的，确乎等于写得漂亮的毛笔字；所谓"自成一体"或"一家"，也还是用毛笔写字的"一体""一家"，与画家的风格流派不能同日而语；于是追求"险绝"者，字不像字，只有自己认识，便也只能孤芳自赏……否定的理由还有不少。

而如果肯定其为艺术，理由也是硬邦邦的——自汉唐以来书法便被视为艺术了，而且名家入史，作品入史了，到了当代却自我否定为非艺术，确实太不拿国粹当回事了。那么，日、韩两国都会争相"申遗"的。目前喜欢中国传统文化的外国青年和友人越来越多，其中不少人也喜欢书法。书法之增强国际文化友谊的作用，恰是发挥良好的时期，且会发挥得越来越好，此时的自我否定，显然有害无益。做便衣的叫裁缝，做时装的叫设计师，做到国际上有知名度了，则被尊为服装设计大师。大师即"大家"之意，服装设计者当得起，我们往往也那么尊称棋坛高手，对书法界人物亦一视同仁，未尝不可。从十来岁到六七十岁的中国人中，爱好书法者比以往任何一个世纪、任何一个时代都更多了，其实他们希望自己所爱好的艺术门类中不但有多多益善的"家"，还有屈指可数的"大家"，这会使这个群体共同的艺术感觉得以提升……

综上所述，在我这儿，书法是艺术已不成为问题。

于是关系到一个对"艺术"这一概念的理论界定——艺术的前提不但必应具有创造性，同时也具有欣赏群体的主观性，此点也是前提；两个前提同时决定某物、某现象是否可归为艺术。即若一个人主观上感觉某物、某现象具有艺术性，只是个体感觉而已，没什么艺术概念上的实际意义。若几个艺术权威人士一致认为某物、某现象具有艺术性，情况便不同，起码说明某物、某现象具有一定的艺术性。而若百万千万之人在从古到今的漫长的历史时期内一向视某物、某现象为艺术现象，并且百万千万人中，文化精英及文化素质较高之人为大多数，则某现象确为艺术现象便没有讨论的必要——此为既成事实，历史性概念。难以动摇，也无颠覆必要。

所以，基于此种理性认识，在2017年北语新学期伊始，我作为教师代表向新生致辞时，将爱好书法纳入了寄语之中。

依我想来，这一爱好，肯定会使人终生受益——首先，练书法那一种心无旁骛的状态，如精神被笔墨所引导，在宣纸上漫步或疾走，既独享了静好时间，还如身心之瑜伽，有益健康。其次，所写必多为诗句、格言、箴语，久而久之，文化化人矣。再次，爱好成习，则厌耗时间的应酬。中国人不太懂得"时间即生命"，迷信"时间即金钱"，此爱好有助于生命观的改变——一个人的一生究竟享受了多少属于自己的时间，并在此时间里做纯系爱好与功利目的无关的事；对于大多数不肩负重大责任与使命的人，也是幸福的真谛之一，起码是种幸运。

当然也应看到这样一点——从古代直至近代末叶，中国人识字者历来甚少。而书法之事，则又是识字者中少数人的爱好，或裹着神秘的外纱交流于"文林"，或以大雅的姿态取悦于"庙堂"。总之是很漠视在民间之发扬光大的。

故书法在当代，委实有必要贴近民间，归于寻常。

我认为在所有艺术门类中，书法的门槛是最低的。在古代，不乏十几岁的少年已刻印字帖的例子。连少年都能达到精英水平，非言其艺术属性多么深奥，有弄玄之嫌，不太说服得了人的。

当下时代，倡导人们爱好书法，应像倡导人们读书，鼓励人们一展歌喉；主要目的不在于鼓励从艺的人生，而在于引领多一种好兴致的生活。

"雅腐""雅贿"，并非书法原罪。

一切艺术皆有价，书法当然也不例外。排除了权钱交易的污染，书法市场自会变得寻常又明智……

评判艺术价值的核心依据乃是原创性、独创性和附加值——原创性是起码的标准。一切由一个人或几个人完成的具有唯一性的艺术作品，都打上了原创的印记。编剧的署名意味着原创，改编则表明非原创；重点在创字。独创意味着至少在内容和形式之一方面具有价值。传承至今的书法的多种书体，当第一次出现时都是具有独创性的。

若以这样的评判依据来看待当代书法，则不得不指出——书法在"创"的方面最经不起掂量。首先，汉字非书法家原创；其次，字体也非独创；再次，连所书写的内容如诗词、格言隽语，每每也是他者的。

或许有人会问：诗词、小说等文学作品，不也是用汉字写成的吗？

但文学作品的艺术价值不在字本身，而在虚构、描写和修辞水平方面。作家、诗人、编剧的手稿字写得如何，对于评判文学作品毫无意义，连一星半点儿的参考意义都没有。

但对于书法，例外还是有的。少数书法家自身便有诗词功底，不必非写别人的。如鲁迅的"横眉冷对千夫指，俯首甘为孺子牛"；林则徐的"苟利国家生死以，岂因祸福避趋之"；郑板桥的"难得糊涂"；胡适的"要怎么收获，先那么栽"——自身是名人，字又写得好，所写内容又是由自己头脑中产生的，附加值则大。

在所有的艺术作品中，书法的附加值是最被看重的。被看重的程度往往超过书法本身的艺术性。

严格讲，胡适的毛笔字算不上书法。但不论谁，若得其一幅字，肯定格外珍惜。而谁若收藏有某朝某代皇帝的书法，即使仅仅几个字，写得也一般般，也肯定被视为墨宝，甚至可能属于国宝。若出现在拍卖市场，其价肯定令人咋舌。

但当代的书法家，自身又善诗词者，委实不是太多。故我们所见的书法作品，除行书、狂草而外，字体大抵是雷同的，内容大抵是熟稔的。

书法界也有人一心想要独创，于是曾出现过左手书写、倒写、双手同时写、指书等现象；带有表演性。表演性也是一种附加值。

书法界也出现过"竹节体"，字字由竹节组成，是画与书法的结合。不能不承认是独创，却后学乏人，并不被看好。

虽然，我对书法表达了些看似否定的己见，但内心里对书法却是深怀敬意的。

我认为书法是汉民族的文字"哈达"。

倘若一位汉族人士属于"雅人"，所到之处，每每会被请求留下一幅字，予以珍藏——似乎是"索"，却也表明对人和书法的莫大好感。若两个人都略通书法，互相赠字，意味十分深长，表明关系非同一般。若一位书法家主动赠谁一幅字，并且毫无利益目的，简直可以说是对谁的人品的充分信任了——有君子之交的象征性。

哈达的用料是多么的寻常！

赠哈达的心意又是多么值得重视啊。

在我看来，书法与中国人的关系，应少些金钱色彩，少些价格炒作，多些"哈达作用"。润笔费体现一种敬意，但一度的天价炒作，是我所不以为然的。

我又认为书法是中国之国家概念的具体注脚之一。

不论一个中国人还是一个外国人，若请其道出三种与中国有关的事物，未必会有书法。若请其道出五种与中国有关的事，必有一半的人会提到书法。若请其道出十种与中国有关的事物，则肯定人人都会提到书法。若谁竟没提到，证明其是一个对中国太缺乏常识的外国人，或一个对中国文化传统一无所知的中国人。

书法是中国的笔写名片。

不论在国内还是在国际，书法的文化媒介意义远大于它的商品价值。

若一个时代使书法现象得以较广泛地传承，肯定是这个时代的文化光荣；反之，若传承在某一个时代中断，使书法迅速消亡，则必是这个时代极大的文化遗憾。

书法的文化作用不在文化市场上。像奢侈品商店中面向所谓高端人士价格虚高的东西那般待价而沽，必令书法遭受鄙嫌，非是其繁荣的正途。

书法的文化意义体现于学校；体现于民间对它广泛的、亲敬性的认同；体现于汉文字传播汉语言魅力的别样方式；体现于它促使温文尔雅的国人多起来的过程中。

故书法家最不该是被推向市场的那类艺术家——每个省都应"养起来"几位书法家；每位享受特殊待遇的书法家都应明了自己的文化义务，经常深入校园，进而深入民间，使自己的文化作用发扬得更好。

关于雕塑

以上艺术门类，均可归为"美术"。

我不喜欢"术"字，也不喜欢"道"字，同样不喜欢"玄"字。"术"本是经验和方法的合意字，曾是我觉得表意很精当的一个字，如骑术、剑术、算术、医术——一经延伸至"手术"一词，则就有点儿莫名其妙了。而再经延伸到社会关系中，产生出"心术"

一词，便使我觉得阴鸷邪诈，遂厌之。当今之中国，每每使我感到有"心术"的人越来越多了，讲"心地"的人生存状况反而越来越不妙了，似乎大有被讲"心术"的人们同化和逐渐灭掉的趋势，于是连"术"这个字也不愿用了。

"道""玄"二字，因《道德经》而泛滥于后来的语言与文字中。替老子设身处地想想，在他那个时期，讲清楚一个试图包罗万象的概念太不容易了，于是借用"道"字，亦算有创意。自己也清楚概念的要义在于简明——简则简矣，别人却不易理解，索性暂且含糊，便又借用了一个"玄"字。"玄之又玄，众妙之门"，意思我们今人是都明白的，但是在修辞方面，总是会给我这样的对概念较真的人近乎"巫"的不好的印象。

古希腊"思想三哲"，每每以极多的文字不少的篇幅，反复论证一个概念到底会包含多少层意思的表达，在某一种情况下言及某一概念通常所指是哪一种意思——他们对概念的提出很慎重，解释也不厌其烦。相比于他们的有些絮叨，老子极为笼统的概念我也不是多么难以接受。

但，"道"字后来的泛滥应用也使我这样的人生厌，如"做人之道""为官之道""从政之道""经商之道""师道""君子之道""盗亦有道"什么什么的——依我想来，无非就是原则。曰"原则"、曰"规矩"、曰"底线"，我这种理解力差的人一听就明白了，一扯上那个"道"字，在我听来就"玄"了。并且，似乎每每听出不上正道、"术"字当头的意味来。结果，"做人之道""为官之道"的说法，怎么听都像是在暗示"做人之术""为官之术"。于是本不曾厌的，后来也竟厌了。

回到正题。

在中国，立体的工于造型的艺术，商周以铄、铸而成就显著；秦汉以塑、刻最为普遍；至唐，塑的艺术更加发达兴盛，由而带动了彩绘艺术。雕的艺术，严格地讲，似乎只能从宋代算起。

商周乃铜器时代，铸物较易，刻亦不难。所以，人们对于立体艺术，有了审美的需要和追求。然此种需要和追求，尚属奢侈，仅限于王宫、祭坛之地和诸侯显贵之家，无非钟、鼎、觥、镜等实用物及鸟兽造型等观赏品。而那时的刻，也无非体现于铭文和鸟兽造型的细部。

秦汉已是铁器时代。铁决定兵器装备的充足与否与水平高低，因而影响战争胜负，进而影响一个王朝的存亡。故铁矿属于国控战略资源，冶炼技术虽已较为发达，但除了特许的农具制造工匠，普遍之人是接触不到铁器生产过程的。民间习武者所拥有的刀剑之类兵刃，主要来自祖传或是军方散落于民间的。物以稀为贵，故好的刀剑，民间买卖之价甚高，亦成为当时的"雅贿"之物。从秦始皇墓中出土的兵俑为泥塑而非铜浇铁铸，间接证明了铁的宝贵。同时证明，时人已清楚这样一点——比之于铜铁，陶反而具有不怕水、抗潮蚀的特殊性能。

故宫中及权贵人家的生活用品及欣赏物，虽仍以铜器为主以显地位；但在民间，陶器更普遍地应用，使制陶业的水平产生了飞跃——陶乃瓷之母。

此前的陶器生产，主要是为了满足生活需要，也并非完全不兼顾美观，但无追求意识。而魏晋时期，民间开始大量出现经过刻意之美观处理的日用陶器，并且出现了毫无实际用途，仅供审美观赏的陶工艺品。涂染它们的色彩不但更为丰富，图案更有创意，刻镂技法也得到了更广泛的应用——此技法是人类雕塑艺术的前身。商周时代的刻镂水平虽已不低，却仅限于官方工匠，属于"罕技"，不近民间的。秦汉时代至魏晋时代，天下太平的岁月是不多的。陶器所带动的民间审美现象，又证明了人类对于美的追求，更加成为本能意识之一种。

至唐，天下终于又有了二百余年的大一统局面，某一时期经济状况良好，艺术空前繁荣。自夏至此，千百年倏忽而过，中国历史上的文艺兴盛之元年，始于唐耳。春秋时期可称道的并非文艺现象，实为思想现象。

至此，所谓雕塑艺术，开始真正成为民间审美意识青睐的对象，以唐三彩最为闻名遐迩。

而此前的雕塑技法，主要体现于有数的几处佛窟。

那时"中国"与"华夏"二词虽已产生，但不特指国家。唐朝时,"东土"二字可作为"国家"二字的代名词。

在"东土"的中心领地,土资源是最廉价的几可用"无限多"加以形容的资源。该地的土是特殊的土,黏性极强,遂成制陶业的天然原料。唐三彩的出现,有其地理优势。这时的雕塑艺术,主要是塑的艺术。泥土质软,可塑性强,得心应手,动锤凿的必要甚小。

而这时的石雕艺术,在希腊已达到了高峰水平,并且带动了整个欧洲对雕塑艺术的崇尚心理。希腊的国土,四分之三是山地,为建筑的雕塑也罢,为宗教和纯欣赏的雕塑也罢,取石方便,这也是希腊雕塑艺术能够引领世界审美意识得天独厚的方面。优石质地坚韧,非以更坚硬之工具创作而不能成为艺术品也。故他们的雕塑工具体现了当时的先进水平,他们的雕塑高手、国手,也被以艺术家看待。

"东土"之雕塑,以塑为主。雕塑工匠,水平再高,也还是匠人;希腊之雕塑,以雕为主。若水平甚高,不论宫廷、教廷或民间,都会将他们与诗人、戏剧家、发明家、思想家同样看待。而此种态度,也直接影响了欧洲诸国对雕塑者的态度。尽管,对于宫廷和教廷,大抵是表面态度。但表面的器重,毕竟比仅仅视他们为工匠好,尊卑立场上前进了一小步。这一小步,对于欧洲文艺的发展,意义重大。

至南宋,雕塑艺术发生了改变。南宋木材资源相对丰富,雕塑艺术便开始以雕为主了。首先体现于建筑,从宫廷到官宦的府邸再到富商贵人之家,皆以雕梁画栋的程度来比地位和阔绰。不论庭院或房舍,木结构的地方雕木头,砖瓦结构的地方雕砖瓦。浮雕、透雕,交相衬托。连豪宅阔院中的厕所,那门那窗,也每每雕花镂图。此种风习,浸淫了民间。

故可以这样说——在数千载中华史中,若问哪一个时期的汉人对住宅之美最为在乎,非南宋莫属。

南宋之雕技水平的飞跃,也带动了玉雕行业的发展。玉小于栋梁,小于壁墙,也小于门窗。故玉雕行业,使这一时期的雕技水平分出一支,朝着小、细、精、绝的路径延续。"小"是市场需要;"细""精"是竞争逼出来的水平;"绝"是为了迎合市场,微雕、内雕、多层透雕的高超技能，于是产生。

　　而此时的希腊雕塑，辉煌灿烂已过。战争使希腊国运多舛，昌盛不再，雕塑艺术的殿堂中，大师们的身影也成过往云烟。但其雕塑艺术的美学理念，却在相当长的时期内，奠定了欧洲诸国雕塑艺术的美学基础，并且对欧洲诸国的绘画艺术，也产生了漫长而深远的影响。其影响主要在三方面——第一，对人体美表现出极其纯真也相当强烈的欣赏，视人体美为自然美之最，不以裸体之美为不雅。此种审美意识对欧洲绘画的影响是，在相当长的时期内，主流画家多以画人物画得如何为追求方向，风景画非主流画，直至近代才争得了一席之地。第二，所画人物，完全符合美的男女人体的比例，每每符合到经得起骨骼透视的程度。即使画神祇，也不以裸体为亵渎。凡女神，皆画成裸体美女，传达出这样一种人文主义的审美观——人体美为自然美之最，女人之身体美为人体美之最。人类从自然界逐渐领略了色彩之美，从女人的身体则发现了线条美——尽管没有什么美学书籍有根据地得出过以上结论，但我们作此推测大约是不会错的。进而可以得出如下结论——天地万物之间，线条之美在裸体美女身上呈现出的美妙，可谓至臻之美。恐怕，也只有在承认此点的前提下，才能理解古希腊人为什么那般痴迷于裸体特别是女人的裸体雕塑。当然，若以数量论，裸体女神的雕像还是少数，但使后世人惊艳的，却大抵是她们的裸体雕像和绘画。第三，人文艺术理念。画神如人，而不是反过来，画神如神。因为完全符合人体比例，风格虽古典，但人物与现代人极为酷似。故雕塑或画作本身，与现代雕塑或画作之间差异甚微。某些作品，隐去年代，改变一下服装，几可成现代作品。反观中国古代的雕塑或雕刻、绘画，不论整体还是局部，处处透着怎么抹也抹不去的"古"。

　　古代的世界不可能是平的。若以各美其美的理念作一个假设——古代的希腊人与南宋人进行过多次雕塑艺术的交流活动的话，一定会使双方都大有收获。而对于雕塑艺术在中国的发展，益处或将更大些。

　　是非成败转头空，江山依旧在。

　　南宋以降，经元、明、清、民国时期，近一千年又过去了，雕塑艺术之在中国，或为铭刻，或为精雕，或为彩塑——完整概念的雕塑作品，特别是人体雕塑作品虽非根本没有，委实有也不多，且主要体现在宗教和帝王的墓陵方面。尽管也称得上是雕塑，出发点却不是供欣赏的艺术目的。

在世界美术史上，雕刻与雕塑一向确乎是同类分属的两个概念。前者主要指浮雕，而后者专指立体作品。其艺术性的高低，除了立姿的美感，也包含了对稳固性的力学原理之应用的评估。

若按这一种严格的概念以及人体比例是否符合生理学的准则来看，那么耸立于国父墓陵的孙中山铜像，大约可视为中国雕塑史上的第一具完全符合要求的作品。

而古老中国也产生了雕塑家，但获得与一切艺术家同等的尊敬，确乎是中华人民共和国成立之后的事。除了人民英雄纪念碑基座上的浮雕，各地先后出现了少数人物雕像，大抵是半身像，全身像罕见，多为纪念早期历史人物，抗日战争、解放战争时期以及抗美援朝战争中的烈士。当年中央有规定，为什么人可立纪念塑像，须经多级审批。所以当年中国的雕塑家屈指可数，实践机会甚少。

自1960年至1970年，凡城市，包括县城与小镇，几乎必有毛主席塑像了，都符合完整的雕塑概念。有些塑像的高大程度，古希腊及欧洲诸国的人物塑像相形见绌——仅指高大程度。

从1990年始，雕塑艺术在中国进入了繁荣期。首先是纪念馆多了，不唯革命人物，对许多古代正面的或作用重要的历史人物也允许设馆纪念了；而为"红色"历史人物立纪念像，审查过程简化了；各城市为打造标志性立体名片，对雕塑作品的需求与日俱增；许多城市有步行街了，雕塑群像逐渐成为步行街必不可少的风景线；高档酒店、宾馆、会馆，大抵也视雕塑作品为环境美的要素……

中国的几位老一代雕塑家基本已去世了，中青年雕塑家成为活跃于市场的主力军、生力军——那一时期成为他们英雄大有用武之地的黄金岁月。他们的雕塑美学理念是开放的古今中外相结合的理念，在中国各地各处留下了诸多每每使人眼前一亮的好作品。

而中国当代雕塑艺术的黄金时代却又分明是短暂的——现在，则已过去了。因为，中国的大小城市，该有标志性雕塑的，普遍都有了，每一座纪念馆也都有了与环境搭配的雕塑陈列作品、收藏作品；酒店、宾馆、会馆青睐雕塑艺术品的热乎劲过去了，绘画作品、大型玉雕作品重新受宠，因为升值空间大。

不少小地方出现了有能力批量生产雕塑品的工厂——偌大的院子，几间供工人住的宿舍，几位工匠师傅和几名徒弟，再加上满院子原料，基本可以做到谁想要什么雕塑便能为谁生产什么雕塑。木、石、铜、铝、铁，原料应有尽有。

不能说从那里运往四面八方的雕塑完全没有艺术性，一定程度的艺术性还是有的。但大抵不是原创而是复制，艺术性肯定是大打折扣的。

在这种市场的供与求中，工匠的水平取代了艺术家的水平。却也不能说完全没有了艺术家的作用——有些雕塑家，是那类"雕塑工厂"的老板或合伙人，故那里也偶有水平不低的"产品"运走。

席慕蓉的一篇散文，内容是——她在欧洲某国访问一位心仪已久的雕塑家，在对方家中做客时，极想参观对方的工作室。对方犹豫再三，引她到了后花园——但见几十块石碑杂乱而立，有的雕好了，有的雕了一半。这是该国一位相当著名的雕塑家，他的主要时间是在为死者雕刻墓碑，并且唯恐生意中断——他须靠此技养家。

在中国，一个人只要被公认是雕塑家了，一般不至于因生计所迫去抢石匠们的饭碗。各级政府，大抵会将其生活安排得较好。

不管怎么说，中国接近是艺术家的福地，连外国同行们往往也这么看。世界上唯中国的艺术家有级，进步到了高级职称，即使其后作品甚少，"高级"的社会地位和待遇也可伴随终生——这不能不令外国同行们羡煞。

在细雕、精雕方面，中国人所能达到的水平是世界一流的。而微雕、透雕、内雕，则很可能是中国独有的技法，如：在很小的玉片上雕千字文；将一颗小玉球雕出数层，层层能转动似轮；在鼻烟瓶中雕绘山水、花鸟或人物——此等技法，每每令"老外"叫绝。但他们绝不会拜师学习，因为那并不符合他们的艺术旨趣。中国人在艺术方面的某些绝活，体现的更是中国人的艺术旨趣，是中国汉民族别样的工匠精神的证明，所谓大千世界，各有一好。

第八章　2002年以后中国文化的基因

绘画与雕塑合成美术概念，在此概念之下将各自的艺术性延伸、泛化；如同孙悟空，从自身拔一毛可变己，亦可变他物——于是，美术之美，几乎遍及人类生活的方方面面。

在中国，即使一个生活在小镇的人，即使足不出户，其眼也会随时随处见到美术之美——各类瓷砖、壁纸、女性衣裳、儿童玩具、包装盒上、电视节目中……

只不过，因为时时处处可见，人们的感觉麻木了。

美术在中国拥有全世界最广泛的应用市场。一个人只要在美术方面具备中等以上水平和创新头脑，那么其生活就不会成为什么问题，甚至可能生活得较好。

美术在中国所解决的就业率，比世界上任何一个国家都多。即使在新兴的网络行业，也每现美术如鱼得水的功能发挥。动画电影的另一种说法便是美术电影。

每年，中国有世界上人数最多的美术院校毕业生——他们的将来，未必皆能成为画家、雕塑家；但他们的专业水平，基本上可以保证他们成为美术工作者。只要他们愿意，便可一生成为美术工作者。只要他们肯努力，便会成为水平优秀的美术工作者。

美术院校毕业生谋职时专业对口的概率之高，一向是排在前边的。

一门艺术，在一个国家能成为许许多多年轻人的职业，比在一个国家仅仅能使极少数人成为艺术家的作用更值得庆幸。

在未来一二十年内的中国，成就卓著的画家、雕塑家将会涌现得少了；而才华横溢的年轻的美术设计师将会多起来。

我们不必因艺术从殿堂化身于俗世而叹息。属于殿堂的归殿堂，属于俗世的归俗世——此亦欣赏，彼亦欣赏；此亦致用，彼亦致用；此美也，彼美也；此亦有价，彼亦有价；美美与共，各有所需，各有所选，艺术之发展规律也。

迄今为止，全世界的工艺品中，起码有二分之一体现着雕塑艺术的元素，此外二分之一才是其他艺术的总和。或在某建筑的某一方面；或在谁家的条案上、书架上；或在某景区；或在儿童玩具商店里。总之在许多地方，我们都会经常发现吸引我们欣赏目光的

"东西",大的特大,小的极小,显示出雕或塑的艺术美感来。它也许是现代的、抽象的,但基因相同。

雕塑艺术的元素仍被人类的审美意识广为应用,装饰和点缀着我们生活的方方面面。所谓老干发新枝,永不止息。

关于绘画

世界各国的艺术之舟基本上是同时出发的,除非某些国家当时并不存在。差距产生于出发之后,而不是产生于起点。从起点来看,无所谓差距。

造成差距的最主要原因是文明进程的迟缓。

当古希腊、古罗马已经建立了城邦时,确实尚有另外许多人类仍处于部族社会。城邦的意思按现在的说法就是——大多数人口已经属于城市人口,于是艺术成就领先一步。古希腊的雕塑、建筑、诗与戏剧诸艺术门类代表了人类当时的极高水平。古罗马虽然曾吞并了此前希腊化的国家,却也被古希腊的艺术文明进一步"化"了自己。"杂交"了的古希腊艺术之树的种子,在古欧洲大陆各地生根发芽,开花结果,一国灭一国后,掠走包括人口在内的资源的同时,往往也绝不放过任何一件可以带走的艺术品;青睐艺术是人类的古老基因。

据我所知——在中国,究竟是国画的艺术含量更高些,还是油画的艺术含量更高些,很长时期内争执不休。迄今虽不公开争执了,但暗中是互不服气的,较劲得很。画作市场对画作明码标价以后,裂隙尤甚。

若以十五世纪中期为一个历史节点,那么,意大利一流画家的水平,肯定足以体现人类当时绘画能力的最高水平。而实证了这一水平的,当首推委涅齐阿诺。达·芬奇比委涅齐阿诺晚成名三十余年,是那一水平的保持者和光大者。中国人多知《蒙娜丽莎》,只有少数人也知委涅齐阿诺的《年轻妇女肖像》。

十五世纪中期,乃中国明初。至清朝瓦解,又至民国初期,盖五百余年间,宋时曾达到的绘画艺术的境界,每况愈下。除了在乾隆时期担任过宫廷画师的意大利人郎世宁为中国的绘画艺术带来过新风格，总体气象再无可圈可点之处。

因为，十六代明皇帝，执政能力一代比一代差劲，个个志大才疏，习性上皆像农民。农民的群体特征是实用主义的，一旦宫殿成了家，对家具怎样极其重视。上行下效，所以明代的家具有特点。与之前的唐、宋、元及之后的清相比，明代的家具造型最为雅致，其上的雕刻也最为精美考究，追求工艺的细妙复杂。此点从明小说中往往可见一斑——唐时，对将相王侯之家的描写，每每侧重于楼台之高大，厅堂之宽阔；宋时，侧重于名珠宝玉的陈列及书画的品位；元时，侧重于奴多婢众；清时，侧重于等级气氛的森严；唯明时，除以上诸方面照例写到，每每还要添几笔对家具的描写。可以这样说，明朝二百七十六年间，"艺术"二字在明代人心目中，差不多全体现于家具了。高官富贾嫁女，一套上等家具是重头嫁妆。

明朝是木工雕匠大显身手的朝代，非是画师画匠们的幸运时期。

唐代绘画，如别国的古代绘画一样，多以皇族和将相之家的生活场景、礼仪活动及儒释道、三皇五帝的内容为题材，除了泥塑另当别论，很少涉及人间烟火。但唐人画作，尤其是在画人方面，确乎已将线条运用到了得心应手、恰到好处的程度。在用色方面，也不保守。

唐代的画如三彩陶塑——有黄、绿、蓝、白、褐、黑等色彩，常以黄、绿、白三色为主。白在用色理念中等同于无色，画师画匠们一般忽略不论。而褐色，当时一般为枣红、砖红、铁红，被视为"艳色"。总之，唐人尚无理学束缚，歌舞以恣情纵性为风习，在绘画审美方面，并不以素为雅，以"艳"为俗。不过当时的画，艳也艳不到亮丽的程度，因为在颜色的制造方面，还达不到后来那么丰富。唐画虽有风格区别，气质异同，却无宗派形成，亦无门户之见。

北宋时期，画袭唐风，殊无改变。斯时产生的《清明上河图》，不但是国宝级画卷，在世界美术史上也是独一无二的奇葩。除了中国，全世界的绘画词汇中绝无"画卷"一词。任何一幅单独的世界名画，都只不过是一幅画，与"卷"字风马牛不相及。《清明上河图》的产生，使"画卷"一词从此成立，并有了权威注脚。《清明上河图》将中国画单纯运用线条画建筑、街道、车水马龙和众生活跃场景的能力发挥到了极致。如果隐去画中的车马、人物，那么所突显的街道、店铺、楼舍、庭院、桥梁，便成了一卷从宏观到微观的城市建筑设计规划图——即使现在，依靠电脑，也得由一个设计团队来完成。"画卷"二字早已成为文学评论专用词，电影和戏剧既担当不起"画卷"一词的评价，实际上也达不到那种内容广阔的程度。纵使文学，亦非长篇不可。即使长篇，担当得起"画卷"一词的也特有限——《三国演义》《水浒传》《红楼梦》《战争与和平》《悲惨世界》都是担当得起的；够得上画卷的画，除了尺幅之长，还要以场景之多、人物之众而论。若以拍摄电影的方法将《清明上河图》分一下镜头，估计几百个镜头还打不住。它实在是绘画艺术中的"长篇小说"，虽无重大情节，众生之相大半在焉。

《清明上河图》是中国绘画史上人文属性最集中的画作，一幅画中画了那么多凡夫俗子在市井环境中的劳动、买卖与日常生活状况，也将绘画艺术的人文情怀体现得充分而又饱满。在画中，河上船工撑篙搏逆流的情形，与列宾画《伏尔加河上的纤夫》时的内心感想肯定是相通的。轿中达人探头窗外，回首观望一个拄拐的瘸腿人独行于闹市——这一细节的关照令人叹服。

《清明上河图》的另一贡献是，引领了中国话本中的插图画与后来连环画的一派，即白描画派。从那时至二十世纪八十年代，中国文学作品中的插图及连环画中，白描画风向来未衰。

实际上，北宋的绘画艺术并不多么兴旺发达，各类插图画本却生意不错，绘画人士多是坊间的插图能手，画风自然也比比皆是线条白描之画法，刻起来容易，印刷效果也清晰。而《清明上河图》恰是在此种绘画大环境中产生的精品。不是北宋人不喜欢绘画艺术，而是地理因素造成的。北宋定都中原，作为文化艺术中心的洛阳，周边少青山秀水，山水画家的视域有限，影响了山水画的发展。北宋时中国画的主要题材仍是山水，短板也仍是难以表现广袤苍凉的北国风光。不要说"山舞银蛇，原驰蜡象"的景象画家们画不来，就是见过的人也很少。"细看造物初无物，春到江南花自开"——这样的画他们画起来得心应手；"沙飞朝似幕，云起夜疑城"——此种天高地阔的塞外之粗犷情境，不符合他们的审美追求。

至南宋，北派画更加式微，首先是皇族对北派画的态度就极为冷淡，允许存在，但不提倡。因为北派画会引起他们的国耻之羞、之疼，而那是他们极想忘却的，有被别人的手向北方硬扭过头去的不快之感。

然而北派画既已成派，便自有传承，并未因"当局"的不提倡而自灭。

至明代，董其昌首提"南北宗论"，目的是要确定主流，崇南贬北一度成为共识。

为什么明朝也会像南宋一样"厌北"呢？

因为对于南宋，北域是长江以北，是"敌占区"，是失地。一切与北有关的文艺现象，都容易导致朝野的伤感，眼不见心不烦。

对于明朝，北域虽已是长城以北，但还是"敌占区"，是每每令朝野不安之地。

并且，从直观上看，南派画的多是青山秀水，即使画巨壁高岩，用色也还是清新为上，气质也还是突出一个"雅"字，风格也还是要体现一个"秀"字。而北派画的多是旷野莽原，冰天雪地，其意境往往与"明月照积雪，朔风劲且哀""水声冰下咽，砂路雪中平"一类诗句同格，有肃杀气，是以难被朝廷喜欢。朝廷不喜欢，只有被边缘化。

明时的画在用色方面却丰富多了。南宋所大加推崇的青绿山水画，不再能独居画界中心地位。尤其工笔花鸟，用色已相当绮丽。

至清，朝廷倡导复古，南派国画于是确立主体地位，被皇族认可为正宗，北派画的命运更加陷入了延喘之境。

清朝的"官方"为什么也青睐南派绘画呢？

原因无他，主要因为他们是从北边来的。"厚冰无裂纹，短日有冷光""霜严衣带断，指直不得结"的生活，他们早过得够够的了，否则也不至于前仆后继地都想杀入关来；南派画更符合他们大功告成的心理。

元也罢，清也罢，定都北京，都是出于明智考虑。万一江山坐不久，蹿回长城以北便近许多。这也就是为什么清朝的统治一稳，乾隆便频下江南的缘故——南中国的风景,他们太喜欢了。

南宋时期,中国绘画艺术出现了一个小高峰——这乃因为,长江以南青山秀水多矣,为山水画提供了现实参照。也因为,瓷器制造水平又上了一个台阶,促使绘画水平跟进。自南宋始,民间人物形象更多地出现在瓷器上了。这对绘画艺术产生了启发和影响,民间人物便也开始较多地出现在画作中了,比之于纯山水画,多了种人间气息。这时期的绘画还有一个新现象,便是用色丰富了,红紫、翠绿、海蓝等赏心悦目之色在绘本插图中的运用,使衣裳花树因之亮丽鲜艳。这也是现实生活在绘画艺术中的必然反映——南方花卉多、植物多,并且,织造业发达。在城市,即使平民女子,也以穿红着绿为常事。宋瓷上的色彩丰富,不讳绮丽,正符合艺术源于生活、高于生活的规律。

南宋时期另有一种绘画现象的逐渐形成,也是世界绘画史上独一无二的,便是所谓"文人画"。"文人画"究竟始于何朝何代并无定论,亦无哪一位美术史家著文探讨过。但在南宋时期已被官场、士林和民间共同认可,则是有据可查的。

"文人"是一个模糊概念。已服官政意味着身份改变,至死不再是文人。已获秀才、举人等学位者,身份便归入了士林。考取了进士之名,想不做官都不行,等于犯了"逆圣意"之罪。我们都知道的,在古代,进士的工作分配,无一不由皇帝钦点。

那么,基本上可以认为"文人"是这样一种概念——学位在进士以下,名分虽归于士林,但长期不能与时俱进,已成蓄须者了,却仍只有士的身份,从无官的经历。或者,由于不喜官场规则,而自愿向仕途背过身去的老中青秀才、举人们。实际上,举人当官的也不少,须是举人中的拔尖人物,还须有给力的推荐。范进没中举前,便属"老文人"。黄炎培虽中过举人,但中举后不久清朝覆灭了,走不成仕途了,便也可视为文人。

在古代,文人一旦当不成官,若是富家子弟,一辈子交际于士林,以才艺博名,自然也很潇洒。或设馆置案,讲授蒙学,生活不成问题。前提是德才兼备,否则一厢情愿。还以黄炎培为例,中了末届举人,民国一现,他就成了年轻的"旧文人"了——而他能够华丽转身，终成近代著名的教育家、民主主义活动家。

南宋捐官、买官卖官的现象也司空见惯。捐官还算合法途径，买官卖官则全靠权钱、权色交易。若一名士子，苦读多年，既没混上一官半职，也实现不了讲授蒙学的第二愿望，还家境贫寒，身无别技，则就沦为落魄文人了。

从高到低的社会阶层对落魄文人皆有成见，不认为他们是科举的牺牲者，而将责任完全归于他们个人，认为皆属乏志惰争之人，咎由自取。

南宋不是史上落魄文人最多的朝代，而是落魄文人也能活得较容易的朝代——事实上虽是半壁江山的一个朝代，史称"小朝廷"，但半壁江山也不算甚小的江山，并且物产丰富，普遍生活水平不低。所以曾有一个时期，南宋一派蒸蒸日上的社会景象。比起唐、元、明、清，南宋还是出版业兴旺发达的朝代。若无外敌频频侵犯，南宋确乎算中国史上民生容易的一个朝代。

在这样的朝代背景下，以售书画为生的落魄文人虽然落魄，却也还是能够勉强活得下去的。

字是文人最后一层脸面，所以文人更在乎字写得如何。凡事一在乎，水平就高了。练字之余，兴之所至，便也作画。"文人画"由而产生，本意为性情画。与民间画工相比，无匠气。与专为达官贵人作画的专业画师相比，无取悦倾向。并且，也不迎合市场所好，那是以他们的非专业水平想迎合也很难——这反而成就了"文人画"的独特品质，至性至情，只画自己所爱画之画。他们低下的社会处境，决定了"文人画"各有各的孤芳矜傲格调。

"文人画"起初被士林所青睐，逐渐被一切在仕途上失意的人所喜欢；又逐渐，出现在许多重视文化气氛的市民人家。借助"文人画"而出名的文人，自然也会成为名人。一旦成为名人，其画作便也成了名人画。

以上是"文人画"的原概念。南宋一亡，文人的社会处境每况愈下。元、明、清三个朝代，不约而同地视文人为社会"闲杂人等"，严加监控，枉判罪名，滥施迫害。故使文人畏慎生存，"文人画"逐朝逐代鲜见矣。

这也就是为什么，辛亥革命一起，文人们多是明里暗里的拥护者乃至参与者的原因之一。

至民国，"旧文人"也罢，"新文人"也罢，多以写文章、办报办刊、组建出版社、经营书店为第一要务。那是以思想启蒙为荣的时代，虽置身不同甚至敌对营垒，但初心一样，都以旗帜鲜明、个性张扬地发表态度为己任，不甘后于他人。自先秦至此，除春秋时期，数千年中，每个朝代都是少数人以文而命贵位显，多数人因文而迷误终生每每大祸临头的朝代，忽一日熬出头了，于是共同的亢奋，营造了一种思想激荡、文化活跃的时代氛围。这一时期也是新文学种类快速生长的时期，除了没有科幻小说，西方小说及同时期所有的小说，在中国基本都有了。诗、散文、小品文也可以自由自在地扇动"白话"的新翅膀，生动地吸引人们的注意。"新戏"即话剧也从西方"移植"到本土了，并且结出了中国滋味的果实。

绘画艺术在当时却不是多么的景气。一些天赋异禀的绘画种子，不甘仅仅摹学古人，纷纷到国外"取经"去了。绘画艺术在国内，主要的用武之地是为报刊和书籍插图——其与现代风格非常一致。某些插图即使以当今之眼光来看，也仍是很现代的。

而现在的中国人，若仅从文化思想的自由化程度回顾民国时期（绝大多数人非过来人，仅仅是从相关的文字中去回顾罢了）——那么，当然会误以为民国时期仿佛是理想国。但一个国家的一个时期究竟怎样，不能仅仅拿文化来说事，也不能仅仅以文化人的感觉怎样而论。若将目光从文化层面转移向民间，相关的文字所记载的则肯定是另一回事。有些年月民不聊生的苦境，与清朝的饥荒年月一样令人唏嘘不已。军阀混战的局面方息，日军又开始了全面侵华，致使中国大部分地区水深火热、生灵涂炭。

尽管国难当头，中国绘画艺术的发展步伐却并没因而中止。这一点说明，艺术是与人类生死与共的现象，"野火烧不尽，春风吹又生"。曾到西方去开眼界的绘画种子恰在那时先后回国了，大约皆以远避国难为耻，肯定也皆想以一技之长发光发热。他们纷纷举办个人画展或联展，具有汇报艺术学习成果的意思。之后，积极创办美术学校——对于灾难深重的国家，那是他们自信能比别人做得好的事。当时的中国人,主张教育兴国者众,他们也都认同美育是教育的重要组成部分这一蔡元培提出的教育思想。而且,绝大多数中国人,对抗日战争的持久性和艰苦性估计不足——这也是在战乱兵燹尚未殃及的某几座大城市,他们的画展仍能引起关注甚或轰动的原因。

而在抗日战争全面爆发之前,亦有人不被"洋画"的影响所动,一再向传统叩问绘画之道,几入几出,探求法变,既愿承前,更欲启后,如齐白石、黄宾虹、潘天寿等,已被时人以大家视之。

至抗日战争的中后期,延安出现了另一种绘画艺术现象,即鲁迅艺术学院所接纳的一批绘画种子。他们来自全国各地,皆是热爱绘画的青年。在日伪军占领区,他们靠绘画是无法维持生活的。在国统区,他们因尚未成名,也不会受到重视。而且,他们对国统区的"党国"政治宣传大抵不以为然甚至反感。延安张开双臂欢迎他们,实行"给想做事的人以机会,给能做事的人以平台"的统战策略。当然,这里所言之事,乃有益于抗战之事。故延安成为他们后来艺术生涯中的"红色摇篮",他们的绘画才情,也大抵在抗日战争、解放战争时期发挥了重要的宣传作用。

纵观中国绘画史,任谁都不得不承认——中华人民共和国成立后,中国绘画艺术之发展迎来了一个气象更新、风格纷呈的新时期。

首先是,一批著名的或较著名的画家普遍受到国家和各级政府的礼遇,生活和职业都被安排得不错。愿意从事美术教学者,几乎都能如愿以偿。唯愿潜心作画的,也几乎都成了各级文联的专业画家。美中不足的是,既被纳入体制了,成了拿工资的人,卖画就不那么自由了。对于某些人,年收入反而少了。曾经的富人都跑了,或变成了穷人,在国内肯一掷千金买他们画的人,基本绝迹了。通过个人特殊渠道卖向境外,必将引起始料不及的政治上的麻烦。而卖向普遍收入低微的民间,其价自然也低得很。并且,所作之画,大抵遵命而为,属于任务性创作。想得开的,教学作画两不误,热忱不减;想不开的,难免惆怅。任务性创作,也并非人人有份。任务多者忙得很,便别有一番成就感,同时有工资以外的画酬。虽说是任务,并不意味着分文不给。比之于中国人的普遍收入,一幅被政府有关方面收藏的画，其酬亦可观。而任务少者，就常觉被冷冻了。自己当成任务来完成的画作，倘连在报刊上发表一下也不能够，那么几乎就仅成了个人或友人的藏品。

以上一批画家的院校弟子或私门弟子，大抵都能从事与绘画相关的职业。幸运者也成为美术教师了。当年每一所中学都必有美术教师，重点中学还有美术教研室，那就不仅一位美术教师了。报纸、杂志也必有美编，全国还有数家美术出版社，还有从大都市到小县城数以千计的文化馆——总之中华人民共和国成立后的前十年，美术院校的毕业生与音乐学院的毕业生相比，专业对口的概率是大的。

进言之，一个善画的青年，不论男女，不论是否有美术专业的学历，在当年的就业情况是相对好些的。即使出生于非"红"家庭，一技之长也有被酌情利用的机会。

有不同革命资历的绘画人士，自然而然地成为美术界的中坚力量，大抵担任过该界各级别的领导。

若不谈人而谈画，纵观中国绘画史，则任谁都不得不承认，中国绘画艺术毕竟迎来了一个气象更新的时期。

之一——美术教育纳入了从小学到中学的教育纲要——德、智、体、美全面发展的"美"，主要是由美术教学来体现的。对"美"的重视虽不及德、智，理念上却毕竟占有一席之地。

之二——国画中的人物，不再拘泥于古人，工农兵形象及各少数民族当代普通人物形象，成为国画中的主体人物形象。这不能不说也是绘画艺术向人文主义路径上的转折。

之三——山水画之画风不再一味追求所谓古色古香，而开始以"祖国江山美如画""江山如此多娇"为审美母题，向一种越来越明显的体现江山自豪感的意境几乎一致地发展下去。水库、大坝、桥梁、公路、车辆、学校、红旗取代了国画古风中的寺庙、孤舍、松下对弈的隐士或竹林间修禅的道僧。并不全都如此，但评价上往往以此为佳——这也导致了绘画美学和评论风气的改变。

之四——由于对江山自豪感的追求，也由于国家及各级政府楼堂馆所的需要，大画及巨画必然产生。某些画作之宽长，创国画有史以来之最。除了中世纪西方教堂的穹顶油画，后来的大场面西方油画无可相比。

之五——油画开始兴盛。在中华人民共和国成立后的前十年，在美术院校中，油画系的学生一年比一年多，某几年多于了国画系，以至使国画系教师在"人代会"和"政协会"上呼吁"救救国画"。造成这种局面的原因是——对于中国，油画虽是从西方舶来的画种，但因为受苏联"老大哥"的影响，油画在艺术地位上似乎高于了国画。也因为，油画在院校教学上的方式方法对于新一代绘画种子更新颖——石膏像临摹、透视法、明暗法、人体骨骼结构课程，似乎一切更有章可循。画架、画布、油彩、刷笔也似乎比平案、宣纸、毡垫、墨与水粉、毛笔应用起来更加方便。更因为，在画领袖像、革命历史题材、英烈人物以及大型宣传画方面，油画表现出的庄严厚重之感，确非当时的国画水平所能得心应手。

之六——宣传画大为发展。从生产劳动到号召储蓄、节约粮食、爱国卫生运动、文明礼貌、移风易俗……凡有运动，从城市到农村，必有相应的巨幅宣传画产生，其后也必有一批宣传画印刷品。为各类运动服务，绘画艺术不但一向反应快，行动在先，而且直接诉诸视觉，作用远胜文字。也可以这样说，中国当年之各类运动，将绘画艺术的宣传功能用到了极致，连歌曲也不能相比。

之七——连环画大为发展。连环画以古今中外文学作品为内容，凡当年允许出版的古今中外文学作品，大抵都被画成过连环画，这使连环画成为当年题材最为广阔的画种，风格便也特别多样。新中国的连环画家，基本上是从新中国的美术院校毕业的。古代绘本小说插图中那种不讲人体实际比例，但求意到的古怪画风，被他们的画笔彻底刷新。在他们笔下，画中的古代人物、神话人物，也更是人而不再是肢体形态古怪的古人、神人了。从解剖学上看，身体结构也更接近当代人类，而某些中国古代绘本小说插图中的人物，特别是武侠小说中的插图人物，从解剖学上看骨骼，类似猩猩。并且，此种古怪画风，对日本、韩国的人物绘画影响也巨大。个中原因，至今无人解答，仍是亚洲绘画史上的一个谜。

之八——"文人画"又悄然萌生。中华人民共和国成立后的"文人画"，肯定受到齐白石、潘天寿两位大家的影响。他们二位，也肯定受到先其成名的吴昌硕、陈师曾等大家的启发。所谓"文人画"，原本是小写意的趣画而已，尺幅小，简明洗练，非专业的爱好绘画的文人墨客也易学习。学得多了，并且寄托了情趣与文气和寓意，就被说成"文人画"了。当年，也只有名重的大家可以常画那一种趣画，体现着一种艺术包容。一般中青年画家若好此画种，会被斥为不务正业，艺术旨趣不高的。这一画种在当年，也只不过限于友人之间的赠送而已。虽又现耳，不成流派也。

综上所述，不能不承认，中华人民共和国成立以后，绘画艺术毕竟出现了种种前所未有的新气象，人才也前所未有地成代涌现。

而所存在的问题有两点：

一是国画教学中，讳谈古。古似乎意味着对封建艺术的偏好。而不谈古、不赏古的国画教学，与油画教学中不谈意大利文艺复兴时期的油画成就一样，是缺乏系统知识的教学。缺乏系统知识，就难以唤起学生对国画的衷心喜欢。这又导致了二十世纪八十年代后的另一种国画教学现象，即过于强调古风，意图全面复古的现象。因为曾经的国画大家皆已谢世了，近乎崇古的教学现象，便有厚古薄今之嫌，反令学生敬而远之。此种强调古风的初衷本是好的，原本是要将国画从过于服从现实宣传的境况中解脱出来，回归较原本的绘画美学的框架中来，却往往适得其反。而且，从发展的眼光来看，一味强调古风，肯定也并非国画的唯一前途。

二是油画教学中，讳谈西方诸国近代油画成就，仅讲苏联油画成就，言必提列宾、赛罗夫，最多再加上德国的珂勒惠支、匈牙利的蒙卡奇。意大利的油画成就倒是允许讲的，但也不能讲太多。西方"资本主义"诸国的绘画成就明明在那儿摆着，避而不谈，反使学生感到神秘莫测。与苏联的关系一紧绷，连苏联的油画成就也不能讲了，甚至有人当年主张，干脆砍掉油画专业算了。

实际情况是——无论国画还是油画，无论在理论方面还是在实践方面，当年的院校教学都不可能是一帆风顺的；好比驾校考场，教的学的，都须在主流意识形态所标插的杆旗之间迂回穿行，不撞杆，不压线，并且要逐渐习惯此种常态。而实际情况的另一面是，教学双方，却仍能将主观能动性尽量发挥到最佳状态，不负教的责任和学的初心。

这不但是美术院校的历程,也是当年中国一切艺术院校以及一切大学中的文科教学的历程;理科相对不同得多。

绘画艺术应以反映新中国的新面貌为己任——此要求并不过分,也绝对有合理的成分。在山水画方面,画家们的实践也大抵心悦诚服,成果卓然。主要矛盾体现在人物画方面,又尤其体现在画一般人民群众的形象方面——画家在现实生活中所亲见的人民群众中的个体或一部分,从衣着到神情,每每与他们笔下画出来的人物形象截然相反。即所见之现实人物是一回事,呈现在画纸上的是另一回事。在此点上,没有一位当年画人物的画家能与陈师曾相比。在陈师曾的画笔之下,现实主义画风反倒秉持得令时人与后人肃然起敬。

造成以上现实与绘画截然相反的原因,乃是理论的含混不清——当年的中国,一切艺术必须遵循一条铁律——革命的现实主义与革命的浪漫主义相结合。

这铁律是从当年的苏联"老大哥"那里取经过来的。

在当年的苏联,斯大林要求文艺家提出一个全新的口号,这任务落在了高尔基身上,于是高尔基提出了社会主义现实主义与社会主义理想主义相结合的口号。

但怎样的现实主义是社会主义的现实主义?怎样的浪漫主义是社会主义的浪漫主义?除了发自内心地歌颂社会主义好这一点而外,高尔基也并没给出过更具体的诠释。

那么一个问题产生了——作为苏维埃社会主义共和国的画家,还要不要继承列宾画的《伏尔加河上的纤夫》,巴斯蒂昂·勒帕热、莱尔米特、库尔贝、米莱们画的《垛草》《收割者的报酬》《石工》《拾穗者》,德国画家珂勒惠支画的《磨镰刀》、莱勃尔画的《不相称的婚姻》,波兰画家马特义科画的《斯坦契克》那一种现实主义了?那一种饱含现实关照情怀的现实主义,不但已经被全世界公认为近代现实主义经典画作了,而且也是深刻影响当时的苏联几代具有艺术使命感的画家们的初乳啊。

如果不必继承了,又一个问题产生了——如果画家亲见了底层民众生活艰辛、无奈愁苦的现实——他们该怎么办呢?

掉头走开，佯装视而未见，也要求自己心灵中不留任何反应，一回到画室便画截然相反的画作吗？

那么这样的现实主义，去掉了前置词"社会主义"四字，还有一星半点儿算是现实主义吗？

高尔基生前最大的苦闷之一便是——提出了一个迫切所需的文艺口号，使自己的国家当时和以后几代文艺家知行分离，陷入集体苦闷，并且自己也分明地看到了这一口号的自相矛盾性，却又不能在生前解释清楚。他是几次试图进一步阐述的，但那必然是越想阐述清楚越阐述不清的，也就只有将那一种苦闷带到另一个世界去了。

在中国，在改革开放的历史新时期来临以后，关于文艺的指导方针，首先从口号上进行了修正，改成"文艺为社会主义服务，为人民大众服务"了。并且，在具体表述上，承认文艺的现实批判功能也是其天然功能之一种了。只不过经常提醒，还是要以发挥文艺的正能量为主，批判也要给人以希望。

这不完全是文字游戏。

这是一种文艺政策方面的进步。

虽然只是进了一小步。

但若没有这一小步的进步，则全部中国文艺在二十世纪八十年代所形成的复兴局面，便根本没有了前提。

比之于其他艺术门类，绘画艺术毕竟是离意识形态较远的艺术，是可以理所当然地潜入唯美的艺术水域的。进言之，画家是完全可以"为艺术而艺术"不受指责的。故二十世纪八十年代以来，中国绘画艺术所获得的创作解放感最为彻底——除八十年代初产生过一些引起广泛关注的具有社会主题性质的画作，后来差不多是集体一直地循着"为艺术而艺术"的路径发展。这并不意味着完全脱离了现实，现实感很强的画作时而产生，但已不再是一味美化现实的那种了，也并不是画界主流。

从2000年到2012年，中国的绘画市场逐渐形成，这对中国绘画艺术的发展无疑是好事。不能形成市场的任何门类的艺术，其消亡绝对是必然的。中国政府对某些艺术门类实行政府财政补贴政策，正是考虑到它们所面向的市场日渐萎缩以及它们在国家文艺苑林中所具有的特殊存在价值。而若一个国家的绘画艺术也面临着存在危机了，特别是对于中国这样一个绘画历史悠久，曾对亚洲绘画艺术产生过巨大而深远的影响，并且成就曾享誉世界的大国来说，肯定不但是绘画艺术本身的悲哀，也是国家的悲哀。

故国家对于绘画市场的形成，交易的活跃，画作价格的一路攀升，起初是持乐见其成的态度的。国家愿意看到画家们也都富了起来，这有什么不好呢？正如愿意看到国产电影不断刷新票房纪录一样。

但是到了2008年左右，情况起了变化，或曰情况异常起来。种种迹象表明，官场腐败对绘画市场起到了污染性的刺激作用。

某些人一定记得，2012年后，中央加大了反腐败力度，从大贪官家中搜出的，除了多得令人咋舌的现金、黄金，还每每有总价值上亿的当代画作。

实际上喜欢现金、黄金的贪官居多，真正喜欢画作的很少。谁都明白，除了古代和近代名画，活着的当代画家的画作，那价格水分极大，高价在很大程度上是为了应和官场"雅腐"炒起来的。

由于这种污染性的刺激作用，中国绘画市场，画作拍卖过程一度暗箱操作，弄虚作假，伪拍伴竞现象成风。

在那一时期的全国两会期间，我多次听到委员或代表对于"雅腐"现象在会上的抨击和会下的议论。

纵观中国画，从古至今，南派画风几乎便是中国画的魂魄，北派画仅仅是配角地位。即使中华人民共和国成立后，沈阳有了鲁迅美术学院，情况也没多大改变。

足见，长期的历史原因形成的某种艺术形态，像意识形态一样，改变是很不容易的。

好现象是——中国画已不再仅仅意味着是山水画了。它在题材上空前丰富了，画法也早已不再拘泥于传统，可谓百花齐放也。

国画在当下之中国，已全然不是传统国画的概念。仍坚持袭承传统画法的画家也少了，多数画家在观念上是"维新派"——在他们的实践中，传统长处非但一点没丢，在"维新"的过程中还必然发明了新画法，使古老的国画气象魂貌更新。不但西方油画的优点已融入了当代国画，全世界许多国家的许多画种的画法，在当代中国画中都可见到借鉴的痕迹。故可以这样说，当代中国画做到了博采众长。

以我的眼看来，当下之中国画的总体质量，绝不在古代中国画的总体质量之下，分明居上。

在总体评价上，我是"厚今派"。不仅认为今胜古，而且认为今胜昔——即当代大家的画作水平，毫无疑问也在近代大家们的水平之上。不论古代大家还是近代大家，我都不认为他们的水平是不可超越的，而认为他的水平实际上被当代大家超越了，并且不是一星半点儿地超越了，也不是在某一画种超越了，而是在一切画种方面超越了。

我是不喜欢"大师"二字的，所谓"大师"无非就是画得好的人——而已。此处亦用，是为了可少写几个字。

当代中国画的最大的问题，是因为市场化了，快速画多了，省事画多了，甚至有流水线式作画的现象，给人以自己复制自己的厌烦之感。

而我所作的结论，是在拂开以上商业现象之后，单以精品对精品的比较才敢得出的。我所言总体，也是精品对精品的总体。

又依我看来，中国当下油画家们的总体水平，不但可以与世界上任何一个国家的当代画家们的水平相提并论，也可与西方文艺复兴时期的一流画家们的水平一比。并且，油画在中国也接受了"维新"式洗礼，与中国画之画法相结合，不但甚好地体现了中国元素，也增加了油画之表现力。

在世界诸国，当代画家更是个体现象，也正在从以"家"为前提的艺术现象转变为以普通人为主的爱好现象。

在中国则不同，画家在人数上不但是中国的，还是世界上的艺术大家族，这使任何一个别国的当代绘画艺术的成就，都无法与绘画在中国的成就体量相比。

不论国画还是油画，纵观中国的绘画史，遗憾是存在的，并且我认为是极大的遗憾。当代成就难以抵消的遗憾，便是如前所述，缺少了体现画家们对底层劳动人民之辛苦命运所应具有的关照之作。

这种缺少，使中国绘画史无论怎样写来，都难免会使关于现实主义精神和情怀一章内容单薄——时代之原因为主。

关于曲艺

在中国文联的框架内，曲艺家协会是十四协会之一。

中国文联是世界上包罗最全的文艺团体之一；曲艺家协会是中国文联十四协会中唯一多元的协会，囊括相声、评书、小品、评弹、各类弦鼓、山东快书、快板、二人转等多类表演艺术家在内。另外十三个协会，都是艺术种类单一的协会，如书法家协会、音乐家协会、舞蹈家协会、杂技家协会——十三个协会之外的一切艺术家，全都囊括在曲艺家协会了。

但曲艺的概念又是可以由"说唱"艺术来代替的——"说"指以说为主的艺术门类；"唱"指以唱为主却也还是难免要说的艺术门类。如相声以说为主，却每每也唱；各类弦鼓以唱为主，却也穿插道白。

曾有一个时期，苏州评弹表演艺术家们，希望能归于戏剧家协会，因毕竟没有戏剧的特点，转会未成。确乎在曲艺家协会中，以表演姿态和风度优雅著称的苏州评弹实属另类。实属另类的不只苏州评弹，京韵大鼓的优雅并不逊之。但既无法归入戏剧家和音乐家协会去，又因从艺者少，没有单独成立协会的必要，所以一向隶属曲协。

从2000年至2012年，相声、评书、小品始终代表曲艺的主要门类。评弹、各类弦鼓、山东快书、快板等表演艺术，受众面越来越小，传承人越来越少。除了苏州评弹在本地仍表现出顽强而持续的生命力，另外三类艺术几乎没有了还能活跃在舞台上的代表人物。

但某类艺术的生命力，并不会因为没有了代表人物，便随之寿终正寝——它们的生命力附体到相声演员、小品演员身上了。小品相声化，相声说唱化，遂成这一时期的曲艺特征。

在广播电台，相声、评书、小品三类，评书的频道占有率最高，与歌曲平分秋色，体现于交通台更是如此。而在电视频道或舞台表演场合，相声与小品更受欢迎。

相声究竟形成于哪一时期，并无定论。按古代声归言语，音归乐器的分法，相声乃指相对说话，当然应以说为主。相声的说话，虽照脚本，吸引力不仅在于语言的俏皮幽默，还在于说时的表情怎样。俏皮幽默体现语言的机智反应，故其艺术特征近于语言的"相扑"。

从前本是没有群口相声的。群口相声是二十世纪八十年代由"春晚"推出的相声新品种。

从前也是有单口相声的。依我想来，单口相声的历史要比对口相声的历史悠久多了，起码可追溯到汉朝。汉朝有位东方朔，是皇帝喜欢的人，逗皇帝开心是他的"兼职"。史书上记载他除了语言俏皮幽默，另外并无别的才艺。仅靠语言的俏皮幽默就能使龙颜大悦，证明他极善于说学逗唱。那么，他当是载入史册的单口相声第一人了。

1980年以后的相声，唱的成分渐多。在流行歌曲风靡的年代，相声采取为我所用的拿来主义，正常。相声的处境一向并未寂落，但相声演员们似乎一直都有危机感，唯恐有朝一日相声在大众文艺中不再受欢迎，被边缘化了，故"拿来主义"成为他们的惯技——山东快书、快板、各类弦鼓、乐器、各派戏剧唱段，每每穿插于他们的表演中。

我对相声演员们的这种表演能动性是正面看待的，且充分理解。我觉得，若不是靠了"拿来主义"，在文艺种类越来越多元的情况下，单凭传统相声的语言特点想要始终占据文艺舞台的中心，估计是不可能的，被边缘化也是迟早的事。

当一位相声演员对另一位相声演员说"您请来"时，他们就开始使出拿来主义的浑身解数了，而此时相声的危机也呈现出来了。网络上五花八门的段子的流行，是相声的致命克星。网络上的段子是由专门的写手们创作的，这种创作如今已经职业化了，而且从业者渐多，于是越来越具有专业的水平。专业网络段子的写手们，将语言的讽刺性、嘲谑性、深刻性、荒诞性、可笑性、特正经的特不正经性、特庄重的嘻哈性以及对常态语言逻辑的解构性每每发挥到极致，已远非相声语言所能相比。或反过来说，由于五花八门的段子大量产生，相声的语言长项已不再是看家本领。何况，能挂在网上的段子，也不是相声演员可以随便在舞台上说的。

给我的感觉是——全世界的语言大师似乎尽是中国人了，中国的语言大师也似乎根本不在作家群里了。

相声的另一个克星是小品。小品原本是戏剧概念，本质上并不以搞笑逗乐为能事。相反，是以片段式表演体现戏剧演员表演功力的方式。在中国，也由于"春晚"平台的给力，后来成了一路走红的大众文艺之一种。

在2017年全国"两会"期间，在我们那一文艺组，军旅歌唱家孙丽英作了一次关于文艺低俗化倾向的发言。她准备充分，根据翔实，表情极其严肃。

她说——"屌丝""我靠""牛逼""傻B""草泥马"之类变相的脏话，不但在网上畅行无阻，而且每每出现于报刊文章中。甚至有少数电视节目主持人在与观众互动时，出于明显之取悦目的任性道出……

她的话给我留下很深印象——看来，对于中国这样一个有约十四亿人口的国家，如何做到既不去除文艺的娱乐功能，又不使其娱乐功能泛滥化，进而低俗化，又进而浸淫全民及下一代，确乎是一件应该重视的事。

关于戏剧

有些事物消亡了，有些事物诞生了，新陈代谢乃是世界规律；文艺同样如此。

1980年以前的中国人，怎么能想到有一天我们的生活里会没了算盘？忽一日计算器出现了，我们的生活里真的没了算盘，再想见到它的人只有到算盘博物馆去了——一般的博物馆也还是见不到。

而当代中国人已经很少说到"算盘"二字了。

1990年的时候，一般中国人家安装电话须费多大的周章啊——

预交五千元至八千元安装费，期待两三个月，以后不用了也得按月交钱；如今，许多人家都将座机停用了。

我们现在每每能在马路边看到的"黄帽子"即公用插卡电话亭，是当年政府具体落实"两会"提案而为人民大众办的一件实事，如今已成以往时代的标志了。

电报局也消亡了——电报呀！

我是用手机很晚的人，曾因要在宾馆房间打长途电话而到总台去询问，服务员视我如外星人。

她说：客房电话只提供内线服务了，外线系统都拆了——因为根本没人用。

我讶然地说：怎么会？！

她也讶然地问：您怎么会是一个还没用手机的人？！

在全世界，芭蕾舞演出已十分稀少；歌剧演出多不到哪儿去。1980年以前，世界著名的芭蕾舞团和歌剧团不经中国政府出面邀请是绝不会到中国来演出的；如今中国反而成了他们最想来的国家——恰恰在以欣赏高雅艺术为荣的欧洲诸国，对他们瑰宝级艺术的欣赏热度"退烧"了，淡漠了。中国的富人却多了，票价越贵，越是趋之若鹜，一掷千金也要证明自己艺术欣赏品位的高雅。

凡是以唱为主要艺术特征的戏剧，无一例外地被歌的普唱现象从人类的文艺中央位置挤开了。而凡是以故事为主要艺术特征的戏剧，则被电影和电视剧逼得几无容身之地了。

当留声机产生时，欧洲的许多歌剧演员失业了。

录音机、录音带产生时，欧洲的歌剧团所剩无几了。

近二十年前，帕瓦罗蒂等三大世界男高音曾到中国联袂演出过，成为中国当时最轰动的文艺盛事。他们擅长的是意大利美声唱法，也都曾是世界一流歌剧院或歌剧团的台柱子——那时意大利歌剧在欧洲已风光减退。

十几年前，在法国政府的支持下，《悲惨世界》又一次被改编成了歌剧——但已不是传统的意大利风格的歌剧，融入了多半流行歌曲的唱法，布景也极为象征、现代。法国的和别国的几位著名的通俗歌手在剧中扮演了重要角色；按照法国政府的想法，此剧最好能成为一个时期内的法国名片，在世界各地巡演。然而愿望并未实现，留下的只不过是当年的光碟。

当电影终于成为电影而不再被视为投影杂耍时，欧洲诸国的许多话剧演员失业了。大众的观看选择一旦改变，神仙都没办法。在当时的法国，电影公司遍地开花，几个三流编剧、演员再加一个叫导演的人，就可以不分昼夜地拍电影——最长的电影《悲惨世界》《三个火枪手》什么的三四十个小时，得买联票，第二天、第三天、第四天接着看。直到美国生产出了更先进的摄影机，电影的风头才转移到了美国。那时，优秀的话剧演员只有三个选择——充当电影演员（由于形象要求第一而非歌唱水平第一，他们只能演戏份不多的配角）、吃老本度日或改行忘了自己曾是话剧演员。

大约在1990年初，我所在的中国儿童电影制片厂拍了一部内容与京剧有关的电影——成长在京剧世家的少年，自己也是京剧团着力培养的小演员，但他厌倦了，因为练功甚苦。"台上一分钟，台下十年功"这话，对于杂技演员最贴切，其次便是京剧演员，演武生、武花脸的演员体会最深。不但唱功要出类拔萃，武功也要过硬，谈何容易。致使少年厌倦的不仅是苦，更有收入差距的考虑。差距当然是比出来的，也当然是艺与艺的比。斯时正是流行歌手异军突起，集体占据中国文艺中心的时代。一大批男女青年歌手成名快、收入多，无论出现在哪里都能引起轰动，每每有"天下谁人不识君"的意味，其他一切从艺人士根本无法相提并论。一比，差距巨大。所以少年深悔自己小小年龄就入错了行，对引领自己入行的母亲、外祖父怨言多矣。用他的话说是："我不能让你们彻底把我的一生给毁了，不能让京剧害了我！成名了又如何？你们不都是名家吗？可你们一年挣的钱，还不如比我大几岁的歌星一次的出场费多！"——他一心要趁自己还没定音的关键时期，改嗓子唱流行歌，当歌星……

在剧本修改阶段，负责帮助剧本提高的艺委会的同志们，皆认为那少年的想法真实可信，有说服力，绝对不难被理解。一个问题随之产生——他可怎么转变呢？

如果，不论他的母亲、外祖父、老师和同学，逐渐也都理解了他，开始支持他的个人选择，使他终于改行成功——这样的情节设置写来是相对容易的，能写得真实可信，有说服力。

然而不能这样写啊！

首先肯定是，京剧界意见大了——童影厂釜底抽薪吗？我们的青年演员、少年预备演员本已人心浮动，想转行者多多，你们拍这么一部电影是对我们进行间接瓦解呀！

绝大多数观众也肯定反感。

电影管理局更不会通过。

我们自己也不允许自己那么做，违背我们的初心；我们的初心是要为振兴京剧贡献微薄之力。

所以剧本只能而且必须朝着那少年最后又确立了为京剧而成长而无怨无悔地奉献一生的方向来提高。

这种转变只能靠说教，除了说教一法，艺委会全体同志皆无高招。

在后来拍成的电影中，说教情节类似《海港》中方海珍对韩小强的谆谆教诲。

而现实不靠说教，只用现实，就足以一言不发地、默默地、轻而易举地将我们煞费苦心地加入电影中的说教全面粉碎，如秋风扫落叶那般。

当年，京剧因受到各级政府的补贴性保护，处境还算好的。

文艺界开始全面进行体制改革后，民盟中央接受了一项调研任务，主旨是收集和总结各省"体改"经验，发现样板，促进"体改"。

这任务交给了文化委员会。民盟的一位副主席带领文化委员会的同志到过几个省市，当年的调研我参与了。不调研不知道，一调研吓一跳——中国人口多，历史悠久，连某地级市，都有他们认为应受到国家重点扶持的小剧种。剧种虽小，名不见经传，但人家摆出地方志来，白纸黑字，其上确确实实印着，在古代的某个时期，那地方确实已有那么一个剧种在活跃着了。

以后，逐渐就消亡了。

但在二十世纪八十年代中期，中央发过文件，各地要抢救优秀传统文艺，所以当地就将剧团组建起来了，还希望能打造成一张文化名片。

现在，有人进行调研了，极好极好，替我们给中央政府捎个话，赶快拿出点实际行动，拨款吧。剧团是我们当初落实中央指示组建起来的，我们地方财力有限，中央政府如今做甩手大爷可不行。

我们参观了团址，环境又小又破败，令人同情。与演职员们进行了座谈，对方愁容满面，皆言市场实在不好：演出时间一向在晚上；地点是被允许的一块空地；演出内容基本是对唱片段；观看群体是稀稀拉拉的住在附近的老人；售票方式是搭赔上茶水、瓜子的邀请"伎俩"。不敢说卖票，只能说收点茶水、瓜子的本钱。否则，老人们也请不来了。一两个小时演下来，往往仅有一二百元的收入，还有今儿没明儿的。至于工资，虽也算事业单位，但经常得向有关部门催要，如乞讨，很卑微的。这使我们尤其同情。

人家还专为我们找地方演了一出整场的戏。

过后我们私下里的一致看法是——那类小剧种，它就根本不可能有什么当今市场，更不可能成为什么地方的文化名片。还莫如就叫它保留在地方志中，起死回生不论对剧种还是对演员，反而很不明智。

中国有些事，初衷是好的，但想法太简单了，结果事与愿违。

我们当年在调研过程中所听最多的一个字是"钱"——当年的中国，只要是一个剧团，必是事业单位。民间演艺单位不能叫"团"，只能叫什么什么演出公司。"团""院"是事业文艺单位牌子上的专用字。

如果某省、某市财政宽裕，则隶属的剧团希望有人为之代言，以求获得更丰厚的资金补贴。他们强调物价上涨的因素；强调主力人才流失的危机；强调服装道具的老旧，更新迫在眉睫；强调大制作、出精品才能在市场上长期站稳脚跟的道理——总之政府的资金投入不追加，不可能有更上一层楼的发展。

如果某省、某市财政拮据，则隶属剧团希望有人为之向中央陈情，以求获得垂直关怀。似乎文化部有一笔扶持基金，一向粥少僧多，关怀不过来。每年"两会"期间，文艺组的委员代表发言，说到最后，几乎都在说钱。中国没富的时候，说起来有点儿难为情；中国富了以后，要钱要得都比较理直气壮。

确乎，某些财政拮据的省、市，希望文艺单位越少越好。一个没有不行，用的时候怎么办？留一个，召之即来，来了就能发挥作用，也养得起，那中。有的地方领导不喜欢文艺界人士，烦他们动辄要钱，不给不高兴，"事妈"。更不喜欢文学界人士，嫌这个界"刺头"多。"事妈""刺头"，谁会待见呢？但不喜欢归不喜欢，若亲自操刀而切，殊有顾虑，不愿担恶名。宣传部长们是管文艺单位的，平时管得再严，亲自担恶名，也是为难的。平时管得严与砸了别人的饭碗不是一码事。再说，管人管习惯了，可管的人忽然一下子少了许多，心理上会不太适应。

这也是当年文艺界"体改"一度动作缓慢的原因之一。

近代以来，话剧在全世界曾是戏剧之王，影响力远在歌剧、舞剧之上。就连诺贝尔文学奖，也曾颁给过萧伯纳、贝克特等剧作家。二十世纪八十年代，如前几章所述，话剧在中国又迎来了一个繁荣时期，此后一路低迷。

话剧的低迷是世界性的，是电影、电视剧的冲击导致的，不唯是中国现象。但在中国，确乎有中国特色的原因。

2000年前后，中国的电影市场还没像如今这么红火，一批年轻的话剧导演却涌现了，为振兴中国话剧进行了锐气十足的努力——他们先是靠外国剧本练手，《推销员之死》《犀牛》都被搬上过舞台，后来也导演过由自己创作的个性风格鲜明的话剧，不但引起了关注和一定范围的热议，确实也使话剧舞台一度云开虹现。他（她）们热爱话剧，信心满满，因为有才华而有个性，因为有个性而试图创新，一心想要以独特的话剧风格与喧哗浮躁的现实进行亲密接触，一切现代主义的元素都往话剧里加入。这种非常态的话剧面相，不可能获得政府扶持的彩球。好在他们也有集资的能力，可不时证明一下自己的存在。

2005年后，中国电影市场逐渐复苏，民间投资开始向电影掉头，话剧舞台又变得冷清了。

我愿很老实地交代——在话剧与电影之间，我的观看兴趣倾向于电影。除非在好话剧和烂电影之间选择，我才会反过来。话剧与电影相比，在以下几方面力有不逮——推向好演员的特写镜头；时空转换的自如性；广阔景象和逼真场面的呈现维度；对人物复杂心理方式丰富的表现力；语言的生活化，呢喃之声亦如在耳；追拍、俯拍、高空拍摄、空镜头等电影语言的艺术化运用……

此时此刻，全世界不少地方在放映电影，但是有几处舞台上在演话剧呢？估计很少。

有时，得这么想——事物有兴衰，世界有规律，人与爱人、亲人尚无法长相厮守，何况与某一艺术门类的关系？

但我还是要向仍坚守在话剧领域的人们致敬，他们与话剧之间的关系如美好的童话，每次一想到便令我感动。

京剧的命运反而比话剧好些。

话剧的守望者们，其实都想使话剧与现实发生直接的碰撞，即使在他们演旧剧目、外国剧目的时候也是如此。这是一个公开的秘密，他们不说也是公开的秘密。所以，某些人士始终对他们不亲不疏，心存疑虑，总担心他们搞出不相宜的东西来。

京剧却不同，不但是国粹，而且一向以旧为本，以旧为薪火相传的不二衣钵，乐在其中，成就感亦在旧中。不被硬逼着，不太会产生话剧守望者们那一种内心深处的不安分想法的；而安分是可爱的。这使京剧一向成为重点爱护剧种，爱护国粹天经地义。

京剧也面对一个相当被动，说起来又很沉重的现实问题——旧与新的困扰。

某类艺术的形式决定了其内容以旧为好。京剧便是这样的艺术，其内容的旧与形式的古是合二为一的。人们坐在京剧舞台下，不仅要欣赏唱腔和表演，还要看服装、行头、勾脸。即使一个京剧迷仅仅是在听录音，其内心其实也在同时想象着演员的扮相。也就是说，特殊的服装、扮相、脸谱与唱腔，在京剧迷那里，早已形成了缺一不可的欣赏习惯，如同条件反射。而与现代题材相结合的京剧，不可能不牺牲掉传统的行头和脸谱。

故又可以这样说，由于现代题材的京剧必须摈除传统脸谱和特定行头，等于使京剧迷的欣赏满足感大打折扣，改变他们大脑的条件反射现象。

所以，京剧不与现实题材靠拢，一味反复上演旧剧目，才能从内容到形式守旧不变。而任何艺术，守旧不变则越来越前景暗淡。

一说到京剧与现代题材的结合，自然绕不开当年的样板戏。

样板戏是成功的吗？

我认为动念可嘉，方向正确。

不改，旧到何时为止呢？又能继续旧多久呢？

至于成功与否，不可一概而论。

《海港》肯定是不成功的。内容上可以说是次品——如前所述，一个小青年不安分于码头搬运工那种重体力劳动，犯得着非与"阶级斗争"联系在一起吗？整出戏煞有介事得令人反感，也没有一段可圈可点的唱段。

《龙江颂》也是不成功的。内容倒是挺正能量的，牺牲小我，服从大局，以使自然灾难对农村造成的损失降到最小——但一揪出了一个挑动闹事的老地主，内容就降低到街头活报剧的档次了。"活报剧"三字真好，意谓以活人进行的剧式的表演来达到报章宣传之目的。内容档次低了，唱段又怎么会好呢？

但《沙家浜》《红灯记》《智取威虎山》却各有各的好片段。

《沙家浜》中正反两组主要演员的唱腔都尽量保持了京剧味道，用心良苦，效果颇佳。《智斗》一场，当得起现代京剧之"样板"二字。虽然，以史学家的眼来看，当时的"忠义救国军"与胡传魁、刁德一们是很不同的两类人。

《红灯记》之唱段的京剧味道明显多于《智取威虎山》。

杨子荣"打虎上山"的片段，可谓全剧中的华彩唱腔。但一加入洋乐器的元素，问题来了——美声歌剧耶？现代歌舞剧耶？好比重点保护之建筑改造——是修旧如旧呢？还是部分地以新代旧？古建筑改造是要求修旧如旧的，坚决反对钢梁、水泥预制板、铝合金建材的使用。否则，不伦不类也。

京剧与当代题材相结合的过程面临同样两难的抉择——布景可以由抽象而具象；服装可以由古代而当代；脸谱也就只能不予考虑了；动作同样必须生活化；唱词也得顺着当代语感来创作；为了照

顾唱词的当代韵律，唱腔则无法不改；唱腔一改，传统乐器的伴奏空间小了，引入新乐器遂成上策……

如此去这去那、改东改西的京剧，它还是京剧吗？不仅京剧难破此囿，昆曲亦然，甚至难乎其上。很难想象，当代的题材，以昆曲来表演是种什么样子。其他剧种如评剧、豫剧、川剧、粤剧、沪剧，也都不同程度存在传统形式与当代题材怎样相结合的实际问题——说来话长，且待后叙。

关于电视、电视文化

电视产生于电影之后。

电视这物件甫一问世，几年后就在美国普及到大多数城市家庭了——那时，房子、汽车、电视成为十之七八的美国人可贷款购买的"三大件"。仅十年后，全欧洲各国一半以上的人家都有电视了。

现在，地球上没有电视的人家已很少。

电视每天播出的内容，基本囊括了人类文化的方方面面。在我看来，即使电脑出现了，手机具有了小电脑的功能，那也还是如此。

如果，将每天电视中播出的全部内容删除，电脑和手机上的时事内容将少多了。而反过来，电视报道时事的功能并不会受巨大影响，无非速度会慢一点儿，细节会少一点儿。手机使任何值得报道的时事的在场者，不仅仅是目击者，同时也完全可以成为第一时间的配有声像的报道者，即所谓自媒体。电视报道根本做不到这么快，也根本捕捉不到现场转瞬即逝的那种细节。但之后的追踪报道、全面报道、究根溯源水落石出性的报道，目前而言，主要还是电视的长项。电视台是一个由多部门组成、专业人士集中的行业单位，其协同运作的能量，任何个人无论多么神通广大，亦无法匹敌。若将全世界所有电视台每天播出的内容汇总起来分门别类，便是全人类那一天主动关注或被动接受的全部文化现象的总和。

当然，这里谈的是包括时事在内的大文化概念——即从人类局部战争、外交斡旋、国家首脑改选到文艺演出活动到科技消息到奇人逸事到八卦绯闻、丑闻等包罗万象的呈现。

而前几方面也是当今人类通过电脑和手机所见的主要内容。若删除主要内容，仅剩后一方面，所谓自媒体的呈现，在文化品质上总体次之。但也应看到，任何一个国家的有影响的电视台，对网络传播方式皆不敢小觑，纷纷主动占领网络传播空间，开通了网络传播通道。

故可以这样说——自从有了电脑，接着手机迅速普及以后，看电视的人肯定少了，看电视新闻的人却没少到哪儿去。

在许多别的国家，电视功能是社会公器功能，比任何自媒体更有公信度；电视台造谣的恶劣性质比利用自媒体造谣的恶劣性质要严重得多，最严重时会引起示威游行、国家动荡。

电脑也罢，手机也罢，最主要的功能是服务功能。而在服务功能中，无可取代的是信息索引、知识共享；而在知识共享中，不仅已有知识全面储存，新知识也能在第一时间得以提供，几近于人类主要语言汇总成的字典、主要知识的智库、主要科技成果的博览会。这种功能，电视望尘莫及。电视所报道过的新闻，从前播过就播过，倘再核实，是很麻烦的事，但对于电脑和手机，只不过是分分钟的事。

故在西方，电脑和手机又统称服务器。

中国是将此种功能应用得最广泛的国家之一。

人类是地球上玩心最强的动物。玩心最强也是人类高级于别的物种的方面。人类在满足玩心的过程中产生了不少发明创造。一类发明创造止于满足玩心的层面，另一类超越了这一层面，形成了人类独有的活动现象，如体育、旅游、某类文艺；最有价值的一类，归入了科技成果，如航天技术、航海技术、潜水技术——往最头上说，起于古老的玩心想象。

故服务器便也有满足当代人玩心的功能。

当代人类还能否在玩心的驱动之下产生了不起的发明创造呢？

也许还能吧，谁敢断言肯定不能了呢？

但我觉得，概率大约很小了。

现代的人类社会之所以不同于古代的人类社会，主要区别乃是——再很难玩出什么发明创造了。发明创造基本上与玩心切割开了，独立为科学的专门领域了。

在中国，将服务器的服务功能用得很纯粹的，是一些农村的留守老人。手机对于他们只不过是随身电话，他们的手机一般不会设有游戏功能，他们也都不会成为八卦信息的接收者和传播者。

将服务器的服务功能用得很纯粹的人，是玩心已泯之人。

中国还有一些人也将电脑、手机的服务功能应用得很纯粹——即在社会科学和自然科学以及文艺范畴、商企领域四大方面所包括的各行各业积极进取，以图实现最大作为的人；他们被视为精英，中青年越来越多，越来越成为主力，成果也越来越获得公认。

身为中青年特别是青年而不经常甚至根本不被手机服务器的娱乐功能所诱惑，需要具有超常的意识定力。在此点上，鱼与熊掌，难以得兼。精英之所以为精英，是拿得起一方面，放得下另一方面的人。他们深谙甘蔗没有两头甜的常识。但他们既为人，且正当中青年，不可能像农村的留守老人们那样成为自泯了玩心的人。他们另有玩法，另有娱乐方式，并且从小有意引导他们的下一代，使之不成为吃货加玩主的"二元复合型人"——他们视手机的娱乐功能为毁掉原本可能优秀的人的慢性毒药。

于是以我的眼分明看到这样的情况，手机将排除农村留守老人之外的中国人分成了三类——将手机当成较纯粹的服务器的人和既当成服务器又当成玩具以及主要当成玩具的人。

第一种人基本上是成功的或较成功的人士。

第二种人是受过大学教育具有一定专业知识和能力的人。他们所从事的工作，要求他们经常应用电脑、手机两种服务器的工作服务功能，此种应用往往到了离不开的程度。他们偶尔也玩一下电脑或手机的娱乐游戏，为了缓解大脑疲惫。

第三种人已基本不用电脑。手机既已完全具备了电脑功能，对于他们，拥有手机也就够了。他们应用手机购物、付款、自拍、社交；除了这四方面应用，手机对于他们就是随身玩具而已。乐在其中，乐而不疲。他们大抵学历较低，因而也无专业知识。无专业知识不等于无专业技能，有专业技能的普通劳动者也并不像他们那样。他们所从事的工作，自然便也是几无技术含量的一类，工资低，不稳定，付出简单劳动即可的那类。他们多是独生子女，虽家境不佳，但父母也都愿为他们作出最大的牺牲。故他们也啃老没商量，所啃的是父母的老骨头，所花常是父母的血汗钱。

以上三种人，因自己和手机游戏功能、娱乐内容的不同关系而影响着下一代，故各自的下一代，将来大抵像自己。

对于下一代的人生怎样，常听到输在起跑线上的说法，指受教育的起点不同。也有说输在终点的，指出生于权贵之家或贫寒之家。

出生于什么样的家庭，这是宿命。古今中外，一切关于人的道理一面对人的宿命，基本没了意义。

受教育的起点不同，这是事实。世界上还没有任何一个国家能在教育资源的公平方面已做到了绝对公平。迄今为止，人类社会所能做到的只不过是底线公平，体现于国家义务教育。但义务教育在大部分国家都终止于高中，在大学体现于助学金。中国在义务教育方面虽不是做得最好的国家，目前而言，客观来看，已不是做得最差的国家。中国正在向好努力奋斗，这也是事实。

但我似乎没听谁说过，下一代的人生也可能由人和手机娱乐功能的关系怎样而分出高下。

美国有一个人却看到了这一点，便是前国务卿希拉里。她在美国某大学演讲时曾以瞧不起的口吻说："我根本不担心中国会超过美国，那意味着他们的下一代将普遍超过美国的下一代。我认为这是不可能的。了解一下他们的下一代都应用电脑和手机在干什么，便不难得出预见性的结论。"

她这段话的意思是指——美国将电脑和手机当成服务器的人多，当成玩具的人少；而中国相反。

这是没有统计数字证明的。

希拉里的依据，源于中国成人舆论场某一时期所表现的忧虑。

如今，在美国，沉迷于手机游戏和娱乐内容的低头族更少了，那样的青年会被视为不成熟。在多数欧洲国家，那样的青年也少了。国家的进步程度最终体现于人的进化程度。有节制的玩心符合人类的进化方向，反之是返祖现象。手机是人类最重要的科技成果之一，用它干什么却决定着人的进化或返祖。

在中国，将手机当成随身玩具的人是否更多了呢？

我认为不是更多了。

似乎已在明显减少——对于希拉里肯定不是好结论，对中国却是幸事。

在我买东西的一处个体小店，我曾见到三十五六岁的母亲和十二三岁的女儿同时玩手机的情形。

我买完东西要走时，听到那母亲苦口婆心地说："听妈的劝，别再玩了，快写作业去吧。你不要跟妈似的整天玩手机，妈这辈子能开成这么个小店就不错了，但你的将来起码应该比妈有点出息啊，对不对呀好女儿？"

她女儿于是不玩了。

在我听来，那位母亲对女儿说的话，具有进化箴言的意味。

出生在什么人家谁都无法选择，起跑线定终生已被事实证明不是绝对的。"少壮不努力，老大徒伤悲"却是相对规律——在同样的好年龄，某人沉迷于手机游戏，某人充分利用手机的知识服务功能；十年后二人的素质差异会有多大，这还用说吗？而对青年，那一差异确实可成为终生也拉不齐的贫富差距。

缩小贫富差距一直是国家层面的重点议题，国家对此责无旁贷。但人是不是也要对自己有责任呢？一个对自己有责任的人，如果还处在学生时期，是不是起码应该明白，电脑、手机对人主要是什么而不是什么呢？

在我所住的居民楼的电梯对面悬挂着电子广告屏，某一时期，其上经常播放电子游戏广告，可在电脑上玩，可在手机上玩。广告词特忽悠，仿佛谁不赶快付钱玩个痛快，今生今世枉为人似的。

而中国，直到今年，仍将电子游戏产品的开发归在电子科技成果的范围来说道。我们都知道，那没多少技术含量。某些部门也仍喜欢夸夸其谈电子产品的创收喜悦和纳税额数的增长，我们又知道，其中电子游戏产品税额数也在增长。

如果，一个国家不应以销售香烟的收税额度只增不减为高兴之事的话，那么我认为，也不应以电子游戏行业的快速发展为荣。我听到过、读到过一些关于玩电子游戏有助于提高孩子智力的言论，我的总体感觉是在为电子游戏行业做广告。

如前所述，在中国，电视文化仍是影响很广泛的文化现象。

电视文化的困扰是如何处理好文化与娱乐的比重关系。

这是一个世界性的课题，没有哪一个国家敢说自己处理得最好。

在此方面，在中国，我的感觉是——中央电视台做得最好，其努力做好的精神，体现在某些别的电视台所没有的栏目和节目中，难能可贵。如——纪录频道、科教频道、农业频道、中文国际频道、戏曲频道、音乐频道等。央视在弘扬中国戏剧、民歌、诗词方面，在推广农业科技常识、鼓励农民的发明实践方面，在制作体现大视野、大情怀的专题片方面，几乎每年都有不愧为央视的真诚奉献。

娱乐文艺现象是人类文化现象古往今来的组成部分。

电视台是面向全球受众最广泛的文化平台，若没有娱乐节目，其存在的基础是难以稳定的。

中国是世界上人口最多的国家——当代人类中，对娱乐如同对饮食一般没够的那部分人类，数量庞大地集中于中国。

中国的电视文化，必须满足他们对娱乐的不间断性的渴望需求，而且要当成文化的任务之一来完成。

娱乐需求是一种心理依赖性的精神需求，如同烟、酒、毒品对成瘾的人那样。

娱乐需求的规律是一种最容易向下、向俗、向劣，直至导致胡闹，并由胡闹很容易导致恶俗的规律。一言以蔽之，是一种黑色规律。

它的终极节目其实便是罗马斗兽场上表演过的"节目"，外加上在某些国家仍存在着的"性表演"。

从罗马斗兽场上表演过的"节目"到现在全世界各地每每上演的文艺表演，人类被文化所化，经历了几千年的进化过程。

但谁都不得不承认，像财富拥有的巨大差别一样，人类的进化是有差别的。在欣赏和娱乐之间，后者更是某些人类心根的成分，甚至可能是相当主要的成分。在古罗马，有的平民为了看一场据说将是最残酷最血腥的角斗"节目"，甘愿以为奴数日而换取一张离角斗场近的门票。

在当代人类中，具体说，在中国，有多少人的心根中，仍保留着古罗马人的嗜好的基因呢？

须知，在一部分人类的心根中，存在着拒绝进化的习性返祖现象。

如果电视文化一味迎合，电视台就将是可怕的机构，文化犯罪的机构；它将导致下一代下几代人类倒退为古罗马斗兽场上的看客。

美国的某些电影表现了这种情况是怎样发生的过程。

所以文艺的一个任务才不仅仅是满足，更不可以由满足而迎合。它所肩负的任务之一必须是引导。

但引导是一个极其漫长的过程，要使欣赏取代娱乐成为一部分生来便对娱乐需求强烈的人类之心根的主要倾向，谈何容易——特别是在娱乐比欣赏所带来的经济利益更可观的历史时期。

故我觉得，在以后二三十年中，"紧一下，好一些，松一下，又糟起来"的电视文艺现象，将是常态现象。

在一紧一松的过程中，电视文艺会积累更多的引导经验；生来便对娱乐需求强烈的一部分国人，也会渐渐习惯于一紧一松，并在此过程中调适文艺需求的趣味。

是培养起文艺欣赏的心根，还是宁愿沉湎于娱乐文艺的泡沫之中，这在别国是纯粹个人的事。并且，在许多国家，娱乐文艺的成色也首先是文艺。

但在中国，一松再松，娱乐文艺就很可能只是娱乐，与文艺不沾边，并且进而低俗下去的现象——对于占世界人口五分之一的中国，这将是令人悲观的文艺前景。

中国文艺现象管理，特别是电视文艺现象管理方面的"一紧一松，一松一紧"，乃是中国文艺特殊时代的策略性、权宜性管理的必然方式。

关于电视剧

在电视内容中，电视剧曾是收视率极高的节目。说曾是，乃因以世界眼光来看，在发展中国家还是如此，在经济发达国家近几年已并非如此——电视剧在欧美国家对人的吸引力已大不如前。英、法、德、意、澳、加以及一些人口少经济却较发达的小国家如比利时、挪威、瑞典、瑞士、芬兰、荷兰等国，三十集或以上集数的国产电视剧，已久违了。

美国是电视剧的原产地之一，正如我们所知道的，起初叫"肥皂剧"。

电视台与电视机并蒂产生后，为了满足人们的娱乐愿望（那正是美国人陶醉于美国梦似乎已开始实现的年代，大批农民进入规模骤然扩大的城市，成为各行各业的工人，他们的娱乐愿望分外强烈，说是渴望更恰当），大量提供娱乐内容；初期的电视内容除了重要时事报道和党派论争以及五花八门的新闻，再就是林林总总的广告，及各教会的传教宣讲和娱乐节目。当时的教会相当开化，毫不排斥电视平台。而娱乐节目基本是搞笑作怪，穿插马戏录像和喜剧小品。喜剧并非真正意义上的喜剧，而是卓别林式哑剧和憨豆先生的滑稽表演的结合，没什么文艺价值，搞笑即意义。电视的吞吐量甚大，节目供不应求——在这种情况下，肥皂剧应运而生。肥皂剧的好处是——留悬念，可持续。只要受欢迎，集数不限，完全迎合观众口味，揣摩其所好，投其所好，跟着观众喜好编演。风格也基本上是嬉闹搞笑的，电影默片中互相往脸上摔蛋糕的情节，在肥皂剧中经常出现。

既然是剧，遂引起了有水准的"编导演"的关注。当时一批话剧界、歌剧界人士正因受到电影的冲击而丧失了演出机会，于是纷纷加盟。专业人士的参与，使肥皂剧逐渐有了品位，后来逐渐名为电视连续剧，或直接称电视剧。

与电影相比，电视剧的发展路径相反。电影的发展路径是由几分钟到几个小时、几十个小时，又逐渐稳定在两小时左右；电视剧则以长取胜，情节容量要大得多。因为可在家中看，于是反过来形成了对电影的冲击。在电视剧的黄金时期，其"编导演"比电影的"编导演"出名还快，知名度还高。而且人们普遍认为，电视剧编剧比电影编剧更有才华，因为所编的内容量大。"电影是导演的艺术，电视剧是编剧的艺术"这种说法，当年在美国盛行。

第八章　2002年以后中国文化的基因

但电视剧对电影的冲击，并不像电影对话剧的冲击那么致命。电影发扬其短的优势，尽量对社会现实矛盾和重大事件作出快速反应，尽量发挥拍摄场面的外景优势，尽量用足电影明星以往的院线号召力，用了数年时间，终于稳住了阵脚——那一时期，美国电影总体上走的是正剧路线、文艺片路线；西部题材、人物传记题材、歌舞片、战争（包括谍战）和探案题材都产生了一批可谓经典的电影。

那是"二战"后的情况。

而电视剧仍以嬉闹剧为主。电影则有一定规则——任尔娱乐花样翻新，我要将文艺范坚持到底。

二十世纪七八十年代，电视开始进入中国人家。起初是十二寸的、十四寸的，皆黑白的，凭票，各单位实行抓阄儿的办法——那时，彩电在欧美国家已经普及，黑白电视不生产了。算来，在电视文化方面，中国比欧美国家晚发育了三四十年。

中国随之有了电视台。

当年电影学院毕业的第一二批学生，一门心思想要进入的是电影制片厂，对电视台投向自己的青睐目光反应冷淡。不得不成了"电视人"，还觉得生不逢时。

国产电视剧却没被娱乐的鼻环牵着走，蹒跚学步也是循着艺术的追求在学。如今回顾中国当年最初的一批电视剧成果，水平稚嫩自不待言，却多是真诚之作。用"真诚"来评价当年的电视剧，与今天某些电视剧自诩的"真诚"是两码事——当年拍电视剧的都是影视单位的人，还无"个体"一说，所挣基本是单位工资，外加补助，同时也为单位挣一份劳务。由于个人没有什么钞票利益方面的考虑（考虑也是白考虑），心思便只能集中在如何将剧拍好，获得界内佳评和观众的认可了。

《姿三四郎》《排球女将》《血疑》等日本电视剧来了；《加里森敢死队》《神探亨特》《成长的烦恼》《草原小屋》等美国电视剧也来了；澳大利亚、巴西电视剧也来了。在动画片方面，日本的《铁臂阿童木》《花仙子》《聪明的一休》等与美国的《米老鼠和唐老鸭》《猫和老鼠》《蓝精灵》《毛虫凯蒂》使中国的"80后"从小大饱眼福。

而中国的电视剧和动画片，是在以上多重夹击的态势下日渐发展的。压力来势过猛，就明智地避一下；待荧屏冷清了，则不失时机地亮相。

我们中国人当年的心态是极其包容的。正值改革开放初期，大部分国人的心态与国家的国际姿态相当一致，对美国电视剧的心态好于对日本电视剧的心态。以当时引进的剧目而论，美国电视剧也的确比日本电视剧更吸引人。日本电视剧有情节进展缓慢、拖沓、注水的问题，美国电视剧基本没这毛病。

不论国产电视剧还是美国电视剧、日本电视剧，既好，人们便给以好的评价。如同体育场内有教养的观众，对本国运动员和外国运动员的看法一碗水端得很平。

纵观日本、美国、中国之电视剧的发展路线，大致情况如下：

日本电视剧基本没有以搞笑为能事的阶段，以现实题材为主，家庭生活剧偏多（虽然当年引入的剧目并非如此），价值观导向也基本顺应日本社会传统价值观的主张。

日本电视剧是将社会效益摆放在第一位的，韩国电视剧也是如此。

美国电视剧最初时期的表现是唯收视率的，是以搞笑为能事的，泛娱乐化的。这一时期有五六年之久；后来改弦更张，主体上确定了文艺路线，这一时期最长，直到二十世纪八十年代；十年后的美国电视剧，基本放弃了现实题材，非现实题材成为主体——异形、僵尸、吸血鬼、狼人、变种人、各类犯罪题材等热闹的电影题材逐渐成为电视剧题材，重新与电影展开了题材争夺战——绕回到了唯收视率的老路上。

这一时期一个有趣的美国影视现象是——在电视剧中，电影界的丑闻、黑幕、潜规则每每成为重要情节。而电视行业唯利是图，为了追求高收视率之卑劣的甚至犯罪的手段无所不用其极的病态现象，也一而再、再而三地成为电影内容。双方都大肆进行编造——不能作为评说实际情况的依据，只能作为卖点现象看待。

中国电视剧在开局时期并没经过美国电视剧初期唯收视率的阶

段，走得很文艺，很沉着，气质很庄重。

近些年，情况发生了改变——现实题材边缘化、稀少化，古装题材扎堆、跟风，"抗日神剧"泛滥，谍战题材大行其道等现象齐头并进，很快成为中国电视剧的主体形态。间或有好剧，却代表不了主体。

这乃因为，有规模的电视台太多了，买方市场的竞争日益加剧；现实题材比之于其他题材，故事性不可能占优势。

不知怎么，忽然中国似乎进入了一个故事为王的时期。

首先是电视台营造了此风——那一时期的文化采访记者、文艺节目主持人，不论面对何种年龄的采访对象、哪一业界人士，三句话之后几乎都会说："请讲几段故事吧！"

仿佛，都成了蒲松龄或毛姆。

他们或她们大抵是"80后"。其表现，也许与成长背景有关，中外动画片看多了，电影看多了，电视综艺节目看多了——总之作为新一代具有大学文凭的媒体人，与书籍的关系不如前几代同行那么密切，与声像文化的关系则比前几代同行密切得多。在他们或她们的成长期，声像业格外发达，传播给他们或她们的主要内容是故事。于是在他们或她们那儿，文化≈文艺≈影视≈故事≈有意思的故事≈能使人一乐的故事，倘能使人乐不可支、乐得开怀，则甚好。

他们或她们，其实应写成她们和他们；因大学中文系学子十之七八是女生，后来到了十之八九的程度，故后来的"娱记"也主要是她们。

此风迅速弥漫向文艺类报刊，氤氲一片。

当然，这里所谈的"故事"，与习近平主席所倡导的"讲好中国故事"一语中的故事，完全不是一个概念。"讲好中国故事"一语，乃指讲好中国故事所体现的中国文化，以具有文化意义的方式讲中国故事，如《舌尖上的中国》《乡愁》；而当时的中国，一度陷于去文化的泛故事的旋涡，似乎娱乐本身即中国故事的核心价值、唯一意义。也可以说，后来"讲好中国故事"一语，正是对几乎完全没有文化意义和去文化讲法的拨乱反正。

以上都是使中国电视剧之现实题材边缘化、稀少化的原因，但不是全部原因。

鲁迅在其《中国小说史略》中，评到明清市井小说时有言，所谓诲淫诲盗一类，内容大抵无意义，价值完全不能与冯梦龙小说所代表的成就相提并论，总体粗制滥造，无非将趋低媚俗的种种内容进行展览，冠以"诲"的旗号……

当时及后来的中国电视剧，一度也有类似情况，制作倒也不是多么的粗多么的滥，但内容无意义，一看就知是套路的产物，却要打着"抗日"主题或"红色"主题的招牌。

蔡元培在为《鲁迅全集》所作序中有言，"为后学开示无数法门，所以鄙人敢以新文学开山目之"。

"无数法门"是形容，强调多种多样而已。

好比赛马场的情形，开设多条跑道，正是为了不发生扎堆现象。若跑道少，跑道门再锁死几扇，骑手必然争先恐后地驱马挤向没上锁的几道门，有数的几条跑道上即使万马齐奔，绝大多数必然是互相挤踩罢了。

从今天回顾过去，中国电视剧毕竟留下了一些经典，以非现实题材为多。既是现实题材又是经典的电视剧少之又少——某类现实题材的跑道门上锁，跑道设有栏杆，不能不说也是少而又少的原因。

在近三十年的时间里，中国电视剧总体比例上现实题材既少，跨年代的现实题材便少之又少。某些以往年代的特征，成为年代剧跨不过去的坎。

对现实题材的多重限制，达到了文艺要引导人们往前看之目的。但凡事利弊相伴，仅用其利，其弊后至。

中国改革开放至今，各方面成就举世瞩目。但对于"80后""90后""00后"三代而言，感触相比于上几代人要少得多。因为，上几代人有亲历者的切身体会；而他们对于中国的前三十年，却连一点间接的影视文艺所给予的印象都缺乏——缺乏比较，当然缺乏主观认知和感想。

话说回来——是否当年对现实题材所设的禁区少些，中国电视之类型比就会大为不同，现实题材的电视剧因而会占多数呢？情况自然会不同，却不可能大为不同。只要不是硬性规定，只要题材选择是一种自由,现实题材的电视剧包括电影,就根本不可能成为多数。这是世界性的现象,并非仅仅是中国现象。此现象与当代人类对文艺的接受心理有关——古代人类对文艺的接受心理倾向于看新题材,新题材中往往蕴含着对未来的预示,这也是古代哲学受人尊崇的真相。现今保存下来的古代文艺,单独看,只不过是文艺;总体看,则会洞察到近似哲学之未来学派的意味。这也是文艺复兴、文艺启蒙得以风生水起的真相,它对未来的预示比以往任何世纪都显然。中国的"新文化运动"也是如此。当时欧美国家的脚步已经迈入了工业时代,但绝大多数中国人刚刚摆脱清朝的统治,各方面其实仍与古代人类没有明显区别。工业时代以后的人类,对文艺的接受心理倾向于看当下题材。工业时代虽然会打造出富庶社会,但在打造的过程中,国内国外矛盾更加突出,社会问题更芜杂,当下题材必有及时反映,人们普遍关注文艺的反映。从"一战"后到二十世纪七十年代,不论在小说、戏剧,还是电影、电视剧方面,古代题材在欧美国家是不吃香的,受众不广泛。当代的人类,对文艺的接受心理总体上倾向于看古代,这乃因为,社会透明度成为人们对国家进步的起码要求,知识化了的人口多了,普遍的人们对当代社会问题的解读水平都比较高了,与文艺家的解读水平难分上下了。而对历史的解读,则是普通人的短板,是文艺家的专长。故二十世纪七十年代以后,在欧美国家,当代题材的小说、戏剧、电影、电视剧获得成功的难度,比以往任何时期都大了——主要指以思想认知价值为意义的作品。

中国的情况特殊。在以社会透明度为国家进步标志这一点上,比欧美国家的经历短,不透明的时期长——近十几年,增强社会透明度才一年更比一年成为治国理念之一。故国人对于历史题材的文艺的兴趣,一定程度上有借古喻今、以古鉴今、看古悟今的心理倾向……

关于电影

1997年香港回归前,香港电影业处于低谷。与之相反,恰是这一时期,香港一批中青年演员、编剧、导演进入了艺术成熟阶段，显示出了各种具有魅力的票房吸引力。他们与前辈电影人很不同，兴趣不再胶着于武打片，于是产生了一系列港版"黑帮片"和警匪片，为香港电影在题材方面开拓了一片新天地，水平多属上乘。

但香港的电影市场毕竟太小，即使与台湾进行市场互动，观众群体也还是多不到哪去。不论香港、台湾还是东南亚诸国的电影市场，同时受到美国电影的强势占领，本地电影业的发展都很不易。当时的美国电影，正在高投入、大制作、大场面的商业大片的道路上阔步迈进，三维特技已被引入了制作。而香港电影的特技，基本靠"威亚"；大陆电影的特技，连"威亚"也还不能用到得心应手的程度。故可以这么说，香港电影面临低谷，不是水平问题，是外因的空前挤压所致。

香港之回归，使香港电影人集体受益——内地电影市场的潜力，比他们估计的大得多。另外，他们加盟于内地电影业，也为当时正蓄势待发的内地电影注入了新鲜血液。他们带来了新题材、新片种、新理念、新风格；特别是在电影的商业运作方面，比之于内地电影人，他们的经验要丰富得多。

也完全可以这样说——中国电影能取得今天的成就，香港电影人功不可没。

中国加入"世贸组织"后，进口美国大片一年比一年多了。

当年有"狼来了"的叹息之声。

也有另一种说法，认为不完全是坏事——压力之下，反而会刺激中国电影努力崛起的能动性。

事实验证了后一种说法。

今天，中国已是世界上电影银幕最多的国家。

不论是香港电影人注入的新鲜血液，还是美国商业大片造成的刺激，都不是中国电影崛起局面形成的主因。

主因是中国经济强劲而持续地向好。从1997年到2007年十年间，民企资本积累成果巨大，这为中国电影的发展提供了投资支持的前提——随着电影投资政策的放宽，民企投资逐渐成为了主体投资。

第八章 2002年以后中国文化的基因

对于中国民企,要挣快钱还要挣得多的话,目光一度只瞄准房地产业和股市。

房地产业所需投资巨大,审批过程漫长复杂,倘涉及动迁,每每有头疼之事发生。政府对楼市的调控,也往往影响售楼预期。资金链一旦断裂,后果严峻。

股市虽是赚快钱的最便捷的渠道,但风险却高得多。

在电影业曙光乍现之时,投资电影遂成明智选择。

比之于房地产,电影投资额相对较小,几千万可以拍一部电影,几百万可以入股——由专业人士把关,风险可以降到最低。即使失败,一般也不至于血本无归,只不过是赔了而已。与赔了相对应的是,不乏"四两拨千斤"的机会,即一部低成本的电影,市场运气若好,有可能赚得盆满钵满。

十年间,各路资本源源不断投向电影界,连各大网站、上市的出版公司都争先恐后成立了"影视投资公司"——顾名思义,以专业之眼寻找可投资的影视项目。财大气粗的矿业个体老板们,也往往到处探问——有没有好的影视投资项目?甚切。

以上方是中国电影市场年度总票房节节攀升、不断刷新的要素——而"80后""90后"是自幼看动画片、电视剧长大的,对于影像文艺有着比对于书籍更大的兴趣,且自幼不同程度地受到媒体多年来所鼓噪的追星氛围的熏染,长大后成为特别关注电影报道、经常光顾影院的人,也属预料中事。

中国电影的年度总票房要靠以下先决条件持续拉动——一、民企不减的投资热度;二、"80后""90后"不减的观影热度;三、每年的电影中有吸引力不减的佳片。

单凭华语电影而实现第三点显然力有不逮,进口好莱坞大片的助力作用不可忽视。

依我看来,尽管好莱坞制片商们已十分倚重中国市场,商业大片刻意加入中国元素,但彼们过分仰仗三维技术的制作方式,分明已造成了不少中国观众的审美疲劳,显出了强弩之末的迹象。

而国产电影似乎也达到了井喷式生产的高峰期。从网上搜索一下便知,中国也有了灵异片、怪兽片、惊悚寻宝片、心理犯罪片、灾难片——好莱坞有过的片种，中国电影差不多全有了。

故我又认为，中国电影像美国电影一样，实际上也进入了题材难以出新的瓶颈期。并且，像美国电影那般，也显出了亢奋后的疲惫状态。

而每年若缺少足够量的佳片，影院常客们的观影热度将减。

而电影年度票房若呈下滑之势，且给人以拉起乏力的印象，投资热度也会减。

于是，中国电影的雄心壮志必在高歌猛进之时受挫。

我并非怀着阴暗心理在中国电影形势一片大好之际泼冷水，蓄意唱衰曲颓调。而是觉得迹象已在，坦率道来罢了。

但我也并不认为中国电影的下滑之势会来得多么迅猛。

估计，即使情况发生了，年度总票房也会在一个时期内维持住一定的业绩。这乃因为，影迷进入影院，目的不仅在于看电影，还每每体现为社交行为、恋爱方式、家庭集体活动。

中国股市不是低到一定程度也就止而稳住了吗？

那是由股民总数所决定的。

中国电影也会如此，也是由影迷总数所决定的。

影迷之所以谓影迷，乃在于不管有无佳片，定期看电影是必须的；恰如资深股民，不管股市是牛市还是熊市，都是要炒股的。

只不过那时的中国电影，自然会由不断创出新业绩而转入尽量守绩的时期……

看电影那些事

说起来许多人也许不相信——城市底层人家的母亲们：那些在二十世纪六十年代四十多岁的母亲们，那些终生是家庭妇女的母亲们，她们看过的电影比农村妇女看过的少。有人一辈子不知电影为何物，没看过一部电影就死了。

没看过一部电影就死了，未必算得上是什么遗憾。在没有电影的世纪，一代又一代人类生生死死，谁也不至于认为他们都死得遗憾。

问题是，仅仅在二十世纪六十年代，在中国，连大多数农村人口都看过多场电影了，这就难免使我这一代人，她们当年的儿女们，替她们觉得有些酸楚了。

　　为什么会那样呢？

　　因为中国与外国的情况恰恰相反。

　　在外国，常年生活于农村的人若想看一场电影，那就必须到城镇去，只有城镇才有影院。他们看一场马戏比看一场电影还方便呢——在他们的国家，有许多到处演出的马戏团，却没有带着放映机到处放电影的放映员。所以，他们往往能在离家不远的地方就看到一场马戏了。

　　而在中国，当年的许多农村人，一辈子也没看过马戏或杂技，却有幸看过不少场电影。当年中国的每一个县几乎都有电影放映队，连某些较大的乡都有。放映队的任务之一，便是经常到农村去放电影。许多在农村长大的人，头脑中都留下了当年看露天电影的种种记忆。电影在某村放映，附近几个村的人都可以去看。小脚大娘们，也会拎个板凳颠颠地前往放映地。

　　放露天电影给农民看，体现着当年的一种国家行为，一种优待农民的文化政策。

　　但城市居民若想看场电影，则只能进电影院。当年的中国，电影院无一例外在市中心，并且，有限的几家而已。若时间没掐准，现买票，往往得等上一两个小时才能看到下场。当年的电影院周边没有可供休憩的地方，还不能走远，怕误了场。母亲们可没那份儿耐心，谁家都有不少活儿等着她们亲自做。从家里走到电影院的路，每比从一个村到另一个村还远。乘公交车呢，票要花钱买，乘车又花钱，母亲们就会心疼那几角钱的。

　　看场电影有如上诸种不便，这使绝大多数底层人家的母亲们对看电影完全没了兴趣。

　　即使是底层人家，只要父亲们的工作单位算得上是个单位，他们每年便有看一两场电影的机会。起码，单位会发给他们电影票。"五一"劳动节、"十一"国庆节、春节，总之这个节不发那个节发，看不看随他们。

父亲们看过了几场电影后，一般也就不再看了。他们照例将票给予还没参加工作的儿女们。儿女们参加工作前，看电影的机会也不是太多。除非学校要求学生们必看的电影，底层人家的儿女才不得不向母亲伸手要钱。否则，儿女们是不好意思为看一场电影开口向母亲要钱的。

儿女从父亲手中接过电影票，若有那份心，或许会说："妈，你还连场电影都没看过呢，我陪你一块儿去看吧！"

又或许，父亲们也会说："你妈还连场电影都没看过呢，陪你妈一块儿去看吧！"

当我写下"或许"二字，恰是我心酸楚之时。因为实际情况是——一百个、一千个甚至一万个底层人家中，未必有几个儿女那么说过，也未必有几位父亲那么说过。虽然，底层的家庭妇女型的母亲们，在常态的穷日子里总是早起晚睡，做在前，吃在后，想方设法使丈夫与儿女们穿得体面些，而自己一向穿旧的，几年也舍不得钱为自己换件新衣服；终日既要服侍好上班的，又要照顾好上学的，操心多多，辛劳得很，儿女们却极少会表现出体贴，似乎没那意识。这也怪不得他们，因为他们所见的母亲差不多全是那种类型的。而丈夫们所见的妻子也差不多全是那种类型的，于是体贴意识大抵麻木。在当年，阶层的无形壁垒尤其分明，底层人的目光所及，很难超越底层，意识便长期局限于底层思维的框架以内。

"全家就我一个人挣钱，我养活你和儿女们一大家子容易吗?!"——这是底层的父亲们常对母亲们说的话。若其家还有老人，听来自有一番压力山大的况味在话外。

母亲们，通常也就只有沉默，承认自己无论多么辛劳，终究还是一个被"养活"的人。

"妈，你连一场电影都没看过，我陪你一块儿去看吧！"——如果，一个儿女口中真说出了这种话，那又会显得多"二"呀！

所以儿女们才不说，而以找同学一块儿去看为明智。

当年，许多底层人家没收音机，也不订报，更没书。即使有书有报，母亲们不识字，也等于没有。故可以这样说，她们的一生，与文字、文艺、文化几乎毫不沾边。或换一种说法——为丈夫和儿女、老人、家庭任劳任怨地服务，便是她们的核心文化，或者说是一种宗教文化。

如今，她们大抵都不在了，她们的儿女也都老了。老了的底层人家的儿女们所写的回忆母亲的文章，在亲情文章中数量最多；这实在也是对母亲之恩的文字追悼式，是通过文字向当年的文盲母亲们的迟到的致敬。当年没意识，即使有也不知如何表达，如今以最普遍的方式表达。

我在1966年以前没看过几部电影。有时学校集体看过一场电影后，同学们都得写观后感；而我，每以读后感代之。

"文革"开始后，我看电影的机会反而多了。一个时期内，到处放映"毒草"电影，堂而皇之的理由是"为了掀起群众大批判的高潮"。几乎所有的国产电影和进口电影都成了"毒草"，不售票，只发票，也就是白看。那时我与几名外校的高中生成了朋友，他们常约我一起蹭看"批判电影"。

下乡后，看不到"批判电影"了，连《列宁在十月》《保尔·柯察金》等苏联电影也禁放了，团电影放映员带到各连队的只有样板戏电影了，渐渐地没人还想看了。所幸，不久中国进口了几部罗马尼亚、阿尔巴尼亚、南斯拉夫、越南和朝鲜的电影，缓解了知青们的"电影饥渴症"。前三个国家的电影最受欢迎，放过多次知青们也还是喜欢看，许多人每次看前都洗脸、梳头，换身干干净净的衣服，如参加社交仪式。

我调到团宣传股后，看电影遂成家常便饭。放映队属宣传股领导，二男二女四名知青放映员都与我关系良好。他们带着新片下连队前，必须试映——在他们的工作室里试映，缩小了的画面映在墙上，如看投影。倘是新片，自然先睹为快。放映机经常需要维修，两名男放映员每将放映机搬到宿舍——若晚上维修，之后照例要试映，我们同宿舍的人则可趴在被窝里看。在没电视的年代，即使是看了多遍的老片，那也不啻是高级的精神享受。

我从复旦大学毕业，分配到北京电影制片厂后，仅从看电影这一点而言，成了极少数极少数幸运的中国人。那时正是中国电影的复苏时期，从此我可以在第一时间看到北影出品的新片，每次还可以分到几张电影票送人。当年，新电影的票和新一年的挂历，是许多人都乐于接受的。长影、上影、珠影、上海译制片厂等兄弟厂的新片，都要送到电影局接受审片，之后大抵会在北影礼堂进行招待放映。我作为北影编导室一员，也会在公映前就看到。还会看到所谓"过路片"，即根本不会在国内放映，只不过拷贝途经北京的外国电影，那类电影须通过外交部协调，才能以"观摩学习"的理由从外国使馆借出。还会看到"参考片"，就是电影资料馆作为国家级电影资料单位从国际电影市场购回的原声电影，不是为了放映，仅仅是为了储存。特别幸运的是，有一个时期，北影编导室按电影史的编年顺序，经常组织大家到资料馆去看"资料片"，使我大开眼界，看到了不少电影"原始"时期的作品。从几分钟的短片到各国这个"流"那个"流"的经典片，凡资料馆有的，差不多都看到了。全是原声黑白片，放映时需请现场翻译。也全是1949年以前中国各电影厂购进的，在世界上存有的数量已很有限了。这使后来的我，在电影史知识方面自信可与任何一位资深的电影史专家进行对话。

我在北影厂工作了十一年，在中国儿童电影制片厂工作了十四年，担任过这种奖那种奖的评委；多年担任过国产片进口片电影审查委员会委员，与中国最老的一代电影导演和演员建立了深厚的友谊。

我的父母也沾了我的光。

他们住在北影时，看电影往往不需要票。只要是面向全厂职工放映的电影，他们的脸就是票。把门收票的人，也往往是与我家同住19号筒子楼的职工。从19楼到礼堂，快走才五六分钟的路。

所以，仅就看电影这一点而言，我的父母也是中国很幸运的父母。但那时他们已经老了，不怎么爱看电影了。并且，中国人家开始有电视了，他们更喜欢在家里看电视。

我与电影的关系那么密切、长久，竟始终没成为电影"圈子里"的人，一直是文学的"界中人"——缘何？

因为电影这一门艺术，太考虑观众的喜好胃口了，也太受市场风向的制约了，而且，投资方的经济责任巨大；这三点，使它不可能不成为商业色彩最浓的艺术，也很难使它不以商业目的为成功宗旨。这也正是全世界能够成为经典的电影越来越少的原因。

而文学与"文学读物"的关系，则相对单纯多了，可以最大限度地实现写作者的个人写作冲动。一篇散文、随笔、杂文、时评，有什么商业性可言呢？没人看关系不大，不会造成任何人的经济损失。短篇小说、中篇小说，也越来越是小众读物，在中国，还爱看的人已经少得不能再少。但为小众而创作，也不是什么羞耻之事呀。至于长篇，即使发行量再有限，大抵也还是不会造成出版社的亏损。

我喜欢文学和作家这种单纯的关系。

进而言之，在人与人、人与事、人与社会的诸关系中，我都越来越以单纯为自适了。

关于文学

1980 年结束以后，中国"新时期文学"似乎也就降下了帷幕。"新时期文学"是老中青三代从事小说、散文、诗和报告文学创作的作家们的作品共同形成的文学繁荣期，1977 年初见端倪，1979 年开始"井喷"，此后十余年间，佳作纷呈，几乎年年都是丰收年。

1990 年以降，文学逐渐进入了常态阶段。前十余年的繁荣，对老中青三代作家的生活积累和文学底蕴都是相当大的消耗，都需要再充实。而作家们的写作计划也皆进行调整——老作家们各自着手为出文集、写回忆录做准备；中青年作家大抵打算暂时告别意犹未尽的中短篇创作，转而致力于长篇。散文和报告文学作家的目光，开始从"文革"母题收敛，望向"改革开放"所引起的新的社会矛盾及现象；或超过"文革"母题，望向更具有历史性的人、事。

就在那时，中国当代文学经历了第一次冲击；不是多么的猛烈，但来得有些使文坛意外——便是港台散文潮的翩然而至。

在前十年，散文非是文学成果主体，主体一向是小说。

忽然，港台散文潮来了。不要说与"新时期文学"中主题大抵沉重忧伤的小说相比，就是与内地散文相比，港台散文的总貌也显得特别清新，温情脉脉。并且，带来了一种内地读者以前少见的文质彬彬、娓娓道来、恬然沉静的文风。不曾中断过的传统文化的营养在修辞方面的体现，与港台两地的校园歌曲、乡愁歌曲的歌风同出一源。

港台散文吸引去了一大批读者，以青年读者为多。

那是短阅读时代来临的信号。

"改革开放"使内地国人的生活节奏全都加快了。港台散文较短，长的也就三四千字而已，短的才一千字左右，这是内地文学青年对之青睐的原因之一。

那是传统文化不论在修辞方面还是在思维角度方面与内地文学的一次"访问式"碰撞，使内地作家尤其青年作家意识到——1949年以后的内地文学，在语言风格方面，不经意地已与一种相对呆板的新国语纠缠得太久太久。实际上大多数青年作家此前已意识到了这一点。像我这样的青年作家，当然热衷于从翻译小说中吸收语言营养，从没想到传统文化中亦有宝贵的语言营养，大可转化为当代文学语言为己所用。

港台散文中形容词已不多见，比喻颇为用得见长，也善用白描写法；于今想来，肯定与胡适先生的影响是分不开的——他主张白话美学，反对炫耀辞藻，特别反对用典。

港台散文将白话之美呈现得不错。

港台散文在内地的畅销，带动了出版界的第一波民国散文之出版热。

然而内地作家毕竟都已经历了"新时期文学"的十余年历练，总体定力未受影响。受影响的只不过是读者群、出版业。

当年有台湾记者采访我，问及对两地文学现象的感觉。

我言："论散文，港台作家略占优势；论小说，不在一个层级上，内地小说内容厚实，非港台小说可比，而这是由时代特征决定的。"

现在我也还是这种看法。

1990年至2000年，是内地长篇小说的繁荣期。写长篇小说不同于写散文，写内地题材的长篇小说，港台散文那种风格水土不服。这十年，也是内地文学在语言方面总体上明显提升的十年——内地作家从古今中外文学作品中吸收并消化了多种营养，与"新时期文学"的语言风格已迥然不同。

至2000年左右，内地文学又经历了第二次冲击，便是网络文学的悄然兴起。

那时鲁迅文学院请我去办过一次讲座，我面对的是几十位年轻的网络作家。"鲁院"的同志告诉我，他们都是月收入近百万，年收入近千万逾千万的著名的网络作家。我不信，亲问，皆言确实。

他们中有人每天要在电脑上敲出几万字来；有人的小说长达四五百万字仍在继续创作下去；有人在网上吸引了一两千万读者。

网络小说究竟算不算小说？网络作家究竟算不算作家呢？

我想，当然算。不，得承认根本就是。

明明是在网上发表小说，而且明明有海量的读者在当成小说读啊。

网上间或有好作品，每每被报刊选载，多为短小说、散文、随笔、杂文、小品文、言论，我每每在报刊上读到——特别是言论，其高水平的一针见血和辛辣幽默，往往具有语言大师级的智慧，使我这样的作家经常自叹弗如，惭愧之至。

很长的网络小说，我只听到过几次——某些日子里我因颈椎病重，连续到街头按摩店按摩。每次去，一位盲人按摩师都在听同一部小说。我躺下后，他将手机放床头柜上，一边为我按摩一边听。他说是从网上下载的，已听了半个多月。网上下载的，与收音机里广播的不同，除了每半小时报一下书名、播讲者，也除了手机没电了，可一直不停地听下去。

我问："快完了吧？"

他说："早呢，情节刚展开。"

其内容是当代故事——一位"白富美"小姐，父亲死了，继承了偌大家产和几十亿存款，在保镖们的保护之下，深入长白山，要寻找到什么洞，替父亲还什么生前之愿。至天池附近，遭遇数名蒙面人袭击，显然中了埋伏。她的保镖个个是武功高手，身怀绝技。对方的武功则比高手还高，皆如蝙蝠侠、蜘蛛侠，未几时，已将保镖尽数诛杀。危急之际，出现了一位武功更高者，如雷神下凡，如《功夫》中的"火云邪神"……

我问:"都听了半个多月了,没听烦吗?"

他说:"刚听进去,所以要听完,不听更烦。"

我问:"网上节目很多,为什么非听这个呢?"

他说:"别的节目没这个经听啊,选来选去的,麻烦。这个只要一选中了,一两个月里就听它了,免了经常选的麻烦。我一个盲人,没客人来时,我再不听点什么,多寂寞呢!这个起码比相声文艺好点儿吧?"

于是那日我明白,中国人口多,像盲人按摩师傅那样只身在外的寂寞人,便是一个庞大群体。那类小说的市场,比一般小说的受众多得多。即使不是盲人,买一部小说四十几元,几天就读完了。而四十几元的下载费,据盲人按摩师说,能听一年。

总而言之,这种冲击加上那种冲击,致使文学刊物四面楚歌,维持住一个较体面的印数已实属不易,增加印数更如奇迹。许多出版社也举步维艰,倘无地方各类教材发行的保护措施,一小半出版社大约是要关门的。即使上市了的出版集团,单靠书籍出版也必入不敷出。它们都是另外创收的,方式包括投资于影视和房地产。中等规模的出版社,一百几十名编辑和员工辛苦一年的经济业绩,可能还比不上一个炒房者转手卖两三套房子挣的钱多。若是炒得起别墅的人,据说出手一套四五年前的独栋别墅,便可轻轻松松地囊入两三千万,更会使出版界人士瞠目结舌,成就感极大受挫。

但相对应的另一种现象是——出版界人士包括入行五年以上的年轻编辑,总体在坚守,如同义不容辞的守城军团,而背后便是家国。刚入行的年轻人缺少那份定力,他们的流动性很大,怕自己的人生被"夕阳业界"所误。

出版业人士的工作能动性反而比从前更积极了,被危机逼出的一种积极性。全赖他们的努力,每年仍有好书问世。他们最希望做到的事是,由自己任责编的一部什么书,纳入了国家或某一级政府的推荐书目——中小学生及大学生必读、公务员必读、党员必读、干部必读等。那样一来,一部书发行到几百万册是可能的。近年,各级党和政府部门对提高公务员和干部队伍的人文素质很重视,少数文学类书籍也会出现在推荐书目中。

而各文学期刊，基本上有专人负责拉赞助。他们特敬业，经常全国各地四处跑，争取与商企界建立良好而持久的关系——倘无赞助，则搞不起评奖活动。连评奖活动也不搞了，存在感就没了。

而在某些省份的地级市、县里，渴望加入作家协会的人非但没少，在那几年里，反而多了。他们在网上一再发作品，为的也是或被报刊转载，进而引起各级作协关注。若两年内连续被《读者》这样的刊物选载了作品，加入省作协也顺理成章。

在他们心目中，文学刊物仍具有正宗的文学尺度（基本是事实），逐级审稿制仍具有专业的水平鉴定性。故能在较有品质公认的文学期刊上发表作品，也仍是他们或她们孜孜不倦的追求。

中国作家协会每年吸引的新会员并未减少。新会员都有足以证明自己水平的作品作为资格；普遍创作经验的成熟性，并不低于"新时期文学"十年的总况——只不过内容分量变轻了（时代不同了），价值每每被各种冲击的泡沫掩埋了……

站在2017年来看文学，不但看中国的，还看世界的——那么几乎难以否认，文学和全人类的关系，分明已经疏远到了空前冷淡的地步。在中国，曾经的文学热早已作为一种非常态的文学现象，被夹在二三十年前的史页中了。

并且，非常态已成普遍共识，连文学界人士也都坦然承认的。

而若以清醒之眼回望历史，不仅回望向二十世纪八十年代，亦回望向中华人民共和国成立后十七年间；回望向民国时期；回望向清、明、元、宋、唐各朝代；则又不得不承认，文学一向只与少数中国人发生过亲密关系。所谓"洛阳纸贵"之说，从来都是"圈子内"现象。即使在唐诗宋词极其繁荣的朝代，也主要是城市现象和士林现象。其在民间的影响，往往通过学堂和歌榭两种平台而已。经常出现在那两种地方的人口，估计仅占总人口的几百分之几。在全世界，情况也大致如此。

文学与人类的关系变得密切了，是现代印刷术发明以后的事；更加密切了，是报社、电台、电视台、电影产生以后的事——于是出现了这样一种非文学的文学现象——虽然一些人并未读过某作家、诗人的小说或诗，甚至以后也不会读，一生也不会读，但对某作家或诗人的名字却不陌生。

这种现象，往往会使文学界人士产生误解，以为只要一朝成名，往后则"天下谁人不识君"了。

出名与作品的亦即文学本身之影响的广泛性，有时是一致的，有时是两码事。

劳伦斯在英国的知名度，肯定不低于雨果、托尔斯泰在法国和俄国的知名度；但其文学影响，远不能与后二者相提并论。

文学与人类的关系，从不曾像歌与人类的关系那么密切。但，若以对人类社会的总体影响而论，远大于歌。

文学影响人类社会进程的作用，绝对非歌所能相比，如托尔斯泰、萨特、车尔尼雪夫斯基、雨果等，由各自的作品和文学主张而产生了"托尔斯泰主义""存在主义"，或推动了近代民主主义和人道主义运动。

也可以这样说，文学曾经是人类社会进程的助推器，是人类社会科学的孪生姊妹。文学对人类社会进步的贡献（近代以来，贡献尤大），非其他艺术所能做到，曾做到。

按理说，文学应排在第一位。

但以近三十年而论，文学与人类的关系，或言普遍的人类对文学的态度，确乎冷淡极了。

所以，文学只能屈居第三位了。

却也不可以再往后排了——第三位是文学在当代世界与人类之关系的适宜位置。

但我并不认为文学没落了，也不相信文学将亡，更不相信文学必亡。

依我看来，文学只不过分化了，"解体"了——好比一大片长满蒲公英的原野，人类社会的季风年复一年地将蒲公英的种子吹向世界各地；忽然现代的飓风来了，迅速地使那一片曾经生机盎然的原野变得衰败了，不再构成风景了。

风不是火，也不是滔天洪水。再猛烈的风，都不至于消灭种子，使种子死亡。风只能将植物的种子刮走，吹散——对于蒲公英尤其是这样。

第八章　2002年以后中国文化的基因

曾经的文学原野上的蒲公英种子,都落到哪里去了呢?

落在人类社会的方方面面了。

在人类社会的一切文字现象和语言现象中,文学的影响大焉。

甚至可以说,文学对人类的影响从未如此广泛过。

所谓"外交辞令",文学性表达而已。

从各国元首的政治报告、名人演讲到小学生作文中,都可见到文学元素的应用性、善用性。

今天若一个人被认为"没文化",其实是指他或她的文字应用能力和语言表达能力两方面毫无文学功底。文字表达也罢,语言表达也罢,其精准性、激情性、理智性、逻辑性、幽默性、诚恳性、生动性、乐观性等应用和表达的特点,说到底都是文学特点的体现。

在《圣经》中,上帝曾这样说:我无处不在;我可化身万物;只要人想见我,我必现。

我觉得文学也这样了。

当今之世界,仿佛是文学日薄西山的世界。

当今之世界,其实是文学色彩空前浓厚的世界。

人们常抱怨广告的无孔不入的泛滥;每一条广告语,其实都是在文学性方面搜肠刮肚的结果——只不过有的高妙,有的适得其反。

即使一个文化水平不高的人,想向亲爱者发一条感情饱满的短信,也往往引诗用词——或来自流行歌;或来自网络热词、广告语等自认为特文学的表白。

而在别国,主要是美、英、法、德四国,某些自然科学类书籍如《宇宙简史》《地球简史》《万物简史》《人类简史》以及动物学、植物学、物理学、科学技术简史等专著,也写得通晓易懂、趣味盎然、修辞优美、文学性极强,深受读者喜欢——作者却大抵非是文学家,而是科学家。

科学知识的文学性普及,乃是近半个世纪以来人类文化的一个亮点——或更直接地说,文学的特色,在近半个世纪内,被自然科学领域在知识的普及方面所用足。

文学在"人文知识"的概念中已不再占从前的主体位置。

文学书籍也早已不再≈书籍。

读书也不再≈读文学作品。

确实，文学蒲公英的种子，已被人类社会的现代之风吹散到另外的许多领域中去了，并且在另外的"土壤"中生根发芽，开始了"转基因"式的另一种生命现象。

这种"转基因"对于人类是绝对无害的，安全的，益处良多的。

当然，对于文学本身，并非福音。正如数学的重要法则一旦被计算机所采用，数学对于数学家的要求便更高了。

文学在现有的一切经验之外，是否还能拓展对人类社会更广阔的关注视野，是否还能呈现更多的风格——这是一个问题。

但我相信文学可以突破它。

我相信文学突破它的机会，肯定存在于某种关于人类社会的新哲学的产生之际——那时，文学将与之结合，使自己面貌一新；甚或，新哲学就是由新文学所催生出来的也完全可能。

那时文学又将迎来一次复兴，令人类刮目相看。

网络文艺

几年前，网络平台本身所产生的文艺节目主要是综艺节目。综艺节目需要主持人，于是产生了一批在网络上显示出非凡主持能力的主持人，以年轻人为主。中年的网络主持人，大抵是电视台的跨界主持人。采访节目、对谈节目、时事评论节目，是网络节目主持人主持能力的延伸——这三类节目本是电台、电视台的传统节目，被网站采取"拿来主义"照搬了过去。在此三类节目中，网站主持人与电台、电视台的节目主持人的风格截然不同。后者们所接受的学院派的律条是——被采访者是主角，主持人的作用只不过是掌控预定的内容不使走题；而前者往往总在显示我才是主角，被采访人是烘托自己魅力的特邀配角。之所以发生这种关系倒错，乃因比之于电台、电视台，网站主持人的收入不但与收视率，与广告挂钩关系更直接、更紧密，而且很可能下一个月与上一个月就发生变化。在电台、电视台，一档节目由立项到开播要经过层层审批。一经播出，即使收视率欠佳，也不会轻易停播，因为还有社会效益方面的考虑，再短的命运也不会短于三个月。而网站则不同，大抵不会因为社会效益的考虑而坚持一档节目的存在。倘广告效益失望，才播出几期的节目就断然停了是常事——这使节目主持人必须使出浑身解数将节目主持得吸引眼球。而在网站和节目主持人双重经济利益的引力之下，不论访谈节目、对谈节目还是时事评论节目，从内容到风格必然蒙上了程度不同的娱乐色彩。他们在内容方面是刻意选择的，以本身具有娱乐性的内容为主。内容本身已经具有娱乐性了，再辅以插科打诨、搞笑耍贫的风格，其节目往往显得嘻嘻哈哈。并非所有网站的所有这类节目都如此，也并不是说嘻嘻哈哈的节目就一定不是好节目；但此风蔓延，争相效仿，则肯定是对娱乐文艺泡沫现象的推波助澜。并且这是曾经现象，目前已大为不同。

中国没有民办电台、电视台；全部电台、电视台都是具有国属性质的社会公器。而在网络的无限空间，民办网站的数量占极大比例。不能要求它们也具有国属意识，这在属权逻辑上是不成立的。但可要求它们也具有社会传媒公器的自律意识——实际上一向也是如此要求的；并且，较大网站的自律意识近年来提高明显，违背社会公德、危害社会文明的传播现象少而又少了。

但网络的空间，也是自媒体的空间——情形仿佛成了这样——在无限大的地盘内，国属的、民办的、个体的"贸易"终日海量存在，管理部门的声音如同悬挂在几处电线杆上的高音喇叭，发出告诫之声时，摆摊叫卖违禁之物的现象自会收敛；而高音喇叭一息声，不久又会垃圾遍地。

此种网络文艺现象是由人口众多所导致的。在将近十四亿人口中，具有文艺才情的人；虽不具有文艺才情但迷恋文艺的人；只不过一心想要引起关注进而试图走"捷径"名利双收的人，组成了世界上最为庞大的群体。这个庞大的群体不但全天候地在网络空间传播旨在引起高度关注的信息，也以自认为最佳的方式进行个人才艺呈现。

要界定哪些表演是才艺，而哪些表演只不过是哗众取宠，甚至是"恶搞"、垃圾性表演，是一件相当费思量的事——比查处假冒伪劣商品困难得多。

因为，什么是"庸俗"，全世界至今尚未形成具有共识性的评判尺度。

并且，"庸俗"若体现于个人表演，还是在非现实的空间内，这种现象在全世界并不违法。

既然憨豆先生的表演是表演艺术家级别的表演，那么我们的某位同胞的表演只不过比"憨豆"更"憨豆"一些，可究竟该拿其怎么办呢？

关于是否涉嫌兜售"色情"的尺度也将莫衷一是——某些"色情"片段在电影中、文学作品中既已出现，并且罩着"艺术表现需要"的"铁布衫"，那么禁止在网络空间出现实际上就缺少了硬道理。

"擦边球"现象在网络空间产生的次数远多于现实社会中产生的次数——这使网络文艺的形态特别芜杂。

故网络传播平台确实存在着是否符合"精神环保"的问题——对于青少年尤其如此。

仅仅靠有关部门加大监管力度是鞭长莫及、力有不逮的。

网民选择意识的改变，对于网络之文化的文艺生态怎样，是起决定性作用的。

网民的选择意识改变了没有呢？

据我了解，是有所改变的——中国网民的数量还在增加，但沉湎于网络游戏、八卦新闻、垃圾信息、低俗表演的人相对少了。对于大多数网民，手机和电脑的服务器功能，正越来越体现为利用行为——这意味着，中国网民已开始反过来牵着网络文化和文艺走了。服务性体现得怎样，良好的文化和文艺呈现得如何，越来越成为大小网站和"自媒体"或存或亡的分水岭。靠制造垃圾内容以博眼球的伎俩，越来越失灵了。

有根据认为——中国网民接受网络文化和文艺的素质，提高的速度比预想的要快。依我看来，以后几年内，还会产生一次飞跃性的提高。

那时，不论网络文化还是文艺还是网民，将会共同构成全世界景象最宏大的文化的、文艺的受众良性互动现象。

第八章　2002年以后中国文化的基因

关于读书那些事

依我想来，人和书的关系，大抵可分为如下的四个阶段——童年时听故事的阶段，少年时看连环画的阶段，青年时读小说的阶段，中年时读书范围广泛的阶段。由此，以后成了一个终生具有读书习惯的人。

童年时居然不喜欢听故事的人不是没有，有也极少。不喜欢听故事的儿童基本分为两类——一类不幸是先天的智障儿童；另一类属于天才儿童，自幼表现出对某方面事情异常强烈的兴趣，如音乐、绘画、科学问题，所以连对故事都不感兴趣了。实际上，这样的儿童几乎没有，不喜欢听故事不符合儿童的天性。情况往往是这样——大人们主要是他们的家长们，一经发现他们对某方面的事情表现出异常强烈的兴趣，便着力于对他们进行专门知识和能力的培养，以期使他们在某方面成为日后的佼佼者。

目的能否达到呢？

应该说，能的。

毕加索和莫扎特都是如此培养成功的。

在中国古代，皇族的后裔基本是听不到故事的。一个孩子一旦被确立为第一皇权接班人，那么他就被专门的教育"管道"和方法所框入了。在那种"管道"里没有故事，只有大人们希望他们获得的知识和经验。

但此种示范若成为一个国家学龄前教育的圭臬，对整个国家是不幸的。《红楼梦》中有一个情节是——宝玉因偷看闲书而误了"家学"作业，受到惩罚。可以想见，宝玉的童年是不大听得到什么故事的。他是贵族子弟，对他所进行的教育也是以贵族对后裔的教育为圭臬的。进而言之，一切希望自己的子弟有出息的贵族之家、商贾之家、书香之家乃至平民之家，都是那么对子弟进行教育的。教育目的也只有一个——使子弟们成为"服官政"的人。

这种教育，一方面为国家培养了一批批符合皇权要求的"干部"，另一方面使国家产生了一批批能诗善赋，个个堪称语言大师的诗人，于是中国的诗词成果丰富。

而这对中国造成的负面影响也值得深刻反思——自然科学几乎停止了发展，现代哲学毫无建树，工业创造力远远落后于别国，使中国在近代的世界成了一个大而弱的国——人弱了。

所以，我们得到的具有教训性的答案是——对于任何一个国家，不喜欢听故事的儿童多了，肯定的，绝不是好事。值得重视的仅仅是，哪些故事才是大人应该多多讲给孩子们听的好故事。只要是应该讲给孩子们听的好故事，何必分外国的还是中国的？那些在此点上，首先强调外国中国之分的文化保守主义者，十之八九是伪人。他们明里鼓噪只有中国文化才适合中国人，暗地里却千方百计地要将儿女送出国去。

不说他们了吧。

接着说人和书的关系——喜欢听故事的学龄前儿童识字以后，会本能地找书来看，于是人类的社会就产生了"小人书"。"小人书"是特中国的说法，外国的说法是童话书，意为用儿童话讲给儿童听的故事书。"小人书"也罢，"童话书"也罢，都是大人们的文化给予现象。大人们的给予，也是社会的给予，这是人类社会的特高级的现象。从本质上看，却并非唯人类才有的代际现象，在具有族群依属本能和社会性的动物之间，类似的代际责任表现得不亚于人类——如在象群、猩猩、狒狒、猴和非洲鬣狗的家族以及雁、天鹅、企鹅们的"社会"中，代际间的族群规矩和生存经验的"教育"之道，亦每令人类感动和叹服。只不过在人类看来，它们对下一代的"教育"不具有文化性。

但，具有文化性或不具有文化性，是人类的看法。在动物们那里，其实未必不是族群文化。

民国前的中国，有蒙学书，没有以插图为主的"小人书"。《三字经》《千字文》《弟子规》《龙文鞭影》《幼学琼林》一类蒙学书，以文为主，故事基本是典故，侧重知识灌输和品德教化，忽视满足孩子们对童话故事的兴趣。在相当漫长的历史时期内，《夸父逐日》《精卫填海》等神话传说及《山海经》中的某些内容，便是那时孩子们所能听到的故事了。《海的女儿》《丑小鸭》《卖火柴的小女孩》

《尼尔斯骑鹅旅行记》《狐狸列那》之类童话,在民国前的中国是不曾产生的。

"小人书"并不就是连环画的民间说法。在中国,"小人书"曾专指给小孩子看的书。民国前的中国虽已早有绘本小说,却还根本没有严格意义上的连环画。其1930年前后才在上海逐渐出现。所以,上海,对此后的中国孩子们是有特殊贡献的。连环画产生后,"小人书"和连环画,开始混为一谈了。

从内容比例上讲,连环画的成人故事比儿童故事多得多。也可以说,连环画并不是专为儿童出版的书籍,但事实上获得了青少年的欢迎。胡适、陈独秀、钱玄同们,当年都很重视连环画对青少年的文化影响,曾同心同德地为当地的青少年选编适合于出版为连环画的中国故事。

一个孩子成了小学四五年级学生,其阅读兴趣会大大提升。于是,连环画成为他们与书籍产生亲密关系的媒介。他们会主动寻找连环画看。他们已不再仅仅是喜欢听故事的"小人儿",也是喜欢"看故事"的未来的"读书种子"了。

少男少女喜欢看连环画的兴趣,往往会持续到十八岁以后。一过十八岁,便是青年了。青年们的阅读兴趣,会自然而然地转向成人书籍。首先吸引他们的,大抵是文学书籍——诗集、散文集、中短篇小说集、长篇小说,因人而异地受到他们的关注。

除了有志于成为童话作家,若一个青年仍迷恋于阅读童话,难免会被视为异常。但,一个青年很可能在喜欢阅读文学书籍的同时,仍对连环画保持不减的喜欢程度。见到文字的文学性较高,绘画又很精美的连环画,每爱不释手。他们是文学书籍的忠实读者的同时,往往也会成为连环画的收藏者。这乃因为,他们对某部文学作品发生兴趣,起初是由于看了与那部文学作品同名的连环画,不但记住了作品之名,还牢牢记住了作家之名——比如我自己,是先看了《拜伦传》《雪莱传》这样的连环画后,才找来他们的诗集看的。也是看了连环画《卡尔·马克思》后,才对海涅的诗产生兴趣的。身为青年而爱好收藏连环画,从文化心理上分析,不无对连环画的感恩情愫。

中国文化的历史基因

青年是人生较长的年龄阶段。往长了说，十八岁以后到四十岁以前，都可谓青年。在这二十多年里，不少人会因为当年对文学书籍的情有独钟，而成为作家、散文家、诗人、文学评论家或理论家。如果他们喜欢校园生活，也很可能会成为大学里的中文教授。

若他们在人生最宝贵的二十多年里，阅读兴趣发生了变化，由文学而转向了哲学、史学、政治学或其他人文社会学方面，往往会成为那些方面的学者。即使后来成了政治人士或走上了科研道路、艺术道路，二十多年里对读书这件事的热爱，肯定会使他们的事业和人生受益无穷。即使他或她终生平凡，那也会在做儿女、做丈夫、妻子、父亲、母亲和朋友方面，做得更好一些。起码，一个少年时期看过不少连环画，青年时期读过不少文学作品的父母、祖父母、外祖父母，能讲一些对儿童和少年的心智有益的故事给自己的儿女、孙儿女或外孙儿女听，而那不但会给他们留下美好的记忆，也是自己多么美好的天伦之乐呢！即使一个人四十岁以后，由于各种人生境况的压力，不再有机会读所谓"闲书"了，而他或她终于退休了，晚年生活相对稳定了，读书往往仍会成为重新"找回"的爱好之一。养生、健身、唱歌、听音乐、跳广场舞、旅游、练书法、学绘画，自然都是能使晚年生活丰富多彩的事，再加上喜欢读书这件事，晚年生活将会动静结合，更加充实。

在我是中学生的年代，二十世纪六十年代初，全中国出版的著名的长篇小说也就二十几部，著名诗人也就十几位，著名的散文家只不过几位，包括外国文学作品在内，一个爱读书的青年所能看到的书籍，加起来五六十部而已。当年，新华书店里是见不到一本西方哲学类和史学类书籍的，中国古代文学类、文化类书籍也无踪影，除了一套《十万个为什么》，就再难得一见科普书籍——像我这样的从少年时起就酷爱读书并在"文革"中上过大学的人，直至八十年代后期才知道林语堂、张爱玲、徐志摩、沈从文的名字，才开始读他们的书——从前，接受外国记者采访时，因被问到对他们的诗、小说的看法，陷入过尴尬。

当年，有几部中国小说发行量超过百万，而中国当年七亿五千万人口；这意味着——如果一所中学有一千五百名学生，那也只不过仅有十几人可能买了一部发行百万以上的书。读过的人会多些，但肯定多不到哪儿去。当年，各省市重点中学的读书氛围相对较浓，一般中学几乎没有读书氛围可言。如我所在的中学，全校也就几名喜欢读书的学生，他们全都认识我，因为我与他们之间每每互相借书看。

在城市，在底层，在我这一代中，小时候听父母讲过故事的人是极少极少的。我们虽出生在城市，但我们的父母都曾是农家儿女。我们的是农家儿女的父母，未见得肚子里没有故事。农村是中国民间故事的集散地，他们肚子里怎么会没有点儿故事呢？但他们一经成了城里人，终日感受着城市生活多于农村生活的压力，哪里还会有给自己的小儿女讲故事的闲心呢？所以，如果一个底层人家没收音机，也没有喜欢读书的大儿大女往家借书，那么不论这一户人家有多少个儿女，几乎全都会与书绝缘。与当年的农村孩子们相比，城市底层人家的孩子们的成长底色，反而更加寡趣。鲁迅小时候看社戏的经历，我们肯定是没有的。"拉大锯、扯大锯，姥姥门口唱大戏"，这种农村童谣，对于城市底层人家的孩子，如同听梦话。我是比较幸运的，小时候听母亲讲过故事；四五年级时，哥哥不断往家中带回成人小说；即使在"文革"中，我家所住那一片社区，居然仍有几处小人书铺存在着。而我的同学们，却只听过比他们大的孩子所讲的故事，或听我当年讲故事给他们听——这是他们当年喜欢和我在一起的原因之一。

如今，沉思人与读书这件事的关系时，我头脑中每会产生这样一个问题——倘若当年中国喜欢读书的青年较多，比如多至十之五六；并且，所读不仅是"红色书籍"，也普遍读过一些西方文学名著，那么，即使"文革"照样发生，暴力的事是否会少一些呢？

如今，对于绝大多数中国青年，花四五十元买一部书看，已经根本不是想买而买不起的事了。中国的读书人口之比例，在世界上却还是排在很后边。

为什么某些国家读书人口多，爱读书的人每年读过的书也多呢？这乃因为，在那些国家，城市人口的比例甚高，农村人口仅占百分之几。即使那百分之几，文化程度也高，大抵都能达到高中水平。

还因为,那些国家城市人口的城市化历史悠久。不少城市人家,几可谓"古老"的城市家族,城市居住史每可上溯到十代以前。一般的城市人家,城市居住史也大抵在五六代以前。在没有收音机和电视机的年代,读书看报成为人们打发闲暇时光的主要方式。代代影响之后,书与报既成了城市基因,也成了人的记忆基因,如同小海龟甫一出壳,必然会朝海的方向爬去。我们中国人对基因现象有一个认识误区,以为主要体现在生理方面。实则不然,人的基因现象也体现于"灵之记忆"。若一个家族的几代人口都是喜欢读书的人,那么下一代在是胎儿的时候,大脑中便开始形成关于书的遗传"信息"了。也就是说,"精神"在生理现象方面也可变为"物质",家风可以变为后代的遗传基因。胎儿出生后,成长期继续受喜读书之家风影响,日后自然会是一个读书成习的人。先天基因加上后天影响,那是多么"顽固"的作用啊。这样的一个人,除非弄死他(她),否则他(她)对书的好感终生难改,正如除非毒死一只小海龟,否则无法阻止它爬向大海。收音机出现后,报的销量有所下滑,读书人口反而上升了。因为收音机也使关于书的信息广为传播。电视机、电脑、手机出现后,一些国家人的读书兴趣也会大受影响,但他们很快又会从沉湎中自拔,因为喜读基因在继续发生作用。还有一点也应一提——在他们的国家,孩子们喜闻乐见的童书极为丰富多彩,起码从前是那样。因而一个事实是,不论一个时代怎么变,相对于人的精神的新现象多么的层出不穷,那些国家的读书人口都会保持在一个比较稳定的水平。

　　中国的情况很不同,中国的城市人口刚刚超过农村人口一点点。在漫长的历史时期,农村的所谓"耕读之家"是稀少人家,大多数农村人口是文盲。1949年后,农村的文盲人口一年比一年少了,至今,可以说到了稀少的程度。但许多农村却又变成了"空心"农村,青年们皆进城打工去了,农村完全没有了读书氛围,"农家书屋"只不过成了一厢情愿的概念性存在。在城市里,我这一代人的父母大抵便是农民,他们的一生,是为家庭终日辛劳的人生,不可能有闲情逸致亲近书籍;何况他们多是文盲。我们的父母既然如此,我们也就不可能从小受到什么读书氛围的影响。而我这一代人本身,大多数是命运跌宕的人——"饥饿年代""文革""上山下乡""返城待业",有了工作不久又面临"下岗"……凡是对人生构成严重干扰的事,我这一代都"赶上"了——要求这样的一代人是有读书习惯的人,实可谓"站着说话不嫌腰疼"。何况,我这一代人还经历过十一二年举国无书可读的时期,那正是人最容易与书发生亲密关系的年龄。

所幸,二十世纪八十年代开始,中国极快速地扭转了无书之国的局面,遂使我这一代中的极少数幸运者,得以与书建立"晚婚"般的亲密关系。虽晚,毕竟幸运。不但自己幸运,也促近了下一代与书的关系,对下一代便也幸运。而我这一代的大多数,不但错过了与书的"恋爱"年龄,后来也难以与书建立"晚婚"关系,下一代对书的态度便也如父母般淡漠。

我这一代的下一代被统称为"80后"——他们是在电视文化的背景之下成长起来的。不久又置身于电脑文化、手机文化、碎片文化、娱乐文化的泡沫之中。总体而言,他们在声像文化的时代长大成人,大抵一无基因决定,二无家风熏陶,对书籍缺乏兴趣,实属必然。

前边提到,在某些国家,在漫长的时期,读书是人们打发"闲暇"时光的习惯。但如今之"80后",多数也已成了父母,上有老、下有小,生活压力甚大。而且,他们都被迫成了加班一族,多数人每天工作十一二个小时,早出晚归甚而夜归,除了天数多的节假,平日哪里有什么"闲暇"时光?故他们即使有读书心愿,实际上也难以实现。眼见得,"90后"甫一参加工作,很快也成了像"80后"一样的"辛苦人"。

前几年,《政府工作报告》中,曾号召"构建书香社会"。在全世界,唯中国政府一再鼓励人们读书,足见多么重视。"农家书屋"、"职工书屋"、校园读书月、街头爱心图书亭,愿望都很美好,目的只有一个,使读书之事,逐渐成为人的基因、城市的基因、整个国家的文化基因之一,以期使中国在社会肌理方面,能够自然而然地呈现出人人都感受得到的文化气质。

但,读书习惯是有前提的。倘人们一年三百六十几天中闲暇时光甚少,大抵是无法养成读书习惯的——神仙也难做到。而此前提,非个人所能心想事成。今日之中国，是到处加班加点的中国，仿佛不如此，中国之方方面面就会停摆似的。政府短时期内改变不了此种局面，"构建书香社会"的口号也就只有不再提了。

我们不妨推演一下——如果，从某年开始，普遍的中国城市人口（强调城市人口，乃因农村的实际居住人口，不可能与书发生多么亲密的关系），也享有相当充分的闲暇时光了，喜欢读书的人是否便会多了起来呢？

答案是肯定的——当然会。

但，不会明显多起来。

中国是一个从物质平均主义演变为贫富悬殊的国家，而曾经的物质平均主义时代，使人们对于贫富差距异乎寻常地敏感，并由此产生了心理贫穷现象，即虽然我的生活水平已大大改善了，可有人却过上了比我好得多的日子！于是愤懑与痛苦无药可医，也不是社会分配措施所能一下子抚平的。又于是，全社会笼罩在物质和金钱崇拜的价值阴霾之下，由而导致几乎与一切生活方面有关的实利主义态度。

"读书对我究竟有什么好处？"

"不读书对我究竟有什么损失？"

这两个正反归一的问题，委实难以极有说服力地回答得明明白白。何况，以上问题中的好处，是指立竿见影的好处；以上问题中的损失，是指傻子都不会怀疑的损失。那么，问题就更难以回答了。

而我想告诉世人的一个真相是——你是普通人吗？如果你是，那么读书一事，恰恰是可以改变普通人命运的事。进言之，书籍是引导普通人不自甘平庸的、成本最低的，也最对得起爱读书的普通人的良师益友。普通人，特别是底层的普通青年，除了此一良师益友，还能结识另外的哪类良师益友呢？即使你头悬梁锥刺股地考上了名牌大学，甚至是国外的名牌大学，一踏入社会成为职场人，不久你便会发现，其实社会不仅认学历、能力，更认关系、家庭背景以及由此构成的小圈子，而那正是你没有的，所以你很可能照样成为那一层级上的失意人。

君不见，在这个世界上，某些人不读所谓"闲书"根本不对其人生构成任何损失。特朗普的女儿和女婿便是那样的"某些人",全世界各个国家都有那样的"某些人",中国最多。即使他们,如果同时还是喜欢读书的人,也会进而成为"某些人"中显然的优秀者。

君不见,在这个世界上,另外的"某些人"起初只不过是普普通通的记者、科研人员、园艺师、教师,但后来,忽然成了社会学学者、科普作家、专写植物或动物趣事的儿童文学作家、史学家或哲学家——而此种变化,不仅提升了个人的人生价值,对社会也做出了超职业的贡献。

他们的变皆与爱读闲书有关。

说到底,爱读所谓闲书,表明一个人保持着对职业关系以外的多种知识不泯的获得欲望和探究热忱。否则,其变不可能也。

另一个真相乃是——人类的社会中从没有过这样的事——某人从少年时便喜欢读书,二十几年中爱好未变,但书籍对他的心智和人生却丝毫也没发生正面影响。

是的——古今中外,无人能举出这样的例子。但请别拿古代科举制下的中国读书人说事,那不是人和书的正常关系。

谁能举出一个驳我的例子来?

关于读书

散步有益于健康,读书好比大脑的散步。谁都知道,不管工作多忙,也要抽出时间散步的好处。我们的大脑同样需要放松一下。

对于我们的大脑,听一曲音乐是放松,欣赏一幅画作是放松,发一会儿呆什么都不想也是放松——许多人以为,读书反而占用了大脑的休息时间;这是认识的误区。

我们的大脑与我们的身体不同。

身体最好的放松状态是静卧,大脑的放松状态却有两种——一是什么也不想,二是转移一下工作指令,常言所说"换换脑子"。

"换换脑子"使大脑产生的愉快反应,超过于什么都不想。什么都不想只不过使大脑接收了停止活动的指令,那并无愉快可言。何况,往往难以做到。"换换脑子"却不同,这意味着用累了的脑区停止活动了，平时不太用到的脑区接收到了散步的指令；这时，只有这时，用累了的脑区才会真的渐渐小憩，而开始散步的脑区产生愉快。

我们应对自己的大脑有这样的认知——它分各个区间。脑的疲劳感，不是整体的疲劳感，是某个一直在用的脑区的疲劳感。而另外一些很少用到的脑区，像替补运动员，一直坐冷板凳，它们的生理反应是不愉快的。

我们在散步的时候，通常喜欢静的地方，负氧离子多的地方，有看点可驻足独自欣赏的地方——这恰恰如同读书的情形。

被长期幽禁的脑区在书页的字里行间散步，负氧离子如同好书的元素，某些精彩的段落如同风景，使我们掩卷沉思，而这是脑的享受。不要以为这还是在费脑子——不，这是最好的换换脑子的方式。费脑子是指某一脑区损耗太大，而另外的脑区仿佛没有用过。

人要经常换换脑子，以包括读书在内的多种方式换换脑子。起码，不应该只换胃口不换脑子。

中国人常羡慕谁有口福，对得起一副胃肠——但世上有那么多好书存在，一个人却几乎一生没看过几本，是否也太没有阅读之福了，太对不起眼睛、大脑、精神和心灵了呢？

所以，不想白活了一辈子的人，在换换脑子时，若能将读书的方式包括在内，肯定会大获益处的。

《人类简史》并非一部二十一世纪的启蒙之书。尽管此点已被证明是非常需要的，但实际上尚未出现。当然，我们指的是超越以往世纪思想成果的启蒙之书。人类文明发展到今天的程度，问题依然多多，启蒙变得相当不易——"世界平了"一句话，意味着大多数人类的思想几乎处在同一层面了。

在这种情况下，若一部书包含了一定量的知识；并且，作者对于自己所拥有的知识进行了独立思考，提供了某些与众不同的见解，那么便是很值得一读的书了——《人类简史》符合我对书的基本看法，故推荐之。

作者将比较之法运用得特别充分，证明其知识积累范围较广——书中引用了中国古代《风俗通》中女娲造人的神话传说；引用了狄更斯小说的内容；引用了古罗马诗人的《农耕诗》——给我的印象是胸有文学而非仅仅史料的信手拈来性的引用，于是刮目相看。文史重叠乃人类社会发展常态，吾国当代史学家能兼及文学素养者不多矣。

作者的另一种能力是——极善于将古今予以对比；他不是在进行单纯的线性梳理的讲述，而是不断地将目光从古代、上古代收回，投向现在，于是对比出种种感想，既分析出规律，也显示批判锋芒。

我并不全盘接受书中的思想，对书中的某些思想甚至持反对观点——如农业社会还不及以"采集"为生存之道的部族时期好等思想；但全书大部分内容所力图说明的思想我是认同的，即，人类的历史不但是曲折地进化的，而且在进化的过程中，所谓新与旧一向是部分重叠的。即使如今已经很现代了，但很古代时期的人类社会的基因现象，仍分明地点点滴滴地存在于很现代的人类社会中，证明所谓"全新的社会"，目前世界上还不曾有。

我推荐此书的主要想法是——希望读者从此书中学会比较的方法；希望读者明白，一个人的知识如果十分有限，便只能在十分有限的格局内对现象进行比较，而这妨碍我们对现象得出较清醒的判断。归根结底，在历史的长河中，一切当下存在都只不过是当下现象而已；一切当下人本身也只不过是当下现象罢了；我们生活在现象中，知识和运用知识所进行的比较之法，有益于我们处理好自身与林林总总的现象的不和谐关系，使我们自身能活在有限度的清醒状态下……

关于文艺和中国人的关系

不同的文艺门类，在不同的国家，与普遍之人们的关系颇为不同。若按关系的近远程度排序，则我觉得，不论在中国还是在任何一个别的局面稳定的国家——歌应列于首位。

歌与人类的关系实在是太悠久太密切了。简直也可以说，歌是人类文化的母体。在人类还以树叶与兽皮遮身时，肯定便经常集体地歌唱了——古人类独自歌唱的时候必然是少之又少的，因为独自生存并活动的他们少之又少。想来，在那时，歌唱自然而然地会成为凝聚古人类族群亲密关系的方式。至于他们出于何种目的集体地歌唱，没人能说明白。估计，某时完全无目的，仅仅为了表达共同的喜悦或忧伤，他们也是会情不自禁地歌唱的。

"唱歌"二字，细品味，似有古意。对于古人类，在无歌的情况下而唱，则歌即唱，唱即歌，"唱歌"有合唱之意。

倒是"歌唱"二字更有近代字性——证明许多歌存在着了，不论一个人或一些人，尽可以如愿而选地唱。

有选择地吃穿是物质发展带给人类的幸运。

有选择地唱歌是文艺发展带给人类的幸运，不啻也是精神幸福。

每一个国家都有国歌；大多数国家的军队有军歌；某些小学、中学、大学还有校歌；各民族都有流传久远的民歌——世界上没有任何另外的一种文艺享此殊荣。

举凡人类社会的方方面面，全都体现在歌中了，而且是以唱的方式体现的——以最少的字数表达人类对世界上大事小情的最富有感情的态度；可以独自轻哼低唱，也可以众人合唱，唱出宏伟雄壮的声势——其他一切艺术无法企及。

中国曾是诗的国度，便也曾是歌的国度。中国有五十六个民族，每个民族都有自己的民歌风格；汉民族人口最多，东西南北中各地区汉族，也都有各具特色的歌调。自古歌、曲一体，歌又派生出了无词之曲，进而派生出了各式各样的乐器。

中国不但是世界上民歌种类丰富多彩的国家，也是世界上乐器种类很多的国家。某类乐器的材质和造型，显示了古代先民敏感的发现力和就地取材以自娱以悦人的智慧。

故每一个中国人，是完全有理由因中国歌的丰富多彩而自豪的——起码，不必有任何自卑感。何况，中国人在唱歌和音乐方面所体现的吸纳性从来是可嘉的——目前的中国，也是世界上能听到较多外国歌曲的国家，我们自己的歌唱家和演奏家，也每以"洋唱法"和"洋乐器"演奏亮相国际舞台并受到欢迎，频频获奖。

强调歌与国人的密切关系，非指中国到处可闻歌声。歌虽带给普遍的国人听觉的愉快，但歌声不息的国家肯定也会使人受不了；而是指歌与广泛的中国人之经常性的关系，成为了歌与全人类之广

第八章 2002年以后中国文化的基因

泛的密切关系的决定因素——因为每五个地球人中,便有一个是中国人。

1980年以降,歌的创作在中国一个高潮阶段接一个高潮阶段,现时期难免显出了低潮迹象,原创性的新歌好歌少了。而原创性的新的好的民歌,更是少之又少——这是歌在中国的危机。

何时又能高潮来临?只有假以时日。

附　录

我的北语故事：校庆寄语

又是校庆活动周了。

宣传部高部长命我写一篇"我的北语故事"之类的文章，以予共庆——自然是要遵命的。

我从复旦大学毕业后，先在北京电影制片厂工作了十一年，自忖勤恳敬业，颇对得起北影；后在中国儿童电影制片厂工作了十四年，尤其无愧于心；2002年调入北语至今未退，算来十五年了。

北语是我工作时间最长的单位。

北语给予我的关爱是我没齿难忘的，简直也可以说是抬爱——而我最觉对不起的单位，就是北语。

大约2012年后，我不再给本科生上课，只带研究生了。虽也参与对本科生的论文辅导及答辩事宜，工作量总归太少了。工作量少而又每月开着在岗教师的工资，每使我心有大惭。我愿意的情况是这样——到退休年限了就该退休，退休了就应开退休工资；而学校有需要，当做到召之即来，尽量发挥点余热。

我对北语常怀的报答心是——既受十五年之久的抬爱，须以永是北语人为荣幸；人退情结在焉。

为去内心羞愧，我曾口头请退多次，起码呈交过两次书面退休报告。因我尚在全国政协届中，有继职的规定，学校爱莫能助，我也只有理解万岁。

我从是一名知青时起就与"故事"二字结下了不解之缘，至今创作两千余万字，构成文集 50 卷——多是虚构性质，"故事"也。我与北语，也是有些人事可写的，如同事友谊、师生友谊。但，那些不妨以后再写；在此校庆活动周，我最想坦言的是对北语的几点寄语，或曰希望，还有对北语又一届新生们的几点衷告。

一、对学校的希望

学校当以学生为主。

就目前中国的情况而言，若每一所大学都奉行精英教育，既不符合中国国情，也不符合大学教育之普惠精神，还不符合普遍之大学的生源现状。

我的判断是，国家虽然十分重视大学生就业问题，不断有新政策出台，但未来几年内，大学生就业仍将是中国式忧虑。估计，至少有 1/4 多的本科生或研究生，每年可能难以找到恰与专业对口的工作。

那么，这要求大学本科生或研究生，成为具有复合型从业能力的时代新人。

我所言"复合"二字，乃指具有跨专业转型就业的潜质。即使初时不顺，却能尽快适应。

一名有心理准备的学生，是完全可以通过自学和兼学达成此点的。

我所了解的情况是，大部分同学其实在大学的前三年并不会自觉地为自己想到。不少同学以考研为既定方针，以为文凭证明能力。

而即使研究生又毕业了，往往还是会面对找工作难的问题——这时，哪怕他们还有另一种不是专业强项的从业能力，也会柳暗花明又一村。

遗憾的是，他们大抵没有。

所以，我希望我们北语这样的大学，能在他们是北语学子期间，助他们有之。起码，使他们具有专业能力以外的另一种从业可能性，以备转型之需。不一定很专，也不可能很专——但有，终究比没有好。

进言之，我希望我们北语在培养能力复合型时代新人方面，率先走在别的大学前边，积累经验，以益学子，以益同界。

无非便是，推行"专业+"的教学理念而已。

至于怎样才能"+"得好，而非事与愿违，则须研讨。也须打破各院各专业"老死不相往来"的局面。要形成机制，支持和鼓励包括奖励教师在本专业外尝试开设新课程。要尽量使教师资源在不影响本专业授课的前提之下，通过跨部、院、专业的讲座，讲专业外的自愿选修课，更广泛地贡献才能。

比如，艺术学院为什么不可以有"艺术广告欣赏与设计"课呢？

这种课连我只要稍作准备都可以内容充实地讲上一个学期。

总而言之，我希望我们北语以后毕业的学子，若是理科的，在面对出版社、广告公司、传媒单位的招聘时，较有自信地说：

当记者吗？我也行。

当编辑吗？我还行。

当艺术广告文字工作者吗？我照样行。

类似能力，专业出身，有系统见识，自然胜任愉快。但其要领，对有悟性的学子而言，大学四年中认认真真地听十来次有水平的讲座，入门非难事，转型有把握。

我也希望，我们北语以后毕业的学子，若是文科的，计算机方面的常识也懂一些，进行电脑平面设计不在话下；甚至，连会计学、统计学、心理学、园林及景观设计美学的知识、能力，亦略通一二。

我校的艺术学院有一流的书法教师，有书法水平较高的学子，我希望调动他们的积极性，在全校开展业余书法活动。希望新生大三时，实行一次学子间的评奖及成果展出。我校书法爱好者多多，不乏热心的组织人——但以往局限于教职员工之间。

要将此有益的活动推广向学子。

据我所知，一名学子若有此长，不论求职还是进入了职场，都较受欢迎。

我希望在新生中举行一次歌词大赛，内容可多向一些——亲情、友情、爱情、乡情、自然美、宠物萌，都可以写；不非以革命豪情为上等，凡有益于人性愉悦，当皆视为正能量。

若果能评出好的，请我校高人谱曲。甚或，请知名作曲家作曲也在所不惜。最好，由艺术学院自己的师生来唱——保留在校网站，作为此届新生留给母校的纪念。

我希望在新生中举行一次艺术广告设计大赛，暂可仅限于平面的——任何商品都可以，说不定会有商家相中呢！

我希望我们的新生是藏龙卧虎的一个大群体——果而如此，希望他们着力显现。若不是我想的那样，我希望北语将他们连自己都不知道的，却可能有的潜质诱发出来，逼将出来！

总之，我希望我们的北语，在我退休以后，成为一所有声有色的，能力表现活动较多的，每一名学子毕业时除了专业能力另外至少还有一种从业能力的——培养复合型时代新人的，教学方式方法创新型的大学……

二、对学子们的希望

同学们好！

北语的平均分数线不低，有的专业分数线还蛮高；诸位成为北语学子，证明考试能力较强。

考试能力当然也是一种能力，甚至可以说是某几种素质的综合体现——领悟能力、刻苦程度、学习方法、考场发挥状态……这些起决定性作用的前提，当然也是素质的综合体现。

但人须对自己的头脑有全面的认识，它分为各种脑区。你们不得不承认，从小学三四年级到初、高中，用得最狠的其实只不过是记忆脑区，方法是海量地看、背、记。那种背与记的勤备现象，若一一写来叹为观止。而你们另外的脑区，相当长一个时期内处于假眠状态。它们究竟有怎样的潜力，往往是连你们自己也不十分清楚的，因为很少被发现、激活、调动和运用。

外国的高中生要考入一所好大学，也很可能像你们似的。全世界如此，古今如此。"头悬梁、锥刺股"者，他在那干吗呢？背也。

此种励志精神是古人的夸大其词，中国古人有这种毛病——真那样，半年后身体就完了。

好大学对于学子的意义在于，深谙以上情况，善以科学的教学方法，营造活跃的学习氛围，及时地助学子开启另外的脑区的"箱盖"，将其中假眠的能量释放出来，看它具有怎样的华彩。

我所了解的北语，一向是这样做的。

不是说一入了大学之门，记忆的能力就不足论道了。

好记忆永远是好头脑的标志之一。

好记忆会使人终身受益。

但作为一名大学生的头脑，仅具有好记忆太不够了。

多年以前，我曾与几十位德国文化界人士座谈，担任翻译的是某著名外语学院德语系的才女，即将毕业的研究生。德国朋友们对中国古曲诗词感兴趣，我背《静夜思》，请译。

不料她说："你这不是成心难为我吗？"

场面尴尬。

过后我明白了——她不能将"床前明月光，疑是地上霜"这样的诗句，首先快速地在头脑中转变为白话。在胡适的《白话文学史》中，《静夜思》是白得不能再白的白话诗。

她可以译白语，却译不了四句白得不能再白的白话诗。

她被视为才女，倚重的仍仅仅是自己的背功和记忆力。虽已是即将毕业的研究生，另外的脑区似乎仍在假眠。

而这也说明，单靠背功和记忆力而优的学习能力，确乎并不就等于是从业能力。

据我所知，工科学生在校所学的知识，就业后如果与专业对口，十之七八是应用得上的——所以工科生的学习态度普遍较努力。

问题是——如果对口择业的愿望一挫再挫呢？

如果转型择业势在必行呢？

那时还靠什么能力择业？

理科生若实现专业与职业对口，基本上非读到博士不可，那也只不过有"对口"之可能。大多数硕士生，能进入对口单位就不错了，具体工作还往往与专业无关。

所以我要强调，理工科专业绝不意味着将来的铁饭碗——"专业+"同样对自己有益。若"+"文科能力，我认为更有益。

文科大本生、研究生在校所学的知识，十之七八其实并不能以后直接用在工作中，只有极少数博士生才能幸运地学以致用。

但这并不等于说文科知识毫无学的价值。恰恰相反，其价值决定文科生较对口地从业后的"厚"或"薄"。

不论在中国还是在外国，文科出身的文化记者，一向比新闻专业出身的记者更受被采访者的欢迎。文科出身的文化记者，比新闻专业的更有条件成为文化学者——外国的许多人文社科类好书，往往是文科出身的文化记者所著。

关键在于，自己是否能将在校所学的知识用活。肯学，用得活，多看，多思考，自然渐"厚"。否则，真的白学了。

全世界绝大多数人文社科及文学艺术类好书，往往是文科出身的编辑编的。若自己不"厚"一点，就当不成好编辑。

期坦福大学校长坦言中国留学生缺乏学术探讨激情，他所针对的主要是中国留学生中的文科生。

文科生最短的短板是阅读量少；最令人遗憾的问题是不动脑，对讨论无兴趣，只在乎考研究竟考什么——在此点上，也体现为"精致的功利主义"。

而学习方面的"精致的功利主义"是误人害人的。短期内会尝到点儿甜头，长远看害多益少。

我一向认为汉语言文学专业学子的底线能力是评论能力。无此能力，也几乎等于白学。而有此能力，当中学语文老师都会当得好一些。评论的能力若有所延展，几乎对一切文艺现象都可发表非人云亦云的真知灼见。

我从没为别人开过书单，就要退休了，冒昧向大家推荐几本书吧：

《哈佛极简中国史——从文明起源到20世纪》——［美］阿尔伯特·克雷格；

《美国简史》——王毅；

《中国人的修养》——蔡元培；

《中国人的气质》——［美］明恩溥（这本书的人文认识价值并不大，只作为蔡元培先生的书的对比书推荐）；

《白话文学史》——胡适；

《西方美术史话》——迟轲；

《中国哲学简史》——冯友兰；

《等待戈多》——［爱尔兰］萨缪尔·贝克特；

《分裂的天空》——［德］克丽斯塔·沃尔夫；

《地下室手记》——［俄］陀思妥耶夫斯基；

《犀牛》——［法］尤金·尤涅斯库。

再推荐几部电影：

《血战台儿庄》；

《莫斯科保卫战》；

《战马》；

《钢琴家》；

《海上钢琴师》；

《楚门的世界》；

《西蒙妮》；

《罗拉快跑》；

《教父》；

《卢旺达饭店》；

动画片《夏洛特的网》；

儿童电影《北极历险》；

《疯狂的麦克斯》（1、2）。

留四道思考题，有感觉的同学，可试着写写短评：

1. 为什么会推荐你们看《疯狂的麦克斯》？

2. 从网上搜出阿尔塔米拉的山洞中的岩画《受伤的野牛》与亚述时期的浮雕《濒死的雄狮》——凝视地看，问自己除了已有评论，还看出了什么？

3. 对比法国名画《自由引导人民》，看珂勒惠支的《农民战争》，问自己发现了什么？

4. 欣赏西方油画《拾穗》《石工》《收割者的报酬》《垛草》

《不相称的婚姻》《死刑囚徒》《伏尔加纤夫》，联想点与文艺有关的现象……

至于国产影视作品，你们看得肯定比我多，不荐了。

最后，我希望此届文学专业新生中，有人在考虑论文时，确定有几篇与歌曲有关的选题——1980年至1990年的，1990年至2000年的，2000年至2010年的……

先有三篇即可——文学专业不必非局限于文学，当然可以向文艺现象拓展视野。那三个时期的歌曲现象，时代认知元素极其丰富。我早与学校打过招呼；本科论文完全可以写的。

若果有同学写了，我那时虽已退休，仍会参加答辩评审。

要对你们说的很多，且收笔吧！

希望大家爱北语。

祝大家在北语的学子人生愉快，收获大些……

亲爱的同学们：

之前已有另一种形式的寄语了，校领导们希望再以此种方式，代表老师们对大家表示欢迎。由我来代表，并不意味着别的，主要因为我是在职老师中年龄最长者。学校前几天开过一次对老师们的表彰大会，有一份受表彰者的名单；那份名单证明，北语有一批中青年教师，在专业方面卓有成就，获得过各类学术荣誉。所以我首先要对大家说的是——今后要认真听各科老师的课，虚心向他们求知问学。

学习之事，固然有方法可言，但前提是"自觉"二字。对于大学生，自觉之有无尤为重要。大学老师不可能像小学、初中、高中老师那样对学生督促再三，那是对孩子的教诲之道。即使一名高中生，也每被家长和老师叫作"这孩子"。而高中生一经成为大学生，身份顿然转变，从此不再是孩子，而老师也终究不是家长。所以，请大家忘记自己是孩子，那已是曾经之事，或曰人生历史了。故，学习之自觉，应是大学生之本能意识。有此意识，诸位就不但会学到专业知识，还会学到专业以外的方方面面的知识；包括学习做一个好人。

天生的好人是有的，不多。更多的好人是学着做的必然结果。已成为大学生还要学做好人，有点晚，却并不为时甚晚。

1949年10月1日的天安门城楼上，有一位着长衫，白髯及胸的老人，是当年中国民主同盟的主席张澜先生。

他不但是一位伟大的民主人士，还是一位教育家。他曾对他的学生们提出过"四勉一诫"：

人不可以不自尊，人不可以不自爱，人不可以不自强，人断不可以自欺。

德高望重的人也是会受到攻讦的。某乡绅不失一切时机地造谣，诬蔑他。学生们愤慨至极，写打油诗反击，并且贴在对方门外，以示正义。张澜先生肃然地命学生们亲往揭去，并向对方当面赔礼道歉。

他说：否则，我们与对方没有什么不同了。

我希望大家记住——受过高等教育的人，应与无此幸运的人有所不同。这不同不但要体现在知识方面，还应体现在做人方面。并且，成为父母后，尤应将这不同，言传身教给下一代。那么，很多年以后，在欢迎新生的仪式上，大学老师就不必讲这些了。

大学生要养成爱讨论的习惯。

一所大学怎样，也要看其是否具有讨论的氛围。此氛围不能由老师们单方面形成，主要靠学生。有些话题不值得介入，是垃圾话题。你们要善于将垃圾话题阻于宿舍以外，自己更不要做带入校园的人。

给大家留两个思考题：

自尊与自爱有什么区别？

自信与自欺又不同在何处？

我已为你们开过一份人文知识常识性书单，再加一本书——《我还是想你，妈妈》。

看此书需特坚强的心理。老实说我没看完，并且不打算看完了，因为我的心理不那么坚强。大家也不必非看完，看三五篇即可——"二战"中法西斯军队的罪恶，远比人们已知的要深重。

我们正处在一个被影像文化所包围的时代，也处在一个很容易被声色效果所异化的时代。连我有时都不禁暗想——看来文字影响人心的时代，确实将要翻过去了。

以上一部书告诉我——我错了。不是那样的。对于人类之心灵，文字仍具有影像和声色效果每每不及的影响力。没有影像，没有声音，没有色彩和气味，没有任何会使我们的视网膜产生强烈反应的元素——只不过是印在白纸上的普通词句，孩子般的回忆式话语，竟会使人心受到经久难平的震撼，多么不寻常的事啊！

我要大家读此书，也是希望在此影像与声色几成污染的时代，唤起大家对文字的尊敬和热爱。

我也要再向大家推荐两部电影——《心灵捕手》和《跳出我天地》，网上就可以看到的。如果有同学已成了只喜欢看炫特技的大片的人，因而看不下去，那么要问一下自己，怎么就变成了这么一种人？

大学生不是喜欢看什么才看什么的人。

大学生是清楚自己也应看什么的人。

建议同学们看过后讨论一下，如果自己是评委，在《摔跤吧！爸爸》与《跳出我天地》之间，投票时是否会毫不犹豫。

我并不排斥特技，《星球大战3：绝地归来》我也是要看的，据说体现了新思维，眼见为实。

我建议大家看一下《疯狂的麦克斯》。

有同学一定不解为什么。

估计大家也不知有什么可讨论的。

现在我提示几点：

片中之男人们的发式，都类似朋克们的发式。

朋克是二十世纪七十年代中期的青年现象，之后影响波及方方面面的文艺，产生了朋克文化现象。

当年现实中的朋克青年，其实多是曾经的文艺青年，总体上待人彬彬有礼，有的还很腼腆，容易害羞——在影片中，世纪末的朋克，发式相似，但已总体上是暴力主义者。估计很文化的朋克或死于恶劣的生存环境，或被他们杀死了。

当代人类是现在这个样子，乃文化所化千余年的结果，主要变化发生在近代二百余年内。但若退化回去，也许几年的时间就够了。

片中还有一个小孩子，他已极具攻击性，变得和野人的孩子一样野了。

将后朋克文艺与无厘头文艺比较一下，是有讨论意义的。

联想一下《功夫》一片的结尾，看能比较出什么思想火花。

最后我要说，喜欢或不喜欢什么，这是感觉之事；而主张或反对什么，是思想之事、文化之事——我们正处于文化文艺现象芜杂多变的时代，倘不勤思，确实的，有文凭了，也许还会是思想盲从、无独立见解之人。

愿大家在北语培养起思考的习惯！

我的中国感受

十五年前，我第一次参加全国政协会议，在我们民盟的一个党派组，大家热烈讨论"三农"问题——民盟有关注民生，特别是关注"三农"问题即农村经济发展、农民生活质量及农民子女教育问题的传统。民盟前辈如张澜、陶行知、沈钧儒、梁漱溟、费孝通等，不但对农民怀有深厚感情，而且本身便是力求探索出改变中国农村落后面貌之路径和经验的实践者。张澜、陶行知是中国近代教育史上为农家儿女办学的著名教育家；沈钧儒曾试图将法治理念和制度普及农村，以取代许多农村所沿袭的私刑特征明显的宗族裁决现象；梁漱溟在二十世纪三十年代，一心想要凭一己热忱树立起中国好农村的几处样板；而费孝通自改革开放始，对乡镇企业发展所提供的预见和指导，当年影响广泛。

在十五年前那次会上，由于我情绪失控，言辞过激，不得不暂停讨论。重新开会时，我受到了批评教育。

当时的讨论主要集中于两点：

鉴于大多数农村中小学校基础建设破败，例如没有操场，厕所很不像样子，教室属于危房；鉴于仅靠"希望工程"不能尽快地完成对农村学校现状的全面改造；鉴于当时的中国农民仍背负着缴纳公粮的压力——我强烈呼吁中央政府理应加大助农投资。

第一个问题，连带出了第二个问题——中国当时的蛋糕虽然已经做大了些，但其"大"够不够如我所希望的那样，能在短时期内全面改变农村学校之现状？

反对意见是——不要向国家提出无法实现的建言，给国家时间先将蛋糕做大，再做大。

而我针对第二个问题的反应更加激动，也更加强烈地主张——做到多大才够大？为什么不可以边做边分？

当然，那时也是边做边分的。只不过在我看来，切给农民和城市贫民的份额太小了。

如今想来，一些个知识分子教授学者，聚在一间会议室内，为"三农"问题争得面红耳赤，端的挺可爱的。

那时中国经济总量的超越目标是日本。

在第二年的全国两会上，中国取消了对农民征收的土地税。

现在，中国的经济总量早已超过日本。中国农村的大多数中小学，硬件方面基本已不令人忧心忡忡。城镇化速度的加快，使"空巢农村"多了，荒村多了；县镇周边的农家，不少已成为县镇居民了。他们的儿女、孙儿女，也能进入县镇的幼儿园和小学、中学了——当年"希望工程"和各级政府投资建成的学校，于是成了"遗址"，结果只能是有朝一日被拆除。

党的十九大提出的建设美好农村家园以及旨在面向农村精准扶贫的愿景，意味着对农村所进行的第二个历史规划开始实施。历史留下来的问题解决了，发展中的问题随之产生，后一种问题解决起来也许更难。但，中国既然确实已经在一定程度上改变了旧农村的面貌，在一定程度上提高了农民们的生活水平，我就比较相信中国也会有能力破解发展中的问题。至于将以怎样的新成果证明那种能力，只有拭目以待。

在十年前的"两会"期间，在一次多党派的联组会上，当着胡锦涛总书记的面，我做了一次关于文化问题的发言，内有"文化在政治之上"一句话。我本不想发言，尤其不愿就文化问题发言。在我看来，对于当时的中国，严峻的问题是腐败。作文化问题的发言，是给我的任务。任务的意思就是，不好坚拒的。

当年的文化是否呈现出了问题倾向呢？

已经呈现得很明显了，如娱乐文艺已开始泛泡沫化、滑向低俗化；连电视文化，也开始奉行唯收视率论；价值观倒错的古装电视剧反而大卖其钱，现实题材越来越少……

但我认为，根源问题是如何看待文化作用。

倘若某些同志仅仅将文化视为工具，甚至仅仅视为代表人民拥护政府，代表政府教育人民的工具，久而久之，必然脱离人民，异变为功能消退的文化——而娱乐文艺的大行其道是反弹现象。

我相信文化化人的功能。

归根到底，人类需要文化，源于好的文化引导人们做好人。

究竟是好人多起来了，社会才容易变好，还是社会变好了，好人才会多起来——古今中外，争论不休。

我的看法是——全人类还没有任何一个时期是被一切人认同的好社会；只要发展目标是向好的，文化则恰会在这样的时期将化人的功能发挥得较为理想。于是，社会、人和文化，呈现为同步向好的状态。

而我所言的好人，当然不是老好人，中国从来不缺老好人；而是与社会发展大趋势相一致的，具有现代文明素质的人。

当年腐败何等猖獗，故我认为文化的主要任务是"化"为官之人。他们都是政治人士，所以我强调"文化在政治之上"，而且进一步说，"这是常识"。

文人议政，内心渴望有机会谈的是腐败问题，偏偏规定的发言内容是文化，只能借题发挥，泛谈文化，曲指腐败。原本题目便是《论文化在政治之上》，未被批准，便将一段议论夹在稿中，预先送审后被删去，现场发言时凭记忆说了出来。

全场肃然，估计皆心领神会。

散会时胡锦涛总书记与我二次握手，沉思道："各时期有各时期的文化任务。"

盟里的同志都对我的发言持肯定态度；而我却很郁闷，告诫自己——以后要么根本不发言，要么直抒胸臆。曲晦的表达，不可再次。

自古以来，中国人每将曲晦文风视为高明，实大谬也。

议政之言，我觉得还是以"直"为佳。

七年前的"两会"期间，在全体民盟委员的大组会上，时任政协主席的贾庆林听会——忘了发言题目是任务还是我自选的了，总之与腐败有关的。

我发言的题目充满火药味，居然是《誓与腐败决一死战》。

那一时期，腐败似乎已成痼疾，没治了似的。而国人谴责腐败的言论空间却越来越小，几近于无。像我那样的文题，即使出现在网上，也会很快就被屏蔽的。

"地火在运行""腐败已到了公然蔑视人民容忍底线的程度""中华民族又到了最危险的时刻""不与腐败决一死战，犹待何时?!"——发言中不乏此类慷慨激昂之语，气势咄咄。

如今想来，只不过是文化知识分子的正义冲动罢了。在封闭的空间、限定的人中，既不能见诸于媒体，会议简报上也不会出现——实在有点儿自己嘴上一时痛快的意味。

发言甫一结束，我便起身离开会场，到外边吸烟去了。对别人的感觉如何毫不在乎，自己心潮起伏倒是真的，只有靠尼古丁来平复一下情绪。

会后别人告诉我——我离开会场后，贾庆林悄悄问我们民盟中央主席蒋树声："这位委员可是作家梁晓声？"

蒋主席回答："是的。"

贾庆林主席评曰："印象深刻。"

腐败绝非几句正义冲动式的话语便会使之收敛的，也绝非几篇声讨檄文便会使之胆怯的。见诸媒体了便又怎样？依然蔑视便又怎样？

但——党的十八大后，对腐败所采取的凌厉的遏制和惩办行动，终于开始了——五年前再开"两会"时，我由党派组分到文艺组了。文艺委员特别多，二百余人，举凡各文艺门类代表人物应有尽有。除结合《政府工作报告》之集体学习讨论，除对财政部的年度报告及"高法""高检"的年度工作报告发表意见，我在分组会上听到的发言，基本是对文艺界情况的各种交流矣，如开文联代表大会。

分界别且再分组的好处是，人人的发言机会都特别充分，谁想仅听别人发言而自己并不发言根本不可能。仅分组讨论阶段，每人至少轮到三五次发言机会。如果一个人自己是畅所欲言的，那么其感想和意见，无疑会获得极充分的表达时间。而讨论效果的局限性也是显然的——五年内一位委员在讨论时只能听到本组他人的发言，信息量的范围一年比一年狭窄。为了弥补这一遗憾，当日简报按时送达各个房间，还会举行起码两次联组会议，还有起码两整天的大会发言，于是所有人都有机会听到其他界别的委员的推选发言。

然而推选发言只能是一事一议式的发言，肯定不如听其他界别的分组讨论那么内容丰富。

这使我颇为怀念自己在民盟组时的情况，不论分在哪一组，委员成分都很广泛——各省党派官员如副省长、副市长，人大政协的副主任、副主席，各厅、局副职干部，各大学校长，各业界专家学者、代表性人物同在一组，发言内容自然涉及方方面面，信息量大，所能现场聆听到的即兴式的见解也往往非是在联组和大会发言中常能听到的。

自从归入文艺组之后，五年中我发言甚少。因为，民盟在一定程度上改变了我，使我更加成了一个近乎本能地关注包括"三农"问题在内的民生问题、社会公平问题、腐败现象、教育与医疗改革等措施的人——对于文艺界的事，反而关注甚少，相当隔膜了。

如今，我看中国的理念是这样的：

首先我要自行地整合各种信息和个人感受，判断每一届国家领导人只不过是要尽可能地维持现状呢，还是要尽可能地在现时期有所作为，力所能及地促进国家的发展，人民生活水平的进一步提高？

并且我要求自己理性地看待中国的当下现实，思考哪些是目前可行的，哪些是未来可行的？目前可行的他们想做不想做？而对条件确实并不成熟，不管谁做起来都会完全没有把握，结果难以预料之事，我则不作过于热切的期望——我认为不论此类期望多么符合个人的理想，对于具体的当下执政者，都是不切实际的。

而对于目前可行的于国于民有利的事，我也不但要看执政者们想做不想做，做得怎么样，还要看如果其做法并不得当，引起质疑，他们是否听得进？是否认真对待？是否愿意改变做法，改变得及时不及时？我认为，不论身为有党派人士，抑或国人一员，在此点上，都有不可让渡的发表意见的权利，这权利也是每个人对我们共同拥有的国家的普遍责任。

而若从以上三方面来判断党的十九大以后的新一届领导人们的执政纲领，那么给我的印象是：

新一届领导人们肯定是想做事的。

党的十九大报告显示，他们想做的事，肯定是利国利民之事。

有些事既是他们的愿望，同时也是人民的愿望。有些事已经开始做，有些事即将开始做。身为中国人，我自然祝愿都能做得实现预期。

我关注到了某些基层具体做法上的极其不当的现象；我也关注到了质疑之声。我认为对错误做法的纠正还算及时，证明两点——群众意见的表达越来越成为责任自觉了；官员们也能知错就改，并非一意孤行。

发展是必有目标的。

目标的实现是需要口号的。

我拥护这样一些国家口号：

"共享改革成果"；

"人民的福祉就是我们的奋斗目标"；

"关乎人民利益的事无小事"；

"反腐在路上"；

"精准扶贫"；

"绿水青山就是金山银山"；

"建设美好农村"；

"保持'四好'公路"……

这些口号有实质内容。

我不喜欢对于我们国家的如下形容：

"我们的国家厉害啦"；

"辉煌盛世"；

"中国引领世界"。

我认为这些中学生作文语言般的说法，既不符合中国的全面国情，也太张扬，会给别国以中国在自我膨胀和陶醉的不良印象——我将会尽快向有关方面反映我的意见。

我的中国梦

中国之发展变化，中国改革开放四十年来所取得的各方面的成就，不但使相当普遍的国民产生了切身感受，并且已被国际所承认。

身为作家，我一向认为，若眼见假丑恶现象分分明明地存在着而不发批评之声，是不正派的作家。反之，若自己国家的进步也是分分明明的事实，却佯装视而未见，听而未闻，也是不正派的作家，甚至连正派的中国人都不配是了。

做正派的中国人，是我做人的底线。故，祈祝我们的国家早日实现中国梦的热望，每使我的头脑中产生诸种对中国未来的向往，或可曰为"个体中国梦"。

一、我想早日看到，目前已经退休的企业工人们，他们的最低退休工资不低于每月4000元。那么，夫妇双方的退休工资将不低于8000元。以东三省为例，目前企业退休工人的最高工资不超过3500元，很接近4000元了，但能拿到3500元退休金的人极少，绝大多数人的退休金在2500元至3000元。而退休金低于2500元者，仍大有人在。一对夫妇的退休金加起来5000元多一些的，为数不少。退休金仅在2000元左右的人，也很有一批。这样的夫妇，若一方常年生病，夫妇二人的晚年生活便会陷于贫困。

目前已经退休的企业工人，多为当年的"知青"。这一代人，整体上命运多舛——困难年代、"文革"、"上山下乡"、返城待业、中年"下岗"，中国的弯路和改革的阵痛，使他们退休前的人生坎坷，心理伤痕匪浅。我希望"共享发展成果"的国策,能早日向他们倾斜一下。每月 4000 元的退休金,才可保证他们的晚年生活相对幸福。虽然,幸福的内涵是多方面的,但对于他们,每月多一千几百元的退休金,会给他们带来特别实在的幸福感。并且,也会减少他们的儿女的生活压力。

二、我想早日看到,在以后的几年内,《劳动法》重新被重视。当年中国颁布《中华人民共和国劳动法》(以下简称《劳动法》)时,不论国企或民企的头头们,有不少人是不支持的,有人甚至很抵触,公开的反对之声亦不鲜闻。他们认为,中国有中国的国情,国企民企都在发展的爬坡时期,《劳动法》一旦颁布,执行起来有难度。若国家强调严格执行,必然影响企业效益。

当年我已是全国政协委员。

当年我立场坚定地支持《劳动法》的颁布,并且态度鲜明地主张——一经颁布,当然要严格监督执行情况,当然要引导职工自身特别是工会干部首先加强对《劳动法》的认识觉悟。

《劳动法》是保障各行各业工人幸福指数的国家大法之一,具有与其他法律、法规同等重要的严肃性,不容轻视。工人加班加点,延长工时,必须出于自愿。即使在自愿和给予加班报酬的前提下,对延长工时也应有所限制。工人毕竟也是人,《劳动法》旨在保护工人们的健康不因长期加班加点严重透支,健康情况日益下降,受到损害。同时,也是为了生产安全起见。

《劳动法》颁布后的当年,各级政府尤其媒体,确乎对执行情况予以过监督,也确乎对阳奉阴违的现象进行过曝光、批评和警告。

但近十年以来,不知为什么,对《劳动法》的执行情况,几乎无人关注了。

而现实是,不论国企民企,加班加点每成常态,不延长工人工时的企业反而成了少数。严重违反《劳动法》的情况,民企多于国企。在那些民企,加班加点并不按《劳动法》规定给予报酬。它们大抵是生产低端商品的厂家,职工大抵是体力劳动者或粗简型流水线工人。这使厂方很大爷——愿干不干,不干立刻走人。工人因为自身缺乏劳动技能,唯恐离开之后再难找到工作,只得忍气吞声干下去，这助长了厂方的强势。

较大甚至超大型的企业、公司，情况是否会不同呢？

据我所知，也不尽然。某些著名公司，甚至公开宣称加班加点应是本公司文化，竟将习近平总书记"撸起袖子加油干"的口号，作为弹回质疑声的盾牌。似乎不明白，习近平总书记那口号，不是向工人发出的，而是向干部发出的。

在那样一些公司，员工大抵为"80后""90后"。多数"80后"已做父母，并且仍是儿女，上有老，下有小，却经常要加班两三个小时，有时甚至四五个小时，十点以后回到家里，似乎成了他们的上班规律。这不仅严重影响了他们小家庭的生活品质，也严重影响了他们对父母应尽的孝心。最违背人道的，是严重影响了他们的健康，中年以后，必会因为青年时期的身体透支成为早衰多病之人，而这也肯定会增加国家医保的负担。

所不同的是，较大公司、大公司和著名公司，是给予加班职工报酬的，往往还会以加班是否积极，来作为评定年终奖的条例。这实际上是在利用金钱作用，诱使职工进行透支性的脑力或体力劳动——在某些国家，若有职工诉诸法律，一告一个准，这些公司不但必受到法律制裁，而且还会受到社会谴责。表面看来，加班与奖金挂钩，似乎符合多劳多得之原则，但一名不情愿那么晚下班的职工却难以做出不加班的选择。因为其不加班的选择，也会影响班组和全部门的奖金之多与少、得与失。一言以蔽之，每一名职工都被加班绑架了。而部门的头头脑脑是无须加班的，可以到点即下班，因为他们的奖金根本不与加班挂钩，另有评定条例。这使企业或公司的管理者与职工之间，不可能同心同德，几乎必然地逐渐离心离德。在职工方面，加班往往表现为一种形式，以熬时间的消极态度来对待加班这件事，延长工时与劳动成果之间，大抵不成正比。这种情况也体现出所谓劳动资源部的愚蠢无能——他们在制定劳动条例时，除了"周扒皮"那套伎俩，贡献不出更有利于激发职工劳动积极性的方法。进言之，他们所制定的条例，完全是站在企业或公司单方面的利益立场上的思维结果。而好的人性化的条例，则是兼顾劳资双方利益的条例。正因为也考虑到了职工们的利益，必然会受到职工们的拥护,热爱单位遂成良好的企业或公司文化氛围。相比而言,国企在此点上普遍做得比民企好。因为大多数国企领导,毕竟很在乎职工对他们的认可程度,头脑之中毕竟不同程度地继承了也应该体恤职工的传统。若国企职工普遍的不满情绪高涨,国企领导的位置很可能就坐不稳了。民企老板无此之忧,头脑中也不会有什么体恤职工的传统存在。他们头脑中所形成的,是极其单纯的劳资利益彼增吾减的对立思维。自己一心要获得最大化的资方利益,当然只能以怎样使职工的利益最小化为思考出发点。

放眼望去,中国到处一派派加班加点,延长工时的透支性脑体力劳动现象。仿佛不如此,中国之发展就会止步似的。

平心而论,在目前的中国,特别严格地执行《劳动法》是不现实的。不论国企民企,都可能为支援抢险救灾、进行科研攻关、保证某类重要工程按期完成而要求职工加班加点。即使仅仅是为了保证大家订单的如期完成而要求职工加班加点,也应是被充分理解的。而且,有些特殊职业的从业者,如交警、民警、医护人员、环卫工人等,加班也确成职业常态,全世界各国无不如此。

我强调企业和公司职工透支性劳动的问题,乃因他们从事的大抵非属特殊职业,还因他们在所谓劳资关系中明显处于弱势。更因为,他们不但在中国劳动者中人数最多,不少人的身体健康也确实受到了损害,生活幸福感确实受到了严重影响。一半左右的中国"80后"已因而身心疲惫,"90后"正步他们的后尘,也将成为中国最疲惫的人群。

国家发展的宏观宗旨,毕竟不是使人都陷于机器人般的脑体力劳动之境,而是相反,为了使人享有较多的非劳动时光。

我盼着这样的一天早日到来。

三、我希望中国的将来,从市到镇,医院多些再多些;设备全些再全些;就医环境好些再好些。

近年以来,包括北京、上海在内的大城市,社区医院的发展速度相当快,设备也较全。有的社区医院,配备了透视机和B超机,常规验血也能做到,在一定程度上,确实缓解了大医院患者云集的状况。

而某些省份的镇医院，设备和医治功能，则远不如大城市的社区医院齐全。若那些镇离县城近，其实并无多么齐全之必要。但若离县城较远，且周边农村人口密集，便显然应有进一步提升硬件设施的考虑。

由而想到，当下之中国，为以后国人能获得更及时、更便利、更有效也更好的医疗服务，须着眼于长久，确定像"精准扶贫"一样的目标和计划。首先，应分析国际资料得出大数据性的结论——做得好的外国，平均多少人口拥有一所医院？什么规模？设备如何？再从中国人口众多和国家的实际经济能力出发，制订可操作的方案，即，若别国二十万人口拥有一所什么样的医院，中国三十万甚或四十万人口可否拥有同等医疗水平的医院？以人口多少类推，五十万人口的县城应拥有何种规模的医院？百万以上人口的地级市应拥有怎样的医院？二百万以上或更多人口的城市又应拥有怎样的医院？几所为宜？

有了以上结论后，应写入"五年计划"，应由中央和地方财政共同拨款，一年接一年地予以完成。像保证到某一年，国人的普遍退休金要实现怎样的增长那么去努力奋斗。

有一种观点认为，硬件不重要，软件才重要。即使硬件齐备良好的医院在某地的数量够了，医生的总体水平跟不上，有了岂不是也等于白有？

我的观点相反。在这件事上，我是"硬件第一"主义者。依我想来，若一所镇级医院连 B 超机都没有，就永远不可能有诊断经验丰富的 B 超医生。同样道理，一所县级医院若无 CT 机，或虽有，是老旧该淘汰的，那里的医生面对病情难以确诊的患者除了往地级市医院支，也不可能会有另外的作为。二十年前，媒体曾曝光过这样一件事，在一座省会城市的医院里，CT 机明明已失去了正常工作的机能，却仍被应用着。而医生被要求，不管怎样，先让患者在本院做一次 CT，把钱留在了本院后，再支患者到别的医院也不迟。

确乎，即使设备齐全了，医生们的水平也未必能一下子就提高上去。但一个普遍事实是——最难治的疾病，如癌症，在全世界的药物治疗现状都是差不多的，早期确诊和手术水平才是决定治疗效果的关键。而一所医院若医疗设备不达标，医生们早期诊断的水平就成了一句空话。就连手术水平，也不是什么名医神话。现在，不依靠先进医疗设备而单凭经验成为名医，才是真正的神话。只要设备齐全，许多医院都逐渐会产生经验比较丰富的名医。

　　简单地说，我希望十年以后，许多中国的癌症患者，即使在地级市的医院，也能获得早发现、早手术、手术情况大抵一流的诊治。并且，他们绝不会因为没到北京上海的大医院治疗而后悔万分。而北京上海的医院，除了服务于本市人，再就是起到医治罕见病例的作用。应建立一种特殊通道，鼓励和奖励名医参与力所能及的远程影像会诊，更应鼓励和奖励他们亲自到地级市去"传帮带"，使地级市重点医院齐全的、先进的医疗设备与医生们的医疗水平的提高相匹配。

　　总而言之，若十年以后，中国大多数地级市的重点医院，也能在实际上成为具有较高的救死扶伤水平的医院，而且获得当地人们的信赖，那将是中国人的多大的福祉啊！

　　四、我希望那样一种个人愿望成为现实——中国各大城市的名牌大学，比如"211""985""双一流"等大学，能有一部分迁到地级市去。而且，首先应迁到经济发展较滞后，但自然地理条件很适合大学存在的地级市。

　　名牌大学集中于甚至可以说拥挤于大城市的现象，是非常有中国特色的现象。好大学根本没必要全都拥挤在大城市。依我想来，越是好大学，越应与大城市保持应有的距离。在普遍的大城市终日车水马龙、纷攘喧嚣的当下，好大学与大城市保持应有的距离，反而应以幸运之事来看待。看看那些拥挤在大城市的大学吧，除了少数得天独厚，当初就占有了足够大的校园面积，多数大学的存在现状其实很逼仄，很尴尬。

　　问题是，局面已是这么一种局面，该往外迁移哪一部分呢？

　　依我想来，首先应迁移研究生院、博士点、人文学科。

　　这乃因为，比之于本科生，研究生、博士生的学习自觉性强，在师资因迁移而一个时期内不能完全到位的情况下，他们靠学习自觉性，通过远程教学和与导师的电脑沟通等方式，也有可能获得与聆听导师面对面上课差异不大的学习效果。而比之于理工科，文科的优势在于不受实验室之有无的限制。

我之所以产生此种希望，乃因我对大学影响力十分信服。某些北京的大学，已在外省市办了分校。直接办于地级市的，目前即使有也极少。"百校"的牌子，当地人不是多么看重。但直接将研究生院、博士点、文科院系搬将过去，则含金量极高，必会对该市乃至一个地区的经济、文化、知名度的提升，起到无可替代的牵拉作用。

首先是，一座地级市的气质，几年后就会与众不同起来，想抑制其文化氛围的自然形成都不可能。更多年后，不论本地人还是外地人谈论到该市时，将会不仅说它有什么景点、什么小吃、什么特产，肯定还会加一句——某大学研究生院或博士点便在该市！若那大学确属名校，想想吧，后一句话多么的令人肃然起敬！

在古代的中国，乡、镇、县构成文化的摇篮系统——后来的文化知识分子，大抵先接受乡镇塾学之启蒙，其后进入县城接受馆学教育。从前经济发达的县城，馆学极成景象。设馆授学者，多是饱学之士，以厌倦了追求官位的举人为主。而乡、镇私塾，基本上是秀才们在实行启蒙教育。当一个人结束了馆学教育，他大抵会跻身于科举之路，考取官职。即使做了大官，卸任之后，往往也还是会回到故里。因古代的外省籍官员卸任后若想留在京城，须皇帝特批。那种想法是很容易引起朝野议论和皇帝疑心的。故他们宁愿一走了之，而他们回到故里，若还愿有所作为，便只有兴学。有人不但促进兴学之事，更亲自授课。而同样厌倦了"科举"的秀才、举人们，则只能以当"教育工作者"为生存方式和人生价值的体现。

撇开他们的讲课内容姑且不论，一个事实不容怀疑，即，乡、镇、县文化摇篮的作用，对于中国文化传承的可持续性影响深远。

现当代以来，此种循环往复的文化脉象断裂了，不要说乡、镇、县曾有过的文化气息荡然无存，就是地级市包括某些省会城市，文化脉象的稀弱也已令人堪忧。人才只外流，不回归，必然如此。

将教育资源，特别是高等优质的部分资源直接迁移到乡、镇、县，自然是倒行逆施。但迁移至地理位置适宜于办学的地级市，从中国发展的长远计，肯定好处多多。

（一）可使许多几乎已完全没了文化气息可言的地级市，重新焕发起久违的文化脉象的光彩来。

（二）重新焕发起来的文化脉象的光彩，必将辐射向四面八方的乡、镇、县，使那些乡、镇、县可以相当充分地凭借文化"软实力"全面发展。

（三）能直接带动地级市的经济内需，于是出现茶室、咖啡屋、餐饮业、书店、卡拉OK厅、服装业等商业经营的兴旺，连理发店也会多起来，当地的青年理发师们，没必要非到大城市去租门面干本行了。家教一行，也会大受当地人的欢迎。

（四）能使宾馆饭店业如乘东风。先是，研究生、博士生的家长亲人们肯定不放心，十之七八都会亲往一遭，看看高等学子们究竟被"弄到"了什么地方？打算考研、考博的本科生们，也会抽出时间进行实地考察，想挡都挡不住。若该市确有旅游资源，旅游业从此不必煞费苦心地宣传亦发达矣。

（五）可使中国的远程教育体系更为成熟，更上一个新的台阶。培养研究生、博士生，全靠远程教育不行，但即使以远程教育为辅，对远程教育的发展也是极大的促进。

（六）可改变中国人日思夜想地渴望成为大都市居民的求学观、择业观、居住观——你大学毕业了不是？想考研、读博吗？那么，请将目光也望向地级市吧！才不去？随你。而起初，一半左右的本科学子是会改变观点的，其后改变观点的人会渐多。随着理工科院系及实验室、研究所也陆续迁出大都市，重新建立于地级市，改变观念的本科学子将更多。他们获得了研究生和博士生学位后，自然将面临择业，而新兴的大学城，必很需要教育界新人。现在的情况是，但凡算得上一所大都市里的大学，能留校的学子比例甚微。而那时，比例会大很多。不想留校？请便。依我想来，愿意留校的人会不少。那么，二十几年后，一批中国的文化、科技精英，教育界才俊，必将出现于他们之中。

（七）又过了二十年，中国成了这样一个国家——它有着世界上人口众多的地级市；它的某些地级市，因为成了中国新几代文化和科技精英的摇篮，于是成了新概念的文化和科技名城。与如今人谈起"西南联大"、李庄油然而生敬意一样，谈起某些地级市，也会因其教育成就而刮目相看。自然，论生活条件，绝不会像"西南联大"和李庄那般艰苦。某些在中国举办的国际学术交流会，也会频频在那些地级市召开。因为，那里是学术精英们的云集地。又于是，文化、科技、教育，在现代的中国，重新完成了一种循环往复——由乡、镇、县、地级市流动向大都市，再由大都市回流至地级市，并在地级市发酵进行中和反应，之后一部分落户于当地，另一部分分散向四面八方。而分散向四面八方的人，其人生的发展，未必个个都比留下的好。

（八）那时的中国，每会有这样的情况——几个人在飞机上或列车上是邻座，聊了起来。

一人说自己是上海人。

一人说自己是北京人。

一人说自己是某地级市的人，第四人也是。

上海人和北京人竟默默然了。因为——北京和上海著名高校的研究生院、博士点，已迁移至那两个地级市二三十年了，不再是北京和上海的金边名片，而是当地的金边名片了。

北京人也罢，上海人也罢，只不过是居住于大都市的人，却不再是居住于最有文化气息的城市的人。

若论现代文化气息，某些大都市的人，在某些地级市的人面前，都不得不谦虚点了。

小说家是爱想象的动物。我的"中国梦"，当然的，想象色彩太浓了，这我自己也知道。

但我却特希望，有一天我的以上想象能变成现实。

估计我是活不到那一天了。

那么，我也许会将我的想象写成小说，以使我对自己的想象，有一种完满的了结。

图书在版编目（CIP）数据

中国文化的历史基因 / 梁晓声著. — 北京：现代出版社, 2024.12. — ISBN 978-7-5231-1078-2

Ⅰ.K203

中国国家版本馆CIP数据核字第2024SU1574号

中国文化的历史基因
ZHONGGUO WENHUA DE LISHI JIYIN

著　者　梁晓声

选题策划	梁　惠
责任编辑	李　漓　张　霆
责任印制	贾子珍
出版发行	现代出版社
地　　址	北京市安定门外安华里504号
邮政编码	100011
电　　话	(010) 64267325
传　　真	(010) 64245264
网　　址	www.1980xd.com
印　　刷	三河市宏盛印务有限公司
开　　本	710mm×1000mm　1/16
印　　张	25.5
字　　数	369千字
版　　次	2024年12月第1版　2025年7月第3次印刷
书　　号	ISBN 978-7-5231-1078-2
定　　价	78.00元

版权所有，翻印必究；未经许可，不得转载